설교자들을 위한

# 요한복음 해석

로버트 카이저 지음
최흥진 옮김

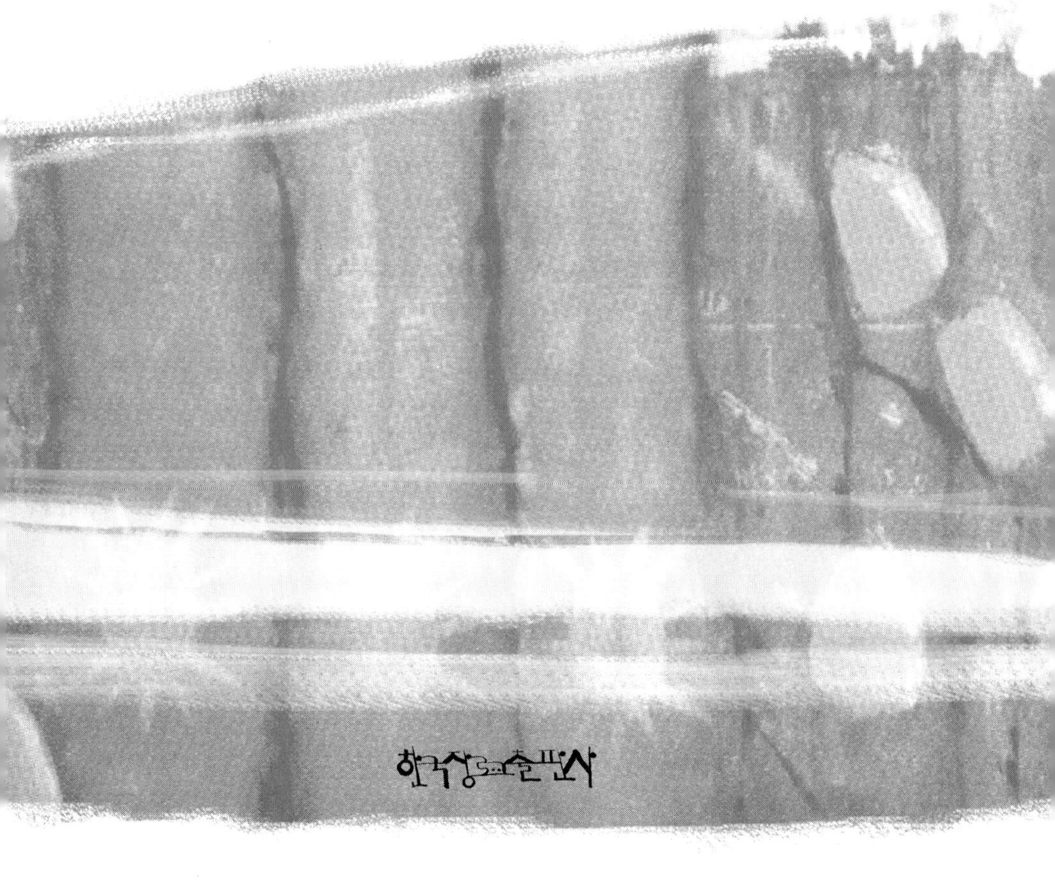

한국장로교출판사

# Preaching John

*by*
Robert Kysar

*Tr. by*
Choi Hung Jin



Publishing House
The Presbyterian Church of Korea
Seoul, Korea

# 서문

이 책은 목회자와 교사로서 나의 전 생애의 총 결산이다. 설교에 대한 나의 관심은 내가 신학대학원에서 공부하던 시절(1956－1959)로 거슬러 올라가며 그 이후에도 계속되었다. 나의 박사학위 논문은 요한복음의 서문에 대한 연구였으며, 그 후에도 이 복음서에 지속적인 관심을 갖게 되었다. 그 이래로 나는 교회와 대학 양쪽 모두에 관계된 경력을 갖게 되었다. 이러한 관심이 때로는 기쁨을 주기도 하고, 때로는 그렇지 못하기도 했다. 그 당시 나는 내가 있어야 할 자리가 교구인지, 대학인지, 신학대학인지 스스로도 확신하지 못했다. 나는 소규모의 교양과목 대학에서 종교 분야의 전임 종신 교수직을 떠나 아내 미르나와 함께 교구 목회로 돌아왔다. 그 이유는 대학생들을 위한 입문과정을 가르치는 데 녹초가 되어 있었기 때문이다. 그러나 교구 사역을 시작한 지 얼마 되지 않아서 나는 펜실베니아에 소재한 루터교 신학대학 두 군데에서 시간 강사로 뛰기 시작했다.

시간 강사로 신학대학원에서 가르치는 기간 동안 나는 여러 설교학 과

정의 팀티칭 과목에 참여하도록 초청받았다. 나는 이 일에 푹 빠졌다! 나는 학생들이 그들 자신의 설교 목소리를 발견하는 데 도움을 주며 목회 사역에 대한 나의 애정을 표명하는 설교를 가르치는 일을 사랑했다. 나는 내 인생의 마지막 10년을 설교와 신약성서를 가르치면서 보냈다.

이 책은 나의 인생에 있어서 두 가지 중요한 관심들, 곧 요한복음과 설교에 관해 내가 알고 있고 또한 사랑하는 것들을 함께 결합시켰다. 지난 10여 년 동안 나는 이와 같은 책에 관심을 두었으나, 이제까지 쓸 엄두를 내지 못했다. 은퇴하고 나서야 요한복음에 주된 관심을 보인 목회자들과 신학생들의 큰 도움으로 내 자신의 방식대로 글을 쓰고 생각할 수 있는 나만을 위한 시간을 가질 수 있었다.

있는 그대로 말하면, 나는 여기에 언급할 수 있는 사람들보다 훨씬 더 많은 사람들의 도움을 받았다. 나에게 가장 많은 도움을 준 사람은 나의 아내인 카이저 미르나 목사이다(the Reverend Dr. Myrna B. C. Kysar). 그녀의 사랑이 많은 어려움 가운데에서 나를 지탱해 주었을 뿐만 아니라 목회자로서의 그녀의 자질은 설교에 관한 나의 생각에 견고한 자원이 되어 왔다. 그녀는 나에게 교회에서 신중하게 행동하며, 매주일 본문을 성실하게 그리고 인내를 가지고 해석하기 위해 애쓰는 설교자들을 기억하는 데 도움을 주었다. 특별히 미르나는 그러한 좋은 설교자였다. 나는 이 책에 실례로 나의 설교와 함께 그녀의 설교 몇 편을 넣기를 원했는데 결국 그녀의 허락을 받아 냈다.

수년 동안 요한복음의 설교에 관한 가르침과 강연은 이 연구의 본질적인 부분을 철저히 준비하는 데 많은 도움을 주었다. 특별히 나는 요한복음의 설교에 관한 주제로 두 번의 강연을 할 수 있는 기회를 제공해 준 성공회설교협회에 깊은 감사를 드린다. 이 강연의 원고가 수정되어 "Preaching John – Word and Words"[1]으로 재출판되었다. 이러한 기회를 제공해 주고 또한 이끌어 준 쉬라퍼(David J. Schlafer)에게 감사드린다. 에모리 대학 캔들러 신학대학원의 계속교육과정에 참여한 목회자들과의 대화는 펜실베니아 알렌타운, 뮈렌버그의 유대교·기독교 이해를 위한 연구소에서 지원한 모임에 참여했던 때와 마찬가지로 나의 사상들을 분명하게 해 주었다. 캔들러에서의 나의 은퇴 강연은 나로 하여금 "Preaching John in a Pluralistic Society"에 관해 생각하도록 떠밀었다. 그리고 "Easter with John"에 대한 연구는 나로 하여금 새로운 방향에서 요한복음의 부활 이야기들을 바라보고 해석하도록 도움을 주었다. 이 모든 일에 나는 진심으로 감사를 드린다.

이번 기회를 통해 요한복음을 연구하고, 요한복음에 관한 글들을 출판할 수 있도록 여러 번 기회를 제공해 준 브라운(Raymond E. Brown, S. S.) 박사에게 진심어린 감사를 표한다. 1998년 그의 죽음은 교회와 학계에 커다란 손실이었다. 그리스도와 학문, 이 둘에 대한 그의 헌신은 우리 중에 상당히 많은 사람들에게 지대한 영향을 끼쳤으며 모범이 되었다. 비록 브라운 박사가 내가 이 책에서 진술하고 있는 모든 내용에 동의하지는 않겠지만, 그럼에도 불구하고 나는 그의 생애에 대한 감사의 표시로 그를 기억하기 위해 이 책을 바친다.

---

1. *Preaching through the Year of Luke*, vol. 9, in the series *Sermon That Work*, edited by Roger Alling and David J. Schlafer(Harrisburg : Morehouse, 2000), pp. 87-91.

# 역자 서문

여러 해 동안 신약성서에 깊은 관심을 가지고 연구하고 또한 강단에서 가르치고 성경공부를 인도하면서 역자의 가장 큰 바람 중에 하나는 어떻게 이 결과물들을 설교와 연결시킬 것인가에 있었다. 특별히 오랜 동안 요한복음을 연구하고 가르쳐 온 역자는 이 복음서를 강단에서 충실히 설교하는 데 필요한 글로써 현장 목회자들에게 도움을 주고자 하는 소망이 있었다. 이러한 차에 이 책이 역자의 눈에 띄었다.

이 책은 그의 전 일생을 요한복음 연구와 설교에 헌신한 카이저의 소중한 연구 결과물이다. 저자는 수십 년 동안 강의실과 강단에서 봉사했으며, 이 둘 사이에 간격을 메우기 위해 많은 노력을 했고, 이 분야에 특별한 재능이 있다. 그는 회중들을 어떻게 요한복음의 낯선 세계로 인도할 것인지를 잘 알고 있으며 이 책을 통해 바로 그러한 방향을 제시하고 있다. 또한 최근 요한 학계로부터 제시된 전반적인 설교학적 암시들을 독자들에게 소개하고 있다. 그는 이 책에서 그의 인생에 있어서 두 가지 중요한 관심들인 요한복음과 설교에 관해 그가 알고 있고 또한 사랑하는 것들을 함께 결합시켰다. 또한 단순히 자신의 연구실에서 혼자만의 연구 결과를 내놓은 것이 아니라 자신들의 설교 사역에서 요한복음을 다루는 현장 목회자들과 신학생들의 큰 도움을 받아 이 책을 썼다. 그러한 점에서 이 책은 훨씬 더 현장감이 있으며, 설교자들에게 유익하리라는 생각이 든다. 특별히 그 자신과 그의 아내의 설교로부터 발췌한 설교의 예는 현장에서 늘 설교해야 하는 설교자들에게 크게 유용할 것이다.

아무쪼록 보다 충실한 내용의 설교를 효과적으로 청중들에게 전달하고자 원하는 설교자들에게 큰 도움이 되기를 바란다.

끝으로 이 책을 출판하도록 허락해 주신 한국장로교출판사 사장 박노원 목사님과 기획 · 편집국장 채형욱 목사님과 충실하게 교정작업을 해주신 직원 여러분께 감사드린다.

2006년 12월  일

최흥진

# 약 어

| | |
|---|---|
| AB | Anchor Bible |
| *ABD* | *Anchor Bible Dictionary*. Edited by D. N. Freedman. 6 vols. New York, 1992. |
| ACNT | Augsburg Commentary on the New Testament |
| ANTC | Abingdon New Testament Commentaries |
| BiblIntSer | Biblical Interpretation Series |
| *CurTM* | *Currents in Theology and Mission* |
| FRLANT | Forschungen zur Religion und Literatur des Alten und Neuen Testaments |
| FRP | Fortress Resources for Preaching |
| GBS | Guides to Biblical Scholarship |
| ICC | International Critical Commentary |
| *JBL* | *Journal of Biblical Literature* |
| JSOT | *Journal for the Study of the Old Testament* |
| LXX | Septuagint |
| NCB | New Century Bible |
| *NIB* | *The New Interpreter's Bible* |
| *NTS* | *New Testament Studies* |
| NTT | New Testament Theology |
| RCL | Revised Common Lectionary |
| *Semeia* | *Semeia* |
| SBLDS | Society of Biblical Literature Dissertation Series |
| SBLMS | Society of Biblical Literature Monograph Series |
| SNTSMS | Society for New Testament Studies Monograph Series |
| SP | Sacra pagina |
| StABH | Studies in American Bible Hermeneutics |
| WBC | Word Biblical Commentary |

# 목 차

서 문 / 3
역자서문 / 6

서 론 : 요한복음 설교의 문제점과 약속 _ 11

1장 격론 : 요한복음 연구경향의 이해 _ 47

2장 신학적 주제들 : 요한복음 사상의 중심 _ 91

3장 말씀과 말씀들 : 요한복음의 언어 _ 145

4장 말씀들과 이야기들 : 요한복음의 강화들과 내러티브들 _ 179

5장 왕으로 즉위하다 : 요한복음의 수난 이야기 _ 239

6장 성서일과 중의 요한복음 : 본문들의 단편 _ 309

결 론 : 라운드테이블 교회에서의 요한복음 선포 _ 379

부 록 : 개정판 공동성서일과의 요한복음 _ 388

참고문헌 / 391

# 서 론

## 요한복음 설교의 문제점과 약속

수년 전, 나는 부활설 다섯 번째 주일 A의 성서일과에 따라 요한복음 14 : 1~14을 본문으로 설교를 준비하고자 했다. 나는 그 주간의 대부분의 시간을 이 구절에 나오는 불명확한 언어를 붙들고 씨름하며 보내야 했다. 마침내 어느 정도 자포자기 상태에 이르렀던 나는 6절에 있는 예수님의 친숙하고 잘 알고 있는 말씀으로 이 문제를 해결했다. "예수께서 이르시되 내가 곧 길이요 진리요 생명이니……." 이 설교에서 나는 세 가지 술어인 길, 진리, 그리고 생명 각각에 관해 이야기했다. 그 설교는 예수님이 자신의 신분을 밝히는 데 사용한 세 가지 용어를 각각 설명하는 데 시간을 할애하는 고전적인 삼대지 형태였다(나는 더 이상 삼대지 설교에 의존하지 않지만, 이론적으로 그러한 형태의 설교가 때때로 어떠한 본문들에는 여전히 유용하다고 인정한다).

나의 설교에서는 '길'이라는 용어에 관해서 그리스도가 영생을 얻기 위한 수단이라고 논했다. '진리'에 관해서 나는 예수님이 우리가 실제로 알아야 할 필요가 있는 모든 진리라고 논증했다. 세 번째 요점을 가지고 나는 참된 생명은 그리스도가 우리에게 주시는 것이라고 주장했다. 다른 뛰어난 설교자들처럼 나는 최선을 다해서 이 세 용어들의 의미를 설명하려 했고, 그 구절이 오늘날 우리에게 어떠한 의미를 주는지에 대해 명확히 하고자 했다. 실제로 이 설교는 그리 나쁘지 않았다. 그러나 지금 이 설교를 주의해서 살펴보니, 내가 애매한 말씀들을 희석시켰음을 깨달았다. 나는 제사복음서를 연구하는 학생들이 수년 동안 씨름해 왔던 문제를 10여 분 정도에 해결할 수 있는 것인 양 행동했던 것이다.

우리 중 대부분의 설교자들은 이와 같은 하나의 구절을 가지고 오랜 시간 씨름해 왔다. 요한복음을 분명하게 선포하고자 하는 것은 상당히 힘든 작업이다. 제사복음서에서 예수님이 말씀하셨던 부분들은 특별히 이해하기 어렵다. 예수님의 강화는 한 부분과 다른 부분 사이에 연결점이 없는 것처럼 보이기도 한다. 우리는 무척 중요한 의미가 있는 것처럼 보이는 개개의 단어들에 자주 걸려서 정확하게 그 의미를 설명하지 못하게 되기도 한다. 예를 들면, 예수님이 영(spirit)이라는 단어로 의미하신 바가 무엇인가? 혹은 위에서 논의했던 일과 중 예수님이 자신의 신분을 밝히기 위해서 사용하신 이 세 단어에 우리는 어떠한 의미를 부여해야 하는가?

예수님에 관한 내러티브들(narratives)도 이해하기가 결코 쉽지 않다. 예수님에게 귀착된 어떠한 행동들에는 한 특정한 이야기의 상황을 넘어서 그 이상을 의미하는 암시들이 있다. 그러나 다시 질문하면, 어떻게 우리가 그 행동들이 도달하는 범위까지 인식할 수 있을 것인가? 때때로 6장의 경우처럼 예수님이 행하셨던 특정한 일을 설명하는 것처럼 보이기도 한다. '생명의 떡'에 관한 긴 강화는 6장의 시작 부분에서 기술된 많은 무리를 먹인 표적의 의미를 설명하는 것으로 보인다. 예수님의 말씀은 자주 줄거리 내에서 어떠한 내러티브로 거슬러 올라가거나 앞으로 나아가기도 한다. 때때로 한 강화는 그 주위에 있는 내러티브와 전혀 관련이 없는 것처럼 보이기도 한다.

이 복음서의 신학적인 사상 역시 심원하다는 점에서는 거의 의심할 바가 없다. 예수님이 하신 많은 말씀들은 때로 명시적으로 혹은 암시적으로 부인되거나 대립되며, 다른 곳에서는 보다 복잡해진다. 예를 들면, 예수님은 자신이 아무도 판단하지 않는다고 말씀하시고(8 : 15), 다른 곳에서는 자신은 심판하시며 자신의 심판은 의롭다고(5 : 30) 주장하시는데 이 사실을 우리는 어떻게 설명할 수 있을 것인가? 불명확한 용어, 이해하기 어려운 강화, 강화와 내러티브 사이의 감질나게 하는 관계, 당혹스럽게 하는 신학 이 모두가 우리가 요한복음을 설교하고자 할 때 씨름해야 하는 부분들이다.

요한복음 14 : 6을 본문으로 한 그 설교는 우리의 딜레마에 좋은 예가 된다. 우리는 요한복음 구절의 의미를 파악하기 원하고, 그 의미를 설교에 포함시켜서 회중들에게 전하고자 한다. 우리는 요한의 단어들과 구문, 그리고 내러티브들을 우리의 개인적인 신학사전들에 정리, 보관하기를 원하고, 간단한 이해를 위해 그것들을 함께 묶어 놓기를 원하며, 또 요한복음으로부터 가져온 한 구절을 읽을 때마다 청중들의 마음에 슬며시 스며들어간 안개를 거두어 내기를 원한다. 그러나 종종 요한복음 구절들의 의미는 포장되기를 거절한다. 내러티브들과 특별히 예수님의 강화들에는 이 복음서의 언어에 함축된 일종의 유연성 없는 애매모호함이 존재하는 것처럼 보인다. 단어들은 동시에 여러 방향을 가리키기 때문에 그 의미를 확정하고, 우리가 취해야 할 방향이 어떠한지를 파악하는 데 어려움을 준다. 또 언어의 구조는 깔끔하게 인지할 수 있는 형태로 짜 맞추어지지 않고 무질서하게 디자인된 옷감처럼 되어 있어서 우리를 당황하게 한다.

신학대학원에서 우리가 배웠던 방식을 따르는 주석 작업에는 한 본문에서 그 단어가 어떻게 사용되었는지를 연구하며, 동일한 문서의 다른 곳에서의 용법을 비교하고, 다른 신약성서 문서들에 이 단어가 어떻게 사용되는지를 찾는 것이 포함되어 있다. 이러한 연구를 한 후에야 우리는 해석적 작업을 시작할 수 있다. 우리는 이 작업들을 '단어연구'라고 부른다. 그러나 제사복음서에서 그러한 방법을 적용하는 것은 잘했다고 보기 어렵다. 우리는 다양한 의미의 가능성을 가진 용어와 접하게 되는데, 단지 몇 가지 단서로 특별한 경우에 예수님 또는 복음서 저자가 어떻게 이 용어를 사용했는지를 파악해야 한다. 그렇지 않으면 니고데모처럼 우리는 상당히 당황하게 된다. 그리고 적어도 나 역시 이 관원이 한 질문인 "사람이 늙으면 어떻게 날 수 있사옵나이까? 두 번째 모태에 들어갔다가 날 수 있사옵나이까?"(3 : 4)와 비교되는 우둔한 질문을 하고 있는 것은 아닐까? 요한복음의 언어의 풍부함이 여전히 그와 같은 애매모호한 언어의 문제에 숨겨져 있다.

요한복음은 설교를 위한 약속들과 문제들로 채워져 있다. 사실 약속들은 우리를 성가시게 하는 바로 그 문제들 가운데에 감추어져 있는 것처럼 보인다. 이것은 마치 깔쭉깔쭉한 껍질에 숨겨져 있다가 나오는 맛있는 호두와도 같다. 우리가 그것이 진실이라고 느낄 때 우리는 이 문제들을 다루기 위해서, 껍질을 깨기 위해서 우리가 할 수 있는 한 보다 더 많은 노력을 해야 한다. 설교를 위한 요한의 풍요로움을 파악하기 위해서는 일반적으로 언어, 내러티브들, 내러티브들과 강화 사이의 관계와 신학의 확실하지 않은 특성에 관심을 가지고 파헤칠 필요가 있다. 십자가가 하나님을 계시함과 동시에 숨긴 것처럼, 요한복음은 선포를 위해 이 약속을 계시함과 동시에 감추고 있다.

이 책은 설교자들이 요한복음을 더 잘 이해할 수 있게 하고, 설교자들이 복음을 선포하기 위해 요한이 가진 자원들을 제창하도록 하기 위해 계획된 것이다. 내가 당신을 초대하는 여행이 결코 쉽지만은 않다. 이는 어둡고 흐릿한 바닥에 놓여 있는 약속들을 발견하기 위해 문제들 속으로 깊이 들어가는 행동을 수반한다. 우리의 여행은 먼저 요한복음에 관한 학문적인 제안들에 대해 어느 정도의 이해에 도달하는 것을 포함한다. 먼저 나는 당신에게 순수한 지적인 탐구의 결과를 진술하려는 유혹에 굴복하지 않을 것을 약속한다(1장). 요한복음의 배경에 대한 학자들의 주장을 이해함과 동시에 우리의 지루하고 고된 여행은 연속적으로 세 가지 주제들, 즉 요한복음의 신학(2장), 요한복음의 언어(3장), 그리고 요한복음의 내러티브들과 예수님의 강화들과 그것들의 관계(4장)를 다루게 될 것이다. 요한복음의 수난 이야기는 네 복음서들 가운데 가장 독특하기 때문에 5장에서는 온전히 요한복음의 수난 이야기에만 관심을 기울이고자 한다. 나는 이를 위한 방안으로 설교를 위해 성서일과에서 발췌한 요한복음 구절들의 힘(power) 가운데 몇 가지를 드러내고자 한다.

마지막으로 우리의 여행은 개정판 공동성서일과(RCL) 도처에 흩어진 요한복음의 구절들을 통하여 나아가고자 한다. 그리고 그러한 과정에서 주어진 독서들(assigned readings)의 목록으로부터 배제된 구절들에도 관심을 갖고자 한다(6장). 결론으로 우리는 설교학의 새로운 움직임의 형식에 따른 요한복음의 선포에 관한 약속들에 대해서 탐구할 것이다.

각각의 중요 부분에는 설교학적 암시들(Homiletical Implications)이 포함될 것이며, 거기에서 나는 당신에게 이 논의가 우리의 설교를 위해 어떠한 의미가 있는지에 관해 생각하도록 할 것이다. 이 암시들에는 한 편의 모범적인 설교가 포함될 것이다. 그 같은 실례의 제시를 넘어서 나는 우리가 어떻게(how) 설교해야 하는지와 우리가 왜(why) 설교해야 하는지에 대한 관심과 더불어 설교에 대한 우리의 이해(understanding of preaching)에 주의를 기울이고자 한다. 다른 말로 하면, 설교를 위한 암시들은 몇 가지 신학적인 문제를 포함하게 될 것이며, 나는 그것이 설교에 대한 우리 자신의 반성들(reflections)에 깊이를 더해 주기를 바란다.

1장 이후의 설교학적 암시들을 다루는 각각의 소부(subsection)의 결론에서 나는 한 편의 설교나 혹은 한 설교의 일부분을 제공할 것이며, 이 작업의 의도는 설교자가 논의 중에 있는 주제를 어떻게 다룰 것인지 또는 그것의 도움을 받을 것인지를 분명하게 하려는 데 있다. 나의 바람은 이 설교학적 삽입들이 그 논의를 보다 쉽게 설교 사역에 적용할 수 있도록 도움을 주고자 하는 데 있다. 이 단편 설교들은 길이와 특성에 있어서 차이가 있을 것이다. 나의 아내인 미르나는 감사하게도 자신의 몇 편의 설교들을 이 책에 포함시키도록 허락했다. 이 설교들은 어느 정도 내가 가질 수 없는 여성적인 관점을 제공한다. 물론 이 작업의 의도는 당신을 위한 설교들을 작성하는 데 있지 않으며 또 모범적인 설교를 제공하고자 하는 데에 목적이 있지도 않다. 다만 이 작업을 통해 내가 의도하는 바는 구체적인 예를 제시함으로 당신의 설교적 사고에 자극을 주고자 함이다.

이들 설교들과 설교 단편들은 설교에 관한 나의 몇 가지 이해의 범위를 벗어나기도 한다. 대부분의 경우 나는 내러티브 설교에 전념해 왔다. 그것은 나의 설교가 이야기들로 가득 차 있다는 의미가 아니라 이성적인 논쟁들이라기보다는 대체로 내러티브 줄거리들로 구성되었다는 의미이다. 대부분 본문을 설교하기 위한 준비로 한 본문을 연구할 때 나는 연구하는 구절 가운데 있는 하나의 문제점, 몇 가지 모순, 우리 중 대부분이 받아들이기 어려운 몇 가지 괴이한 주장, 혹은 몇 가지 낯선 특징을 찾아냈다. 이것은 로우리(Eugene Lowy)가 주장한 바대로 우리가 논란거리를 찾으려 할 때[1] 본문이 우리 안에 야기시키는 '갈등'(conflict), '특별함'(the peculiar), 또는 '난해함'(felt difficulty)이다. 이것은 우리의 평

---

1. Eugene L. Lowry, *The Sermon : Dancing the Edge of Mystery*(Nashville : Abingdon, 1997), pp. 62－74, 94－100.

정심을 뒤엎고, 질서와 논리에 대한 우리의 편안한 마음을 산란하게 하며, 또한 어떻게 그 단편들을 다시 결합할 수 있을까의 문제를 해결할 몇 가지 실마리를 찾도록 우리를 이끈다.[2] 더군다나 내가 확신하기는 설교는 구두 사건(oral event)이기 때문에 읽기 위해 종이 위에 그 사건을 재구성하려는 어떠한 노력도 헛되며, 결국은 그 사건 자체를 왜곡시킨다.

그래서 나는 한 편의 설교를 구성할 때 의도적으로 구두 양식을 나 자신의 방식으로 쓰려고 노력한다. 다른 여러 요소들 중에서 나는 짧은 문장들을 사용하고, 때때로 단순하게 의견을 표현하려고 노력하는데 그 의도는 듣기에 편하게 하려는 것이다. 때때로 그 설교들이 읽혀질 때에 당신의 감정을 상하게 할 수도 있을 것이다. 하지만 이 설교 단편들은 당신에게 유용할 것이다.

더 나아가기 전에 요한복음의 구절을 설교자가 다루는 데 있어서 문제가 되는 몇 가지 논점을 간단하게 설명하고자 한다. 주요한 논점들은 뒷장에서 다루기 위해 남겨 둘 것이며 거기에서 보다 폭넓게 다룰 것이다. 그러나 시작 부분에서 우선 우리의 관심을 끄는 바는 세 가지 근본적인 주제들이다. 그 이유는 이 주제들 각각이 설교를 위해 요한을 해석하는 데 있어서 문제점으로 제기되기 때문이다.

첫째는 요한에서 찾아볼 수 있는 바와 같은 복음서의 장르의 문제이다.

둘째는 이 복음서에서 제시된 예수님의 독특한 모습이다. 이 모습은 설교하는 데 있어서 항상 용이하지는 않다.

세 번째로 제기되는 것은 바울의 신학적인 근거 틀 없이 그 자체로 요한을 해석하는 데 따르는 문제이다.

2. Eugene L. Lowry, *The Homiletical Plot : The Sermon as Narrative Art Form*(Atlanta : John Knox, 1980), pp. 29－35.

## 1. 복음서 장르

### 1) 신약성서의 복음서 장르

신약성서는 학자들 사이에 지속적으로 문제를 불러일으키는 문학의 한 특별한 양식을 우리에게 제시한다. '복음'이라는 용어는 마가의 예수님의 이야기로부터 비롯된 것으로 보인다. 비록 이 용어가 복음서들이 기록되기 전 여러 해 동안 그리스도인들이 초기교회의 설교를 가리키는 데 사용했음을 의심할 바 없지만 말이다. "하나님의 아들 예수 그리스도의 복음(euangelion, gospel)의 시작이라"(막 1 : 1). 물론 이 단어는 복된 소식의 선포를 뜻한다. 그러나 마가는 이 용어에 나사렛 예수님에 관한 확대된 내러티브를 덧붙였다. 그리고 이 내러티브에 '복음'이라는 명칭을 붙였다. 만약 학자들의 동의가 옳다면 마가복음은 독립적인 문서로 남아 있는 문서들 가운데 첫 번째로 기록된 책일 것이다. 여러 방면의 다양한 연구들과 의견들이 있다. 예수님의 수난 내러티브, 예수님의 기적들의 모음집, 또는 예수님의 말씀의 자료집(마태복음과 누가복음을 기록할 때 사용되었을 것으로 추정되는 가설적인 Q 혹은 말씀 자료)과 같이 더 먼저 기록된 복음서들이 존재하는가? 만일 있다면, 복음서 장르의 형식과 내용을 형성하는 데 사용된 이전의 문학적인 모델은 무엇인가? 초기 그리스도인들이 복음서들의 모델로 고대 그레코 로마의 전기적인 이야기들을 사용했었는가? 복음서들의 형성에 당시 다른 문학작품이 영향을 주었는가? 우리가 마가라 부르는 복음서 저자 혹은 그 복음서 저자 이전의 초기 그리스도교 설교자들이 이 새로운 장르를 창안해 냈는가?

이러한 질문들은 모두 중요하며 흥미를 갖게 한다. 그러나 우리가 관심을 두어야 하는 바는 단지 복음서를 읽는다는 것이 무엇을 의미하는가 하는 문제이며, 이에 대해서 우리가 어떤 기대를 가져야 하는가 하는 문제이다. 당신이 과도한 단순화를 허락한다면, 이 논쟁은 한편으로는 예수님의 사역과 그의 말씀의 보도들, 그리고 다른 한편으로는 예수님의 생애와 사역의 의미에 관한 초기교회의 선포가 복음서 장르와 어떻게 관련되었는가로 요약된다. 그 질문을 보다 단순화시키면 우리가 복음서들이라고 부르는 예수님의 이야기들 안에 '사실'(fact)과 '믿음'(faith)이 어떻게 짜 맞추어졌는가이다. 여하튼 우리가 이 논쟁을 표현할 때 매우 복잡한 질문을 하나의 형식으로 축소시킬 위험성이 있다. 초기 그리스도인들에게는 아마도 역사적인 예수님과 살아 계신 그리스도 사이에 구분이 없었을 것이다. 구분은 우리의 몫이지 그들의 몫은 아니다. 믿음과 사실은 결코 분리될 수 없다. 왜냐하면 '믿음'은 언제나 어떠한 사실적인 경험을 수반하며, '사실'은 이미 어떠한 종류의 믿음에 수반된 관점(perspective)을 가정하기 때문이다. 그러나 다른 단계에서 우리는 관찰자(혹은 가설)의 믿음에 영향을 받지 않은 순수한 '사실'이 무엇인지 물어야만 한다. 실제로 현재의 역사가들이 결론을 맺은 것처럼 순수한 사실과 같은 것은 없을 것이다. 여전히 우리는 평신도들에게도 "어떤 것이 보도이며, 어떤 것이 설교인가?"라는 우리에게 제기한 것과 동일한 질문을 해야 한다. 어쨌든 우리는 둘 사이의 현재의 구분에 관심을 가져야 한다.

아래의 결론은 추단하기에 비교적 안전하다. 최초의 기독교공동체는 예수님의 생애와 죽음과 부활의 결과로써 그들의 생활에 새로운 능력과 의미를 경험했다. 그들은 사도행전에 시사한 초기 설교들에서처럼 그 경험을 공유하기 시작했다. 그들의 증거는 예수님의 사역의 사실과 그의 사역(특별히 예수님의 죽음과 부활)이 사람들에게 의미하는 바가 무엇인지 이 둘 모두를 함의한다. 이같이 우리가 신약성서에서 식별할 수 있는 최초의 신앙고백에는 예수님에 관한 사실들과 그리스도인들의 생활에 미치는 의미가 혼합되어 있다. 고린도전서 15 : 3~8에서 바울은 예수님의 죽음과 장사, 부활과 현현의 본질들을 조목별로 기록했다. 그에게 전해진 전승을 자세히 이야기하는 중에서조차 바울은 예수님의 사역과 그리스도인들을 위해 이 사실이 의미하는 바의 실체를 뒤섞어서 진술했다. 그리스도의 죽음은 '우리의 죄를 위한'(3절) 죽음이라고 설명하는데, 이것은 로마의 범죄자로 간주된 한 사람의 처형에 특별한 의미를 부여한 신앙고백의 책임이 그 공동체에 있음을 말해 준다. 바울에 따르면, 예수님의 죽음과 부활(그리고 아마도 장사 역시)은 모두 '성경대로'였는데, 이는 예수님의 죽음과 부활의 의미를 분별하기 위해서 이 사건들을 넘어서 구약성서로부터 가져온 일종의 해석학적인 근거들을 제시함을 의미한다. 과거의 사건에 대한 설명에 이러한 신앙고백적 진술을 한 공동체의 경험이 혼합되어 있다.

그 결합이 결국은 우리가 가지고 있는 신약성서, 처음 네 권의 책에 있는 확장된 내러티브들을 창안해 냈다. 이 결합된 자료들을 개별적으로 분석하려는 시도는 결국 그 과정에서 이 자료들을 파괴할 수도 있고, 복음서들의 근본적인 목적을 왜곡시킬 수도 있는 위험을 감수해야 한다. 복음서의 장르는 발생한 사건과 그 사건이 첫 번째 독자들의 유익을 위해 어떤 의미가 있는지를 분명하게 표현하는 특별한 양식이다. 복음서 장르는 특별한 신앙공동체들을 양육시켰으며, 어떠한 경우에는 불신자들을 개종시키려는 의도를 가진 기독교 선포의 한 형식이었다. 공동체들은 이야기들로 자신들의 믿음을 표현했는데, 그 이야기들은 더 큰 이야기의 일부분이다.

복음서들은 무엇보다도 이야기들(stories)이다. 당신이 원하는 바, 그것들은 내러티브 형식으로 이야기된 그리스도 안에서의 하나님의 속죄적 행위에 관한 복음이다. 네 복음서들 사이의 차이점에도 불구하고 이 책들은 공통된 문학적인 형식을 공유한다. 복음서 이야기의 구성은 예수님의 수난과 십자가, 그리고 부활에서 절정을 이루는 상당한 내러티브의 단계들로 진행된다. 설교 시에 이야기들을 사용하는 우리들 중 대부분은 이야기를 통한 선포의 과정이 얼마나 자연스럽고 권위 있는지를 안다. 그 이야기는 여러 가지 이유에서 이 논의에서 아직 탐구되지 않는 근본적인 단계로 사람들을 끌어들인다.[3] 네 복음서 각각은 예수님에 관한 자체의 이야기를 하고 있는데, 그 목적은 첫째로 독자들이 그 이야기 안으로 들어오도록 인도하기 위해서이다. 둘째로는 결국 독자들이 이 이야기들을 자신의 이야기라고 주장하도록 하기 위함이다. 최초의 기독교인들 공동체는 예수님의 이 이야기 주위에 모였었다. 왜냐하면 그들은 이 이야기들이 세상에서의 그들 자신의 경험과 그들 자신을 표현한다고 믿었기 때문이다.

그 복음서 일과들의 설교자들은 복음서들에 대한 이러한 견해에 만족하는 그 이상에 관심을 갖는다. 사실, 우리는 복음서 단화들을 원래적이며 의도된 목적으로 회복시키고자 한다. 말하자면, 이것은 하나님이 그리스도 안에서 우리를 위해 행하신 복음의 선포이다. 역사가들은 그 '사실들'이 발견되는 곳인 그 근본층을 찾기 위해 복음서들을 파헤친다. 그러나 이 문서들에 대한 우리의 관심은 정확하게 그들의 믿음의 선포에 있다. 다시 말하면, 다른 사람을 위한 한 사람의 생애의 의미에 있다. 선포자로서 그들의 역할에 있어서 설교자는 역사가들의 작업에 관여할 필요가 없다(1장 참고). 복음서의 장르는 역사적인 사실(그것이 무엇이든지 간에)과 공동체의 믿음, 이 둘 모두를 혼합하여 이야기를 형성한다. 이것은 믿음과 역사적인 사실이 그리스도인의 경험 속에 혼합되어 있는 방식으로 선포하는 가르침의 설교의 가능성을 배제시키려는 데 있지 않

3. Robert H. Hughes와 Robert Kysar, *Preaching Doctrine in the Twenty-First Century*, FRP(Minneapolis : Fortress Press, 1997), 특히 4장을 보라. 설교에서의 이야기는 Richard A. Jensen의 작품인 *Telling the Story : Variety and Imagination in Preaching*(Minneapolis : Augsburg, 1980)과 *Thinking in Story : Preaching in a Post-Literate Age*(Lima : C. S. S., 1993)를 보라.

다. 참으로 이것은 우리의 회중 중 몇몇 사람들이 관심을 갖는 근본적인 주제가 될 수 있으며, 학계에서는 현재 '실제 역사적 예수'를 구분하고자 하는 데 많은 노력을 하고 있다. 그러나 비록 우리가 강단에서 전혀 그 문제를 제기하지 않는다고 할지라도 우리는 조심스럽게 이 문제에 관심을 기울여야 한다.

설교를 위한 복음서 장르에 관한 이 논의의 다른 중요한 암시는 간단하면서도 극히 중요하다. 우리는 전체 이야기의 맥락에서 그 이야기의 한 부분을 설교한다. 당신이 영화에 나오는 한 에피소드를 당신의 설교 중에 말하기 원한다고 상상해 보자. 당신은 전체 이야기에 그 이야기의 한 작은 부분을 짜 맞추어야 한다. 당신은 에피소드의 취지를 줄거리에 짜 맞출 필요가 있으며, 우리가 말하기 원하는 단편과 관련된 이야기의 등장인물들을 소개할 필요가 있다. 한 분리된 사건은 더 큰 이야기의 문맥 가운데에서만 그 의미를 형성한다.

우리가 복음서들 중 어느 한 권의 책으로부터 분리된 에피소드를 설교하고자 할 때도 마찬가지이다.[4] 우리가 회중에 대해 가정할 수 있는 근본적인 차이는 적어도 그들은 일반적인 면에 있어서는 더 광범위한 이야기에 익숙해져 있다는 것이다. 물론 그 가정은 전적으로 어떤 특별한 회중을 염두에 둔 것이다. 여전히 우리는 복음서 단화를 회중들에게 설교하거나 선포하기 위한 준비로 해석적인 노력을 할 때 더 폭넓은 문맥을 사용하는 것이 현명하다. 내러티브 상황은 그 이야기의 어느 한 부분을 이해하는 과정에 절대적으로 필요하다. 왜냐하면 그 의미가 항상 문맥, 내러티브 등으로부터 도출되기 때문이다. 그 에피소드들 대부분은 복음서 내러티브들에 통합되어지기 전에 자체적으로 생명력을 가졌던 것은 사실이나, 네 복음서 기자는 각각의 에피소드들을 더 폭넓은 이야기 내

---

4. David Ourisman, *From Gospel to Sermon : Preaching Synoptic Texts*(St. Louis : Chalice, 1999).

에 짜 맞춤으로 새롭고 더 깊은 의미를 부여시킨다(이 좋은 예들은 공관복음에 나오는 예수님의 비유들의 연구에서 찾아볼 수 있다).

### 2) 요한복음의 장르

복음서 장르에 관한 이 논의는 특별히 정경복음서들 중 네 번째 책에 접했을 때에 중요한 의미를 가진다. 먼저, 이 문서의 저자 혹은 저자들이 그들의 매체로 복음서 장르를 선택했다는 간단하고도 분명한 사실에 주목하자. 그 사실은 요한복음에 관한 여러 가지 사항들을 우리에게 말해 준다. 요한복음은 한 인간의 생애에 관한 이야기, 즉 믿음의 기록에 대한 해석이다. 무디 스미스(D. Moody Smith)가 진술한 바와 같이 요한복음을 설교하는 데 있어서 우리는 '해석을 해석'한다. 말하자면, 우리는 논쟁과 분열의 대상이 되었던 한 역사의 최선의 의미를 파악하기 위해 의도되었던 바를 해석한다.[5] 우리는 역사와 해석 모두에 대한 복음서 자체의 연합을 존중해야 한다.

설교자들은 복음서들이 해석의 해석임을 자주 기억해야 할 필요가 있다. 가능하다면 우리는 회중들이 그 사실을 인지할 수 있도록 해 주어야 한다. 더군다나 우리는 지속적으로 다른 시대에 살았던 인간 실존에 목적과 의미를 가져다주는 자로서 그 해석을 선포하도록 부름을 받았다. 다른 복음서와 마찬가지로 요한복음의 경우에도 발생한 사건(역사)은 그 사건의 의미를 선포하기 위한 목적으로 그 사건의 해석(믿음)과 섞여져 있다.

더군다나 요한은 특별한 설교학적인 특징을 가지고 있는 것처럼 보인다. 이 복음서는 말씀, 로고스(Logos)에게 드려지는 찬송시로 시작한다. 그리고 그 말씀은 해설자가 요한복음의 종결 부분인 20 : 30~31에서 우

5. D. Moody Smith, *John*, Proclamation Commentaries, 2nd ed.(Minneapolis : Fortress Press, 1986), p. 107.

리에게 말하고 있는 내러티브 설교의 주제이다. "예수께서 제자들 앞에서 이 책에 기록되지 아니한 다른 표적도 많이 행하셨으나 오직 이것을 기록함은 너희로 예수께서 하나님의 아들 그리스도이심을 믿게 하려 함이요 또 너희로 믿고 그 이름을 힘입어 생명을 얻게 하려 함이니라." 내러티브는 그리스도 안에 있는 생명을 경험하도록 독자들을 인도한다.[6] 복음서 저자는 말씀들로 우리를 말씀이신 그리스도와 만나게 한다. 이것이 제사복음서 저자가 나아가는 그 길에 관한 일종의 자의식이다. 요한복음은 요한복음 20 : 30~31에서 밝힌 바와 같이 분명하고 완전한 기록 목적을 진술한 유일한 정경복음서이다(아마도 누가복음과 함께). 제사복음서 저자는 독자들에게 그리스도의 메시지를 전달하는 데 특별한 관심을 가지고 기록했다.

제사복음서 저자가 복음서 장르를 사용한다는 사실은 그 이상의 의미를 함축한다. 그 시도는 우리 자신의 세계와 크게 다르지 않는 세계의 시간과 공간 안에서 일어났던 한 이야기를 말하고자 한다. 요한복음의 내러티브 세계가 때때로 우리의 세계와 상당히 다르게 보인다고 할지라도 그 세계는 우리가 상상할 수 있는 세계이다.[7] 우리에게 천둥소리는 단순한 천둥소리에 불과하다. 그러나 예수님은 천둥소리에서 자신의 운명을 확증하는 하늘의 음성을 듣는다. 반면 곁에 서서 들은 무리는 그 소리를 단지 천둥소리로만 인식했다(12 : 28－29). 요점은 이 이야기에서 암시하는 세상은 우리 자신의 세상과 유사하다는 데 있다. 이 복음서의 저자들은 다른 세상, 즉 인간 세상을 넘어선 신적 영역의 이야기를 창작할 수 있었을 것이다. 참으로 제사복음서는 그와 같은 시점인 '태초'에서

---

6. Gail R. O'Day의 뛰어난 요한복음에 관한 주석을 보라. *NIB* 9(Nashville : Abingdon, 1995), pp. 491－865, 특히 p. 852.
7. Adele Reinhartz는 *The Word in the World : The Cosmological Tale in the Fourth Gospel*, SBLMS 45(Atlanta : Scholars, 1992)에서 우리가 '세상'이라고 부르는 것에 관한 매력적인 연구를 해 왔다.

시작한다(1 : 1). 그러나 태초에 계신 말씀은 육신이 되어 우리 가운데 거하신다(1 : 14). 그러므로 전체로서 그 이야기는 우리가 세상이라고 부르는 이 영역에 살았던 한 사람의 생애 이야기이다.

더군다나 요한복음의 어느 한 부분의 전반적인 내러티브 문맥은 다른 세 복음서에 있어서 보다 더 중요하다. 혹자는 제사복음서에 대해서 이같이 말한다. 만일 당신이 이 문서의 줄거리를 실타래의 실을 풀듯이 풀어낸다면, 곧바로 이 문서의 전체 구조가 천과 같이 구석구석 짜 맞추어져 있음을 발견할 것이다. 요한복음의 모든 단화들을 대강 훑어보면, 모든 이야기와 모든 강화는 이전에 일어났던 사건을 토대로 하고 있고, 앞으로 되어질 일을 예견하게 한다. 예를 들어 1 : 35~51에 기록된 첫 번째 제자들을 부르시는 이야기를 선택해 보자. 예수님은 세례 요한의 두 제자 중 한 사람에게 물으셨다. "너희가 무엇을 구하느냐?"('구하느냐'는 'zeteo'의 번역, 1 : 38). 그 실타래의 실을 풀어내자. 그중에 특별히 눈에 띄는 것은 사람들 가운데에 그들이 알지 못하는 한 사람이 서 있다고 세례 요한이 선언했다는 사실이다(1 : 26). 이는 그들이 베일에 싸인 알지 못하는 분을 찾고 있음을 암시하고 있다. 더군다나 "너희가 무엇을 구하느냐?"는 예수님의 질문은 예수님이 '떠나가신' 후에 그들이 예수님을 찾게 될 것을 미리 예시한다(8 : 21, 13 : 33, 16 : 19). 곧 그들이 순수하지 않은 이유들로 예수님을 찾으며(6 : 24－26, 18 : 4), 부활하신 주님을 찾는 것(20 : 15)을 지적한다. 흥미로운 사실은 요한복음에서 '찾는다'는 단어를 제자도를 위한 버팀목(bookend)으로 사용한다는 점이다. 세례 요한의 추종자들은 1장에서 예수님을 찾으며, 막달라 마리아는 20장에서 예수님의 시체를 찾다가 부활하신 주님을 만난다. 이 한 이야기에 있는 간단한 질문은 다른 이야기들과 연결된 전체 복음서를 볼 수 있도록 우리를 인도하다.

요한복음은 '통으로 짠' 이음새가 없는 옷과 같다(19 : 23). 어느 정도는 다른 복음서들 역시 그러하다. 그러나 요한복음의 통으로 짠 솜씨는 다른 복음서들보다 뛰어나다. 이 점은 설교자들에게 우리가 요한복음 전체를 보다 잘 파악할수록 요한복음의 각각의 부분들을 더 잘 이해할 수 있음을 의미해 준다. 후에 나오는 장들에서 이에 대한 몇 가지 논의를 할 것인데, 우리는 요한복음 전체를 포괄적으로 이해할 수 있도록 노력을 기울여야 하고 몇몇 특정한 구절들을 연구할 때도 마찬가지이다. 이제 우리는 모든 특정한 구절들이 내러티브 전체와 연결되어 있다는 결론을 내릴 수 있다. 좋은 소설의 모든 단화가 전체 이야기에 꼭 필요한 것처럼 말이다.

여전히 요한복음의 다른 특징도 예수님의 이 이야기의 형식과 관련되어 있다. 제사복음서 저자는 말씀에 관한 한 찬송시로 그 이야기를 시작한다. 그 찬송시는 역사 곧 시간과 공간을 넘어선 영역인 '태초'에서 시작한다(1 : 1). 시간과 공간 내에 놓여 있는 한 이야기가 시간과 공간을 넘어서서 시작한다. 요한복음 서론의 분명한 목적 중에 하나는 뒤이어 나오는 내러티브의 주요 인물을 확인시키고자 하는 데 있다. 예수님은 육신이 되셔서 우리 가운데 거하시는데, 그분은 우리에게 하나님의 임재(영광)를 볼 수 있게 하는 말씀이다. 서론 덕분에 그 이야기의 등장인물들이 아직 예수님이 누구인지 알지 못했다고 할지라도, 독자들은 이미 예수님이 누구인지 알고 있다.

실제로 이것은 복음서들의 공통된 특징이며, 아마도 복음서 장르 자체의 특징일 것이다. 네 복음서 각각은 어떤 행태로든지 본격적으로 이야기를 시작하기 전에 예수님의 참된 신분을 진술한다. 예를 들어, 마가는 두 번째 복음서에서 '하나님의 아들, 예수 그리스도의 복음'임을 선언한다(막 1 : 1). 요한복음에서처럼 마가 이야기 전체는 그 이야기 속의 등장인물들에게 예수님의 참된 신분을 점차적으로 계시한다. 그리고 마침내 십자가 아래에 있던 백부장에 의해 예수님의 정체가 드러난다(막

15 : 39). 그렇다고 제사복음서 저자가 반드시 공관복음 중 어느 한두 권의 책, 아니 모두를 알았다고 가정하는 것은 아니다. 이 문제를 논하는 데는 상당한 어려움이 있다. 내가 말하고자 하는 바는 제사복음서 저자가 복음서 내러티브를 한 초월적인 상황(태초에, 1 : 1)에 두는 독특하고 의도적인 방식이다. 그 특별한 상황은 그 이야기 가운데에 계속적으로 나타나는데, 한 예를 들면 '위로부터' 왔다는 예수님의 주장이다(3 : 31, 8 : 58 참고).

요한복음이 기독교의 메시지를 선포하기 위해 구상된 복음서 장르의 유일한 형식이라고 이해하는 것이 가치 있게 요한복음을 설교하기 위한 첫 번째 단계이다. 이 사실을 염두에 두고 우리는 이제 다른 예비적인 문제에 관심을 돌려야 한다.

## 2. 요한복음의 예수님에 관한 묘사

### 1) 초상화들의 화랑

초기교회는 네 복음서를 하나로 조화시키려는 시도에 반대함으로 네 권의 복음서 각각에 주어진 책임을 분명히 했다.[8] 그 위탁은 중요하면서도 뜻 깊다. 네 복음서의 다양성에 주목하는 것은 가치 있는 일이다. 네 권의 복음서에서 찾아볼 수 있는 내용들을 조화시켜서 예수님에 관한 하나의 그림을 그려 내고자 하는 작업은 교회가 소중히 여기는 유산을 잃

---

8. AD 170년경 타티안(Tatian)은 복음서들을 조화시킨 책을 저술했는데, 유세비우스(Eusebius)는 이 책을 「디아테사론」(*Diatessaron*)이라고 명명했다(Historia ecclesiastica 4. 29. 6). 이 책은 5세기까지 널리 읽혀졌는데, 당시의 교회지도자들은 이에 반대해서 복사본들을 압수했다. 다른 네 권의 정경복음서들을 조화시킨 책이 저스틴(Justin Martyr)과 같은 유명한 학자들에 의해 점차 관심의 대상이 되었다. William L. Petersen, "Diatessaron," in *ABD*(New York : Doubleday, 1992), 2 : pp. 189-190.

어버리게 하는 일이다. 오늘날에도 복음서 각각에 주어진 책임을 지지하고 유지하는 것은 쉬운 일이 아니다. 그 이유는 그것이 우리 조상들의 믿음에 어려움을 야기시킨 것처럼 오늘날에도 그러하기 때문이다. 오늘날에도 예수님에 관한 네 권의 정경 이야기들을 하나의 이야기로 조화시키고자 하는 공통된 바람이 있다. 인기 있는 영화들과 TV 제작물들은 이 복음서에서 조금, 다른 복음서로부터 조금 취해서 예수님의 이야기나 또는 그 이야기의 한 부분을 극화한다. 우리 교회의 전통 내에서 그 이야기들을 조화시키고자 하는 의도는 도처에 있는 주일학교 크리스마스 야외극에서 예시하는 것과 매한가지이다. 마태복음의 동방박사와 누가복음의 목자들이 말구유를 방문하기 위해 함께 통로를 행진하여 내려가며, 청중들은 이 사건을 기꺼이 성서적 진리로 받아들인다.

몇 년 전 TV 영화인 "나사렛 예수"(Jesus of Nazareth)를 처음 보면서 나는 작가들이 분리된 기사들을 조화시키려고 노력한 방식에 대해 흥미를 가졌었다. 비록 특별한 우선권을 누가복음에 두었지만 말이다. 나는 그 이야기가 절정에 달했을 때 그리고 특별히 십자가 아래에서 했던 백부장의 대사를 들었을 때(마 27 : 54, 막 15 : 39, 눅 23 : 47) 구석에 놓인 의자에 앉아 있었다. 나는 그 백부장이 한마디 말도 없이 그의 투구를 벗어서 가슴에 안고 있는 침울한 장면을 보면서 웃음을 참을 수 없었다.

회중들이 교회의 교육적 경험들에 영향을 받았던 것만큼이나 예수님에 대한 이 대중적인 상들에 의해 영향을 받았기 때문에 대부분 평신도들은 그들 나름대로의 예수님에 관한 개인적인 그림을 가지고 있다. 그런데 그 그림들 대부분은 다양한 복음서의 그림들을 조화시킨 것이다. 한 복음서에 대한 설교에서 우리는 그것이 네 복음서들에 근거가 있든지, 그렇지 않든지에 상관없이 개개인이 그들 자신의 예수님 상을 그려왔다는 사실들과 씨름해야 했다. 그러므로 예수님에 관한 어느 한 권의 복음서의 특성들을 부각시킴으로 그들이 선호하는 예수님의 상을 부수기는 어렵다. 우리가 이전에 언급했던 사실을 기억해 보자. 예수님과 예수님의 가르침에 관한 어느 한 이야기의 의미를 이해하기 위해서는 그 이야기가 기술된 복음서 전체를 참조해야 한다. 우리는 어느 한 단화를 설교하기 위해서 이 독특한 상들에 충실해야 한다.

물론 네 복음서들은 예수님이 누구시며, 무엇을 행하셨으며, 어떠한 말씀을 하셨는지에 관한 일련의 공통된 특징들을 공유한다. 그리고 이 네 복음서의 전체적인 구조는 어느 정도 일치한다. 그러나 그 유사한 구조 내에서 복음서들 각각의 저자는 그 이야기의 주요 등장인물에 관한 독특한 상을 발전시킨다. 예를 들어, 마가복음의 예수님은 다른 세 권의 복음서에 묘사된 예수님의 모습과 비교할 때 가르치는 일을 적게 한다. 마가복음은 예수님의 치유 사건과 귀신 추출에 관한 기적적인 이야기들을 묘사할 때에 밝은 색깔로 그린다. 침묵 명령이 있음에도 그러하다. 마태복음은 대담한 필법으로 예수님을 뛰어난 선생으로 그린다. 누가복음도 이에 동의하지만, 가난한 자들과 소외당하는 자들에 관한 가르침들, 그리고 그들에게 관심을 보이시는 예수님의 모습을 상소한나.[9] 요한은 그 집합물에 네 번째 특징적인 묘사를 덧붙인다. 각각의 저자들이 그들 나름대로의 예수님에 대한 묘사에서 어떤 부분을 특별히 강조하는 것은 이유가 있기 때문이다. 설교자들이 이 사실을 무시하고, 네 복음서 저자들의 예수님의 상을 부수고 전체를 하나로 조화시키고자 할 때 우리는 복음서들 각각의 섬세한 부분을 놓치게 된다. 결국 우리는 성서를 충실하게 설교하겠다는 약속을 어기게 되는 것이며, 복음서들의 다양성에 대한 교회의 위탁을 저버리는 것이 된다.

요한복음으로 관심을 돌리기 전에 복음서 중에 나온 예수님에 대한 독특한 묘사에 수반된 일반적인 중요성을 예로 들어 보자. 설교자의 본문

---

9. Jack Dean Kingsbury, *Jesus Christ in Matthew, Mark, and Luke*, Proclamation Commentaries(Minneapolis : Fortress Press, 1981).

은 누가복음 4 : 14~21에 있는 나사렛에 있는 회당에서의 예수님에 대한 이야기이다(주현절 후 세 번째 주일, C). 누가는 많은 무리들이 몰려들어 사람들로 북적대는 한 조그마한 회당에 계신 예수님과 그의 제자들의 모습을 상상력을 동원하여 묘사함으로 그 이야기를 시작한다. 문제는 설교자가 마태복음(13 : 53 - 58)과 마가복음(6 : 1 - 6a)에 있는 병행되는 이야기들을 누가복음의 기술에 포함시킴으로 다른 복음서의 병행 이야기의 독특성을 와해시킨 데 있다. 아무리 그의 개작된 이야기가 상상적이라고 할지라도 이 단화의 세 가지 이야기들을 조화시킴으로 설교자는 누가복음에서 그 이야기의 위치가 갖는 지극히 중요한 구성요소를 놓치게 된다. 세 번째 복음서 저자에게는 이 이야기를 예수님의 시험 사건(4 : 1 - 12)과 첫 번째 제자들을 부른 사건(5 : 1 - 11) 사이에 두어 예수님의 첫 번째 공적인 활동으로 배열하는 것이 중요했다. 그 이야기는 누가복음에서 예수님의 사역의 목적에 대한 표제적인 선언으로서의 기능을 한다. 설교자의 상상력을 동원한 묘사는 누가가 이 강력한 이야기에 부여한 역할을 왜곡시켰다.

### 2) 요한복음의 초상

화랑 진열대는 예수님에 대한 매우 어려운 그림들로 장식되어 있다. 제사복음서에 제기된 고전적 학문적인 문제들 중 하나는 이 복음서 저자가 이 책의 주요 등장인물을 묘사하는 방식이다. 요한복음의 예수님은 이신론적인(docetic) 인물로 기술되어 있다. 말하자면, 실제로는 순수한 영만으로 구성되어 있으나 단지 인간의 모습을 하고 나타나는(dokea) 분으로 기술되어 있다. 첫째로 요한은 요한복음의 그와 같은 해석이 초기 교회의 상황에서 태동했다고 믿도록 우리를 인도한다. 요한1서 4 : 2에서 이 저자는 "……예수 그리스도께서 육체로 오신 것을 시인하는 영마다 하나님께 속한 것이요"라고 선언한다. 분명히 이 서신을 기록했던 공동체 내에는 그리스도의 육체적인 성육화를 거절한 자들이 있었으며, 아마도 그들의 요한복음 읽기의 근거도 그러했을 것이다.[10] 더군다나 요한복음을 연구하는 학자들 사이에 제기된 하나의 논쟁은 요한복음 1 : 14의 정확한 의미에 초점이 맞추어져 있다. 예수님의 인성은 단순한 가면인가 아니면 온전히 인성에 참여하는 것인가? '육신이 된 것'과 그리스도 안에서 지각된 '영광' 사이에는 어떠한 관계가 있는가?[11]

비록 1 : 14에서 예수님이 참된 인성을 가지셨다고 선포하지만, 요한복음의 묘사가 예수님의 초인간적인 능력들을 강조하고 있다는 사실에 대해서는 약간의 논란이 있을 수 있다. 정경 화랑에 있는 다른 세 그림들과 비교하면, 요한은 예수님이 행하신 이적이 공관복음에서 보도된 이적들을 능가하는 것으로 그리고 있다. 그 한 가지 예는 11장에 기술된 나사로를 살리신 이적이다. 화자는 나사로가 실제로 죽었다는 사실을 상당히 장황하게 묘사한다. 나사로의 무덤 위를 배회하는 나사로의 영혼(그의 생명, 숨)이 3일 후에 그곳을 떠났고, 그의 시체가 부패하기 시작했다(39절). 나사로는 소생한 것이 아니라 참된 부활을 경험했다(막 5 : 35-38, 40-43 참고). 다른 경우는 9장의 나면서부터 소경인 사람

---

10. Raymond E. Brown의 뛰어난 주석인 *The Epistles of John*, AB 30(Garden City : Doubleday, 1982)을 보라.
11. 도움이 되는 논의는 D. Moody Smith, *The Theology of the Gospel of John*, New Testament Theology(Cambridge : Cambridge Univ. Press, 1995), pp. 77-78 ; Smith의 글 "The Presentation of Jesus in the Fourth Gospel," in *Johannine Christianity : Essays on Its Setting, Sources, and Theology*(Columbia : Univ. of South Carolina Press, 1984), pp. 175-189을 보라. 이 문제는 Rudolf Bultmann과 그의 제자인 Ernst Käsemann 사이의 논쟁의 초점이 되었다. Käsemann, "The Structure and Purpose of the Prologue to John's Gospel," *New Testament Questions of Today*, trans. W. I. Montague(Philadelphia : Fortress Press, 1969), pp. 138-167 ; 그리고 Bultmann, *The Gospel of John : A Commentary*, trans. G. R. Beasley-Murray(Philadelphia : Westminster, 1971), pp. 60-72을 보라.

(1절)을 치유한 이적이다. 예수님은 마가복음의 유사한 치유 이야기들(8 : 25, 10 : 51－52)의 경우에서처럼 그 사람의 시력을 '회복'시킨 것이 아니라 이 사람이 알지 못했던 어떤 능력을 행사하신다. 매우 놀라운 행위들에 대한 이 장황한 이야기에 덧붙여서, 예수님이 그를 죽이고자 하는 반대자들 사이로 지나가시는데 그에게 손을 대는 자가 없었다고 설명한다(요 7 : 44).

예수님의 비범한 행위들에 대한 강조는 마음에 든다. 그러나 제사복음서에 동정적이며, 가까이하고 싶은 친구로서의 예수님에 대한 묘사가 드물게 나타난다는 사실은 용납하기 어렵다. 공관복음은 동정과 자비를 예수님에게 돌린다(마 9 : 36, 14 : 14, 15 : 32, 20 : 34 참고). 그리고 먼저 세 복음서들에는 예수님이 친절한 분으로 묘사된다. 그는 특별히 친구가 없는 사람들에게 친근함을 보이신다. 그는 죄인의 친구라고 불려지며(마 11 : 19), 다른 사람들을 '친구'라고 부른다(마 20 : 13, 22 : 12, 26 : 50 참고). 물론 요한복음에 나타난 예수님에게 그와 같은 특성들이 없지는 않다. 가장 선명한 예는 11장과 12장에 있는 예수님과 베다니 가족인 마리아, 마르다, 그리고 나사로와의 관계이다. 더군다나 예수님이 자신의 제자들을 '친구'라고 부른 곳은(15 : 15) 이 복음서뿐이다. 그리고 예수님은 자신의 죽음을 친구를 위해 목숨을 내어 놓는(15 : 13) 것이라고 설명하신다. 복음서들 가운데에서 그의 제자들에 대한 예수님의 사랑을 요한복음보다 강력하게 진술한 곳은 없다(13 : 1, 34, 15 : 9, 12).

요한복음을 읽으면서 경험하게 되는 일반적인 인상은 예수님이 따뜻하고, 남을 배려하며, 동정적인 인물로 다가오지 않는다는 점이다. 그보다는 예수님이 무관심하고, 차가우며, 자신을 따르는 자들만이 사랑을 받을 만한 자격이 있다고 평가하는 분으로 보인다는 사실이다. 위에서 제시한 우정과 사랑에 대한 언급들이 수난 이야기 직전에 그의 제자들과 사적으로 가졌던 마지막 논의에 한정된 것은 우연이 아니다. 누가복음

19 : 1~10의 삭개오의 이야기와 요한복음의 사마리아 여인과의 대화 이야기(4 : 1 - 42)를 비교해 보자. 둘 모두 예수님이 소외당한 자들을 용납하신 이야기이다. 그러나 요한복음의 이야기는 예수님을 자신을 따르는 자를 환영하는 분의 모습으로 묘사하지 않는다.

그와 같은 묘사는 제사복음서의 일반적인 신학적 관점에 적합한데, 이는 분명한 세 가지 초점에서 찾아볼 수 있다. 첫째, 무리들과의 관계에서 예수님은 자주 투쟁적이며, 엄격하시다. 그리스도는 세상에 분열과 다툼의 원인이 되는 분으로 알려졌다. 둘째, 요한복음의 독자들은 이 예수님이 '위로부터' 왔으며, 이 세상에 대해서는 이방인임을 잊어서는 안 된다. 예수님의 신적인 존엄성은 손상되어서는 안 된다(2장 참고). 마지막으로, 우리가 다음 장에서 논의하게 되겠지만, 요한복음은 적대감을 갖는 사회로부터 분리된 한 공동체를 위해 기록되었을 것이다. 제사복음서 저자는 그리스도를 세상을 위한 하나님의 사랑을 가진 분으로(3 : 16) 묘사하면서도, 일반적인 사회에 적대감을 가진 그리스도인들을 지지하는 분으로 그린다.

요한복음의 묘사는 이 세 가지 초점에 적합한 다른 많은 특징들을 드러낸다. 예수님의 담화는 길고 복잡하다. 공관복음은 반복해서 예수님의 짧고 함축성 있는 말씀들을 기록한다. 마태복음의 산상수훈(5 : 1 - 7 : 28)과 누가복음의 평지설교(6 : 17 - 49)와 같은 보다 긴 가르침의 단위를 함께 모아 놓을 때조차도 그 구조 내에서 우리는 간결하고도 간단한 말씀을 보게 된다. 아마도 예수님의 비유들은 공관복음서에 있는 예수님의 가장 긴 말씀들일 것이다(눅 15장 참고). 대조적으로 요한은 확대된 연설로 예수님의 강화를 제시하는데, 자주 다른 주제들로 전환을 가능케 하는 표제어들로 연결된 주제들을 두서없이 이야기한다. 14~16장은 이 특징의 실례이다. 더군다나 요한복음의 예수님은 비유로 말씀하지 않는다. 그리고 공관복음에 나오는 사랑의 이야기들도 기록되어 있지 않다. 제사복음서에서 우리가 확인할 수 있는 가장 가까운 병행은 확대된 은유들이다. 그 은유들에서 예수님은 다른 것과 비교하여 자신에 대해 말씀하신다(예를 들면, 10 : 1-16의 목자와 양의 문, 15 : 1-11의 포도나무와 가지).[12]

그와 같은 예수님의 묘사가 설교자와 무슨 관계가 있는가? 다시 한번 확실히 하고자 하는 바는 복음서들에 나타난 예수님의 상들 사이에 있는 구별되는 특징들이 흐릿해지는 것을 우리가 원하지 않아야 한다는 사실이다. 우리의 작업은 진술을 통해서 회중들에게 요한복음의 예수님을 바로 보도록 해 주려는 데 그 목적이 있다. 만일 이 복음서를 정경으로 인정하는 교회의 결정이 옳았다면, 우리는 근본적으로 차이가 있는 그리스도 상이 가치 있다고 가정할 수 있다. 무리들에게 보인 요한복음의 예수님은 제사복음서 저자가 계획한 예수님이 제자들에게 자신을 알리신 방법만큼이나 가치 있다. 그의 대적자를 엄하고 냉담하게 대하는 예수님은 그리스도에 대한 요한복음 전체의 표상에 없어서는 안 될 부분이다. 제자들에게 '친절한' 예수님의 모습이 냉담하고, 이질적인 예수님의 모습을 약화시키지 말아야 한다.

설교자들은 회중들에게 요한복음의 예수님을 설명하는 데 있어서 이중적인 기회를 가진다. 한편으로는 그리스도 안에 나타난 하나님의 계시를 이해하기 위한 새로운 모델로 그리고 새로운 관점에서 십자가를 이해시키기 위한 수단으로서의 역할이며 또한 친구 관계를 발전시키기 위한 기회를 제공한다.[13] 예수님은 그리스도인들에게 하나님의 인간에 대

12. 공관복음과 요한 문헌의 묘사들 사이의 차이에 대한 온전한 논의에 대해서는 Robert Kysar, *John, the Maverick Gospel*, rev. ed.(Louisville : Westminster John Knox, 1993), pp. 3-14을 보라.

13. 자극적이나 논쟁의 여지가 있는 작품인 J. Massyngbaerde Ford, *Redeemer, Friend and Mother : Salvation in Antiquity and in the Gospel of John*(Minneapolis : Fortress Press, 1997), pp. 1-7을 보라.

한 우정을 드러내신다. 다른 한편으로 우리는 '그리스도의 타자됨'을 보존하는 기회를 갖는다. 요한복음에 나타나는 예수님의 이질적인 성격은 우리 자신들과 우리의 세계를 넘어선 곳으로부터 전해진 말씀의 초월적인 특성을 보존해 준다.

친근감과 이질감, 이 두 가지 속성들이 한 특별한 본문에 잘 통합되어 있다. 16 : 29~33에서 예수님은 수난을 당하시기 전에 제자들에게 마지막 말씀을 하신다. 제자들은 "지금은 밝히 말씀하시고…… 우리가 지금에야 주께서 모든 것을 아시고 또 사람의 물음을 기다리시지 않는 줄 아나이다……"(29 - 30절)라고 분명히 말한다. 그들은 자신들이 마침내 '이해했다'고 생각했다. 그러나 예수님은 그들의 생각을 바로잡아 주신다. 그 이유는 그들이 가장 이해하기 힘든 사건들이 곧 일어날 것이기 때문이다. "보라 너희가 다 각각 제 곳으로 흩어지고……"(32절). 여기에서 우리는 이해심이 많고 친근감 있는 예수님과 '유대인의 왕'이라고 조롱을 받으며 십자가를 지실 예수님을 동시에 만날 수 있다. 이질적인 예수님과 이해심 많은 예수님이 짝 지어진다. 이 본문을 설교하는 데 있어서 우리는 친구이면서 '위'로부터 우리에게 찾아오신 '타자'이신 주님이 지닌 상이성을 대략적으로 살펴볼 기회를 가질 수 있을 것이다.

## 3. 바울적인 강요들에 대한 위협

결국 위의 논의는 공관복음의 강요에 의한 오염으로부터 제사복음서 본래 모습의 보존에 대한 중요성을 강조하고 있다. 동일하게 위협이 되는 경향은 정도의 차이가 있으나 바울적인 시각에서 요한복음의 주제를 해석하려는 것이다. 공관복음의 경우에는 우리가 요한의 내러티브들과 예수님의 말씀들을 처음 세 복음서의 패턴에 강압적으로 맞추려 할 때 문제가 발생한다. 바울 역시 동일한 유형의 위험을 제공한다. 우리는 요한의 신학을 마태, 마가, 누가의 신학적인 관점에서 해석하려는 경향이 있다. 그러나 이보다 더 큰 유혹은 바울적인 시각으로 요한복음을 읽으려는 것이다. 그러므로 우리는 바울 사상과 독립하여 제사복음서의 사상을 보존하고자 하는 데 관심을 두어야 한다.

### 1) 새로 개정된 바울 신학

분명히 신약성서 저자들 중에서 기독교 신학에 가장 큰 영향을 준 사람은 바울이다. 그는 첫 번째 기독교 신학자로서의 영예를 누리기도 했고 교회에 신학을 도입한 데 대한 비난도 받아 왔는데, 이것은 당신이 그의 사상을 어떻게 평가하느냐에 달려 있다. 혹자는 바울이 예수님의 '순수한 종교'를 오염시켰다고 생각한다. 바울은 분명히 교회의 중심적인 교리들에 기초적인 요소들을 제공하는데, 이것은 단지 믿음을 통해 은혜로 의롭게 되었다는 주장만은 아니다. 바울은 자신이 알고 있거나 방문하고자 하는 교회들과 서신을 주고받았기 때문에 그의 언어는 복음서들보다 더 신학성을 띠는 경향이 있다. 우리들 중 대부분은 복음서들의 내러티브 장르가 바울의 편지만큼이나 신학적이라고 주장한다. 비록 최근의 서양적인 사고가 우리를 내러티브보다 명제들에서 교리적 근거를 찾도록 이끌지만 말이다. 금후 바울은 1세기의 대신학자로서의 위치로 높여졌다.

그러나 점차적으로 사도 바울을 다른 관점에서 바라보는 경향이 생겼다. 바울의 연구들에 있어서 새로운 추세는 특별히 노력하지 않아도 우리로 하여금 바울을 조직신학자라기보다는 실천신학자로 간주하게 한다. 그는 믿음의 지적인 명료성을 구하기 위해 결심한 분석적이며 추상적인 사상가이기보다는 오늘날 우리가 선교라고 부르는 분야에 훨씬 더 깊이 있는 사람이다. 바울의 편지들에서 우리는 그가 회중을 양육하고자 하며, 그들의 긴급하고 실제적인 필요들에 답하고, 그들에게 교회의 내적·외적인 갈등들과 위협들을 처리할 수 있도록 능력을 주고자 노력하는 모습을 본다. 바울에 대한 이와 같은 관점은 우리가 우리 자신이 형성한 조직적인 틀 안으로 그의 견해들을 밀어 넣기보다는 더 분명한 정확성과 믿음으로 그의 글들을 취급할 수 있도록 해 준다.

의인화에 대한 바울의 이해는 사도들의 글들이 어떻게 재해석되었는지에 관한 중요한 예를 제공한다. 하나님이 죄인들을 의롭게 하셨다는 사실이 바울의 바퀴의 축이며, 그 축으로부터 모든 살이 나온다는 주장이 일상화된 반면, 최근 학자들은 이 주장이 그렇게 간단하지 않음을 입증했다. 바울은 자신의 저작으로 인정받은 서신들 중에 두 개의 서신에서만 믿음으로 의롭게 되었다고 호소한다. 곧 로마서(3 : 21 - 26 참고)와 갈라디아서(2 : 15 - 21 참고)이다. 이 두 서신에서조차도 의롭게 되는 것을 자연스럽고 본질적인 참된 견해로 제시하지 않는다. 이 두 경우에서 의인은 하나의 논쟁으로 여겨지며, 그 논쟁을 통해 바울은 보다 실제적이면서도 비교적 교리적이지 않는 목적을 성취하고자 했다. 예를 들면, 우리 중에 몇몇은 로마서에서 바울의 주요 목적이 하나님의 관심이 인류 모두에게 있다는 사실을 주장함으로 교회 내에 있는 유대인과 이방인 당파를 화해시키려는 데 있었다고 확신한다.[14] 두 그룹에 속한 신자들에게 주어지는 하나님의 의가 로마 시민의 일원인 로마의 그리스도인들에게 주어진다. 갈라디아 교인들에게도 이것은 마찬가지이다. 교회 내의 혼란은 단지 바울이 세웠던 교회를 분열시켰던 몇몇 기독교 선교사들 때문인 것으로 보인다. 어떻게 우리가 하나님과의 올바른 관계를 형성할 수 있는가에 관한 그의 신학적인 견해는 바울이 전하고자 하는 메시지의 본

14. 로마 가톨릭의 예로는 Luke Timothy Johnson, *Reading Romans : A Literary and Theological Commentary*(New York : Crossroad, 1997), pp. 6 - 10과 Krister Stendahl, *Final Account : Paul's Letter to the Romans*(Minneapolis : Fortress Press, 1995), pp. 1 - 7을 보라.

질적인 부분이 아니라 그의 친목적인 목적을 이루기 위한 수단이다. 그 이유는 기독교공동체가 다양한 사람들로 구성되어 있기 때문이다.[15] 이것은 믿음을 통해 은혜로 말미암아 의롭게 된다는 선언이 참되지 않다는 의미는 아니다. 이는 단지 바울의 서신들 내의 적절한 관점에 이 사상을 두었다는 의미이다.

보다 새로운 바울에 대한 이해는 그의 사상의 중요성을 감소시키고자 하거나 당시 신학적 사상의 근거로써 그의 역할을 약화시키고자 하는 데 있지 않다. 그러나 이 이해는 본문 자체에 대한 보다 더한 정직성과 성실함으로 바울의 글들을 다루도록 우리를 초대한다. 최근의 학자들은 바울 서신들에 보존된 보다 새롭고, 보다 다양한 보물들을 발견하고자 하는 기대를 가지고 바울을 향해 들어가는 문들을 다시 열었다. 바울의 사상이 요한복음에 대한 우리의 해석 안으로 침투한다는 느낌은 바울의 글들에 신선하게 접근함으로 상당히 수정되겠지만, 그렇다고 해서 그 위협이 전적으로 제거되지는 않을 것이다.

## 2) 바울적인 사고의 침입

과거에 그리고 바울의 주도적인 영향하에서는 요한의 사상을 읽고, 그 사상을 보다 바울과 조화를 이루는 범주 안으로 옮겨 놓는 것은 우리에게 훨씬 쉬운 작업이었다. 이것은 여러 요인들에 기인한다. 첫째로, 우리의 핵심적인 기독교 교리들 중 상당 부분이 바울 사상의 영향하에 형성되었기 때문이다. 그러므로 요한복음의 본문들을 읽고 그 본문의

15. 그 예로는 Krister Stendahl, *Paul among Jews and Gentiles*(Minneapolis : Fortress Press, 1976)을 보라. 그리고 보다 최근의 연구는 Hendrikus Boers, *The Justification of the Gentiles : Paul's Letters to the Galatians and Romans*(Peabody, Mass. : Hendrickson, 1994)를 보라. 보다 급진적인 제안을 한 책은 Mark D. Nanos, *The Mystery of Romans : The Jewish Context of Paul's Letters*(Minneapolis : Fortress Press, 1997)이다.

의미를 이해하기가 어려울 때, 우리는 요한복음에 대한 갈등을 바울의 체를 통하여 그 사상들과 언어를 여과시킴으로 해결한다. 둘째로, 성서를 한목소리로 통일성 있게 말하고자 하는 우리의 관심이 동일한 방향으로 우리를 인도한다. 대신학자인 바울은 우리가 신약성서의 다양한 목소리들 내에서 일치를 모색하게 한 규범이 되었다. 오늘날에도 우리가 요한복음의 이해에 어려움을 겪을 때 동일한 위험이 연구들의 그림자에 스며든다.

전통적인 예는 루터교의 종교개혁주일의 행사에도 나타난다. 루터교 교회력에 의하면, 그 주일에 주어진 복음서 일과는 요한복음 8 : 31~36이다. 이 구절은 두 번째 본문인 로마서 3 : 19~28과 한 쌍을 이룬다. 요한과 바울이 대면한다. 그렇다면 과연 어느 본문이 우선인가? 특별히 믿음으로 말미암아 은혜로 의롭게 된다는 사상을 중요하게 여기는 루터교인들에게는 누가 더 의미 있는가? 이 복음서 일과에서 자유와 노예에 관한 요한복음의 주제들은 바울의 사상으로부터 끌어 온 것으로 보인다. 그리고 참으로 여기에서 요한복음의 언어는 그 둘레에 바울의 고리를 가지고 있으며, 특별히 34절이 그러하다. 설교자들이 요한복음의 '진리'(alētheeia)의 범주를 "그리스도 예수 안에 있는 속량으로 말미암아 하나님의 은혜로 값없이 의롭다 하심을 얻은 자 되었느니라 …… 또한 예수 믿는 자를 의롭다 하려 하심이라"(롬 3 : 24, 26)는 바울의 범주로 해석하는 경우는 드물지 않다. 실제로 나 역시 서류철에 그와 같은 해석을 한 여러 편의 종교개혁주일 설교를 보관하고 있다. 요한이 '진리'라는 개념을 통해 의미하는 바가 무엇인지는 더욱 연구해야 할 것이다. 여기서 문제는 로마서의 일과가 요한복음의 일과를 덧칠해서 그 덧칠해진 색이 요한을 바울과 같은 형태로 만든다는 데 있다. 만일 당신이 내가 그러했던 것의 절반만큼이라도 믿음으로 말미암아 은혜로 의롭게 된다는 교리를 소중히 여긴다면, 당신은 자칫하면 나와 동일한 과정을 밟게 될 것이다.

그러나 성서일과에서 우리는 바울을 통해서 요한복음의 구절의 의미를 분명히 하고자 하는 기대로 요한복음의 구절과 바울의 구절들을 조화시키려 해서는 안 된다. 우리 중 대부분은 바울 사상의 본질들 근처에 가 있다. 적어도 우리가 그렇게 배워 왔던 것처럼 말이다. 우리의 시각은 바울적인 사고로 본문을 보려고 하는데, 이는 두 번째 일과는 바울로부터 가져오고, 복음서 일과는 요한복음으로부터 가져올 때 보다 분명해진다. 예를 들면, 십자가가 인간을 구원하는 방식에 대한 요한의 믿음을 해석하려고 할 때 우리의 사고는 자주 바울의 십자가에 대한 사고에 의존하게 된다. 우리 대부분은 직감적으로 바울이 한 번 언급했고(롬 3 : 25), 신약성서의 다른 두 저자들(히 9 : 5, 요일 2 : 21, 4 : 10)이 언급했던 '화목제물'이라는 렌즈를 통해 제사복음서를 읽는다. 실제로 '히라스모스'(hilasmos)라는 이 단어는 신약성서에는 거의 나오지 않는다. 그리고 이것은 십자가를 이해하는 여러 다른 방법들 중 하나일 뿐이다. 이와 같은 사실에도 불구하고 화목제물은 신약성서에서의 이 용어의 역할을 훨씬 뛰어넘어 속죄에 대한 대중적인 견해가 되었다. 결과적으로 우리가 요한복음 13 : 24이나 15 : 13을 읽을 때 예수님이 우리의 죄를 속량하시기 위해 희생제물이 되셨다는 관점에서 이해하기 쉽다. 나는 요한복음의 십자가에 대한 이해가 희생제물과는 상당한 거리가 있다고 믿는다. 나는 후에 이 문제가 보다 충분히 연구되기를 바란다. 여기에서는 바울의 사고들 중 하나가 너무 급하고 쉽게 우리가 요한복음을 읽는 데 침투해 들어오는 것을 허용하고 있다는 사실을 지적하는 것만으로 충분하다.

그렇다면 바울에 대한 학계의 수정적인 경향이 바울의 렌즈를 통해 요한복음을 읽는 그와 같은 유혹으로부터 우리를 자유롭게 할 수 있는가? 전혀 그렇지 않다. 바울의 신학이 미치는 영향이 독단적이든지 그렇지 않든지, 교회적 연합과 성장을 위해 무언가 견해들을 주장하는 것이 바울 사도의 목적이든지 아니든지 간에 바울은 여전히 요한복음의 해석에 지대한 영향을 미칠 가능성이 높다. 해석학(해석의 학문을 의미)은 이미 알고 있는 일련의 사실과 우리가 가진 자료를 관련시킴으로 이해하게 된다고 주장한다.[16] 다른 말로 하면, 이해는 다양한 사고들이나 자극들 속에서 우리가 만드는 관계들에 의해 형성된다. 그러므로 온전히 객관적이며, 선입관이 없으며, 오염되지 않은 본문에 대한 해석은 없다. 우리는 항상 우리가 알고 있고 우리의 이해를 형성했던 사고의 관점에서 본문을 읽는다. 예를 들면, 만일 내가 오스트레일리아 남동쪽의 한 주에 살고 있는 한 남성에 관한 소설을 읽는다고 한다면, 이 이야기에 대한 나의 해석은 필연적으로 내가 이전에 가지고 있었던 남부 지방 사람들에 대한 선입관의 영향을 받게 될 것이다.

결론적으로 우리 중에 누구도 본문이 제시한 관점에서 순수하게 요한복음을 읽을 수는 없다. 우리는 항상 본문의 의미에 우리 자신의 전 이해를 부과한다. 말하자면, 이것이 우리가 필시적으로 믿음의 공동체의 맥락에서 성서를 읽으려고 노력하는 이유이다. 그렇게 할 때에 우리는 우리 자신의 편협한 해석을 넘어서 다른 무언가를 얻을 수 있다. 그러므로 바울의 침투는 단지 요한복음을 이해하는 데 있어서 갖게 되는 하나의 선입관이다. 그러나 아마도 이것은 많은 경우에 다른 신약 정경 그룹의 글들을 형성한 선입관이기 때문에 그 위험이 그리 크지는 않을 것이다. 물론 우리는 다른 사람들이 요한복음에서 발견한 의미가 무엇인지 알기

---

16. 이것은 Martin Heidegger의 이해의 방식을 너무 단순화시킨 것이다. *Being and Time*(New York : Harper and Row, 1962). 특히 pp. 285-290을 보라. A. K. M. Adams가 포스트모던적인 사고로 진술한 것과 같은 이해에 대한 한 논의에 관해서는 *Making Sense of New Testament Theology : "Modern" Problems and Prospects*, StABH 11(Macon, Ga. : Mercer Univ. Press, 1995), pp. 170-181을 보라.

위해서 그들(평신도들과 학자들 모두)과 상의함으로 우리의 해석을 점검할 수 있다. 이것은 아마도 설교자들이 주석들을 가장 잘 사용하는 경우이다. 우리가 잘 아는 바와 같이 주석들은 설교를 준비하는 과정에는 크게 도움이 되지 않는다. 실제로 주석을 읽지 않고도 우리는 회중을 위한 특별한 본문의 메시지를 식별할 수 있다. 그것은 우리 자신의 특별한 상황 내에 있는 우리의 일이다. 주석들(다른 도움들)이 할 수 있는 역할은 우리에게 성서 문서 중에서 이해하기 어려운 본문들을 해석할 수 있는 자료를 제공하는 것이다.

그러므로 해석 과정에서 강요는 회피할 수 없기 때문에 바울의 강요 역시 회피할 수 없다. 설교를 위한 해석은 우리가 '강요'라고 불렀던 것에 의존한다. 설교자는 어떠한 본문을 설교하기 위해서 순전히 객관적으로 그 본문을 읽기를 원하지 않는다. 그보다 우리는 회중들이 어느 정도는 우리의 해석 과정에 보조를 맞추어 그 해석을 받아들이기 원한다. 우리는 본문을 설교하기 위한 준비로 한 본문을 연구할 때 교인들의 관심과 필요와 조건들이 충족되기를 원한다. 우리는 성령이 우리로 하여금 새로운 시각으로 그 본문을 읽을 수 있도록 해 주기를 바란다. 이는 한 본문이 어떻게 이 주일에 우리 회중을 위한 말씀이 될 수 있는지의 관점에서 의미를 이해하는 시각이다. 다른 방식으로 말하면, 우리는 어느 특정한 주일을 위한 일과를 읽을 때 성령의 간섭을 위해 기도한다. 요한복음의 본문을 포함해서 말이다.

## 4. 결 론

요한복음은 해석을 위한, 특별히 설교를 위한 해석에 특별한 문제들을 제기한다. 그 문제들 중에는 요한복음의 특별한 선포(장르)의 형태와 바울, 그리고 신약성서의 다른 저자들의 글들과 비교할 때 예수님의 독특한 모습과 구별되는 신학이 지적된다. 이 세 가지의 분리가 요한복음을 설교하기 위한 우리의 연구를 재개하게 하는 한 방식이다. 말해야 할 바가 상당히 많이 남아 있으며, 연구해야 할 다른 수단들이 있으나 이 세 가지 문제들을 의식 속으로 떠올림으로 우리는 제사복음서의 설교학적 사용의 다른 측면들을 전하기 위한 더 나은 준비를 할 수 있다.

이쯤해서 우리는 지금까지 논의해 온 세 가지 예비적인 주제들에 담긴 설교자들을 위해 '결정적으로' 중요한 사항들을 요약해 보고자 한다. 요한복음을 설교하는 데 이 세 가지는 어떤 차이를 가져오는가? 무엇보다 내가 믿기로는 이 세 가지 요소들, 곧 복음서 장르, 예수님의 상, 그리고 바울의 강요가 우리 모두를 요한복음에 대한 보다 충실한 해석자요, 복음서 메시지에 대한 신뢰할 만한 설교자가 되는 데 도움을 준다. 소위 이론적인 것과 실천적인 것 사이를 나누는 경계는 몇몇 사람들이 확신한 만큼 분명하지 않다. 단독으로 독특한 복음서인 요한복음을 읽는 데 문제가 되는 사항에 대한 이해는 직접적이고 중요한 실제적인 결과들을 가져온다.

그럼에도 불구하고 보다 특별한 무언가가 있다. 그것은 곧 설교사를 위해 이 주제들이 내포하는 바들에 대해서 말하는 것이다. 복음서 장르에 대한 질문은 우리로 하여금 설교자들이 복음서들 자체가 전하고자 했던 바가 무엇인지를 정확히 묻도록 인도한다. 우리가 복음서 중 어떤 책, 특별히 요한복음으로부터 가져온 본문을 설교할 때 우리는 이 시대를 위해 본문 자체의 선포를 되살린다. 내가 확신하기로는 제사복음서 저자는 뛰어난 설교자이며, 제사복음서는 우리에게 무엇을 설교해야 하며, 어떻게 설교해야 하는지를 보여 준다. 이 확신에 대한 증거는 이 책의 나머지 부분에서 다루게 될 것이다. 이제 나는 당신을 아래의 평행선을 응시하도록 초대한다. 우리는 본문의 원래적인 상황에서 본문이 말하고자 하는 바를 찾는 데 주의를 기울여야 한다. 이것은 우리가 다른 신약의 문서들처럼 제사복음서도 개인적으로 읽혀지도록 하기 위해 기록되지 않고, 공적으로 읽혀지도록 하기 위해 기록되었다는 사실을 기억할 때 더욱더 분명해진다. 곧 우리의 설교가 구전 사건인 것처럼 말이다.

둘째로 요한복음은 설교자들에게 참신하게 다른 예수님의 상을 제시함으로 예수님의 말씀들과 사역들을 그들 자신들을 위해 탐구할 수 있도록 해 준다. 성서일과는 우리를 조직적으로 세 권의 공관복음 각각을 지속적으로 읽도록 인도한다. 이것은 한 해에 한 권씩 읽을 수 있게 되어 있다. 요한복음에서의 예수님은 매우 드물고 산발적으로 우리와 마주친다. 이 경우들은 우리로 하여금 요한복음 묘사의 독특성이 독자들에게 줄 충격을 고려하도록 이끈다. 그것들 중 대부분은 네 권의 복음서를 근거로 예수님의 조화로운 상들을 형성해 제시함으로 그들에게 위안을 주기보다는 그들로 하여금 예수님의 다른 측면을 보도록 한다. 아마도 그것은 하나님의 계시자의 매우 이질적인 특성과 같은 모두가 자주 무시해 왔던 측면일 것이다.

마지막으로 요한 문서들에 제시된 신약성서 신학들의 다양성은 우리에게 일치 속의 다양성과 차이들을 추구할 수 있는 기회를 제공한다. 베이비붐 세대와 그 이후의 세대들은 그리스도인의 믿음이 무엇인지 파악하고 있지만, 이것으로 어떠한 만족도 얻을 수 없다는 사실을 알 것이다. 요한은 그리스도인의 믿음과 생활의 근본적인 요소들을 추론하는 다양한 방법들이 있음을 암시한다. 우리가 요한복음의 독특한 사상을 명확히 표현하는 데 성공할 때 그것은 동일한 회중들 내에서조차 다양한 사상이 있을 수 있으며, 있어야 된다고 주장하는 것이다. 북미 사람들은 이 새로운 세기의 주도적인 문화와 구별되는 자들을 향한 자세를 재고하라는 도전을 받는다. 그렇다면 하나님이 그리스도 안에서 우리를 위해 행하셨던 것을 이해하는 다양한 방식들에 대해 고쳐 생각하도록 허용하지 않는 이유는 무엇인가?

이 서론에서 우리가 관심을 가졌던 주제들의 중요성에도 불구하고, 이 여행을 시작할 때 다루어야 할 다른 주제들이 여전히 있다. 이 주제들은 우리가 위에서 연구한 세 가지와 다르게 생각했던 것만큼 위험이 많지는 않다. 우리는 실제로 제사복음서 저자에 대해서 거의, 아니 전혀 알지 못한다. 비록 다음 장에서 우리가 복음서 저자의 정황을 이해하기 위한 학문적인 노력을 하게 될 것이지만 말이다. 물론 요한복음은 복음서의 저자가 누구든지 간에 첫 독자들의 눈에는 그가 권위를 가지고 명령했다고 가정할 수 있게 한다. 그 권위가 무엇이든지 간에 말이다.

더군다나 제사복음서 저자는 파라클레토스, 곧 성령의 보내심에 관한 핵심적인 말씀들을 포함시킨다. 이 말씀들 중에는 이 신비스러운 분이 "……모든 것을 가르치고 내가(예수님) 너희에게 말한 모든 것을 생각나게 하리라"(14 : 26)고 하는 약속이 있다. 좀더 후에 나오는 다른 파라클레토스 구절은 "……그가 너희를 모든 진리 가운데로 인도하시리니……"(16 : 13)라고 보증한다. 무리한 사색 없이도 이 구절들로부터 두 가지 중요한 결론을 도출해 낼 수 있다. 첫째로 복음서 저자는 복음서 자체를 성령의 인도하심의 결과요, 파라클레토스가 어떤 방법으로 자신에게 '모든 것'을 가르쳤는지를 표현하는 책으로 인정한다. 우리는 파라클레토스 구절들이 전체적으로 이 복음서의 진정성에 대한 이론적인 설명을 제공한다고 확신할 수 있을 것이다. 우리가 이 구절들에 대해 연구한 후 도달할 수 있는 두 번째 결론은 복음서 저자가 파라클레토스가 독자들을 요한복음을 이해하도록 인도하실 것으로 믿었다는 사실이다. 파라클레토스는 "……너희와 함께 거하심이요 또 너희 속에 계시겠음이라"(14 : 17). 그래서 독자들은 이 문서의 말씀들의 의미를 이해하고자 하는 도전을 받게 될 것이다.

다른 말로 하면, 요한복음은 성령의 영향하에 쓰였으며 독자들로 하여금 동일한 분의 인도하심을 받아 이 책을 읽게 한다. 나는 우리의 연구를 위해 이것이 의미하는 바 모두를 이해한 체하지는 않을 것이다. 그러나 제사복음서 저자는 우리가 제사복음서를 읽고, 연구하고, 설교하는 것을 성령 사역의 한 부분으로 믿었으리라고 나는 확신한다. 그렇다고 그 사실이 어떤 경우에든 설교자로서 우리의 책임을 벗어나도록 하지는 않는다. 그렇지만 이 사실은 우리에게 요한복음과 다른 성서에 대한 설교학적 작업이 하나님의 인도하심으로 이루어진다는 약속을 한다.

# 1장 격 론

## 요한복음 연구경향의 이해

나처럼 25피트 정도 되는 엉클어진 밧줄을 풀려고 하다가 좌절해 본 경험이 있는가? 물론 내가 쉽게 포기한 까닭은 나이 탓도 있으며, 그 일을 하기에는 서투른 나의 솜씨 때문일 수도 있다. 그러나 여전히 이리저리 얽혀 있는 밧줄을 곧게 펴는 일은 쉬운 작업이 아니다. 당신이 어느 끝을 선택해서 시작하든지 간에 밧줄을 푸는 데는 많은 인내와 시간을 필요로 한다.

요한복음 연구에 있어서 지지를 받는 이론들은 엉클어진 밧줄과 같이 복잡한 방식으로 서로 얽혀져 있다. 다른 곳으로부터 제시된 하나의 주제는 다른 방향으로 나아가서 세 번째 안과 접촉한다. 하나의 제안은 그 자체로 충족되지 않는데 그 이유는 각각이 다른 주제들과 관련되어 있기 때문이다. 제사복음서 연구의 복잡성은 최소한 다른 두 가지 이유에 기인한다.

우선 요한복음은 항상 학자들에게 어려움을 주었고, 다양한 제안들을 하도록 일깨웠다. 요한복음이 기록된 지 10여 년 정도 지났을 때 한 교회(혹은 교구들) 내에서 요한복음의 해석상의 문제로 분열이 일어났던 것으로 보인다.

첫째, 요한복음에 대한 다른 해석으로 인해 대립되는 두 그룹들이 발생했던 상황에서 요한복음이 기록되었던 것 같다. 요한1서 저자는 그리스도가 육신으로 오셨다는 것이 참된 해석이며, 반면 분리되어 나간 한 그룹은 그리스도는 온전한 인간이 아니라는 견해를 분명하게 옹호했다고 주장한다.[1] 이 해석의 차이는 곧바로 영지주의적인 그리스도인들과 소위 주류 기독교 사이에 제사복음서에 대해 서로 충돌하는 해석들을 하게 했다. 이 충돌은 이레니우스(Irenaeus)의 작품 중에서 입증된다. 이레니우스의 작품은 초기 기독교 영지주의를 이해하는 데 도움이 되는 우리가 가진 자료들 중 하나이다.[2]

초기의 요한복음 해석의 차이들이 수세기 동안 계속되고 있고, 현재까지 이어지고 있다. 비평적인 연구의 거의 모든 논의들에 있어서 합의된 의견들은 거의 없다. 저자, 저작 연대, 저작 상황, 저작 장소, 신학, 그리고 다른 나머지 문제들은 요한복음 연구에 헌신했던 학자들 사이에 뜨거운 논쟁거리가 되어 왔다. 이러한 문제들에 대한 격론의 한 예는 요한복음의 저작 시기의 문제이다(우리는 그 문제에 큰 관심을 기울이지는 않을 것이다).

최근 수십 년 내에는 요한복음이 매우 늦은 시기인 약 110년경에 기록

---

1. 이것이 브라운(Raymond E. Brown, S. S.)의 유명한 주석인 *The Epistles of John*, AB 30(New York : Doubleday, 1982)의 견해이다. 또한 Robert Kysar, *I, II, III John*, ACNT(Minneapolis : Augsburg, 1986)을 보라.
2. 요한복음의 해석의 역사에 관해서는 Robert Kysar, "John, Gospel of," in *Dictionary of Biblical Interpretation*(Nashville : Abingdon, 1999), 1 : pp. 609-619을 보라.

되었다는 낡은 이론이 지지를 받아 왔다. 반면 다른 학자들은 제사복음서가 네 권의 정경복음서 중에 가장 먼저 쓰였을 가능성이 있다고 주장한다. 아마도 45년 혹은 50년경에 쓰였다는 주장이다.[3] 학자들이 요한복음에 관해서 분명하고 명료한 견해를 우리에게 내어 놓지 못하는 까닭은 무엇인가? 가장 큰 이유는 요한복음 자체의 수수께끼 같은 특성들이 우리의 질문에 쉽게 답을 하는 데 방해가 되었기 때문이다.

요한복음을 이해하고자 하는 학자들의 연구들은 성서해석이 전체적으로 크게 확대되는 과정에 있다는 사실 때문에 더욱 난관에 부딪치게 된다. 20세기 후반에 수많은 해석 방법들과 해석학적인 사고들이 매우 다양해졌다. 나의 훈련 기간인 1950년대 말과 1960년대 초에는 역사비평 방법이 적어도 가치 있다고 고려되는 유일한 방법이었다. 그러나 금세기 말경에는 역사비평 방법이 혹독한 비평을 받았으며, 보다 낡은 방법을 대체하거나 의미 있는 보충을 하고자 하는 보다 새로운 수많은 방법들이 지지를 받아 왔다. 성서연구에 있어서 이러한 변화들은 제사복음서의 연구에서도 영향을 미쳤다. 어떤 섬에서는 요한복음 연구의 전 분야에 보다 새로운 거의 모든 방법들이 적용되었다.

결과적으로 현재의 요한복음 연구들은 여러 의견들을 제시한다. 이 다양한 견해들 중 상당 부분은 해결되지 않았으며, 설교자들은 학문적인 동의에 대한 확신 없이 나아가야 한다. 이러한 상황의 다른 예는 요한복음과 공관복음의 관계이다.

제사복음서 저자가 요한복음을 구성할 때에 다른 세 복음서를 알고 있었고 사용했는가? 혹은 공관복음과 요한복음 사이의 유사성들은 이 둘

3. 늦은 시기에 기록되었다고 주장하는 한 예는 Francis J. Moloney, S. B. D., *The Gospel of John*, SP 4(Collegeville. Minn. : Liturgical, 1998), pp. 2-3을 보라. John A. T. Robinson의 최근에 출판된 책에서는 네 권의 정경복음서 중에서 요한복음이 첫 번째로 기록되었을 것이라고 주장한다. *The Priority of John* (London : SCM, 1985)을 보라.

이 공유한 공통된 전승을 이용했다고 함으로 설명할 수 있는가? 제사복음서 저자는 예수님의 사역에 대한 공관복음 연대기를 알고 있으며, 의도적으로 성전정화 사건(2 : 13-22)을 사역 초기로 옮겨서 기록했는가? 또는 교회를 통해 전해 온 이 복음서 저자의 전승에는 예수님의 첫 번째 공적인 행동으로 성전정화 사건을 제시하는가? 제사복음서와 공관복음의 관계에 대한 모든 상상할 수 있는 다양한 대답이 제안되었다.[4] 설교자들은 이 논쟁을 가라앉게 할 수 없으며, 전적으로 그 토론을 피하거나 결론 중에 하나를 선택하여야 하며, 학자들의 일치된 의견이 없다는 사실에 대해서도 동의해야 한다.

이 장에서는 요한복음에 대한 건전하고 충실한 설교에 절대적으로 필요한 몇 가지 중요한 주제들의 엉켜진 실타래를 풀고자 하며, 그것들에 대한 몇몇 통찰력을 제공하려고 한다. 나는 요한복음의 본문들에 대한 설교자의 연구를 위한 근거로써 현재 연구의 관점에서 요한복음에 관한 타당성이 있는 한 가지 견해를 개략적으로 살펴보고자 한다. 또한 논의를 세 가지 다른 분야들로 제한함으로써 우리는 몇 가지 명료성과 실행 가능한 안들을 찾아낼 수 있을 것이다.

첫 번째는 요한복음의 역사적인 기원이다. 두 번째는 요한에 대한 사회학적인 연구이다. 그리고 세 번째는 제사복음서의 문학적 특징이다. 나는 이 세 분야가 설교자들에게 설교적 작업을 위한 풍부한 가능성들을 제공한다고 믿기 때문에 이 세 분야를 선택했다. 나는 이 세 분야 각각을 위해 현재의 학문적인 작업이 설교자에게 어떠한 도움을 주는지를 보여주는 몇 가지 예를 제공하려고 한다. 전반적으로 이 장의 기본적인 가정

---

4. 요한복음과 공관복음의 관계의 문제에 관한 학자들의 견해들은 D. Moody Smith, *John among the Gospels : The Relationship in Twentieth-Century Research*(Minneapolis : Fortress Press, 1992)에 잘 요약되어 있으며, 평가되어 있다. 스미스는 그 질문은 간단히 대답할 수 없다고 결론을 내린다.

은 설교자들이 성서 학계와 현재 진행 중인 요한복음 연구들의 주요 움직임들에 관한 지식을 가져야 할 필요가 있다는 것이다.[5)]

## 1. 제사복음서의 역사적인 기원

이 복음서의 기원은 수세기 동안 비평가들을 당혹스럽게 해 왔다. 그리고 이 복음서의 삶의 정황에 대한 가설들은 다양하다. 이 당혹스러움은 복음서 저자가 이 복음서의 기록 목적을 한곳에서 진술(20 : 30-31)함으로 가중되었다. 어떤 면에서 이 진술은 도움이 된다. 복음서 저자는 이 복음서가 독자들이 '생명'을 얻게 하기 위해 기록되었다고 주장한다. 그러나 31절에 근거해서는 이 복음서가 개종자를 얻기 위해 기록되었는지, 아니면 이미 믿음을 가진 사람들의 신앙을 강화시키기 위해 기록되었는지에 관한 질문에 대답하기가 쉽지 않다.

고대 사본들은 '믿음을 지속하게 하기 위해서'(pisteuēte, 현재가정법)로 번역하는 것이 좋은지 아니면 '믿음을 갖게 하기 위해서'(부정과거가정법)로 번역하는 것이 타당한지, 그 동사의 시제와 태에 관해서 의견이 일치하지 않는다. 이것은 이 복음서가 전도의 목적이 있었는지, 아니면 믿음을 성장시키려는 의도가 있었는지에 관한 애매함을 남긴다. 설교자들은 이 두 가능성 모두를 취하여 처음 믿음을 갖는 것과 지속적인 믿음을 갖는 것, 이 둘 모두의 중요성을 선포하는 데 이 애매함을 활용할 수 있다.

복음서 자체의 목적에 대한 명료한 진술이 없다는 사실은 별개로 하고, 학자들은 복음서의 다른 곳에서 복음서 저자의 목적에 관해 우리들

---

5. 최근 요한 학계의 경향에 대한 일반적인 개관을 위해서는 Gerard S. Sloyan, *What Are They Saying about John?*(New York : Paulist, 1991)을 보라.

에게 은밀히 알려 주는 증거를 찾기 위해 갈팡질팡한다. 어떤 학자들은 이 복음서가 유대 그리스도인들 사이에서 기원했다고 주장하고, 다른 학자들은 이방 그리스도인들 사이에 그 기원을 두며, 또다른 학자들은 영지적 그리스도인들 사이에 그 기원을 둔다.

요한복음의 원래 목적에 대한 제안들은 셀 수 없이 많다. 이 제안들에는 복음서 저자가 세례 요한을 메시야로 주장하는 한 그룹의 영향에 반대하고자 했다는 이론이 있으며 또는 세례와 성만찬, 곧 성례의 물질적인 면의 과도한 강조에 반대하는 것이라는 이론이 있는가 하면, 헬라 철학적 사고의 관점에서 기독교 신앙을 형성하고자 하는 데 그 목적이 있다는 이론도 포함된다. 20세기 내내 학계는 이러저러한 방향으로 흔들린 반면, 폭넓게 지지를 받은 제안은 하나도 없다.

요한복음에 대한 불트만(Rudolf Bultmann)의 급진적인 견해는 학자들 사이에 상당한 논란이 되어 왔으며, 몇 가지 면에서는 그 진실성에 설득력이 있다. 그러나 전체적으로 불트만 학파의 견해는 영향력은 있으나 널리 지지를 받지는 못했다. 1960년 학계는 요한복음의 기원에 관한 문제 해결의 어려움에 직면해 있었다.

### 1) 회당으로부터의 분리

최근 40여 년 동안 상당한 주의와 고려를 할 만한, 아니 현저한 동의를 얻은 한 이론이 출현하였다. 간단히 말하자면, 이 제안은 제사복음서가 유대인이었다가 그리스도인이 된 자들(Christian Jews)이 예배를 드렸던 회당으로부터 분리된 후에 기록되었다고 주장한다.

그와 같은 이론을 뒷받침하는 본문상의 증거는 9 : 22, 12 : 42, 16 : 2에 있는 출교(aposynagōgos, 회당으로부터 출교 또는 축출)라는 단어의 사용에서 찾아볼 수 있다. 이 증거에 근거해 학자들은 요한 기독교공동체를 형성했던 그리스도인들이 원래는 유대인들이었으며, 그중에는 아마도 몇몇 헬라파 유대인들이 포함되었을 것이라고 제안해 왔다. 이 그리스도인들은 예수님이 참으로 메시야이며, 회당을 떠날 아무런 이유도 없다고 확신했다. 더군다나 그들이 속해 있었던 특별한 회당은 예루살렘 성전의 파괴(70년)와 2세기의 랍비 유대교의 형성과 확장 사이의 시기에 있었던 다양한 형태의 유대교로 구성된 보다 포용력이 넓고 다원적인 공동체였으며, 그들은 유대인됨이 무엇을 의미하는지 정확히 단정짓고자 하였다. 이 회당 내의 '메시야' 그룹의 존재는 처음에는 거의 의미가 없었다.

어떻게 그리고 왜 요한복음의 그리스도인들이 회당으로부터 분리되었는지에 관해서는 논란이 많다. 요한복음이 회당으로부터 공동체가 분리된 직후에 기록되었다는 이론의 두 가지 중요한 제안은 분리에 대해 각기 다른 이유들을 제시한다.[6)] 보다 가능성이 있는 안은 분리가 단지 지방적인 차원에서 이루어졌다는 주장이다. 곧 한 특별한 마을과 회당에서만 일어났다는 것이다.

요한복음은 분리를 '출교'로 간주한다. 그러나 그것은 우리들에게는 실제로 어떠한 일이 일어났느냐보다는 요한복음의 기독교인들이 어떻게 느꼈느냐에 대해 더 많이 말해 준다. 물론 회당과 교회의 분리는 사노행전과 마태복음 모두에서 암시하는 것처럼 그리스도인들이 발견되었던

---

6. J. Louis Martyn, *History and Theology in the Fourth Gospel*, rev. ed.(Nashville : Abingdon, 1979) ; 그리고 Raymond E. Brown, S. S., *The Gospel according to John*, AB 29와 29A(Garden City : Doubleday, 1966과 1970) ; 그리고 idem, *The Community of the Beloved Disciple*(New York : Paulist, 1979). J. L. Martyn은 원래의 제안에서 주후 90년경 압니야의 랍비 회의가 이교도들에게 반대한 기도문(the Birkath ha-Minim)을 낭송하도록 하고 그렇게 하지 않은 자들은 출교시키도록 회당들에 명했다고 했다. 그러나 이어지는 역사적 연구는 J. L. Martyn의 처음 논제를 지지하지 않는다. 그는 *History and Theology in the Fourth Gospel*의 두 번째 판에서 이 의견을 과감히 수정했다. 이제 우리들 중 많은 사람들은 기독교 유대인들의 회당으로부터의 분리는 순전히 지협적인 문제이며, 공적인 랍비적인 승인은 없었다고 주장한다.

지역들에서 전반적으로 나타났다.

왜 혹은 어떻게 분리가 일어났었느냐보다 더 중요한 것은 예수님을 메시야로 믿는 유대인들이 회당에 있는 형제자매들로부터 분리된 이후, 이 두 그룹은 활발하게, 때로는 격렬하게 그들의 차이들에 대해 대화를 나누었다는 사실이다.

마틴(J. Louis Martyn)은 초기의 가설에서 그리스도인들과 유대인들 사이의 이 대화의 결과로 복음서는 두 단계의 드라마로 구성되었다고 주장한다. 한 단계는 예수님과 그의 사역의 이야기이며, 조금 더 깊은 단계에 이르러서야 요한의 교회 이야기와 그 교회의 경험이 드러난다고 한다.[7] 9장의 맹인의 치유 이야기는 가장 쉬운 예이다. 한편으로 그 이야기는 많은 다른 예수님의 치유 이야기와 상당히 유사한다. 치료가 이루어졌지만, 그 후에 그 사건에 관한 종교지도자들과의 논쟁이 있었다. 다른 한편, 사람들은 이 장을 읽으면서 다른 일들이 벌어지고 있다는 느낌을 곧 갖게 되기 시작한다. 그 사람의 부모는 이미 유대인들이 누구든지 예수를 그리스도로 시인하는 자는 출교하기로 결의하였으므로(9 : 22) 두려워한다. 이 진술은 시대착오적으로 들린다. 그 이유는 예수님의 시대보다 훨씬 뒤에 이러한 결의가 이루어졌기 때문이다. 그 후에 전에 맹인이었던 사람은 종교지도자들이 한 심문에서 그 자신을 변호해야만 했다(24-34절). 여기에는 예수님의 사역 시기보다는 그 이후의 한 상황을 반영하는 기록들이 있다.

---

7. J. Louis Martyn, *History and Theology in the Fourth Gospel*을 보라. 이 문제에 대한 나의 견해로는 분리가 지역 회당이나 회당들에서 일어났을 가능성이 높다. 그리스도인들은 그들이 '축출'되었다고 느꼈으며, 이 분리는 아마도 두 그룹의 행동과 태도들의 결과에서 온 것으로 여겨진다. 나는 기독교-유대인들이 회당에 속해 있는 그들의 형제자매들에게 보였던 것보다 더 강한 적대감을 회당의 유대인들이 기독교-유대인들에게 보였다는 가설을 지지하는 증거가 없다고 생각한다.

이것이 복음서 저자 자신의 설교학적 문제의 부분들임이 드러난다. 예수님에 관한 이야기를 하지만, 첫 독자들의 상황의 영향하에 그 이야기를 전한다. 사실 복음서 저자는 설교자들이 지정된 구절들로 매 주일에 어떠한 말씀을 전해야 할지를 결정하는 것과 상당히 유사하게 예수님의 이야기를 기록했다. 우리는 그 본문을 정성들여 다듬지만, 곧 그 본문이 우리의 생활들과 교차되는 다른 단계를 참작하도록 청중들을 인도한다. 예를 들면, 예수님과 바리새인의 만남의 이야기에서조차 우리는 오늘날 현대의 몇몇 교회들에서 찾아볼 수 있는 것들과 크게 다르지 않는 율법의 체계와 규정들이 발전되고 있었다는 암시를 받는다. 오늘날의 표현으로 하면, 바리새인들은 예수님이 게이와 레즈비언과 교제하는 행위에 걸려 넘어졌다고 할 수 있다!

요한복음의 기원에 관한 이 이론은 우리가 이 문서에 관한 여러 가지 사항들을 이해하는 데 도움이 되어 왔다. 요한복음이 기록된 당시 이 상황의 결과로 유대교와 분리되었으나 아직은 유대교와 연속성을 가지고 있는 요한 공동체는 자신의 정체성을 확정하려고 노력했다. 만일 이 가설이 건전하다면, 요한의 교회와 그의 자매인 회당 모두는 "우리가 누구인가?" 하는 질문에 대해 고심했을 것이다. 더군다나 이 이론은 우리로 하여금 유대교에 대한 요한복음의 견해와 요한복음 분파의 내적·외적(그들이 대적하는 우리) 언어를 이해할 수 있도록 해 주며, 요한복음이 그리스도의 정체를 밝히는 데 최대의 관심을 기울인 이유를 이해할 수 있게 한다. 왜냐하면 회당과 교회 사이의 중요한 주제는 "예수님이 누구신가?" 하는 질문이었을 것이기 때문이다.

설교를 작성하는 데 있어서 요한복음 기원에 관한 이 제안의 가장 중요한 공헌은 제사복음서 저자가 유대인들과 유대교에 대해 진술하는 어조를 파악하는 데 주는 도움이다.

요한복음과 유대교의 논제는 매우 복잡하고 논란이 많기 때문에 이 논의의 범위를 벗어난다. 그러나 분명히 '유대인들'(hoi Ioudaioi)은 예수님의 대적자들로서 이 복음서에 가장 자주 등장한다.[8] 더군다나 복음서 저자는 분명하게 기독교가 유대교보다 더 우월하다고 주장한다(1 : 17 참고). 이 반유대적인 어조의 가장 눈에 띄는 예는 8 : 44이다. 이 구절에서 예수님은 유대인들은 마귀의 자식이며, 그러므로 그들과 그들의 종교는 귀신들렸다고 주장하신다. 회당으로부터의 분리 이론은 우리가 이 언어의 논쟁적인 특징을 인식하는 데 도움을 준다(이것에 대해서는 뒷장에서 살펴볼 것이다).

만일 요한복음이 그리스도인들과 유대교인들 사이의 충돌로부터 기원했다면, 이 이야기에 교회의 대적자들에 대한 공격들이 포함되어 있다는 사실은 놀라운 일이 아니다. 논쟁적인 언어는 고대 세계의 다른 그룹들 사이에 있었던 일상적인 일이었다. 그리고 자주 논쟁적인 언어는 대적자들을 파괴시키려는 의도보다는 독자들의 확신을 강화하기 위해 계획되었다.[9]

이와 같은 종류의 논쟁의 현대적인 예는 기초 선거 시 동일한 당 출신의 상대자들에게 정당 후보들이 사용하는 언어이다. 후보자들이 경쟁에

---

8. 일반적으로 초기 기독교와 유대교뿐만 아니라 유대인과 유대교에 대한 요한복음의 견해에 관심을 보인 책들이 많다. 그 책들 중에 D. Moody Smith, "Judaism and the Gospel of John," in *Jews and Christians : Exploring the Past, Present, and Future*, ed., James H. Charlesworth(New York : Crossroad, 1990), pp. 79-99 ; John Koenig, *Jews and Christians in Dialogue : New Testament Foundations*(Philadelphia : Westminster, 1979) ; Stephen G. Wilson, ed., *Anti-Judaism in Early Christianity*(Waterloo : Wilfrid Laurier Univ. Press, 1986) ; 그리고 Robert Kysar, "Antisemitism and the Gospel of John," in *Antisemitism and Early Christianity : Issues of Polemic and Faith*, ed., Craig A. Evans, and Donald A. Hagner(Minneapolis : Fortress Press, 1993), pp. 113-127이 있다.
9. Luke Timothy Johnson, "The New Testament's Anti-Jewish Slander and the Conventions of Ancient Polemic," *JBL* 108(1989) : pp. 419-441 ; 그리고 Evans and Hagner, eds., *Anti-Semitism and Early Christianity*를 보라.

서 패하게 되어 물러나게 되면, 이전에 그들이 공격했던 한 후보를 지원하기 위해 열렬하게 연설한다. 아마도 더 나은 예를 들자면, 미국의 지도자들이 다른 한 국가에 반대하여 미국인들을 단결시키기 위해서 그 국가를 사탄과 동일시하는 경우이다. 그때 사용하는 언어는 그 국가를 공정하고 정확하게 묘사하기보다는 미국인들을 일치시키고자 하는 데 목적이 있다. 러시아를 '사탄의 왕국'이라고 불렀던 미국 대통령이 얼마 되지 않아서 러시아와 새롭고 우호적인 관계를 맺었던 사실을 기억하라.

제사복음서 저자의 말씀들 중 말씀의 선포는 이 논쟁적인 의도에 물들어 있다. 비록 권면할 바는 아니지만, 그 논쟁은 이해할 수 있다. 왜냐하면 복음서의 선포는 언제나 이 말씀이 증거되었던 공동체의 상황을 진지하게 고려하기 때문이다. 그러한 의미에서 요한복음에서 선포된 말씀은 예비적인 특징을 가지며, 교회생활에 있어서 특별한 상황을 위해 형성되었다. 자신을 방어해야 하는 공동체를 강화시키고 그들의 일치를 강조하며, 그들에게 확신을 주기 위한 복음서의 시도에 관해서도 마찬가지이다.

## 2) 요한복음 기원에 대한 설교학적 암시들

제사복음서 저자가 특별한 상황을 염두에 두고 복음서를 기록했다는 사실에 주목함으로 이미 우리의 관심은 회당으로부터의 분리 이론의 서술을 넘어서 요한복음의 설교로 옮겨졌다. 그러나 복음서의 기원에 대한 이 이해와 설교 사이에는 보다 특별한 관련성이 있다.

첫째로 설교를 통해 시도해야 하는 진지한 작업은 제사복음서의 반셈족적인 어감을 중립화시키는 것과 관계가 있다. 요한복음에서 '유대인들'이라는 표현은 확실히 반셈족주의의 불에 연료를 제공하는 것이며, 교인들 중 상당수의 마음에 분노를 갖게 한다. 설교자들은 회중들이 요한복음이 기록되었던 상황을 이해하는 데 도움을 주어야 할 책임이 있다. 특별히 우리는 요한복음에서 유대인들이 혹독하게 취급받는 이유들을 설명해야 할 필요가 있다.

설교는 가능한 한 오늘날 반셈족적인 목적들을 위해서 요한복음 언어 사용을 줄이며, 그 이유에 대해 설명할 수 있는 중요한 기회들을 제공한다. 요한 공동체의 상황에 대한 묘사는 오늘날과 관련이 있다. 과연 교회들은 몇 번이나 그들의 대적자들을 사탄과 동일시했는가? 현시대에 이슬람은 우리의 분노와 좌절을 분출한 일종의 희생양이 되었다고 여겨진다. 우리가 그와 같은 일을 할 때, 우리는 제사복음서의 별로 바람직하지 않은 특징들 중에서 하나를 흉내내는 것이다.

요한 공동체에서 '유대인들'이라는 표현은 예수님의 대적자들과 그 시기에 확고히 자리를 잡았던 종교를 의미한다. 혹자는 우리가 요한복음의 해석을 변경시키고 '유대인들'을 보다 중립적인 용어로 대체시켜야 한다고 제안해 왔다.[10] 아마도 그것은 우리가 취해야 할 가장 좋은 행로는 아닐 것이다. 대신 우리는 설교에서 '예수님의 대적자들'에 관해 간단히 언급할 필요는 있다.

9장의 경우에서처럼 그 본문이 예수님을 향한 종교지도자들의 적대감을 묘사할 때 우리는 그들이 자신들 시대의 종교적인 체제와 자신들의 지위(그리고 그들의 세력)를 지키고자 하는 욕망의 함정에 빠져 있음을 분명히 밝힐 필요가 있다.

제도는 내부적으로든지 외부적으로든지 간에 그 제도를 공격하는 모든 자들에 대항하여 그 자체를 지키고자 하는 의도를 항상 가지고 있다. 과연 우리 시대의 참호 속에 자신의 몸을 감추고 있는 종교지도자들은 누구인가?

---

10. 베크(Norman A. Beck)는 그의 책 *Mature Christianity : The Recognition and Repudiation of the Anti-Jewish Polemic in the New Testament*(Selinsgrove, Pa. : Susquehanna Univ. Press, 1985), pp. 267-268에서 이 제안을 한다.

### 3) 설교의 예

아래의 글은 설교자가 복음서 일과 곧 요한복음 10：11~18을 해석한 설교이다(이 본문은 개정판 공동성서일과에 있는 두 번째 해, 부활절 네 번째 주일을 위해 지정된 복음서이다).

> 예수님은 이 장의 앞부분에서 시작하셨던 자신에 대한 상세한 묘사를 계속하신다. 예수님은 자신이 양 떼들을 아는 양의 목자라고 말씀하신다. 그 후에 예수님은 그 자신과 양의 문을 비교하신다. 이제 예수님은 우리가 자신을 선한 목자와 같은 분으로 상상하도록 초대하신다. 목자는 삯꾼과 대조된다. 삯꾼과 다르게 목자는 양들을 위해 기꺼이 자신의 목숨을 희생할 준비가 되어 있다. 위험이 닥칠 때 삯꾼은 놀란 토끼처럼 도망한다. 삯꾼은 양들에게 큰 도움이 되지 않는다.
>
> 당신은 이 삯꾼이 누구라고 생각하는가? 예수님은 삯꾼과 자신을 대조시키실 때 과연 누구를 염두에 두셨을까? 그 대답은 분명하다. 이전 장의 마지막 부분을 보면, 예수님은 그 시대의 종교지도자들이 자신들의 백성들에게 거의 관심을 기울이지 않는다고 말씀하시는 것 같다. 그들은 위험에 직면해서 백성들을 방어하는 것 같지 않다. 가장 분명한 사실은 그들은 백성들을 위해 자신들의 생활을 희생하지 않을 것이다.
>
> 그렇다면 그들의 문제는 무엇인가? 종교지도자들이 삯꾼과 같은 이유는 무엇인가? 그들은 단순히 양들을 돌보는 데 있어서 닥치는 위험을 두려워하는가? 아니면, 그들은 백성들과 관련되어 있는 행정적인 하찮은 일에 너무 분주했는가? 나의 생각으로는 그들은 그들이 소유하고 있는 힘을 좋아했던 것 같다. 그들은 일이 진행되는 방식을 높이 평가했으며, 그 방식들이 변화되는 것을 보고 싶어하지 않았다.
>
> 늘 듣던 이야기인가? 우리가 예수님 시대의 바리새인들에게 돌을 던지기는 쉽다. 그러나 우리 역시 그들의 문제들과 무관하지 않다. 사실 우리 중에 몇몇은 자주 그들과 같은 모습을 한다. 우리가 우리의 지위에 만족할 때 우리 중에 상당히 많은 사람들은 주어진 상황에 매달리고

자 하는 유혹에 쉽게 굴복한다.

얼마나 자주 나와 당신은 "그것은 우리가 했던 방식이 아니다."라고 말하는가? 우리 중에 몇몇 사람들은 얼마나 자주 새로운 생각이 떠올랐을 때에도 일들을 변경시키지 않기를 원했던가? 대부분의 사람들은 지금까지 해 왔고, 현재 하고 있는 방식을 선호한다. 우리 중에 대다수는 다른 사람들을 섬기기보다는 조직을 보존하는 데 더 큰 관심을 보이는 경향이 있다.

몇몇 사람들은 오래된 영화인 "Mass Appeal"을 기억할 것이다. 한 젊은 신학생이 인턴십 과정 중에 봉사를 하려고 크고 잘 알려진 교회로 가게 되었다. 이 교회의 담임목사가 교회를 수년 동안 섬겨 왔다. 그리고 그 목회자는 신도들에게 많은 사랑과 좋은 평가를 받았다. 무엇보다도 그는 모든 사람을 만족시키기 원했다. 배를 흔들리게 하지 말라! 평화를 깨뜨리지 말라! 그는 그의 매력으로 교회의 모든 일을 조용히 잘 처리했다. 그는 그 누구도 불쾌하게 하지 않았다.

그러나 이 신학생은 다른 스타일을 가지고 있었다. 그의 설교는 사람들이 자신이 누구인가 하는 문제에 직면하게 하며 그들에게 도전을 주었다. 그는 가난한 사람의 생활이 더 호전되고 여유 있게 되는 데 더 많은 관심을 보이지 않는다고 그들을 책망했다. 그렇게 되어야 한다고 말했다. 그의 지도목사는 가슴이 두근거렸으며, 화가 났고, 분노했다. 그는 젊은 신학생에게 그의 삶의 태도를 바꾸도록 요구했다. 사람들을 즐겁게 해 주어라. 그들을 혼란스럽게 하지 말라! 그러나 점차적으로 그들은 서로를 알게 되었다. 마침내 그 교회의 담임목사는 자신이 사랑받고자 했음을 고백했다. 그는 자제해야 할 필요가 있었다. 그는 사람들의 관심을 끌 만한 힘이 필요했다. 그 교회의 담임목사는 자신이 삯꾼이 되어 간다는 사실을 깨달았다. 신학생의 건방진 태도가 그 목사에게 선한 목자가 되고자 하는 도전을 준 것이다.

오늘날의 그리스도인들이 옛것을 선호하여 새것을 거부할 때, 언제든지 삯꾼이 된다. 우리가 피상적인 평화를 지키기 위해 갈등을 피할 때 우리는 삯꾼처럼 행동하는 것이다. 무엇보다도 교회는 양들을 돌볼 필요가 있으며, 양들을 위하여 기꺼이 교회생활을 희생하여야 할 필요가 있다. 그러나 삯꾼은 이 자아상과는 대조되는 외관일 뿐이다. 그의 모습은 단지 '선한 목자'의 특징을 강조할 뿐이다.

만일 우리가 요한복음의 역사적인 상황을 이해한다면, 개개의 구절들은 새로운 의미를 갖게 된다. 제사복음서가 최근에 그들의 회당으로부터 분리된 그리스도인 공동체를 위해 쓰였다는 이 이론은 요한 연구들의 다른 중요한 움직임과 관련되어 있다.

## 2. 요한복음에 대한 사회과학적 연구

아마도 고전적인 성서연구 방법인 역사비평적 방법에 있어서 가장 의미 있는 발전은 그 글들과 처음 그 글들이 구성되고 읽혔던 정황을 분석하는 데 사회과학적인 도구를 사용하고자 시도했다는 점이다. 광범위한 역사적 지식으로 무장한 학자들은 성서세계에 사회과학의 조사 결과를 적용시키려는 시도를 해 왔다. 이 방법은 인류학, 사회학, 그리고 심리학(특별히 사회심리학)으로부터 빌려 온 방법들과 범주들의 사용을 수반한다.

지금 우리는 성서연구들에 있어서 다양한 새로운 분야에 관해 말하고 있는데, 여기에서 이 모두를 온전히 논의하기에는 그 내용이 너무도 방대하다.[11] 내가 보기에는 어떠한 특별한 분야에 사용되든지 간에 신약성서의 사회과학적인 연구들에 한 가지 기초가 되는 가정이 있다. 그 가정

11. 심리학적인 접근의 한 가지 예는 Gerd Theissen, *Psychological Aspects of Pauline Theology*, trans., J. P. Galvin(Philadelphia : Fortress Press, 1983)이다. 또한 D. Andrew Kille, *Psychological Biblical Criticism*, GBS(Minneapolis : Fortress Press, 1999)를 보라.

은 간단히 말하면, 보다 최근의 사회들에서 참되다고 배워 왔었던 것이 성서문서들과 동시대인 고대사회들에서도 역시 어떤 방식으로든 의미 있는 역할을 했다는 것이다.[12] 그러나 성서의 인류학적인 연구들의 경우에는 성서세계의 문화들을 연구하는 데 그 문화를 엿보는 렌즈를 제공하는 다른 고대문화들이 있다. 그렇지만 모든 경우에 이 사회과학적인 방법들은 교차문화적인 움직임을 갖는다.

이 작업의 한 가지 초기의 예는 금세기 동안 미국에 존재했던 재림교 그룹들의 연구와 관련이 있다. 이들은 재림이 곧 일어난다고 믿으며, 역사의 마지막 사건들이 자신들에게 임했다고 확신하는 그룹들이다. 특별히 연구대상이 된 그룹들은 그리스도가 영광 가운데에서 다시 나타나실 특정한 시간을 예견했다. 물론 예정된 재림은 일어나지 않았다. 그들은 자신들의 예상이 틀렸다는 사실에 직면하게 되었다. 논리적으로 보면 그 그룹은 환멸을 느끼고, 무너져야 하며, 온전히 사라져야 된다. 그러나 종교사회학자들은 그들에게서 정반대의 경우를 목격했다.

이 예언의 실패는 그 운동의 추종자들에게 더 깊은 확신과 결단을 하게 했다. 그 그룹은 자신들의 예언이 그릇되었음이 입증된 후에 이전보다 더 강하게 결속했다. 이 사실로 무장한 몇몇 사람들은 이 경우를 초기 기독교의 상황에 적용하였다. 최초의 교회 역시 영광 중에 그리스도의 임박한 출현을 기대했다(고전 7장 참고). 그러나 재림은 분명히 일어나지 않았다. 그러나 그 기대의 실패는 초기교회의 복음 전도의 열정을 강화시켰으며, 주님을 향한 헌신을 깊게 만들었다.[13]

---

12. 이 움직임에 대한 잘된 일반적인 소개는 Carolyn Osiek, R. S. C. J., *What Are They Saying about the Social Setting of the New Testament,* rev. ed.(New York / Mahwah : Paulist, 1992)에 있다. 최근의 예는 K. C. Hanson and Douglas E. Oakman, *Palestine in the Time of Jesus : Social Structures and Social Conflict*(Minneapolis : Fortress Press, 1998)이다.
13. 이것이 John G. Gager, *Kingdom and Community : The Social World of*

이 사회과학적인 움직임은 두 가지 밀접히 관련된 작업들을 하도록 자극해 왔다. 첫째는 초기 기독교가 형성되었던 사회들에 관한 더 많은 지식과 자료를 모으는 일이다. 둘째는 그 자료를 사용하여 성서세계에 사회과학적인 가설을 적용하는 것이다.[14)] 상당히 많은 다른 움직임들이 사회과학적인 연구들의 더 큰 흐름을 파생시켰다. 이 동향에 사회수사학적인 방법이 포함되어 있는데 이 방법은 1세기에 관례화된, 신약성서에서 사용한 고전적인 수사학과 그 시대의 사회적 특징들에 대한 관심을 연결시킨다.[15)]

## 1) 요한복음의 사회적 세계

요한 공동체가 회당으로부터 분리된 지 얼마 되지 않았던 요한복음이 기록될 당시에는 여전히 회당과의 지속적인 대화가 진행 중에 있었다는 제안이 그 공동체, 곧 그의 역사와 특징들에 새로운 관심을 불러일으켰다.[16)] 요한복음의 역사적 기원에 대한 이 가설은 우리가 초기의 요한의

---

*Early Christianity*, Prentice-Hall Studies in Religion Series(Englewood, N. J. : Prentice-Hall, 1975), chap. 2에 대한 나의 과도하게 단순화시킨 요약이다. 가거(Garger)의 책은 우리들 중 많은 사람들에게 성서연구에 있어서 사회과학적인 방법의 첫 번째 맛을 보게 했다.

14. 현재의 고전적인 연구는 Wayne A. Meeks, *The First Urban Christians : The Social World of the Apostle Paul*(New Haven : Yale Univ. Press, 1983)이다.

15. 한 예는 로빈스(Vernon K. Robbins)의 뛰어난 통찰력 있는 작업이다. 그의 가장 접근하기 쉬운 책은 *Exploring the Texture of Texts : A Guide to Socio-Rhetorical Interpretation*(Valley Forge, Pa. : Trinity Press International, 1996)이다.

16. 1981년에 나는 요한복음에 대한 당시의 연구들을 요약하려고 시도했는데, 나의 에세이의 제목은 "Community and Gospel : Vectors in Fourth Gospel Criticism"이라 붙였다. 그 이유는 요한 학계가 복음서 배후의 공동체에 초점을 맞춘 것으로 보였기 때문이다. 이 에세이는 *Interpreting the Gospels*, ed., James Luther Mays(Philadelphia : Fortress Press, 1981), pp. 265-277에 수록되어 있다.

교회를 보다 분명하게 볼 수 있도록 하나의 창문을 열어 준 것으로 보인다. 일반적으로 사회과학적 비평은 요한의 기원에 대한 이론으로 무장하여 이를 근거로 요한복음을 연구하게 했다. 사회학자들의 생각은 이 공동체가 그들의 근거지인 회당으로부터 쫓겨났으며, 그들의 견해는 비난받았으며, 사회로부터 소외당했으며, 거의 분파적인 태도로 자신을 이해했다는 것이다. 이 얼마나 연구를 위한 풍요로운 토양인가!

우리의 목적을 위해서는 요한 연구들에 미친 사회과학적 성서비평의 영향을 두 범주들로 요약하는 것으로 충분할 것이다. 첫째, 요한복음 언어의 본질과 역할, 그리고 둘째는 분파적인 색채를 띤 생활과 신학이다. 이 둘은 제사복음서의 사회과학적인 연구들의 공헌들에 대한 기초적이며, 매우 초보적인 이해를 제공할 것이다.

### (1) 사회과학적인 관점에서 본 제사복음서의 언어

요한복음의 언어는 수세기 동안 학자들을 당황하게 했다. 그리고 우리는 뒤에서 이 언어가 설교에 미치는 영향을 고려하기 위해 이 주제를 다루는 데 한 장 전체를 할애할 것이다. 사회과학적 연구가들은 요한복음의 언어에 관심을 가지게 되었다. 그 이유는 언어가 공동체의 상황 내에서 형성된 것으로 보이기 때문이다. 그러므로 요한복음의 언어에 대한 사회적 특징에 관한 연구는 요한복음 배후에 존재하는 그리스도인들의 모습을 희미하게나마 감지할 수 있게 해 준다.

요한복음의 언어에 대해 가장 주목할 점은 반사회적인 열정을 고취시키는 것처럼 보인다는 사실이다. 그러한 언어를 제사복음서가 당시의 일상적인 언어에 반해서 사용했다고 추정할 때, 제사복음서 저자가 자신의 언어를 통해서 일련의 다른 가치들을 불러일으켰다는 사실이 분명해진다. 이 언어 중 상당히 많은 부분은 적대언어(antilanguage)라고 불려져 왔다. 이는 바로 그 문화를 침식하는 문화의 언어를 사용하였음을 의미한다. 그런 까닭에 통상의 언어는 친숙하지 않는 방식으로 쓰였다. 컬페퍼(Alan Culpepper)는 이 변형언어(deformational language)에 대해서 "이 환경에서 공유한 형상들, 개념들, 그리고 상징들이 변형되어 새로운 의미가 부여되고, 색다르게 사용되었다."고 기록한다.[17] 요한복음에서 소위 상징적으로 사용한 '물'과 '떡' 같은 표현은 그와 같은 급진적인 재정의의 예들이다.

결국 복음서 저자는 그 시간과 장소의 공동언어에 관한 새로운 사전을 작성함으로 언어를 사전화했다. '재사전화'(Relexicalization)는 일상적으로 이 단어들로 언급되지 않는 몇몇 실체들을 위해 새로운 단어들을 사용하는 것을 가리킨다."[18]

일상 언어의 이 다량의 재정의는 과사전화(overlexicalization)라고 불려졌던 것인데, 그것은 제사복음서가 동일한 대상을 표현하는 데 여러 용어들을 사용하는 것을 의미한다.[19]

복음서 저자가 요한복음 언어의 사회적 충돌을 통해 성취하고자 하는 바는 무엇인가? 간단히 말해서, 요한복음은 독자들에게 주류 사회에 의해 널리 선전된 것과는 차이가 나는 전적으로 새롭고 상이한 관점을 실

---

17. R. Alan Culpepper, *Anatomy of the Fourth Gospel : A Study in Literary Design,* Foundations and Facets : New Testament(Philadelphia : Fortress Press, 1983), p. 199. 실제적으로 컬페퍼의 연구는 엄격하게 말해서 문학적이다. 그러나 문학적인 분석이 언어에 대한 이와 같은 종류의 사회적 기능을 산출한다는 사실은 제사복음서에서 이것이 얼마나 설득력 있는지를 나타낸다.

18. Bruce J. Malina and Richard L. Rohrbaugh, *Social-Science Commentary on the Gospel of John*(Minneapolis : Fortress Press, 1998), p. 4. 말리나와 로르버그의 주석들의 서론에 요한에 대한 간결하고 분명한 한 사회과학적인 접근이 요약되어 있다.

19. 말리나와 로르버그는 인류학자 할리데이(Michael A. K. Halliday)의 책으로부터 이 견해를 가져왔다. 예를 들면, *Language as Social Semiotic : The Social Interpretation of Language and Meaning*(Baltimore : University Park, 1978) '비종교적인' 사회과학적 연구들로부터 통찰력을 빌려 와서 성서에 적용하는 이 관행은 성서연구들에 있어 현재적인 움직임의 전형이다.

체에 제공하고자 한다. 그 언어는 독자들 당시의 주류 사회의 가치들에 반대하여 그들의 생활 터전에 다른 종류의 가치를 제공한다는 의미에서 반문화적이다.

복음서는 독자들을 재사회화(resocialization)의 과정으로 초대함으로 새로운 종교적인 관점이 중심에 있는 새로운 사회의 일원이 되게 한다. 그것은 표면에 나타난 것보다 훨씬 더 중요하다. 이는 요한복음의 목적이 개인적이거나 사적인 데 있다기보다는 사회적인 데 있음을 의미한다. 우리는 복음서 저자가 복음서의 메시지를 각각의 독자들에게 확신시키려 한다고 생각하는 경향이 있으나 사실 그의 목적은 온전히 새로운 하부 사회 또는 하부 문화를 구조화하고자 하는 데 있었다. 그와 같은 독특한 언어 사용의 중요성은 그 당시의 문화를 거절함과 동시에 믿음의 공동체 내에서 새로운 사회를 육성하고자 하는 데 있다.

### (2) 분파의 생활과 신학

요한복음 언어의 사회적인 분석은 실제적으로 요한 공동체가 자신들의 회당으로부터 분리된, 예수님을 메시야로 믿는 소그룹의 유대인들이었다는 이론에 함축된 견해에 의존하며 이를 설명해 준다. 말하자면, 그 공동체는 오늘날 우리가 분파(sect)라고 부르는 특징들을 가졌다는 이론이다. 우리가 요한 공동체에 분파라는 명칭을 붙임으로 의도한 바는 이 공동체가 주류 문화에 의해 지지를 받는 견해에 반대하여 자신들의 견해가 참되다고 생각하는 한 문화 내의 소수 그룹이라는 점을 드러내고자 하는 것이다. 요한복음에 암시되어 있는 교회의 분파적인 본질은 '그들이 미워하는 우리'라는 표현에서 분명해진다(15 : 18－25 참고). 그와 같은 기독교 분파의 생활과 믿음들은 사회과학적 탐구를 위한 풍부한 연구 영역에 속한다.[20)]

요한 공동체가 분파이나 그 분파의 범주를 넘어 나아가고자 하는 집단인 것으로 간주하는 이 공동체에 대한 연구의 한 예는 인류학자인 더글라스(Mary Douglas)에 의해 개발된 모델의 적용이다. 이 모델은 더글라스에 의해 한 그룹 내에 작용하는 사회적 압력의 관점에서 사회 그룹들을 연구하며, 그 그룹이 주류 문화의 상징체계에 저항하는 정도를 연구하는 데 적용되었다. 예식과 같은 특별한 관심 분야를 분석함으로 그녀는 그룹의 발전에 단계들이 있음을 제안했다. 1980년대에 더글라스의 모델은 성서의 사회과학적 탐구에 널리 사용되었다.[21]

학자들은 더글라스의 모델을 요한복음에 적용시켜서 요한 공동체의 특징과 성장을 평가하려고 시도해 왔다. 특별히 요한의 기독론은 기독론을 형성하고 이를 지지하는 그룹의 사회적 특징의 관점에서 연구되었다. 요한 신학의 사회학적인 특징에 대한 복잡한 연구들을 지나치게 단순화시켜서 혹자는 당시의 주류 문화와 관련된 그 그룹의 사회적 상황은 그리스도가 세상에 속하지 않는 분이며, 전체적으로 세상과 멀리 떨어져 있으며, 아버지와 함께 계셨던 자신의 하늘 집으로 돌아가셔야 할 분이라는 견해를 제시하게 했다.

이에 덧붙여진 불필요하게 거친 방향은 그 그룹으로 하여금 주류 사회에 대한 적대감과 사회적으로 소외되었다는 자신에 대한 의식을 그리스도와 그리스도 안에 행하신 하나님의 행동에 떠맡겼다. 예를 들면, 세상이 자신을 미워하며 제자들 역시 미워할 것이지만, 그리스도는 '세상으로부터' 제자들을 선택했으며, 이제 더 이상 그들은 "세상에 속하지 않는

20. 분파로 요한 교회를 평가하는 연구를 자극시키는 하나의 중요한 연구는 Wayne Meeks, "The Man from Heaven in Johannine Sectarianism," in *The Interpretation of John*, ed., John Ashton, Studies in New Testament Interpretation, 2nd ed.(Edinburgh : T. and T. Clark, 1977), pp. 169-206이다.

21. 예를 들면, Jerome H. Neyrey, S. J., *An Ideology of Revolt : John's Christology in Social-Science Perspective*(Philadelphia : Fortress Press, 1988)를 보라.

다."(15 : 18-19)고 그리스도가 말씀하신다. 그리스도는 위로부터 이 땅에 내려오신 자이며, 언젠가는 다시 위로 올라가실 것이기 때문에 그는 이 영역에서는 낯선 자로 생각되었다(3 : 13 참고).

요한복음의 이 연구들에 관하여 필연적으로 추정되는 몇몇 사항이 있는데, 그러한 추정은 전반적인 그리스도인의 사고에 심오한 논쟁들을 불러일으킨다. 예를 들면, 어느 정도까지 우리의 사회적 상황이 우리가 믿는 것에 영향을 미치는가? 비록 우리가 우리의 신앙이 단순히 한 문화와 우리의 관계의 결과(너무 축소시킨 것이지만)라고 간단히 말할 수 없을지라도 문화적 입장이 믿음과 신학에 영향을 미친다는 사실은 인정해야 한다. 믿음과 행위들, 그리고 사회 조직에 있어서 기독교 교파들 사이의 차이점들에 관한 간단한 연구는 믿음과 행위들에 대한 사회적 입장의 역할에 충분한 증거를 제공한다.

### 2) 사회과학적 방법들의 설교학적인 중요성

우리의 관심은 요한복음을 해석하는 데 있어서 사회과학적 방법들의 이론적인 가치에 있지 않고 요한복음을 설교하기 위해 이 방법들이 무슨 가치가 있느냐에 있다. 이 방법들이 미치는 여러 공헌들에 대해 생각해 보고, 그와 같은 해석적 방법의 결과를 적용한 한 편의 설교를 작성하고자 한다.

사회과학적인 방법들이 우리의 설교 작업에 미친 가장 분명하고 중요한 공헌들 중에 하나는 우리로 하여금 본문 배후에 존재한 실제 공동체를 상상할 수 있도록 허락한다는 데 있다. 말하자면, 요한복음의 첫 번째 독자는 오늘날 우리의 교회들 내에서 우리가 알고 있는 바와 같은 모든 상처와 다툼, 삶의 기쁨 등을 가지고 공동체 내에 살아가는 인간들이다. 특별히 그들은 그리스도인들이 자신들의 문화에 반대하거나 협조하는 것이 무엇을 의미하는지 이해할 수 있도록 도와준다. 북아메리카에 있을 때 우리는 그리스도인들의 신앙과 미국인의 애국심이 비록 쌍둥이는 아니지만 사촌에 가깝다고 생각하는 경향이 있었는데, 이것은 그들의 문화에 의해 끊임없이 위협을 받는다고 느꼈던 요한의 기독교인들의 생활 내부를 우리가 들여다보는 데 도움이 될 것이다.

만일 이 장에서 우리가 요약했던 연구들에 진실한 면이 있다면, 요한복음은 우리에게 당시의 문화와 기독교공동체의 관계를 정의하고자 하는 공동체의 노력을 희미하게나마 감지할 수 있도록 해 준다. 요한복음의 몇몇 구절들을 설교함으로써 우리는 회중들에게 문화와 우리의 관계에 대하여 견실하고 진지하게 생각해야 할 필요성이 있음을 제안할 수 있다. 그렇다면 우리는 단순히 우리 문화의 거울인가? 혹은 그리스도인들의 믿음의 어떠한 요인들이 믿는 사람들의 공동체로 하여금 그리스도인의 가치와 문화적 가치를 너무 쉽게 동일시하게 하는가?

설교를 위한 사회과학적 방법들의 다른 중요한 가치는 요한복음의 자유로운 메시지와 관련이 있다. 그 당시 그 지역 주류 문화가 요한 공동체에 반대했으며, 그들을 그 사회에서 추방하고, 그 사회에 온전한 참여를 방해했을 것이라고 상상하기는 어렵지 않다. 제사복음서 저자는 그리스도를 통해 수어진 자유와 품위에 대한 새로운 인식을 갖도록 복음서 독자들에게 능력을 부여하기를 원하는 것처럼 보인다.

이제 거의 상투적인 문구가 된 "……진리가 너희를 자유롭게 하리라"(8 : 32)는 유명한 말씀은 기독교 복음이 하나님이 우리에게 허락하기를 원하시는 바, 사회적 억압으로부터 자유하게 됨을 의미한다.[22] 복음서 메시지의 자유하게 하는 특징은 가난과 차별과 소외의 억압으로 인해

---

22. 요한복음에 대한 이러한 접근과 관련된 두 권의 책은 David Rensberger, *Johannine Faith and Liberating Community*(Philadelphia : Westminster, 1988)과 Richard J. Cassidy, *John's Gospel in New Perspective : Christology and the Realities of Roman Power*(Maryknoll : Orbis, 1992)이다.

고통당하는 사람들에게만 국한되지는 않는다. 실제적인 의미에서 미국의 중상류 계층은 문화적 가치들에 의해 억압을 받는다. 비록 그 억압이 경제적으로 하위 계층에 의해 경험되는 것만큼 명백하고 비극적이지는 않지만 말이다.

### 3) 설교의 예

요한복음에 사회과학적인 관점의 적용이 실제 설교에서 어떻게 표현되는가? 아래 글은 요한복음 17 : 6~19, 부활절 일곱 번째 주일, B 본문에 대한 설교이다. 설교의 이 부분은 17 : 14에 표현된 바와 같이 세상과 우리의 관계에 대한 질문을 제기한다(6장 참고).

> 오, 예수님 혹은 요한, 아니면 둘 모두에게 지금 나아오시오! 이것은 너무 극단적인 표현이 아닌가? "세상이 그들(제자들)을 미워하였사오니 이는 내가 세상에 속하지 아니함같이 그들도 세상에 속하지 아니함으로 인함이니이다." 이 말씀은 세상과 세상에서의 우리의 생활에 대한 불필요할 정도의 엄격한 평가로 보인다.
>
> 무엇보다 우리가 살고 있는 세상이 우리를 미워하고 있다는 증거는 거의 없다. 미국에서 그리스도인들은 실제적으로 좋은 평가를 받는다. 우리는 적어도 기독교가 여전히 미국의 주도적인 종교라는 이야기를 들어 봤을 것이다. 그 이유는 모든 공립학교와 모든 정부 기관에 십계명을 게시하고자 하는 운동이 계획 중에 있기 때문이다. 이 움직임을 우리를 향한 세상의 적대감의 표현으로 보기는 상당히 어렵다. 반대로 몇몇 기독교인들은 미국이 실제로 우리의 신앙에 우호적이고 교회를 보호하고 있다고 느낀다. 그렇다면 세상은 왜 우리를 미워하는가? 우리가 어떻게 세상에 살면서 '세상에 속하지' 않을 수 있는가?
>
> 물론 요한복음은 우리들과는 다른 상황에 있는 그리스도인들을 위해 기록되었다. 이 복음서의 첫 번째 독자들은 어떤 면에서 그들의 문화에

의해 억압을 받고 소외되어 있었다. 그들은 주류 사회에 의해 별종으로, 기이한 자들로 여겨졌다. 첫 번째 독자들이 살았던 마을의 주민들은 아마도 그리스도인들이 짐을 싸서 전혀 다른 지역으로 이사하기를 원했을 것이다. 가장 중요한 점은 교회의 가치가 문화의 가치와는 차이가 난다는 사실이다. 그리스도인들은 사회가 지지하는 것보다 더 중요한 것들이 있다고 생각했다. 우리는 이 모두에 대해 자세히 알지 못한다. 그렇다면 이 차이들은 무엇인가? 분명한 것은 이 복음서의 독자들이 미움과 멸시와 박해를 받고 있다고 느꼈다는 사실이다. 이 세상은 그들의 대적자였다. 세상이 주님을 미워한 것처럼 그들을 미워했다.

우리는 쉽게 이 모든 것들이 우리와는 관계없다고 결론을 내린다. 그러나 우리는 이러한 결론을 내리기 전에 약간은 이에 대해 생각할 필요가 있다. 오늘날 우리는 어떠한 면들에서 우리가 살고 있는 세상에 대해 미묘한 입장을 취하고 있는가? 그리스도인들이 지지하는 가치들이 자신의 공동체 내의 몇몇 다른 그룹들에서조차도 긍정적인 평가를 받지 못하고 있지는 않은가?

사업을 하는 그리스도인들은 자신이 다니는 회사의 가치관에 대해 때때로 질문을 하게 된다. 우리는 실제로 이윤을 얻기 위해 다른 나라의 어린아이들의 노동에 의해 만들어진 물건들을 수입해서 팔기를 원하고 있는가? 이러한 물건들을 생산하기 위해 아이들은 강제적으로 노동을 하지는 않는가? 우리는 우리 회사의 이익을 추구하기 위해 아동들의 노동에 찬성하기를 원하는가?

그리스도인들은 또한 정치지도자들의 몇몇 결정들에 도전할 필요가 있을 것이다. 국가적인 차원일 수도 있고, 주정부 차원일 수도 있고, 우리 도시의 차원일 수도 있다. 가난한 자들과 어려운 사람들을 위한 프로그램이 중지되었을 때 그러하다. 그들의 어려움을 생각해서 우리가 계속해서 담배 산업에 보조금을 제공하거나 우리 운동 팀을 위해 새로운 경기장을 건설해야 할 때, 사회의 가치와 우리의 가치들이 충돌하는가?

우리 가운데에서 비공식적인 방식으로 지지를 받는 가치들은 무엇인가? 다른 모든 사람들이 그렇게 하기 때문에 우리에게 부과되는 세금을

속이고자 하는 마음을 가진 적은 없는가? 여성이 일함으로써 가정이 소중히 지켜지지 않는 것에 대해 비난하는 것은 어떠한가? 우리는 때때로 이와 같은 문제들에 대해 사회와 미묘한 관계에 처한 우리 자신을 발견하지 않는가? 나는 당신이 여기에 당신 자신의 예들을 더할 수 있을 것으로 생각한다.

요한복음은 우리 주변의 세상과 우리의 관계에 대하여 생각하도록 한다. '미워한다'는 우리가 필요로 하는 정확한 단어는 아닐 것이다. 아마도 복음서 저자의 상황은 우리의 상황보다 더 심각했을 것이다. 세상이 우리를 싫어한다는 이 구절은 우리를 다시 한번 생각하게 한다. 문화와 사회, 그리고 교회의 관계는 어떠한가?

우리는 두 길의 극단으로 나아갈 수 있다. 우리는 너무도 쉽게 문화와 보조를 맞출 수 있다. 문화가 제안하는 것은 무엇이든지 그리스도인으로서 주장하라. 그러면서 우리는 우리가 세계에 제공해야 하는 독특한 메시지를 양보한다.

또는 우리는 다른 길을 택할 수 있다. 우리는 전적으로 문화를 거절하고 우리의 조그마한 껍질 속으로 들어가서 세상이 타락해지도록 내버려 둘 수 있다. 만일 우리가 그러한 태도를 취한다면, 우리는 세상에 대한 사명을 부인하는 것이다. 이 사회에서 선과 의를 위한 누룩이 되려는 노력을 포기하게 되면 우리는 누구도 들으려 하지 않는 기인과 별종이 될 것이다.

이러한 질문들에 대한 쉬운 대답은 없다. 세상의 다른 한 부분이 되지 않고 세상에서 우리가 사는 방식에 대한 쉬운 결론을 내릴 수는 없다. 그리고 요한의 대답은 우리의 대답이 아닐 수 있다. 우리는 세상이 우리를 미워하며, 우리는 세상에 속하지 않는다고 쉽게 말할 수는 없다. 그 대답은 요한의 상황에서는 적절할 수 있으나 우리의 상황에서는 보다 복잡하다.

어떻게 우리가 세상의 견해를 따르지 않고 이 세상에서 살 수 있겠는가? 그렇지 않으면 죽어서 이 세상을 떠나야 하지 않는가? 아마도 이 구절의 언어는 우리가 인식한 것보다 더 많은 도움을 우리에게 줄 것이다. '속한다'라고 번역된 단어가 해결의 열쇠이다…….

## 3. 요한의 문학적 특징들

아마도 설교자들에게 친숙해진 요한 학계의 세 번째 중요한 움직임은 요한의 문학적 특징들의 강조일 것이다. 이 해석적인 경향은 우리가 연구해 왔던 처음 두 움직임과는 상당히 차이가 있다. 앞의 두 경우들에는 역사가 기본적인 요소였다. 복음서의 역사적인 기원과 복음서에 대한 사회과학적인 연구는 역사 속으로 되돌아가서 복음서 배후를 추적하여 우리가 요한복음을 해석하는 데 필요한 지식을 찾는 데 관심이 있다. 이 세 번째 움직임은 다른 접근 방식을 취한다. 이 움직임은 복음서의 역사적인 상황의 중요성을 부인하지는 않지만, 다른 곳에 관심의 초점을 둔다.

이 움직임은 요한복음의 역사적 기원에 대한 근본적인 언급 없이 성서의 순수한 문학적인 성격에 새로운 관심을 둔다. 전반적인 성서적 연구들은 때때로 '새로운 문학비평'(new literary criticism)이라고 부르는 방법에 영향을 받아 왔다. 그리고 최근 수십 년 동안에 이 비평방법이 요한복음 연구들에 영향을 주었다. 일반적으로 이 새로운 문학적인 관심은 성서문서들의 기원이나 성서문서들의 역사적 상황들에 관한 이론에 의존함 없이 우리가 가지고 있는 본문 자체에 관심을 집중한다. 그러나 대부분의 문학비평가들은 우리가 역사적 비평을 전적으로 제외시키지 말고 단지 현재의 본문 특성들에 더 많은 관심을 기울일 것을 제안한다.

이 방법은 본문이 어떠한 방식으로 계획되고, 독자들에게 어떤 영향을 미치며, 그 영향을 촉진하기 위해 사용된 문학적 기교가 무엇인지를 찾는 것이다. 이 움직임은 독자반응 비평(reader－response criticism)과 내러티브 비평(narrative criticism)과 같은 해석학적 방법들을 포함한다. 우리는 이와 같이 서로 분리되어 있으나 관련이 있는 비평방법들의 결과를 요약하기보다는 보다 일반적으로 이 방법들의 특징과 공헌에 관심을 집중하고자 한다. 요한의 문학적인 특징들을 연구하는 경향이 증가하고 있는 추세이다. 여기서는 단지 이 연구들의 몇 가지 예들과 요한의 설교적인 해석을 위한 이 방법들의 중요성만을 언급하는 것으로 충분하리라 생각한다.[23)]

## 1) 요한복음의 내러티브 구조

문학비평 성공의 첫 번째 예는 요한복음에서 예수님의 이야기를 각색하는 방식을 연구하는 것이다.[24)] 내러티브적 구조에 대한 탐구는 복음서 저자의 구성 기술에 대한 보다 초기의 역사지향적인 연구들에 의존한다. 네 복음서들 각각은 다른 단화들 사이의 관계를 보여 주며, 이야기의 절정을 향한 과정을 구체화하는 등 자신들의 독특한 방식으로 예수님의 이야기를 형성했다. 물론 제사복음서는 공관복음과 비교할 때 상당히 다른 줄거리를 가진다. 이야기 구성의 특징들 중 몇몇은 포섭구조, 아이러니의 사용, 성격묘사, 그리고 그 이야기의 내러티브적 세계를 포함한다.

상당수의 학자들은 요한복음 전체에서 쌍괄식 논리구조들을 확인해 왔다. 포섭구조는 이 구절들을 일괄해서 생각할 때 그것들 사이에 나오는 내용을 묶는 고리를 제공한다. 내러티브 내에서 쌍괄식 논리구조들을 파악하기 위해서는 그것들 사이에 있는 자료가 인식할 수 있는 단위로 구성되어야 한다고 주장한다. 그러나 그보다도 쌍괄식 논리구조에 포함되어 있는 내용(혹은 버팀목)은 독자들에게 괄호로 묶어진 부분의 의

23. 요한의 문학적 연구의 결실들에 대한 가장 바람직한 예는 Culpepper, *Anatomy of the Fourth Gospel*과 Jeffrey Lloyd Staley, *The Print's First Kiss : A Rhetorical Investigation of the Implied Reader in the Fourth Gospel*, SBLDS 82(Atlanta : Scholars, 1988)를 보라.

24. 요한에 대한 가장 잘된 내러티브 비평적 연구들 중 하나는 Mark W. G. Stibbe, *John as Storyteller : Narrative Criticism and the Fourth Gospel*, SNTSMS 73(Cambridge : Cambridge Univ. Press, 1992)이다. Fernando F. Segovia, "The Journey(s) of the Word of God : A Reading of the Plot of the Fourth Gospel," *Semeia* 53(1991) : pp. 23-54을 보라.

미에 대한 몇 가지 단서를 제공한다. 그것들의 몇 가지 예들은 다음의 내용에 포함되어 있다.

서론에서 그리스도(로고스)는 하나님이라고 불린다(1 : 1, 18). 그 신분 확인은 독자들에게 주요 등장인물의 정체가 무엇인지에 대한 실마리를 제공하며, 그럼으로써 요한복음 이야기의 경우 이야기 내에 등장인물들이 가지고 있지는 않지만 찾고자 하는 지식을 알려 준다. 복음서의 서두에서 그리스도를 하나님이라고 부름으로 시작한 내러티브는 "……나의 주님이시요 하나님이시니이다"(20 : 28)는 도마의 고백으로 적절하게 종결을 짓는다(대부분의 학자들은 21장을 복음서의 첨가 부분이라 주장한다). 그러므로 복음서 전체는 예수님의 신분 확인으로 괄호를 치는데, 이로써 이야기의 주요 주제가 예수님의 신분을 밝히는 것에 있음을 분명히 한다.

전체 복음서 이곳저곳에서 다른 쌍의 쌍괄식 논리구조들을 찾을 수 있다. 서론은 로고스를 영접하고 믿는 자들이 하나님의 자녀가 되는 '권세'(권한, exousia)를 받는다고 주장한다(1 : 12). 그리고 요한복음의 십자가 장면에서 예수님은 자신의 어머니와 사랑하는 제자에게 서로 부모와 자식이 되도록 위탁한다. 이 에피소드는 무엇보다 예수님이 십자가상에서 주요 등장인물들 사이에 하나님의 새로운 가족을 형성시켰음을 주장한다. 곧 예수님의 어머니와 우리가 예수님이 사랑하셨다고 들었던 무명의 제자들이다(19 : 26－27).[25]

이 버팀목들은 독자들로 하여금 그리스도의 목적과 실로 예수님의 이야기를 재진술하는 목적이 중요 등장인물들로 구성된 새로운 공동체를 형성하는 데 있다는 사실을 보도록 이끌어 가면서 그 내러티브를 함께 연결시킨다. 서론과 수난 이야기를 연결시키는 이 두 쌍괄식 논리구조

25. 이것은 켈페퍼(R. Alan Culpepper)의 견해로 "The Pivot of John's Prologue," *NTS* 27(1980) : pp. 1－31에서 제안된다.

모두는 이들 사이에 있는 모든 메시지의 주요 취지에 대한 표시를 독자들에게 제공한다.

쌍괄식 논리구조가 단지 서론과 종결 부분에만 나타난다는 인상을 주지 않기 위해 문학비평가들은 그 이야기의 단편구조가 쌍괄식 논리구조의 관점에서 인지될 수 있을 것이라고 제안해 왔다. 우리는 자주 요한의 예수님 이야기에서 수난의 역할에 경이를 표했으며, 수난의 의미에 대해 놀랐다. 다른 가능한 의미들도 있으나, 혹자는 수난에 대한 언급들이 줄거리의 표식들(marker)이라고 주장한다. 수난에 대한 언급은 2 : 13에 처음 나오며, 그 다음은 6 : 4이고, 마지막으로 11 : 55에 나온다.

수난에 대한 언급으로 묶여진 두 부분들이 이 이야기를 나누는 기술적인 방법이 될 수 있는가? 2 : 13과 6 : 4 사이에서 우리는 예수님의 초기 사역을 발견한다. 6 : 4과 11 : 55 사이에서는 예수님과 종교지도자들의 갈등이 끊임없이 증가하며, 명절에 대한 마지막 언급으로 복음서의 마지막 부분을 소개한다. 시간의 언급들도 쌍괄식 논리구조에 포함될 수 있으며, 지리적인 언급도 또한 이 방식으로 이해될 수 있다. 2 : 1과 4 : 54 사이의 예수님의 사역 이야기는 가나에서 시작하며, 그 후에 4 : 43~54에서 그 지역으로 다시 돌아온다.[26]

쌍괄식 논리구조는 본문의 구성형태를 암시하며, 독자들의 관심을 그 이야기의 의미로 향하게 하며, 줄거리의 틀을 형성한다. 요한복음의 문학적 연구의 풍요로움에 대한 또다른 예는 아이러니(irony)이다. 물론 많은 아이러니의 형식들이 있으나 이 경우는 등장인물들이 자신이 말하고 있다고 생각하는 그 이상을 말하고 있는 상황으로 인지하는 것이 적절하다. 듀크(Paul Duke)는 요한복음에서 찾아볼 수 있는 다른 종류의 아이러니를 심혈을 기울여 연구하고 이 방식으로 그 말의 의미를 요약했

---

26. Moloney, *The Gospel of John*, p. 23을 보라.

다. "문학적 도구로서 아이러니는 의미의 두 층이 서로 얼마간 대립되기도 하고, 어느 정도 무의식이 표현되거나 암시되는 이중적 측면의 문학적 현상이다."[27)]

요한복음에서 아이러니는 이야기의 등장인물들이 행위나 말에서 자신들이 의도했던 것 그 이상을 주장할 때 나타난다. 반면 독자들은 등장인물들이 알지 못하는 일련의 사항을 보고 안다. 4 : 12에서 사마리아 여인이 예수님에게 한 질문(우리 조상 야곱이 이 우물을 우리에게 주셨고…… 당신이 야곱보다 더 크니이까)은 아이러니를 내포하고 있다. 그 이유는 독자들은 당연히 예수님이 더 크시다는 사실을 알고 있기 때문이다. 빌라도는 그가 예수님의 십자가 위에 붙인 죄패(19 : 19－22)의 충분한 의미를 깨닫지 못했다. 요한의 아이러니는 큰 관심을 가지고 연구되어 왔으며, 그 결과로 우리는 복음서 저자가 독자들에게 말하는 데 사용한 미묘한 기교를 보다 충분히 평가할 수 있게 되었다.

아이러니는 요한복음에서 소위 오해의 주제에서 자주 발견된다. 이야기의 등장인물들, 곧 대적자들과 제자들 모두는 예수님의 말씀을 자주 오해하며, 이들의 이러한 모습은 때때로 우습기까지 하다. 예를 들면, 예수님이 니고데모에게 위로부터 거듭나야 한다고 말씀하실 때 불쌍한 니고데모는 모태에 다시 들어갔다가 나오기를 요구하신다고 생각했다(3 : 4).

예수님이 '가겠다'고 말씀하실 때 사람들은 그가 자결하기 위해 가려는 것으로 생각했다(8 : 22). 예수님이 사람들이 그를 찾으나 찾지 못할 것이라고 말씀하셨을 때 그들은 그가 "헬라인 중에 흩어져 사는 자들에게 가신다."고 생각했다(7 : 35). 예수님에 대한 오해들로 인한 아이러니는 말하는 자들의 생각이 맞기도 하고 틀리기도 하다는 의미가 있다. 예

27. Paul D. Duke, *Irony in the Fourth Gospel*(Atlanta : John Knox, 1985), p. 17.

수님은 실제로 교회로 인해 헬라인들 중에 흩어져 사는 자들에게로 가시게 될 것이다. 그리고 비록 예수님은 자결하시지는 않겠지만 자발적으로 십자가를 지기 위해 가실 것이다.

아이러니는 이와 같은 측면에서 중요하지만 또다른 면이 있다. 예수님의 모든 이야기는 아이러니적인 꼬임을 가지고 있다고 전해진다. 계시 자체가 제사복음서에서 아이러니적이다.[28] 십자가의 이중적인 의미는 가장 쉬운 예이다. 예수님이 십자가에 달리심은 진정 그의 죽음이다. 그러나 또한 십자가에 달리심은 제사복음서 저자가 자주 말한 바와 같이 그의 영광이기도 하다(17 : 1 참고). 죽음은 예수님이 왕 되시는 것이다(다음 장 참고). 십자가에 달리심의 의미들은 서로 반대되는 입장에 있으며, 독자들은 이 사건에 단순한 죽음 이상의 무언가가 있음을 감지한다. 하나님은 분명하고 직접적인 방식으로 의미의 다른 단계를 이해하도록 사람들에게 요청해서 여러 방식으로 신적인 자아를 계시하신다. 우리는 이 주제를 다시 다루게 될 것이다. 3장에서 우리는 제사복음서에 나오는 예수님의 말씀들에 함축된 의미의 복합적인 수준들을 다루게 될 것이다.

요한에게 있어서 새로운 문학적인 관심은 내러티브에 나오는 등장인물들에 대한 연구들의 결과물이다.[29] 매력을 불러일으키는 성격묘사가 이 복음서의 장들에 점을 찍는다. 제자들은 위임과 결단을 표현하지만(6 : 68, 베드로의 말), 그들은 자신들의 말의 의미를 전혀 '이해하지' 못했다. 요한복음의 마지막 부분에서조차 그들은 예수님을 이해할 수 없었다(14 : 8). 그들이 예수님을 이해한다고 생각했을 때에도 그들은 실제로 여전히 혼돈상태에 있었다(16 : 29－33).

---

28. Gail R. O'Day, *Revelation in the Fourth Gospel*(Philadelphia : Fortress Press, 1986)을 보라.
29. 예를 들면, Sandra M. Schneiders, *The Revelatory Text : Interpreting the New Testament as Sacred Scripture*(New York : HarperCollins, 1991), pp. 180－197, 그리고 Culpepper, *Anatomy of the Fourth Gospel*, chap. 5이다.

제자들의 이런 모습은 요한복음에 국한되지 않는다(마가복음 참고). 이 복음서의 보다 특별한 점은 등장인물들이 예수님에 대한 신앙과 불신앙, 이 두 가지 반응들 중 하나의 모델이 되는 방식이다. 즉, 제사복음서 저자는 일반적으로 등장인물을 빛과 어두움, 이 두 영역으로 나누었다. 예를 들면, '유대인들'은 불신앙의 모델인 반면, 사마리아 여인은 신앙의 본보기이다.

요한복음에서 등장인물들이 항상 분명하고 명확한 역할만을 하지는 않는다. 니고데모와 같이 자신의 위치를 신앙과 불신앙 사이의 어정쩡한 곳에 두는 등장인물들이 몇 명 있다. 니고데모는 우리에게 그가 예수님을 믿게 될지 그렇지 않을지 의혹을 갖게 한다. 니고데모는 예수님과의 대화에서 안연하고, 상실한 상태에 빠진다(3 : 1-10). 그리고 우리는 7장까지 그에 관해서 전혀 듣지 못한다. 7장에서 니고데모는 다른 대제사장들과 바리새인들의 의견에 반대하여 예수님을 변호하는 것으로 보인다(7 : 50-52). 그의 수고의 결과로 니고데모는 예수님을 따르는 사람 중에 하나라는 비난을 받게 된다(7 : 52). 그 후 내러티브는 다시 예수님의 장사 때까지 니고데모에 대해 침묵한다. 예수님을 장사할 때 그와 아리마대 요셉은 장사를 위해 시체를 준비시키며 무덤을 마련한다(19 : 38-42). 그 이야기에서 우리는 요셉이 '숨은 신자'였다는 말을 듣게 된다. 니고데모는 어떠한가? 우리는 그에 대한 지식이 없으며, 그 등장인물은 애매모호한 상태에 있다. 빌라도는 신앙과 불신앙 중간의 범주에 위치한다. 비록 내러티브는 빌라도가 예수님이 죄가 없다고 생각했으나, 무리들의 주장에 반대하지 못한 실패한 로마인으로 비난한다.

제사복음서에서 등장인물들은 우리에게 단지 신앙과 불신앙, 이 두 가지 중에 하나를 선택하도록 요구한다. 그러나 그 과정은 결코 간단하지 않다. 믿음으로 나아가는 것이 항상 쉽지는 않다. 우리들 중에 상당히 많은 사람들에게 있어서도 믿음을 발견하기가 어려우며, 우리와 동일시할 수 있는 등장인물들이 있다. 5장의 중풍병자와 9장의 맹인이었던 사람에 관한 연구는 대조되는 두 등장인물의 딜레마를 요약하고 있다. 이 사건에 대한 한 연구의 제목은 그리스도가 가져온 빛을 붙잡으려 하는 두 등장인물의 투쟁을 잘 반영한다. "어두움 가운데 비틀거리며, 빛에 도달한다."[30]

요한의 성격묘사의 다른 특징은 우리에게 믿음의 투쟁에 관여할 것을 요구한다는 것이다. 매력 있는 제안은 요한복음 이야기에 나오는 무명의 등장인물들의 역할에 관심을 갖는 것이다(예를 들면, 사마리아 여인과 사랑하는 제자). 우리는 등장인물의 이름을 밝히지 않고 그대로 둠으로 그 혹은 그녀의 중요성을 감소시킨다고 생각하는 경향이 있다. 그러나 베크(David Beck)의 주장인 제사복음서 저자가 무명의 등장인물들을 독자들과 그들을 동일시하려는 의도를 장려하기 위해 활용한다는 말은 설득력이 있다. 한 등장인물의 이름이 밝혀지지 않기 때문에 우리는 보다 쉽게 그 이야기에서 그 등장인물의 역할을 취할 수 있다.[31] 그 제안은 제사복음서 저자가 사랑하는 제자를 이름을 밝히지 않고 남겨 둠으로써 독자들로 하여금 자신들을 그 제자로 생각하도록 초청한다는 느낌을 강조한다.[32]

요한복음 연구들에 있어서 새로운 문학적 비평의 결과들에 대한 마지막 예는 요한복음의 내러티브 세계와 관련이 있다. 내러티브 세계는 단순히 이야기를 하는 사람에 의해 창조된 세계이며, 그 안에서 이야기의 등장인물들이 생활하며 줄거리가 전개된다.[33] 저자들은 독자들을 자신

30. Jeffrey L. Staley, "Stumbling in the Dark, Reaching for the Light : Reading Character in John 5 and 9," *Selemeia* 53(1991) : pp. 55-80.

31. David R. Beck, *The Discipleship Paradigm : Readers and Anonymous Characters in the Fourth Gospel*, BiblntSer 27(Leiden : Brill, 1997).

32. Rudolf Schnackenburg, *The Gospel according to St. John*, vol. 3(New York : Crossroad, 1982), pp. 375-388을 보라.

들의 내러티브의 세계, 즉 이야기의 상황으로 초청한다. 그리고 이야기가 계속되는 동안 그 이야기는 독자들에게 그 세계가 믿을 만하고 참되다고 인정할 것을 요구한다.

모든 이야기는 그와 같은 세계를 창조한다. 때때로 그 세계는 소설 *Primary Colors*와 같이 우리 자신의 실제 세계와 매우 유사하며, 때로는 영화 "Star Wars"처럼 전혀 다르기도 하다. 제사복음서의 내러티브 세계는 두 개의 확실히 구별되는 위와 아래의 영역이 있는 환경으로 독자들을 인도하기 때문에 독특하다. 그 영역은 진리와 거짓으로 분명하고 뚜렷하게 구분되어 있다. 켈페퍼는 다음과 같이 진술한다.

> 복음서 내러티브의 암시적인 목적은 실제 세계에 대한 독자들의 관점을 결정적으로 변경시킨다. 그러므로 복음서의 내러티브 세계는 예수님의 사역을 들여다보는 창문도 아니고 요한 공동체의 역사를 들여다보는 창문도 아니다. 적어도 이것은 근본적으로 복음서 저자의 문학적인 창작물이며, 독자들을 복음서 저자가 보는 세상을 볼 수 있도록 이끌기 위한 목적으로 정교하게 꾸며져 있다. 그래서 이 내러티브를 읽는 과정에서 독자들은 자신들이 복음서에서 접했던 세계에 관한 복음서 저자의 관점과 대립되는 '실제' 세상과 관계된 그들의 개념들과 믿음을 시험하도록 요구받게 될 것이다.[34)]

모든 이야기 세계는 그 이야기와는 구별된다. 그리고 우리는 제사복음서의 내러티브 세계를 처음 세 복음서의 내러티브 세계와 동일한 것으로 희석시키지 않도록 주의해야 한다. 내러티브 세계는 줄거리의 모든

---

33. Schneiders, *The Revelatory Text*, chap. 5 ; and Norman R. Petersen, *The Gospel of John and the Sociology of Light : Language and Characterization in the Fourth Gospel*(Valley Forge, Pa. : Trinity Press International, 1993)을 보라.

34. Culpepper, *Anatomy of the Fourth Gospel,* pp. 4－5.

단화들을 통해 하나하나 조심스럽게 구성되어 있다. 요한복음의 줄거리를 조심스럽게 읽고 이 세계가 우리를 품도록 허용해야만 우리는 그 이야기에 온전히 참여할 수 있다. 그 관찰은 자연스럽게 제사복음서의 문학적 특징들에 대한 연구의 설교학적인 암시들로 우리를 인도한다.

### 2) 요한의 문학적 비평의 설교학적 암시들

설교자들은 복음서 저자가 요한복음의 독자들에게 행했던 바로 그 일을 행하기 원한다. 우리가 요한복음을 조심스럽고 솔직하게 읽을 때 우리는 그 이야기 안으로 끌려들어가게 되고, 그 극 중의 등장인물과 자신을 동일시하도록 유혹받게 되며, 그 자체의 분명한 내러티브 세계가 우리를 감싸안게 된다. 그러면 우리는 특별히 그 이야기의 세계에 관심을 갖게 되어 특별한 본문들을 수단으로 회중들을 그 세계로 인도한다. 우리의 목적은 독자들을 성서세계 속으로 끌어들이며, 그들이 그 이야기에서 한 역할을 취하도록 초청하는 데 있다는 가정하에서 성서적 설교의 전체적인 견해를 구성할 수 있다.

우리는 그 이야기 세계가 우리 자신이 살고 있는 세계와 동일하기도 하고 그렇지 않기도 하기 때문에 내러티브 세계의 개념에 관심을 갖는다. 곧 그 세계는 우리 자신이 배우들이 되었다고 인식하는 세계이다. 본문의 세계로 들어갈 때 우리는 먼저 자신의 세계와 유사한 그 세계에 관한 몇 가지 것들을 분별할 가능성이 높다.

요한복음의 세계는 사람들이 믿음의 문제로 투쟁해야 하는 세계이다. 우리도 투쟁해야 할 때이다. 그 외에 요한복음의 세계에 관하여 우리에게 호소하는 것은 아마도 그 세계가 우리의 세계와는 근본적으로 차이가 있다는 것이며, 이 때문에 우리는 그 세계에 대해 더 많이 알기 위한 호기심을 갖게 된다는 것이다.

예를 들면, 디즈니 영화들이 나에게 영향을 미치는 이유는 디즈니 세계가 내 자신의 세계와 동일하기 때문이 아니라 매우 짧은 시간 안에 선한 사람들이 늘 악한 사람들을 이기는 가상의 세계처럼 실제로 나의 세계도 단순하게 되기를 원하기 때문이다. 이것이 유사성의 매력에 의한 것이든지 혹은 비유사성의 매력에서든지 간에 우리는 청중들을 요한복음의 세계(보다 정확히 말하면, 우리가 설교하는 본문의 세계) 안으로 유인하고자 한다. 그러고 나서 그 세계가 어떻게 우리의 세계와 동일시되며 우리의 세계에 도전하는지를 설명한다. 이 이유에서 나는 설교자가 우리가 설교하는 본문 안과 그 배후에 보이는 세계에 대한 일종의 밑그림을 발전시킴으로 유익을 얻게 될 것이라고 믿는다.[35)]

새로운 문학비평은 본문 자체에 대한 평가도 장려한다. 설교자들이 오랫동안 소중히 여겼던 것에 대한 평가이다. 이 움직임이 설교에 미치는 공헌에는 전혀 다른 두 가지의 내용이 포함된다. 첫째, 성서의 새로운 문학비평은 우리를 성서의 역사적 배경에 대한 과도한 고민 없이 본문에 관심을 집중할 수 있게 한다. 이것은 문학비평이 역사적인 연구를 부적절하게 취급한다는 의미는 아니다. 왜냐하면 문학비평이 역사적인 문제를 간과하지 않기 때문이다. 그러나 설교자인 우리는 풀리지 않거나 풀 수 없는 역사적인 문제들과 자주 부딪치게 된다. 우리는 역사적인 지식 없이도 본문을 향해 다가가서 설교해야 한다. 예를 들면, '예수님이 사랑하시던 제자'가 역사적인 인물인가 아니면 순전히 문학적인 등장인물인가? 그 질문에 대한 분명한 대답 없이도 문학비평은 우리로 하여금 그 본문에 관심을 갖게 하고 설교하게 한다. 곧 역사적인 확실성 없이도 본문을 보고 그 본문을 근거로 자유롭게 설교하도록 한다.

둘째, 보다 중요한 것은 복음서 이야기에 있는 문학적 기교들을 확인

---

35. 허그스(Robert G. Hughes)와 나는 이 사상에 대해 *Preaching Doctrine for the Twenty-First Century*, FRP(Minneapolis : Fortress Press, 1997), pp. 68-69에서 조금 더 탐구했다.

하고, 설교들에 그것들을 모방하고자 노력하는 것이다. 예를 들면, 그리스도의 왕권에 대한 복음서 저자의 아이러니한 진술은 왕 되신 그리스도의 날(그리스도 왕)을 위한 설교의 틀을 제공한다. 사마리아 여인에 관한 설교는 그녀의 이름이 무엇인지 묻게 하며, 청중들이 자신과 그녀를 동일시하도록 이끈다. 어떠한 요한복음의 문학적 특징을 선택하든지, 그 특징을 염두에 두고 작성된 설교는 최선의 상태의 성서적 설교이다.[36)]

'밀접히 관련된 본문들'(closure texts) 중 하나를 설교할 때 우리는 회중과 관련된 본문의 상대역과의 관계 그리고 그 관계가 가져오는 의미를 보여 주어야 한다. 예를 들면, 요한복음의 십자가의 장면에 대한 설교는 1 : 12에 있는 하나님의 자녀에 대한 언급과 예수님의 어머니와 사랑하는 제자에 대한 예수님의 위탁에 대해 설명할 기회를 제공한다. 아이러니의 특징은 우리를 요한복음의 언어(3장)와 이의 애매성,[37)] 그리고 역설(2장)로 인도하는데 그것은 중요한 신학적 특징이다.

### 3) 설교의 예

요한복음의 애매모호한 특징은 삼위일체주일을 위한 복음서 일과, 그리고 사순절의 두 번째 주일을 위해 다른 일과로 주어진 니고데모와 예

---

36. 요한복음의 설교에 대한 몇 권 안 되는 책 중에 하나는 Gail R. O'Day's volume, *The Word Disclosed : John's Story and Narrative Preaching*(St. Louis : CBP, 1987)이다. 그 책에서는 요한을 설교하는 근거로 요한복음의 내러티브를 진지하게 다루었다.

37. 나는 다중의 의미에 대해 말할 때 '모호한 표현'이라는 단어를 사용한다. 혹자는 그와 같은 상황들을 위해 그 단어를 준비해 둔다. 곧 독자들이 한 단어가 둘 중에 하나 혹은 그 이상의 의미를 가질 수 있다는 사실을 안다는 것인데, 이 가능성들 중에 하나는 의도된 의미이다. 그러므로 독자는 어떤 의미가 더 가능성이 있는지를 결정할 수 있다. 애매모호한 표현으로 내가 의도하는 바는 다중의 의미들은 반드시 하나가 '참되거나' 혹은 의도된 의미가 되어야 하는 것은 아니라는 제안이다. 독자들은 가능한 의미가 무엇인지에 관해 숙고해야 하며, 적절한 의미를 선택할 기회는 여전히 있다.

수님의 대화(3 : 1-17)에 관한 설교를 구성하게 했다.

나는 당신에게 니고데모에 공감한다고 말하고자 한다. 내가 의미하는 바는 예수님이 이 불쌍한 사람을 무가치한 사람처럼 취급하셨다는 사실이다. 그가 당시에 전혀 쓸모가 없는 사람인 것처럼 말이다. 그는 배우고자 하는 진지한 소망을 가지고 예수님에게 왔다. 우리는 이 이야기에 다른 방식으로 생각해야 할 증거를 가지고 있지 않다. 그는 분명하게 예수님에 대한 긍정적인 마음을 가지고 '선생님'이라고 불렀다. 그리고 예수님이 하나님께로부터 오신 분이 아니면 예수님이 행하셨던 표적을 아무도 할 수 없다고 말한다. 나는 니고데모에게서 구도자의 모습을 발견한다. 그리고 오늘날 우리는 그를 그같이 부르기도 한다. 예수님을 믿기 위해서 예수님과 더 깊은 관계를 갖기 원하는 자의 모습이다.

그가 예수님을 보기 위해 나아오는 데는 상당한 위험을 감수해야 했을 것으로 보인다. 니고데모는 유대교의 학식 있는 교사이다. 그의 동료들은 이 갈릴리의 예언자적 인물을 절대적으로 반대한다. 이것이 니고데모가 어두움을 이용해서 예수님이 계신 곳으로 찾아온 이유이다. 만일 그가 예수님을 찾아왔다는 소문이 퍼지면 그는 자신의 직업을 잃을 수도 있고, 그는 그 사회에서 신뢰를 잃게 된다. 바리새인 그룹으로부터 쫓겨날 수도 있다. 니고데모는 예수님이 자신이 찾아왔었던 분일 것이라는 가능성 때문에 모든 위험을 기꺼이 감수했다.

그러나 예수님이 그를 어떻게 대하시는지에 주목하라! 니고데모는 예수님에게 존경심을 가지고 대한다. 그러나 예수님은 어떠한 태도를 취하시는가? 예수님의 음성에는 존중의 의도가 들어 있지 않다. 대신에 예수님은 "사람이 거듭나지 아니하면 하나님의 나라에 들어갈 수가 없다."는 불확실한 주장을 하신다. 거듭난다는 것은 무엇인가?

이 단어는 헬라어에서 '다시' 혹은 '위로부터'라는 의미가 있다. 예수님은 어떠한 의미로 그러한 말씀을 하셨는가? 니고데모는 예수님의 말씀에 대해 나만큼이나 당황했다. 그리고 덤비듯이 질문을 했다. "어떻게 거듭날 수 있겠습니까?" 그러나 예수님은 실제로 그의 질문에 대답하지 않으셨다. 예수님은 다만 출생과 성령과 바람에 대해 말씀하기 시작하신다. 니고데모는 "어찌 그러한 일이 있을 수 있나이까?" 하고 묻는다. 예수님은 그를 꾸짖으신다! "어찌 너는 그리 우둔하냐!"는 표현은 예수님이 그에게 하신 말씀의 핵심으로 보인다.

그리고 그런 후 니고데모는 사라지고 말았다! 사라졌다! 우리는 그가 떠났다는 말을 듣지 못했다. 만일 그가 그 이상의 말을 했다고 해도 우리는 그것에 대해 듣지 못했을 것이다. 그는 세 가지 진술을 한다. 그리고 그의 말은 조금씩 짧아진다. 그런 후 그는 침묵한다. 그리고 곧 사라진다. 그가 처음 왔을 때보다 더 많은 것을 얻어 가지고 밤의 어두움으로 돌아갔는가? 우리는 그에 대한 답을 듣지 못했다.

니고데모는 어떻게 되었는가? 우리는 니고데모가 그의 마지막 질문에 대답하는 예수님의 긴 담화를 들었으리라고 생각할 수 있다. 우리는 그가 예수님의 말씀에 도움을 받았을 것이며, 결국 예수님을 믿게 되었다고 생각하는 경향이 있다.

그러나 우리는 정확히 알지 못한다. 과연 니고데모는 어떻게 되었는가? 그는 예수님을 따르는 사람이 되었는가? 혹은 그는 그 갈릴리인에 의해 혼동되고 당황한 상태로 남아 있었는가?

우리는 요한복음의 후반부에서 한 쌍의 암시를 찾아볼 수 있다. 7장에서 우리는 예수님에 관해 논의하려고 모인 종교지도자들의 모임에 대하여 알게 된다. 그들은 예수님을 체포하기 위해 아랫사람들을 보냈다. 그러나 그들은 아무런 성과 없이 돌아왔다. 종교지도자들은 예수님에 관한 평가로 나뉘어졌다. 몇몇 사람들은 예수님이 하나님으로부터 오셨다고 생각한다. 다른 사람들은 그를 믿을 만한 어떠한 정보도 없다고 고집한다. 그렇다면, "오, 보라!" 니고데모는 일어서서 말한다. 종교지도자들의 모임에 그가 참석한다. 그리고 니고데모가 예수님을 변호한다. 그는 예수님에게 죄가 있다고 판단하기 전에 예수님은 공정한 재판을 받을 권리가 있다고 주장한다. 그의 동료들은 이러한 그의 주장에 대해 "너 역시 이 예수와 같이 갈릴리 사람이냐?"고 조롱하기만 한다.

니고데모는 나타났을 때처럼 곧 그 이야기에서 다시 사라진다. 그러나 그는 다시 한번 더 무대에 등장한다. 예수님은 십자가에 못 박히셨다. 그 후 아리마대 요셉과 니고데모가 와서 시체를 달라고 요구하고, 예수님에게 걸맞는 장사를 지낸다. 신기하다! 니고데모가 이 사건에 갑자기 나타나다니 이상하다. 화자는 우리에게 요셉은 예수님을 믿는 '숨은 신자'였다고 알려 준다. 곧 그는 예수님을 믿었으나 공개적으로 그의 믿음을 드러내지는 않았다. 우리는 니고데모가 이 일에 있어서는 요셉과 같다고 가정할 수 있는가? 그 역시 '숨은 제자'인가? 우리는 그것에 관해서 듣지 못했다. 다시 한번 니고데모는 사라진다. 그리고 그는 다시는 복음서에 등장하지 않는다.

니고데모는 예수님을 따르는 사람들 중에 한 사람인가? 그는 비밀리에 예수님을 따르는 사람인가? 당신은 어떻게 생각하는가? 나는 니고데모가 예수님에 대한 자신의 대답과 관련하여 계속적으로 고민했으리라는 생각이 든다. 아마도 그는 믿기를 원했으나 그렇게 하기가 두려웠을 것이다. 아마도 그는 믿기를 원했으나 그 첫걸음을 떼기가 어렵다는 사실을 깨달았을 것이다. 아마도 그는 믿기를 원했으나 너무 많은 대가를 치러야 함을 알았을 것이다.

아마도 당신들 중에 몇 사람은 니고데모가 고민했던 바가 무엇인지 확인할 수 있을 것이다. 아마도 당신들 중 몇 사람은 스스로가 신앙과 불신앙 사이의 궁지에 빠져 있음을 느낄 것이다. 영원한 구도자인 니고데모, 나는 분명하게 그와 동일시할 수 있다. 나는 나의 믿음에 대해 고민하던 순간들이 있었다. 내가 '숨은 제자'의 역할을 했다고 가정할 수 있는 많은 시간들이 있었다. 당시 상황에서는 나의 믿음을 공개적으로 드러내기를 두려워했다.

우리 중 대다수의 사람들은 믿음의 확신을 가지기 위해 노력하고 있다. 그것은 좋은 일이다. 하나님은 우리를 니고데모가 되도록 허락하실 가능성이 있다. 하나님은 그리스도에 대해 고민하는 자들을 이해하신다. 때로는 그를 믿기도 하고, 때로는 그를 부인하기도 하는 자들을 이해하신다.

## 4. 결 론

그렇다. 요한복음 주위에는 논쟁을 일으키는 문제들이 있다. 이 복잡한 문제들이 사려 깊은 설교자의 머리를 아프게 한다. 요한복음을 제쳐두고 다른 일과들, 심지어는 성시로 대신하고자 하는 일과들 중에 하나를 설교하고자 하는 유혹에 빠지는 많은 이유들이 있다. 그러나 그 같은 복잡한 문제들에는 인지되는 일련의 형태들이 있다. 설교자들은 적어도 한동안은 그것에 의존할 수 있다. 우리는 분명하게 이 복음서에 관해 제기되는 복잡한 가설들을 다 해결할 수는 없다. 그러나 우리는 논의를 시작했던 문제들에 대한 조금은 느슨한 결말을 발견했다.

역사적으로, 적어도 한동안은 예수님을 메시야로 믿는 소규모의 유대 그리스도인 공동체가 회당으로부터 분리되었으나, 회당에 머물러 있는 이전의 자신의 동료들과 예수님이 누구인가의 문제로 논쟁을 하던 시기 직후에 제사복음서가 기록되었다는 가정을 대부분의 설교자들이 진지하게 받아들였을 것으로 보인다. 그러한 상황에서 몇몇 무명의 지도자들은 소외감을 느끼며 자신들의 정체성에 대해 확신이 없었던 믿는 자들의 공동체를 강화시키기 위해 이 복음서를 기록했다. 역사적으로 이 공동체가 자신들의 시대와 장소의 주도적인 문화에 대항해서 사회적인 정체성을 확립했다는 사실은 비교적 확신 있게 받아들일 수 있다. 그리고 그들은 자신들의 정체성을 확고히 하고자 특별한 언어를 발전시켰다. 주류 사회에 대립된 소그룹인 그들은 자신들의 사회적인 상황과 관련하에 자신들의 신학을 발전시켰다. 그러나 이 모두가 가설임을 잊지 말라.[38)]

38. 회당으로부터의 출교의 이론은 다시 연구해야 할 필요가 있다. 이 이론은 최근 40여 년 동안 당연한 것으로 널리 수용되었다. 그래서 우리는 이것이 단지 하나의 이론이며(그리고 매우 사색적인 것이고) 다른 제안들도 고려되어야 할 필요가 있다는 사실을 잊어버리기 쉽다.

이 복음서의 역사적 기원과 삶의 자리가 무엇이라고 말하든지 간에 문학적인 관점에서 판단할 때 이 복음서는 위대한 작품이다. 사려 깊게 구성되어 있으며, 아이러니가 충만하고, 다양한 등장인물들이 도처에 흩어져 있는 이 복음서는 매력 있고 도전적인 하나의 세계를 그리고 있다. 이 특징들은 거의 대부분 논란이 있으나 역사적인 고찰들의 실타래에 매달려 있지 않으며, 우리는 이 특징들을 요한복음 설교의 중추로 의지할 수 있다. 우리는 문학비평에 대한 이해의 정도나 복음서의 본문이 독자들을 위해 주는 의미의 정도를 말하고자 했던 것은 아니다. 우리는 요한복음 형성에 관한 이론들을 비평할 능력을 갖춘 역사가들이 될 필요는 없다. 그 이유는 본문이 우리를 위해 말씀하시기 때문이다. 복잡하게 엉킨 것은 여전히 엉켜 있다. 그러나 우리는 엉켜진 밧줄조차도 우리가 필요할 때는 사용할 수 있다.

제사복음서의 신학적 주제들은 문학적인 특징들 그리고 역사적 기원들과 얽혀져 있다. 이 엉킴에는 신학적인 주제들이 관련되어 있다. 특별히 요한복음은 사용한 용어와 조심스럽고 정교하게 구성된 구조를 통해서 신학적인 주제들을 논한다. 어떤 의미에서 이 복음서의 학문적인 논법으로 무장한 우리는 이제 요한복음의 사상적 세계 안으로 들어갈 준비를 보다 잘해야 한다.

# 2장 신학적 주제들

## 요한복음 사상의 중심

요한복음 연구에 있어서 가장 중요한 움직임들을 논한 후, 이제 우리는 요한복음의 신학적인 본질로 관심을 돌리고자 한다.[1] 이 복음서는 신학적 사상에 포화되어 있으며, 신약성서 전체의 주요 신학들 중 하나를 대변한다. 아마도 수세기에 걸쳐서 신약성서 중 요한복음보다 기독교 사상에 더 많은 영향을 미쳤던 문서는 없었을 것이다(아마도 로마서를 제외하고). 주후 2세기 문학에 요한복음이 등장하게 된 까닭은 복음서의 영지주의적인 해석과 다른 기독교 사상가들의 반응에 기인한다. 요한복음의 사상은 기독교 역사에서의 신학적인 논쟁들, 특히 기독론과 성령론에 관련된 논쟁들에 영향을 주었다. 성령에 관한 주장들 가운데 니케

1. 요한 신학을 개괄하는 데 크게 도움이 되는 책은 D. Moody Smith의 *The Theology of the Gospel of John*, NTT(Cambridge : Cambridge Univ. Press, 1995)이다.

아 신조(Nicene Creed)는 성령이 "아버지와 아들로부터 나온다."(proceeds form the Father and the Son)고 진술한다. 그 신조는 제사복음서에 나타난 위로자(Counselor)와 변호자(Advocate)에 관한 예수님의 말씀들 중에 있는 진술에 기초를 둔다. 요한복음 14 : 16과 14 : 25에서 예수님은 하나님이 위로자(보혜사)를 보내 주실 것이라고 약속하신다. 그러나 요한복음 16 : 7에서 예수님은 자신이 위로자를 보낼 것이라고 주장하신다. 니케아 신조는 간단히 이 두 본문을 합했다.

우리 시대의 여러 신학적인 태풍들의 중심에 요한복음이 있다는 주장은 놀랄 진술이 아니다. 요한이 우리에게 주의 만찬과 세례, 곧 성례의 본질을 가르쳐 주는지, 그렇지 않은지에 관한 논쟁은 그 경우 중에 하나인데, 학자들은 이 주제에 대해 상상할 수 있는 가능한 모든 입장을 취한다. 여러 학자들의 이 주제에 관한 입장들을 지지해 주는 구절들을 요한복음 내의 여러 곳에서 발견할 수 있을 정도로 요한 신학은 풍요롭다. 설교자들은 이 복음서가 신학적으로 얼마나 두꺼운 층을 형성하고 있는지 알고 있다. 만일 혹자가 하나의 주제로 설교하기 위해 한 본문을 선택했을 때, 그는 이 본문이 다른 사상들과 복잡하게 얽혀 있다는 사실을 깨닫게 될 것이다.

나는 우리가 요한복음의 광범위한 신학적 주제들을 잘 파악하고 있을 때에야 비로소 요한복음을 효과적으로 설교할 수 있다고 믿는다. 설교자만이 아니라 일반적으로 주석가들은 전체적인 모습과 어떻게 조화를 이루는지 알지 못한 상태에서 하나의 주제를 강조하는 위험에 빠진다. 실로 우리는 요한복음을 화려한 색상과 이미지들로 가득 차 있는 하나의 크고 복잡한 그림으로 생각하는 경향이 있다. 만일 우리가 그림의 전체 주제 안에서 그것이 행하는 역할에 대한 이해 없이 그림의 오른쪽 아랫부분을 설명하려고 한다면, 우리는 그 그림의 전체와 그 부분을 곡해하게 될 것이다.

이러한 이유들로 이 두 번째 장에서는 설교자들이 개개의 구절들을 설교하기 위하여 전체적인 윤곽을 파악할 수 있을 정도의 기초를 확실히 했다는 확신하에 요한복음 신학의 신학적 중심에 관심을 집중하고자 한다. 그렇다고 해서 우리가 요한복음 사상의 모든 의문점들(puzzles)을 풀 수 있거나 그렇게 해야 한다고 말하는 것이 아니며, 다만 요한복음의 사상세계의 파노라마식(panoramic) 관점에 대한 이해가 필요하다고 말하는 것일 뿐이다.

요한복음 사상을 소개하기 전에 하나의 우선되는 질문을 고려해야 한다. 곧 우리가 어떻게 복음서 내에서 풍요로운 신학적 사고를 함축한 하나의 신학적인 주제를 분별할 수 있는가 하는 질문이다. 몇 가지 제안들이 도움을 줄 수 있다. 첫째로, 우리는 어느 한 구절을 연구하기 전에 복음서 전체를 이해해야 한다. 그 구절에 대한 새로운 시각을 갖기 위해서는 요한복음 전체를 반복해서 읽을 필요가 있을 것이다. 둘째로, 요한복음 저자가 그 당시의 조직신학자가 아니라는 사실을 기억하는 것도 도움이 된다. 요한복음의 목적은 신학을 해설하려는 데 있지 않고 믿음을 성장시키려는 데 있다. 이 말이 의미하는 바는 우리가 요한 사상을 교회의 교리적인 시각에서 읽지 않아야 한다는 것이다(예 : 요한복음에서 그리스도의 아들 되심은 무엇을 의미하는가?). 왜냐하면 교회의 교리적인 시각에서 요한 사상을 대하는 것은 실제 진술하고자 했던 것보다 더 복잡한 문제로 우리를 이끌 수 있기 때문이다. 셋째로, 우리는 요한복음이 한 공동체의 문서라는 사실을 인식해야 한다. 곧 이 복음서가 상처와 두려움과 그 밖의 모든 상황에 처해 있는 한 공동체로부터 나왔으며, 그 공동체를 위해 쓰여졌다는 사실을 기억해야 한다. 요한복음의 저자는 한 공동체를 위해 이 책을 기록하였으며, 그 공동체에게 이 이야기를 전했다.

마지막으로 우리는 요한복음의 기본적 주제와 주장이 계시라는 사실을 기억해야 한다. 하나님은 그리스도 안에서 자신을 계시하셨다. 그리스도로 말미암아 우리는 우리가 이전에 알지 못했던 하나님에 관해 상당 부분 알게 되었는데, 그 이유는 그리스도가 하나님의 품속에서 '석의'(exegete)해 주시기 때문이다(1 : 18). 요한복음에서 '진리'(truth)는 계시의 진리를 의미할 것이다. 요한복음의 일관되는 주제는 그리스도를 보고 듣는 것이 곧 우리가 하나님을 보고 듣는 것이라는(5 : 24, 14 : 9 참고) 것이다. 우리가 읽고 설교할 모든 본문에서 던져야 할 바람직한 질문은 이것이다. "이 구절이 어떻게 하나님을 알려 주는가?"

그렇게 함으로 우리는 몇몇 주요 신학적 개념들에 대한 밑그림을 그릴 수 있고, 그 신학적 개념들 사이의 관련성을 보여 줄 수 있다. 그것은 우리가 이 장에서 접하게 될 요한복음 저자의 신학방법이라 부르게 될 것만큼이나 중요하다. 그 본문은 신학적으로 중요한 사상들에 관해 어떠한 사고를 보이는가? 요한복음의 몇 가지 주요 주제들이 여기에 개략적으로 진술되었다. 그 주제에는 기독론, 종말론, 성령론, 믿음, 구원, 그리고 기독교인의 소망이 포함되어 있다. 이 개관은 이 주제들을 온전히 다루고자 하는 데 그 목적이 있지 않고, 다만 주요 동기들을 간단히 살펴보며 요한복음 신학의 본질적인 특징인 불명확한 개념(곧 역설)을 분명히 설명하고자 한다. 우리는 또한 요한복음 사상과 사고 방법의 설교학적인 암시들에 관하여 몇 가지 제안을 하고자 한다.

## 1. 요한복음의 기독론

제사복음서에서 기독론이 요한복음 신학의 핵심이라는 사실을 부인하는 학자는 거의 없다. 모든 신학적 견해는 "그리스도가 누구인가?"라는 질문으로부터 파생한다. 성령론, 종말론, 교회론, 구원론, 그리고 그 밖의 모든 주제가 그러하다. 하나님에 대한 이해조차 그리스도 중심인데 그 이유는 요한이 하나님에 관해서 말하는 모든 것이 하나님과 그리스도와의 관련성을 함의하기 때문이다. 하나님은 그리스도의 아버지이시다. 하나님은 그리스도를 보내신 분이시다. 당신은 그리스도를 아는 것을 통해서만 하나님을 알 수 있다. 수레바퀴의 축과 같이 모든 신학적 수레바퀴의 살(spokes)은 기독론 안에서 연구되고, 거기에서 신학적 주제들의 중심을 발견한다.

### 1) 기독론들의 다양성

누군가가 요한복음의 기독론에 관한 논제를 제기하려고 할 때 우리들 중 대부분은 즉각적으로 요한복음의 서문(1 : 1-18)에 진술된 성육신의 주제를 생각하게 된다. 그리고 그것은 충분한 타당성이 있다. 말씀(로고스)에 관한 그 시는 그리스도의 정체성과 사역에 관한 요한의 가르침의 중심 주제들 중에 하나를 기술한다. 그러나 제사복음서의 기독론에 관한 놀랄 만한 사실 중에 하나는 제사복음서의 기독론이 매우 다양하다는 점이다. 우리는 실로 '기독론들'(Christologies)이라고 말해야 할 것이다.[2] 제사복음서 저자는 여러 방법으로 그리스도를 묘사하는데, 그것들 가운데 말씀(로고스)의 성육신은 유일하다. 더군다나 복음서 저자는 복음서가 제안하는 다양한 관점들 사이의 일관성에는 무관심하게 보인다.

요한복음의 기독론적 사상의 다양성 문제의 중심은 1 : 14이다. 그렇지 않다고 하더라도 적어도 우리는 이 다양성을 연구하는 시발점으로써 이 구절을 취할 수 있다. 한편으로는 "말씀이 육신이 되었다."이고, 또다른 한편으로는 "우리가 그의 영광을 본다."이다. 어떻게 우리가 인간의 육체와 신적 영광을 조화시킬 수 있을까? 어떻게 육체와 영광이 한 사람 안에 거할 수 있는가?[3] 명백하게 모순되는 개념에 관한 급진적인 이 주

2. Kysar, *John, the Maverick Gospel*, rev., ed.(Louisville : Westminster John Knox, 1993), 1장을 보라.
3. 이 주장이 불트만(Rudolf Bultmann)과 케제만(Ernst Käsemann) 사이의 고전적인 갈

장은 전형적인 요한복음 사상이며 특별히 기독론에서 더욱 그러하다.

또다른 좋은 예는 5 : 19~25이다. 이 구절들에서 예수님은 자신이 하나님께 의존해 있다고 말씀하신다. "……아들이 아버지께서 하시는 일을 보지 않고는 아무것도 스스로 할 수 없나니……"(5 : 19). 과연 아들이 철저하게 아버지에게 의존되었다는 이 진술과 그리스도를 하나님의 말씀으로, 더욱이 하나님이라고 부르는 요한복음의 서론의 기독론과 어떻게 조화시킬 수 있는가? 혹은 여전히 그리스도는 하나님과 하나라고 주장함과 동시에 그분이 하나님에게 종속되었다고 말할 수 있겠는가?(14 : 28). 또는 '종속'(subordination)이 하나님과 그리스도와의 관계에 관한 복잡한 본질을 나타내는 정확한 단어인가?(6장 참고).

복음서 저자는 전혀 상이한 일련의 기독론적 진술들을 조화시키지 않고 함께 엮어 놓았다. 그리스도는 말씀이며, 하나님 자체이고, 하나님의 계시자이고, 예언자 또는 메신저(보냄받은 자)이고, 하나님의 대리자이다.[4] 만일 우리가 사용 빈도로 요한복음의 주요 기독론적인 범주를 결정해야 한다면, 그것은 성육신적 주제가 아니라 주로 언급된 사자(emissary)의 주제일 것이다. 그리스도가 하나님을 계시하는 사자로서 세상에 보냄을 받은 존재, 섬기는 존재라는 말씀이 매우 자주 나온다. 그 본문은 결코 요한복음에 나오는 기독론적 진술들의 모음의 결론으로 제공된 것은 아니다. 요한은 모든 상이한 견해들이 어떤 면에서는 도움이 된다고 말하는 것처럼 보이고 또한 한 견해가 다른 견해들을 밀어내는 것을 허

---

등을 야기시켰다. Käsemann, "The Structure and Purpose of the Prologue to John's Gospel," in *New Testament Questions of Today*, trans. W. I. Montague(Philadelphia : Fortress Press, 1969), pp. 138－167을 보라. 그리고 Rudolf Bultmann, *The Gospel of John : A Commentary, trans., G. R., Beasley－Murray*(Philadelphia : Westminster, 1971), pp. 60－72을 보라.

4. Paul N. Anderson, *The Christology of the Fourth Gospel : Its Unity and Disunity in the Light of John 6*(Valley Forge, Pa. : Trinity Press International, 1996)을 보라.

용하지 않는다고 말하는 것처럼 보인다.

기독론적 다양성의 또다른 경우는 1 : 32의 세례 요한의 말에서 찾아볼 수 있다. "……내가 보매 성령이 비둘기같이 하늘로부터 내려와서 그의 위에 머물렀더라." 요한이 예수님에게 베푼 세례에 관한 누가의 관점과의 유사성(3 : 21-22)은 주목할 만하다. 더군다나 누가복음에서 성령 강림은 우리가 누가의 성령적인 기독론이라고 부르기에 적절한 모습이다. 곧 예수님은 자신의 생활 가운데에 임하신 성령의 현존으로 인하여 그리스도이시고, 하나님의 아들이신 것이다. 그렇다면 예수님에게 성령이 내려옴은 요한복음에서 무엇을 의미하는가?

첫째로, 우리는 제사복음서에 예수님이 세례받으셨다는 사실이 전혀 기록되지 않은 것과 성령의 임재에 관한 세례 요한의 증거가 세례의 상황 가운데에 있지 않았다는 사실을 깨닫게 된다. 더군다나 하나님 자신의 말씀이 육신이 되었으며, 하나님 자신과 동등한 분이라고 불려진 분에게 성령이 임하신 것이 어떠한 의미가 있는가?

더욱 조잡한 질문을 한다면, 만일 그가 하나님의 말씀이라면 예수님이 성령을 가진 것이 무슨 필요가 있는가? 그와 같은 모순이 예수님에 대한 이 도전적인 이야기의 저자를 결코 성가시게 하지는 않는 것처럼 보인다.

요약하면, 요한복음에서 기독론은 그리스도의 형상에 대한 종합이거나 그의 정체성과 의미를 표현하는 은유들(metaphors)이다. "요한의 기독론이 무엇인가?" 하는 질문을 하기 위해서는 수많은 다른 이미지들을 제시할 필요가 있으며, 모든 기독론적 진술들의 의미를 찾고자 하는 시도를 논의할 필요가 있다. 물론 우리가 저자의 마음에 그려진 그리스도에 대해 사고하는 방식을 정확하게 꿰뚫어 볼 수는 없다. 다만 우리는 본문 주변에 흐르는 다양하고 복잡한 개념들을 관찰할 수 있을 뿐이다.

### 2) 설교학적인 암시들

우리는 요한의 다원론적인 기독론으로부터 그리스도의 정체성은 우리가 풀려고 애쓸 필요가 없는 영원한 신비라는 중요한 설교학적인 교훈을 배울 수 있다. 하나님과 그리스도의 관계를 진술하는 다양한 방법들이 있는데, 그 대부분의 진술들은 타당하며 소중히 여겨져야 한다. 우리에게는 어떤 기독론적 주제들에 고착되어 그것들이 온전한 진리라고 주장하는 경향이 있다. 그렇게 함으로써 우리 스스로가 다른 주제들과 이미지의 중요성을 감소시키는 입장을 갖게 되는데, 제사복음서 저자는 결코 그렇게 하지 않는다. 그러므로 요한은 우리에게 언어의 다양성과 그리스도 상의 다양성을 존중할 것을 가르치며, 우리의 믿음을 표현하는 그와 같은 다양한 방법들의 풍요로움을 소중히 여길 것을 당부한다.

게다가 요한이 분명하게 그와 같이 표현하지는 않으나 그리스도의 정체성을 기술하는 언어는 본질적으로 은유적이다. 그의 정체성을 언급하는 데 있어서 우리에게는 우리 자신의 경험에 근거한 언어로 꾸며 내는 것 외에 다른 선택권이 없다. 그래서 그리스도를 부모와의 친밀한 관계를 가진 한 어린아이와 비교하기도 하고(아버지－아들 언어), 자신을 보낸 자를 위하여 행동하도록 권한을 위임받은 대리자와 비교하기도 하며, 사람의 자기 표현(말씀)에 비유하기도 한다. 기독론적 언어들의 본질(그리고 궁극적으로는 일반적인 신학적인 언어)은 우리에게 그리스도의 이해를 위해 우리와 같은 시대의 비유들을 창작할 용기를 준다. 설교자들은 그리스도의 정체성과 사역을 표현하는 우리 시대의 언어를 찾으려는 시도에 대해 부끄러워하지 않아도 된다. 그리스도에 대한 그리스도인들의 믿음을 명확히 표현하는 비유를 창작하는 작업은 끝이 없다. 그리고 아마도 우리는 이 시대를 위해 새롭고, 보다 좋은 적절한 비유를 찾는 일을 지속적으로 할 필요가 있을 것이다. 참으로 그리스도가 누구인가를 진술하는 언어를 우리가 창작한다는 것은 놀랄 만한 일이며, 확실히 어려운 일이다. 그러나 그 작업은 청중들의 마음을 사로잡으며, 자신들을 위한 그리스도의 새로운 의미를 찾는 데 도움이 되는 한 가지 방법이다.

더군다나 나는 요한의 성례전적 특징을 설교할 것을 제안한다. 나는 세례와 성만찬이라는 의미에서 배타적인 성례를 말하지 않는다. 물론 그것들이 동등하게 중요하지만 말이다. 나는 요한이 육과 피를 가지신 예수님을 보고 듣는 것이 하나님을 보고 듣는 우리의 방법이라고 주장했다는 사실을 염두에 두고 있다. 하나님은 물질세계를 통하여 우리와 만나신다. 이 견해는 서문에서 신중하게 언급한 성육신 신학에 의해 경험했던 한 성례적인 시각을 장려한다. 그것은 회중으로 하여금 하나님의 위로로써 공동체의 위로를 경험하게 하며, 부활하신 그리스도의 모습 가운데에 기독교의 형제의식을 경험하도록 격려한다. 그것은 하나님이 한번 육체가 되어 우리 가운데 머물렀다는 것이 아니라 하나님이 항상 공동체 안에서 육체가 되시고 우리 사이에 지금까지 거하신다는 의미이다.

다른 측면에서 이 주제를 관찰하면(요한이 우리에게 원하는 것처럼), 우리는 예수님의 타자성의 선포를 고려해야 한다(서문 참고). 요한복음은 그리스도를 철저히 다른 존재로 그리고 있다. 우리가 좋아하는 동정심이 많고, 따뜻하며, 신사적인 예수님과는 다른 모습이다. 나사로의 무덤 장면을 제외하면, 예수님은 결코 병으로 고통당하는 자들과 괴로워하는 자들에게 어떠한 감정이나 동정심, 혹은 감정이입을 표현하지 않는다. 요한복음 11 : 33, 35, 38에는 예수님이 비통히 여기고 불쌍히 여기는 감정을 지닌 분으로 묘사되어 있다. 이 모습은 12 : 27에서 예수님이 앞으로의 자신의 운명에 관해 염려하셨을 때의 감정과 유사하다. 이 두 장에서 그 강렬한 감정은 속히 지나간다. 더구나 예수님은 사람들이 말하기 전에 그들의 생각을 아시는 초인간적인 분으로 묘사되어 있다(1 : 47, 2 : 25). 그는 적의에 가득 찬 군중들 사이에서 전혀 해를 받지 않으시고 다니신다(7 : 30, 44, 8 : 20). 그는 하나님과 매우 친밀한 관계에 있기 때문에 하나님의 약속을 듣거나 기도할 필요가 없으셨다(11 : 42). 그리스도는 위에서 나셨고(8 : 23), 오셨던 곳으로 다시 올라가신다(1 : 51, 3 : 13, 6 : 62, 20 : 17). 그는 세상에 대해 이방인이시고, 외인이시다.

이 모두는 암시적인 그리스도를 의미하며, 그분 안에서 우리가 신비를 만난다고 주장한다. 아마도 우리는 오늘날 그리스도인의 예배와 삶에서 신비보다 강한 느낌을 필요로 하는 것 같다. 예수님의 타자성에 대한 설교는 우리에게 익숙해진 예수님을 피하는 데 도움을 줄 것이며, 우리의 제도와 전제에 적합하도록 예수님을 적응시키려는 태도를 버리도록 하는 데 도움을 줄 것이다.

### 3) 설교의 예

다음의 단편은 크리스마스 시즌에 예수님의 타자성을 선포하고자 하는 설교에서 가져온 것이다. 3년 모두의 성탄절, 세 번째 주일에 주어진 복음서는 요한복음 1 : 1~14에 포함된 힘찬 시(詩)이다. 이 시의 단편들은 성탄절의 두 번째 주일(1 : 1-9, 10-18)과 대강절의 세 번째 주일(1 : 6-8)을 위한 성구이다.

> 성탄절 전야 몇 주 전이다. 그 시기에 우리들 중 많은 사람들은 마태복음과 누가복음에 기술된 예수님의 탄생에 관한 전통적인 이야기들에 둘러싸이게 된다. 한동안은 이 이야기들에 싸여 생활하는 데서 오는 일종의 즐거움과 만족이 있다. 당신은 어떤지 알 수 없지만, 나는 캐롤 없는 성탄절을 상상할 수 없다. 특별히 나는 미국의 포크송인 "그 어린 주 예수"(Away in a Manger)에 대해 생각한다. 이 단어들을 기억하는가?
>
> 그 어린 주 예수 눌 자리 없어 그 귀하신 몸이 구유에 있네
> ……저 육축 소리에 아기 잠 깨나

그 순하신 예수 우시지 않네……

영화 "Simon Birch"는 존 어빙(John Irving)의 소설 *Prayer for Owen Meany*에서 영감을 받았다. 사이먼 비치는 12살쯤 된 작은 소년으로 키가 3피트밖에 안 되었다. 사이먼은 조그마한 기형아로 태어났다. 그의 몸은 뒤틀리고 보기 흉하였다. 그러나 그는 당당한 아이였다. 그는 다른 사람들이 자신에 관해 어떻게 생각하는지에 대해서는 거의 관심을 갖지 않았다. 그런데 유감스럽게도 그는 매년 교회의 성탄절 성극에서 아기 예수님의 역할을 하게 되었다. 그가 실제로 원하는 배역은 요셉이나 목자들 중 한 사람의 역할이었다. 그러나 그는 요람에 누이기에 적당한 아이 정도 밖에 되지 않았다.

이 특별한 성극은 불길한 조짐이 보였다. 사이먼은 예수님의 어머니인 마리아 역으로 선발된 한 소녀에게 너무도 마음이 끌렸다. 순서가 되어 마리아가 와서 요람에 기대어 그녀의 아이에게 사랑스럽게 말했다. 사이먼은 자신의 감정을 억제할 수 없었다. 그는 마리아를 요람으로 당겨서 그녀에게 키스했다. 그 순간 거의 동시에, 천사 역할을 하는 큰 아이를 매달고 있던 장비가 부서졌다. 그는 목자들과 동방박사들 위에 떨어졌다. 모든 일들이 엉망진창으로 끝났다.

아마도 단순한 성탄절 이야기는 항상 놀라움으로 채워지는 것 같다. 사이먼 비치 이야기와 같이 되리라는 희망을 갖지 마라. 우리는 자신의 욕망을 이루기 위해 그 이야기에 얽매일 수 없다. 귀엽고 울지 않는 아기 예수님은 아마 우리가 좋아하는 모습일 수 있다. 그러나 다른 어떤 일들이 진행되고 있는 것이다.

오늘을 위한 요한복음 일과는 우리를 놀라게 한다. 이것이 우리에게 예수님을 소개하는 요한의 방법이다. 요한복음에는 탄생 이야기가 없다. 귀엽고 작은 아기 예수님도 없다. 오히려 요한은 우리를 또다른 영역으로 인도하여 그의 복음서를 시작한다. '태초'는 모든 시간 이전의 신비스러운 시간이다. 세상 밖의 장소이다. 그리고 거기서 요한은 말씀(로고스)에 대해 말한다. 그 말씀은 하나님과 함께하였고, 하나님이시다. 그 말씀을 통해서 모든 것이 이루어졌다. 그 말씀은 자신의 백성들에게 왔으나 자기 백성들에게 거절당했다. 그 말씀은 육신이 되니 은혜와 진리가 충만하다. 그리고 우리는 그의 영광을 보았다…….

그 말씀들은 아기 예수님에 대한 우리의 모든 단순한 개념을 산산히 부수었다. 그 말씀들은 이 갈릴리 예언자가 다름 아닌 인간의 형상을 입은 하나님 자신이라고 주장한다. 그리고 요한은 전체 복음서를 통해 우리가 이 사실을 잊지 않게 한다. 예수님은 위로부터 오셨으며, 다른 세상에 속해 있다. 그는 우리와 같은 사람이다. 허, 그 사람! 그는 이 세상에서 이루어야 할 하나님의 뜻을 가지고 있다. 아무도 그가 그 뜻을 이루는 데 방해할 수 없다. 그의 적대자들은 그를 체포하려고 노력하였다. 그러나 그는 손가락 하나 상함 없이 군중들 사이를 지나셨다. 그는 한낱 사람이다. 이 세상에서 낯선 자이고, 또다른 영역으로부터 온 이방인이다. 무엇보다도 그는 살과 피로 된 하나님의 말씀이다.

이분은 우리가 좋아하는 그런 유형의 예수님이 아니다. 부드럽거나 동정심이 있고 따뜻한 친구가 아니다. 자신이 가는 곳마다 따뜻한 솜털과 같은 부드러움을 나타내는 분도 아니다. 그는 우리의 모든 기대를 충족시키지 않는다. 그는 우리의 명령대로 움직이지 않는다. 그는 살과 피로 된 하나님의 말씀이다.

당신도 알다시피, 나는 요한복음이 한 가지 명확한 이유에서 이러한 말씀들로 시작했다고 생각한다. 요한복음은 신비로운 모습으로 남아 계신 한 분 예수님을 우리에게 나타내기를 원했다. 실로 그의 인성은 신비롭다. 이분은 우리가 원하는 방식으로 사역하도록 강요할 수 없는 예수님이며, 우리가 좋아하게 될 방식으로 일하시는 예수님이시다. 그 분은 우리 마음대로 부릴 수도 없고, 우리의 의지대로 하도록 요구할 수도 없는 분이다. 그보다 그분은 신비스러운 하나님의 말씀이다.

요한의 예수님은 우리로 하여금 그리스도 안에서 우리가 하나님을 만난다는 사실을 기억나게 한다. 그리스도 안에서 우주적인 전능하신 하나님이 우리와 만나신다. 그리고 우리는 이 신비를 이해할 수 없다. 우리는 그를 상상할 수도 없다. 왜냐하면 그분은 하나님의 말씀이기 때문이다! 경외심을 갖게 하는 타자이다. 위로부터 우리의 세상에 오신 낯선 분이다…….

## 2. 신학적인 방법으로서의 역설

제사복음서 저자에 의해 사용된 다양한 기독론적 범주들 사이의 관계는 신학적 방법, 혹은 신학적으로 사고하는 방식을 함축한다. 이 경우에 우리는 교리를 명백히 설명하는 수단으로 복음서 저자가 사용하는 패러독스에 관심을 갖게 된다. 우리는 복음서 저자가 패러독스를 사용하는 방식을 이해할 수 있는 기회를 가질 때까지 요한복음 내에 있는 다른 신학적 주제들에 대한 논의를 미루고자 한다. 사고방식에 대한 이해는 다른 신학적 주제들 중 몇몇을 다루는 데 도움이 될 것이다. 곧 신성에 관해 주장하는 방식이 그중에 하나이다.

요한의 기독론은 역설적이다. 역설은 둘 혹은 그 이상의 명백하게 대비되는 참진술들이 서로 대립됨에도 불구하고 주장될 때 나타난다. 고전적인 기독교 역설은 믿는 사람이 죄인인 동시에 의인이라는 사실이다.

### 1) 역설적인 신학

요한복음은 진리가 하나의 견해 안에서 발견되는 것이 아니라 서로 긴장 관계에 있는 여러 견해들이 함께 공존할 때 발견된다고 말하는 것처럼 보인다. 그리스도는 신성과 인성을 절충함 없이 함께 가지고 계신다(1 : 14). 그리고 예수님은 하나님과 하나이신 반면 여전히 하나님에게 복종하고 계신다고 주장한다(10 : 30, 38, 14 : 28 참고). 요한복음의 기독론들의 다양성은 요한복음 신학의 역설적이거나 다면적인 본질의 표식이다. 이 역설적인 기독론으로 제사복음서 저자는 다른 다수의 신학적 사상들에 여러 측면들을 제시한다. 뒤에서 우리는 역설적 긴장들이 다른 신학적 주제들 곧 종말론과 자유와 결정론 가운데에 어떻게 제시되었는지를 보게 될 것이다.

신학적으로 사고하는 요한의 역설적인 방법은 일반적인 주제들에 나타나 있다. 그러나 우리는 또한 요한의 다양한 의미를 가진 단어들을 사용하는 데 있어서 이중적인 측면 혹은 역설을 접하게 된다. 이 점은 우리가 뒤에서 살펴보게 될 요한복음의 언어에 관한 논의에 포함될 것으로 예상된다. 그러나 그 점은 여기서도 신중히 고려할 만하다. 때때로 역설적인 신학적 사상은 하나의 단어들이나 구절들 안에 요약되어 있다. 만일 당신이 이른바 요한의 두 뜻으로 해석되는 말이 검토할 만한 가능성이 있다고 인정한다면, 이것은 우리가 논의해 왔던 역설적인 특질을 예증해 줄 것이다. 말하자면, 동일한 단어 혹은 구절 가운데에 있는 다양한 의미들의 예에서 모든 의미가 복음서 저자의 문체와 사고의 관점에서 동일하게 취급된다면, 역설은 단일한 단어 혹은 구절에 담을 수 있게 된다.

요한복음 3장은 단일한 단어들과 구절들이 함축한 역설의 몇 가지 실례를 포함하고 있다. 가장 잘 알려진 것은 3절과 7절의 헬라어 단어인 아노덴(anōthen)이다. 이 단어는 최소한 세 가지 다른 의미를 갖는다. '다시' 태어난다는 의미와 '위로부터' 난다는 의미, 그리고 '태초부터' 난다는 의미이다. 바람(pneuma－5, 6, 8절)으로 번역되는 단어는 영과 호흡, 이 둘 다를 뜻할 수 있다. '들려 올리움'(huspoō)은 왕의 즉위와 십자가의 못 박힘이라는 두 가지 뜻 모두를 가리킨다. 이 각각의 경우에서 둘 또는 모든 의미가 그 본문을 읽는 데 적절하며 포함시킬 필요가 있는지 논의하는 것은 어렵지 않다.

이것의 쉬운 한 예는 3 : 14에 있는 '들려야 한다'는 단어의 사용에서 찾아볼 수 있다. 제5장에서 우리는 요한복음에서 그리스도의 죽음이 또한 그의 왕으로서 즉위라는 사상을 논하게 될 것이다. 더군다나, 빌라도가 예수님의 죄패에 기록한 것은 역설적이게도 진실이다. 그렇게 제사복음서 저자는 그리스도가 이 세상에서 통치자와 주권자로서의 자신의 역할을 취하신다는 사실을 표현함으로 그의 죽음이 하나님의 사랑받는 아들의 죽음이라는 생각을 갖도록 초청한다. 그리스도의 왕 되심의 계시는 전혀 예기치 않은 방식으로 성취되었는데, 외적으로 나타나는 것의 정반대의 의미가 실제적인 진리이다(예수님은 일반적인 죄인으로 처형되셨다). 이 예는 역설이 아이러니와 밀접한 관련이 있음을 보여 준다. 문학적인 도구인 아이러니는 신학적 사상의 전후 관계에서 이해할 때 역설적인 진리를 명확히 표현하는 수단이 된다(1장 참고).

해석가들은 종종 제사복음서에 나타난 역설적인 표현에 대한 답을 얻으려고 하는 경향이 있다. 그들은 때때로 두 가지의 참진술들 중 하나 혹은 다른 하나가 서로 역설적인 긴장 가운데에 있는 것이 실제로 복음서 저자가 '의도한' 바라는 결론을 내리게 될 것이다. 그러고 나서 그들은 그들이 선택한 하나의 관점에서 '참된' 진술로 이와는 대립되는 사상을 해석할 것이다. 예를 들면, 성육신의 역설에서(1 : 14) 학자들은 육체(sarx)와 영광(doxa)이라는 용어 사이의 관계를 어떻게 다루어야 하는지에 관해 논의해 왔다. 그리스도는 둘 모두가 될 수는 없다.

그렇다면 예수님의 성품 중 어느 것이 더 우위적인 특성인가? 신적인 영광인가? 아니면 인간의 육체인가? 어떤 사람은 육체는 단지 외적인 모습(disguise)일 뿐이라고 생각하고, 다른 사람들은 예수님은 참된 인간이시며, 그가 사역하는 동안에만 영광이 주어졌다고 생각한다.[5) ] 아마도 우리는 복음서 저자가 실제로 두 가지 가능한 의미들 중 하나를 받아들이고 다른 하나는 받아들이지 않았을 것이라고 가정해서는 안 된다. 그 대신 우리는 요한이 요한 되도록 그대로 둘 필요가 있으며, 역설적인

5. 불트만과 케제만의 논의를 보라.

말씨로 생각할 필요가 있다. 우리는 우리가 처음 생각한 것보다 요한복음 신학이 더욱 풍부하고 복잡하다는 사실을 발견하게 될 것이다.

### 2) 역설적인 신학의 설교학적 암시들

요한복음 역설들의 설교는 신앙인들의 생활에 중요한 기여를 한다. 나는 오늘날 교회가 보다 신중하게 역설을 받아들여야 할 필요가 있다고 믿는다. 그 이유는 지식이나 진리가 복잡하다는 사실을 이해하는 것이 우리에게 유익을 주기 때문이다. 그러나 당황스럽게도 항상 단순한 하나의 대답이 주어지지 않는다.

우리 시대에 혹자는 진리를 하나의 복잡하지 않은 진술로 쉽게 축소시키려고 노력한다. 실로 이러한 시각을 가진 교회들이 빠르게 성장하는 교회들인 것처럼 보인다. 오늘날 사람들은 단순한 진리를 동경한다. 그 이유는 우리의 생활 자체가 복잡하고 절대로 단순하게 보이지 않기 때문이다.

나는 요한복음이 우리를 보다 더 복잡한 견해로 초대한다고 생각한다. 진리는 다면적이며, 역설적이고, 포착하기 어렵다. 그것이 오늘날 대중적인 견해가 될 수는 없으나 보다 실제적으로 보인다. 그리고 그 누구도 확실한 것을 원하는 우리의 기대를 해결해 주지 못한다.

만일 현대성이 우리에게 무엇인가를 가르친다고 하면, 그것은 진리는 우리가 원하는 것과 같이 단순하지 않다는 사실이다. 신앙공동체가 역설을 이해하도록 도우며, 진리 중 상당 부분이 역설적이라는 사실을 수용하도록 하는 것이 포스트모던 시대에 북미가 기대하는 미래를 위한 준비일 것이다.[6)]

---

6. Robert Kysar, *Stumbling in the Light : New Testament Images for a Changing Church*(St. Louis : Chalice, 1999), 5장.

### 3) 설교의 예

제사복음서 저자는 별로 중요하지 않은 단어로 광범위한 신학적인 주제들의 다면성을 표현한다. 다음은 십자가의 역설적 특성을 논증하기 위한 노력이다. 이는 사순절 다섯 번째 주일을 위해 준비된 요한복음 12 : 20~33에 관한 설교의 한 부분이다. 요한복음 12 : 32에 주목해 보자. 이 설교의 목표는 우리가 십자가를 결코 완전하게 이해할 수 없다는 사실을 보여 주는 데 있다.

> 이 구절은 우리를 충분히 당황스럽게 한다. 헬라인들 중 몇몇이 예수님에게 왔으나 예수님은 그들과 대화를 나누지 않으셨다. 그들이 나아올 때에 예수님은 "때가 왔다."고 주장하신다. 그러나 다른 말씀 역시 이해하기 쉽지 않다. 예수님은 "내가 땅에서 들리면 모든 사람을 내게로 이끌겠노라……"고 말씀하신다(12 : 32). 그렇다면 이 진술에서 예수님이 의미하신 바가 무엇이라고 생각하는가? 그에게 '들린다'는 것은 무엇을 의미하는가?
>
> 십자가의 의미는 항상 우리에게 수수께끼이다. 우리는 예수님의 죽음에서 매우 중요한 어떤 일이 일어났음을 알고 있다. 예수님의 죽음이 우리를 하나님께 더욱 가까이하게 한다는 사실을 알고 있다. 예수님의 죽음을 통하여 우리는 전적으로 하나님을 새로운 시각으로 본다. 어떻게 그의 죽음이 이 모든 것을 성취할 수 있는가? 교회 역사를 거슬러 보면, 기독교사상가들은 늘 이 질문을 신중하게 생각해 왔다. 그러나 명확하고 확실한 대답도 없다. 그래서 우리는 표류하고 있다. 우리들 각자는 십자가에 대하여 몇몇 결론에 이르고자 최선의 노력을 다한다.
>
> 요한복음은 예수님의 죽음의 의미에 대해 매우 다른 모습을 제시한다. 최소한 그것은 신약성서에 있는 다른 견해들과 차이가 난다. 우리는 요한복음에 대한 우리의 선입견을 강요해서는 안 된다. 예수님의 죽음의 치유 능력에 관해서는 거의, 아니 전혀 말하지 않는다. 예수님의 죽음이 우리의 죄를 위한 희생이라는 사실에 대해서도 거의 언급하지

않는다. 대신에 우리는 그 자신의 '들림'에 관한 이 생소한 말씀을 듣는다. 요한복음은 상당히 의도적으로 이 표현을 사용하거나 그렇게 보이도록 한다. 요한복음의 다른 세 가지 상황에서 예수님은 자신의 죽음을 '들림'이라고 말씀하신다.

본문에서 '들림'으로 번역된 헬라어 단어는 상당히 애매하다. 실제로 이 단어는 십자가를 가리킬 수 있다. 이 단어가 십자가를 가리킬 때, 십자가의 희생자로 들려 올려진 자는 거기에서 죽었다. 기이하게도 그 단어는 왕의 즉위를 가리키는 용어로도 사용되었다. 한 사람이 왕과 통치자의 위치에 오를 때, 높이 올려진다고 말할 수 있다. 그 후보자는 우리의 지도자로 취임한 것이다.

그렇다면 그것은 무엇인가? 예수님은 '들림받음'이라는 표현으로 자신의 십자가를 의미하셨는가? 아니면 그의 우주적 왕으로서의 즉위를 의미하는가? 아니면 요한이 우리에게 원하는 것이 두 가지 가능성 모두에 대하여 '예'라고 대답하는 것인가? 예수님의 십자가의 죽음이 그의 즉위식이라고 할 수 있는가?

오, 그것은 가능한가 아니면 불가능한가? 어떻게 십자가형이 처형받는 자를 통치자로 만들 수 있는가? 죽음의 형벌이 그 사람을 명예롭게 한다고 말할 수 있는가? 죽음이 그 사람을 높인다고 한다면, 요한은 여기서 언어적 기교를 부리고 있는 것이다. '들려 올림'이라는 구문이 상상할 수 없는 것을 상상하도록 하지 않는가? 예수님은 십자가의 죽음으로 우리의 왕이 되셨다! 하나님은 우리가 상상할 수 없는 방법으로 예수님을 우리의 통치자와 지도자로 만드셨다. 그의 죽음에서 나타난 것이 실제로 그의 즉위이다. 십자가는 보이는 것과는 전혀 다른 무언가를 의미한다.

우리는 결국 어떻게 이것이 가능한지를 이해할 수 없다고 말해야 한다. 우리는 십자가의 개념이 우리의 논리적 사고 저편에 있음을 고백해야 한다. 우리는 십자가의 의미를 결코 명료하고 정확하게 말할 수 없다. 단지 우리는 십자가가 의미 없는 삶으로부터 우리를 구한다고 말할 수 있다.

때때로 이해할 수 없는 경험이 우리를 구원한다. 한 친구가 나에게 자신은 의미 없는 생활의 덫에 빠졌었다고 고백했다. 그에게 누구도 더 이상의 의미를 주지 못했다. 10년간 교회를 섬긴 목회자가 갑자기 자신의 생활이 공허하고 텅 비어 있음을 발견한 것이다. 우리는 대화를 나누었으나, 나는 그를 도울 수 없었다. 얼마 후에 그는 자신이 목회하는 큰 교회의 목사직을 사임하려고 하였다. 그때 무슨 일이 일어났다. 그 목사가 가장 사랑하는 교인이 암 판정을 받은 것이다. 그녀는 겨우 35세였다. 나의 목사 친구는 그녀처럼 성실하고 독실한 기독교인을 일찍이 만나 보지 못했었다. 그래서 그는 자신의 삶을 그녀의 삶과 연결시켰고, 그들은 그녀의 최후의 죽음의 여행에 함께하였다.

무엇 때문에 이 여인이 고통을 당하고 죽어야 하는지 결코 이해할 수 없었다. 그녀의 고뇌와 투쟁은 아무런 의미가 없었다. 그녀는 고통스럽게 그리고 미련을 남기며 죽음을 맞이했다. 그러나 나의 친구는 그녀의 의미 없는 고통을 통하여 그 이상의 무언가를 보았다. 그는 인간의 삶의 존엄과 가치를 보았다. 그는 상상할 수 있는 가장 심한 고통 가운데에서도 그녀의 사랑이 깨뜨려질 수 없음도 보았다. 그는 죽음 앞에서조차도 굴하지 않는 그녀의 강한 정신을 보았다. 그는 마침내 나에게 "그녀의 고통과 죽음이 나를 위해 진리의 창을 여는 것처럼 보였다."고 말했다. 그리고 그녀의 죽음을 통해 내 친구 목사는 새로운 삶(새로운 의미와 목적)을 발견하였다.

"내가 땅에서 들리면 모든 사람을 내게로 이끌겠노라 하시니."

## 3. 죄와 악

기독론은 제사복음서 신학의 중심인 반면, 그 바퀴 축으로부터 뻗어 나오는 수많은 살들(spokes)이 있다. 그것들 모두는 요한복음을 설교하는 데 중요하다. 나는 많은 주제들을 죄와 악, 믿음과 구원, 그리고 기독교인의 소망, 이 세 가지 범주로 분류하여 살펴보려고 한다. 때때로 우리는 복음서 저자가 신학적으로 사고하는 역설적인 방법의 부수적인 증거를 보게 될 것이다.

### 1) 대 립

당신의 관점에서 볼 때 제사복음서의 두드러지고, 널리 알려진 특징들 중에 하나는 이원론 혹은 반대되는 개념의 사용이다. 복음서는 끊임없이 마치 사물에 두 가지 영역이 있으며, 두 가지의 반대되는 세력이 존재하는 것처럼 말한다. 우리는 이미 앞부분의 기독론 논쟁에서 위와 아래 사이의 구분에 대해 언급했다. 이 이원론은 '세상'(kosmos)이라는 단어의 사용과 뒤섞여져 있으며, 대부분의 경우 세상은 아래 세상에 속한 실체와 동의어인 것처럼 보인다. 다시 요한복음 8 : 23에 나타난 대립된 개념을 살펴보자. "……너희는 아래에서 났고 나는 위에서 났으며 너희는 이 세상에 속하였고 나는 이 세상에 속하지 아니하였느니라." '아래'와 '위', 그리고 '이 세상에 속하고'와 '이 세상에 속하지 않고'의 대립은 또다른 동의어적인 평행이다.

'위로부터'(ek tōn katō)와 '아래로부터'(ek tōn anō), 이 정반대되는 개념의 이해는 부숴져야 하는 단단한 견과류 정도로 여겨져 왔다. 학자들은 이것이 일종의 헬라어의 우주적 이원론, 묵시적 이원론과 실존론을 대변한다고 주장해 왔다. 만약에 이 개념이 우주적 이원론이라면, 복음서 저자는 우리가 두 부분으로 나누어진 실체의 전부를 생각하기 원했을 것이다. 또한 한 세기 후에 대두된 영지주의적 이원론은 이 용어들로 사고했던 것처럼 보인다. 만일 그것이 한 쌍의 묵시적 대립이라면, 우리는 시간이 두 부분으로 나뉘어졌다고 상상할 것이다. 그것은 바로 현재적인 시간과 장차 올 시간이다(롬 8 : 18 참고). 존재론적 이원론은 인간의 자기 이해와 관련이 있다. 이 경우에서 대립은 존재하는 두 가지 방식이요, 살아가는 두 가지 방식이요, 자기정체성의 두 가지 방식이다.

우리가 위와 아래를 구분하는 요한의 사상을 이해하기 위해서는 먼저 요한이 사용한 수수께끼 같은 '세상'이라는 용어의 의미를 파악해야 한다. 대부분의 경우에서 세상은 믿지 않고 계시를 거절하는 영역을 가리킨다(7 : 4, 7, 12 : 31, 15 : 18-19, 17 : 14-18 참고). 그러나 세상이라는 단어가 때때로 중립적인 의미로 사용되기도 하는데, 이 경우는 물질적인 피조물을 가리킨다(1 : 10). 불트만(R. Bultmann)은 인간의 죄, 즉 우리의 실존에 대한 기만은 피조물을 '세상'에 속하도록 그릇되게 이끈다고 주장한다.[7] 불트만은 인간은 자신을 창조자에게서 독립된 존재로 잘못 이해하며, 마치 자신이 자신의 운명의 주인이요, 지배자인 것처럼 기만하는 견해를 받아들였다고 부언한다. 그 잘못된 자기 이해는 하나님의 창조 행위에 참된 근거를 두는 인간다움과 인간의 실존을 위해서 모든 물질적인 피조물에게 부여하는 하나님의 은총을 빼앗아 버린다. 그리고 이 때문에 세상은 죄와 악의 영역으로 변질된다. 우리는 죄와 악의 본질은 잘못된 자기 이해라고 정의할 수 있다.

제사복음서에서 예수님이 사용하신 용어는 이 해석적인 관점을 뒷받침해 준다. 핵심적인 구절인 요한복음 8 : 23에서 '위', '아래', '이 세상에 속하고', '이 세상에 속하지 않고' 하는 이 네 가지 용어 모두가 헬라어 전치사 '에크'(ek)로 시작한다. '에크'라는 전치사는 첫 번째 절에서는 'from'으로, 두 번째 절에서는 'of'로 번역되었다. 우리는 이 전치사가 기원과 뿌리, 유래를 나타낸다고 말할 수 있다. 또한 불트만은 이 구절에 대해 이같이 쓴다. 요한복음에서 '기원'(origin)은 구성원의 자격(membership)과 동의어이다.[8] '위', '아래', '이 세상에 속하고', '이 세상에 속하지 않고'라는 표현은 인간들이 어디로부터 왔는지에 관한 자기 이해를 이끌어 내는 근거를 가리킨다. 선택은 어떤 한 초월적인 힘으로

---

7. Rudolf Bultmann, *Theology of the New Testament*, vol. 2, trands. K. Grobel(New York : Scribners, 1955), p. 27.
8. Bultmann, *Gospel of John*, vol. 2, p. 348 n. 2.

부터 절대적으로 독립되어 있다고 가정하는 자기 이해와 하나님에게 절대적으로 의존되어 있다고 가정하는 자기 이해 이 두 가지로 한정된다. 설상가상으로 제사복음서는 둘 사이의 중간적인 선택을 용납하지 않는다. 문제는 이것이냐 저것이냐의 솔직한 마음 자세이다.

요한복음의 죄에 대한 정의가 있다. 죄란 우리의 기원과 우리의 삶의 특성에 관한 그릇된 이해이다. 물론 그리스도의 오심으로 죄란 하나님의 계시를 받아들이기를 거절하고, 참된 생명이 하나님에 대한 믿음을 요구하지 않는다고 주장하는 완고함이다. 이러한 이유로 우리가 도덕적인 의미로 죄(hamartia)라는 단어를 사용하고자 한다면 그것은 잘못이다. 진실로 사람들이 그리스도 안에서 주어진 계시를 믿는다면 우리는 '서로 사랑하라'(13 : 34)는 그리스도의 명령에 복종해야 한다. 제사복음서는 제한되고 기본적인 도덕적 교훈을 넘어서 우리 죄의 경계선을 그리는데, 이는 단순한 도덕적 경계는 아니다.

더군다나 제사복음서에 나타난 죄에 대한 이해와 함께 우리는 악의 근거에 관한 더 나은 이해를 갖는다. 요한은 사탄이나 악마에 관하여 거의 언급하지 않는다. 사탄은 단지 13 : 27에서 한 번 언급되며, '악마'(devil)라는 칭호를 세 번만 사용할 뿐이다(6 : 70, 8 : 44, 13 : 2). 여기서 흥미로운 사실은 이 칭호가 8 : 44을 제외하고는 모두 유다를 언급하는 데 사용된다는 것이다. 또한 이 용어는 요한복음 8 : 44에서 그리스도를 거절한 자들을 가리킨다. 이같이 인간의 자기 자신에 대한 그릇된 이해를 초래하는 근거를 가장 잘 나타내는 표현은 12 : 31과 14 : 30에서 찾아볼 수 있는 '이 세상의 임금'(ho archōn tou kosmou)이다. 17 : 15에서 언급한 '한 가지 악'(ho ponēros 또는 정확히 '악')은 이 세상에서의 믿는 자의 생활과 분명히 관련된다. 제사복음서 저자는 악의 세력을 대기 중 혹은 세상의 풍조에 위치시키는데, 악의 세력은 피조물을 왜곡시키며 인간의 의지할 바를 그릇되게 한다.

### 2) 설교학적인 반성들

결단에 관해 설교하는 설교자들은 요한의 절대 이원론을 선호하는 경향이 있어 왔는데 이 이원론의 경계는 애매하며, 제사복음서의 메시지를 가치 있게 활용하는 것도 아니다. '그리스도를 믿거나 아니면 고통스러운 비참한 결과를 얻는 것'에 대해 설교하는 어려움은 믿음을 다루는 데 있어서 요한이 인간 결단을 전적으로 강조하지 않는다는 사실에 있다. 이는 믿음과 구원에 대해 다루는 장에서 보게 될 것이다. 여전히 사람이 위임받지 않는 인생을 살 수 없다는 주장은 강력한 메시지이기에 우리는 우리에게 맡겨진 위임을 늦출 수 없다.

교인들의 생활에 대해 알고, 자신의 생활에 대해 정직한 설교자들은 요한복음의 이원론이 우리를 믿도록 인도하는 것처럼, 우리의 생활이 간단하지 않음을 안다. 우리의 생활은 복잡하다. 그리고 때때로 우리는 충실하고 믿을 만하기도 하고, 때로는 그렇지 않기도 하다. 만일 당신이 우리가 아무리 하나님과 그리스도에게 위임되었다고 하더라도 인간의 죄가 계속 우리를 오염시킨다는 사실을 믿는다면, 우리는 간단히 "위의 영역을 선택했고 이 세상에 속하지 않는다."고 말할 수는 없다. 실은 탁구 경기 중의 탁구공처럼 우리는 지속적으로 양편을 오간다. 정확하게 말하면, 이와 같은 종류의 설교는 요한복음의 이원론이 나타나는 많은 구절들 중에 어떤 구절로도 가능하다. 설교자는 세상에서의 삶의 실체에 대한 단순화에 급진적이든지 아니든지 도전해야만 한다. 그럼으로써 설교자는 청중들의 대부분이 살고 있다고 느끼는 실제 상황을 분명히 표현할 수 있게 된다. 설교자는 생활을 지나치게 단순화시키는 이러한 견해에 이의를 제기함으로 회중을 그리스도 안에 나타난 하나님의 사랑의 계시에 더욱 헌신하도록 초청할 수 있다.

더구나 우리가 논의해 온 대립의 개념들을 요한이 사용하는 데 있어서 논란이 되는 문제는 자기정체성이다. 오늘날 북미 사회에서 인간생활의 심각한 주제 중에 하나는 정체성의 문제이다. 정체성은 거의 모든 면에서 앞서 도전을 받는다. 예를 들면, 여성의 활동을 인정하는 남성은 그 세계에서 새로운 성의 정체성을 찾기 위해 노력해야 하는데, 그 세계에서는 가정에서의 보호자, 주인, 리더로서의 남자의 역할은 마침내 무너지고 만다. 비록 아직 전적으로 그렇게 되지는 않았지만 말이다. 더욱이 정체성은 "우리가 누구인가?"에 대한 질문이 제기될 때 우리가 직업의 역할과 씨름하는 것처럼 보다 용이하게 파악될 수 있다. 우리는 많은 사람들이 퇴직하도록 강요당한 후에 보통 (남자들이) 심리적으로 동요하는 모습을 보아 왔다. 그들의 정체성은 일로부터 얻어졌으며, 그 일을 하지 못하게 되었을 때 그들은 자신들이 누구인지를 알지 못한다. 역으로 말하면, 일생 동안 여러 번 직업을 바꾸는 사회에서 직업은 믿을 만한 정체성의 근거로 보이지 않는다는 것이다.

그렇다면 우리는 누구인가? 요한은 세상적인 조건이나 위치로부터 온 자기정체성이 아닌 하나님의 자녀로서의 역할로부터 온 자기정체성을 설교하도록 돕는다. 우리는 이 생애에서 우리의 관계에 근거한 정체성을 표현하기 위해 '이 세상에 속하고', '속하지 않고'의 이분법을 사용할 수 있다. 예를 들면, 역할과 직업의 경우를 들 수 있다. 그리고 우리가 하나님에 의해 지어진 존재라는 사실이 우리의 정체성의 근거가 된다.

### 3) 설교의 예

다음은 "멜라니에게"라는 설교의 한 부분이다. 이 설교는 미르나 카이저(저자의 아내)가 부활절 네 번째 주일에 요한복음 10 : 10을 본문으로 한 설교이다. 그녀의 허락을 받아 여기에 사용하였다.

> 그 여자 아이는 겨우 11살이다. 그 아이는 아직 자신의 이 새로운 인생을 이해하기 위해 몸부림쳐야 한다. 이 새로운 인생이란 자궁의 안전

과 따뜻함으로부터 벗어난 삶을 가리킨다. 그 여자 아이는 몸무게가 6파운드밖에 안 되고, 태어날 때는 4온스였다. 그 여자 아이는 아주 자그마한 인간이었다. 그러나 모든 신체 부위들은 온전했다. 나는 그 여자 아이의 손가락과 이 새로운 생명을 봤을 때 놀랐다. 나는 조그마한 멜라니가 풍성하고 온전한 인생을 보낼 수 있을 것인가를 확신하지 못한 채 그 여자 아이를 응시했다.

작은 소녀의 이미지, 이 새로운 생명이 어느 날 나의 마음을 사로잡았다. 나는 기쁨과 흥분에 싸여서 사무실로 되돌아갔다. 그러나 내가 그렇게 함으로써 다른 이미지들이 마음에서 서서히 사라지기 시작했다. 이런 이미지는 텍사스 웨이코에 있던 한 농장을 휩쓸어 버린 화염과 같았다. 그리고 나는 이 끔찍한 불꽃에 타서 사라져 버린 사람들의 생애에 대해 생각하지 않을 수 없었다. 할퀴어진 육체들의 이미지, 세상의 소망 없는 난민들의 이미지, 그리고 모든 의미 없는 전쟁에서 부숴지고 소각된 생명들에 대해 생각하지 않을 수 없었다. 다음에는 워싱턴에 있는 홀로코스트 박물관(Holocaust Museum)의 이미지들이 떠올랐다. 그것과 나란히 고향에 있는 고등학교의 벽에 기록된 반셈족(Anti-Semitic) 낙서 이미지가 떠올랐다. 나는 또다시 박해와 편견으로 인한 끊임없는 두려움 속에서 살았던 사람들을 생각하였다. 마침내 내 마음은 개인과 가정의 위기의 이미지로 내달았다. 그리고 나는 육체적이며 감정적인 고통과 고난 가운데에 살았던 생활을 그려 보지 않을 수 없었다.

몇 시간 안에 나는 인간 파괴, 폭력, 죄의 억압적인 실존으로부터 하나님의 창조의 경이를 찬양하는 쪽으로 마음이 움직였다. 내가 작은 멜라니에게 그가 태어난 이 세상에 관해서 무엇이라고 말할 수 있겠는가? 그 여자 아이에게 자궁의 따뜻함과 안전함으로부터 벗어난 삶이 가치 있다는 약속을 줄 수 있겠는가?

나는 오늘의 복음서 일과에서 예수님의 약속에 대하여 그 여자 아이에게 말하고 싶다. 나는 예수님이 오셔서 그 여자 아이에게 생명을 주시고 또한 풍성하게 주셨다는 사실을 그녀가 알기를 원한다.

"그러나 멜라니, 거기에는 도적과 강도도 있단다. 우리를 그 약속으로부터 유린시키는 자들도 있다. 훔치고 죽이고 파괴하는 자들도 있다. 그 사람들은 우리에게서 풍성한 삶과 함께 생명까지도 빼앗아 간다. 그러나 또다른 분이 계신다. 그분은 우리의 목자이시다. 그분은 우리의 이름을 알고, 우리는 그분의 목소리도 안다. 도둑들과 강도들이 있지만, 우리가 따를 수 있는 목자도 있다."

이 어려운 세상에서 어떻게 멜라니나 우리는 풍성한 삶을 살 수 있겠는가? 어떻게 예수님의 약속이 세상의 파괴적인 화염들을 뚫고 참된 생활로 우리를 인도할 수 있겠는가? 어떻게 예수님의 주장이 우리에게 살아갈 힘을 주겠는가?

우리가 그분에게 속해 있다고 예수님은 말씀하신다! 우리 양들에게는 한 목자가 있다! 우리가 통과하여 목장을 찾을 수 있는 한 문이 있다!

멜라니가 싸워야 할 문제는 우리 대부분이 잘 알고 있는 문제들 중에 하나이다. 그것은 소속의 문제이다. 우리는 새로운 집을 찾아서 자궁에서 나왔다. 우리는 세상에 태어난 후 우리가 누구이고 우리가 무엇에 속해 있는가를 찾고자 방황한다. 그리고 인생의 상당한 시간을 그 문제로 고민하며 보낸다. 우리를 세우는 소속감, 상호 관계, 연고를 찾는다. 그것은 마치 우리가 새로운 자궁을 찾아서 우리의 생을 보내는 것과 같다. 안식처가 없어 방황하며, 새로운 터전과 관례, 그리고 소속감을 찾기 위해 소망 중에 방황한다. "웨스트 사이드 스토리"(West Side Story)의 사랑의 노랫말에서처럼 우리는 믿음을 찾아 방황한다. 우리를 위해 예비된 곳이, 어딘가에 우리를 위해 준비된 곳이 있다.

방황하는 동물의 비참함보다 더 고통스러운 몇 가지의 모습이 있다. 몇 가지 이유에서 자신의 주인을 잃어버린 애완동물들은 거할 곳이 없어서 방황한다. 집 없는 애완동물들은 음식물과 애정에 굶주려 있다. 그 동물들은 자신들에게 약간의 친절을 보이는 첫 번째 사람에게 자신을 의탁할 것이다. 그러나 주의하라! 만일 당신이 그 동물들에게 약간의 호의를 보여 준다면, 그 동물들은 영원히 당신의 소유가 될 것이다. 주목하라! 만일 당신이 그 동물들에게 한 번 먹을 것을 제공한다면, 당신은 평생 동안 한 친구를 갖게 될 것이다…….

반면 우리 인간들에게는 약간의 차이가 있다. 그 방황함 가운데에서 우리는 우리 자신을 위해 마련된 안식처를 잃어버린 피조물의 한 모습을 보게 된다. 그 모습은 잃어버리고, 방황하고, 애정과 관심을 갈망하여 허덕이는 모습이다. 우리 역시 우리를 먹여 주고 사랑해 줄 집을 찾고 주인을 찾기 때문에 그들과 동료의식을 갖는다.

그러나 우리에게는 집이 있다. 주인이 있다. 이것은 약속이다. 예수님은 우리가 속해 있어야 할 분이시다! 그리스도는 우리의 양식의 원천이며, 사랑과 용납에 대한 우리의 필요의 원천이시다. 그리스도는 우리에게 안식처를 제공해 줄 수 있는 분이시며, 소속감에 대한 우리의 필요를 채워 줄 수 있는 분이시다. 위협과 위험으로 가득 차 있는 이 세상에, 도적과 강도들이 들끓는 이 세상에, 생명의 목장으로 들어가는 문을 가로막는 이 세상에 그리스도가 계신다! 그분은 여전히 우리의 이름을 부르신다. 자신을 따르라고 우리를 초대하시는 분이 여전히 계신다! 풍성한 삶으로 우리를 인도하시는 분이 여전히 계신다.

그리스도는 우리가 누구인가에 대해 말씀하신다. 우리는 그에게 속해 있는 양이다. 우리는 그리스도를 우리의 목자와 주인으로 인정하는 양들이다. 그것은 멜라니와 동일한 상황에 처한 내가 이해하고자 하는 바이다. 그것은 내가 그 여자 아이와 우리 모두가 듣도록 하는 기도이다.

그러나 예수님 안에서 살았던 풍성한 생활은 따뜻하지도 않으며, 안전한 자궁도 아니다. 그렇지 않은가? 그리스도의 양 떼에 속함이 만병통치약은 아니다. 그의 양인 우리는 세상에 대해 눈을 감을 수 없다. 우리는 도적들과 강도들을 무시할 수 없다. 우리는 모든 고통과 고난에 대해 맹인과 귀머거리가 될 수 없다. 텍사스 웨이코의 한 농장에서 일어난 불이 우리도 태울 수 있다. 세상의 어디에나 있는 죽음과 파괴가 우리의 마음에 고통을 준다. 무지한 반셈족적인 태도가 유대교 형제자매들뿐만 아니라 우리에게도 위협이 된다. 개인과 가족의 위기에 대한 고통이 우리의 평화를 깨뜨린다.

풍성한 생활이 만병통치약은 아니다. 풍성하게 산다는 것은 우리가 새로운 자궁 속으로 물러남을 의미하지는 않는다! 그러나 풍성한 삶은 우리가 능력의 근원을 가지고 있음을 의미한다. 풍성한 삶은 세상을 향해 나아갈 수 있는 능력이다! 우리는 그리스도에게 속해 있다! 그리스도에게 속한 우리는 모든 악과 파괴로 만연된 세상으로 나아간다. 세상으로부터 피하지 않는다!

하나님은 그리스도 안에서 우리에게 생명을 주셨다. 하나님은 조건 없이, 제한 없이, 거리낌 없이 우리를 사랑하신다! 하나님은 안식처 없이 방황하는 우리를 먹이시며 하나님의 집으로 인도하신다.

지금 우리는 도적들과 강도들과 싸울 수 있는 힘과 결단과 용기가 있다. 그리스도와 함께 그 집에 거함으로 우리는 안식할 곳이 없게 만드는 세력들을 이길 준비가 되어 있다. 우리는 하나님이 주시는 양식으로 이 식탁에서 평화와 정의를 위한 싸움에 참여하기 위해 영양을 공급받는다. 우리의 이름을 부르는 분과 함께 우리는 우리가 속한 세상에서 진리를 말할 준비가 되어 있다.

그리스도에게 속함은 우리를 구별되게 한다! 또한 목자의 음성을 듣는 우리는 세상으로부터 들려오는 고통의 소리를 듣는다. 그리고 우리는 세상을 변화시키기 위한 싸움으로 인도하는 목자의 음성을 듣는다.

그리스도에게 속함으로 우리는 여기 공동체에서 세상의 도적들과 강도들과 싸우게 될 것이다. 우리는 여기 공동체 내에서 하나님의 피조물을 향해 던져지는 모든 편견과 미움에 능동적으로 대항할 것이다. 우리는 우리 지역의 집 없는 자에게 피난처와 보호소를 제공하기 위해 일할 것이다. 우리는 사회의 외롭고 소외된 자들의 친구가 될 것이다. 우리는 먹을 양식이 없는 많은 사람들과 부를 나눌 것이다. 우리는 우리가 만나는 각각의 사람들을 일으켜 세우고 힘을 줄 것이다. 우리는 그렇게 할 것이다. 그것은 우리 자신의 선함 때문이 아니다. 절대 그렇지 않다! 그리스도가 우리를 그의 양으로 만드셨기 때문에 우리는 그렇게 할 수 있을 것이다. 그리스도는 우리에게 안식처를 주셨다.

그렇다. 멜라니, 인생은 가치 있다. 그리스도 안에서 하나님은 당신을 자신의 소유라고 주장하시고 하나님의 양 무리로 만드셨다. 하나님은 당신에게 아주 풍요로운 생애를 주셨다. 이 때문에 이제 너는 세상으로부터 도피할 안전하고 편안한 자궁을 찾지 않을 것이다. 이 때문에 당신은 이 세상에서 살아갈 수 있는 힘을 발견할 것이다. 당신에게 세상의 죽음과 파괴에 대항해서 싸울 힘이 주어졌다.

## 4. 믿음과 구원

만약 요한복음에서 불신앙이 죄의 근본이라면, 신앙(belief) 또는 믿음(faith)은 무엇이라고 정의할 수 있는가? 물론 요한복음에는 일반적인 믿음을 가지라는 권고는 없다. 요한복음에서 요청하는 믿음은 항상 특별한 대상을 향한 믿음이다(하나님이나 그리스도). '믿는다'(pisteuō)로 번역된 동사가 요한복음에서 98번 사용되었다. 이 빈도는 이 단어의 중요성을 시사한다. 요한복음에서 믿음은 믿음을 가진 사람이 자신의 인생을 하나님과 그리스도에게 전적으로 맡긴다는 의미에서 개인적인 신뢰이며, 그리스도 안에 나타난 하나님의 계시에 자신을 위탁한다는 의미이다. 하나님의 계시에 대한 그 신뢰는 우리들 이 세상의 영역, 곧 이래의 영역으로부터 이 세상에 속하지 않은 영역, 곧 위의 영역으로 인도한다. 이것은 거짓 자기 이해로부터 참된 생명으로 옮겨짐을 의미한다. 요한복음에서는 참된 인생을 '영생'이라고 부른다. 제사복음서에서 구원은 무엇보다 그리스도 안에 나타난 하나님의 계시를 통해 우리가 우리 자신의 참된 본질에 대한 이해로 결단함을 의미한다. 그것은 오해 가운데 살았던 생활로부터의 구원이며, 하나님, 그리스도, 다른 사람들, 그리고 우리 자신에 대한 바른 이해를 향한 구원이다.

### 1) 무엇에 대한 믿음인가?

오늘날 우리는 믿음에 관한 많은 이야기를 듣는다. 이 믿음은 적극적인 방식의 생각이며, 용기를 잃어버리지 않게 되는 것을 의미한다. 그러나 이 단어의 잦은 대중적인 사용이 믿음의 대상을 올바로 지시하는 데 실패하게 한다. 나는 그것을 두려워한다. 무엇에 대한 믿음이며, 누구에 대한 믿음인가?

제사복음서는 세 가지 다른 방식으로 '믿음'이라는 단어를 사용한다. 처음 두 경우에는 '엔'(en)이나 '에이스'(eis) 이 두 전치사 중 하나와 함께 사용된다. 두 전치사 모두 '안에'(in)로 번역되었다(3 : 15, 3 : 36 참고). 영어 번역은 이 두 전치사의 차이를 명확하게 구분하지 못한다.[9] 많은 사람들은 이 두 전치사 사이에 중요한 차이가 없다고 믿는 반면 혹자는 에이스가 보다 개인적인 특성을 가진다고 주장한다. '믿는다'는 동사의 세 번째 사용의 예는 'that'(hoti, 11 : 27)이라는 단어가 뒤따른다. 이 단어는 우리가 특별히 믿어야 할 대상을 제시한다. 곧 특정한 사람만 아니라 믿음의 내용이다. 이 용례는 믿음에 대한 교리적인 이해를 향해 나아가게 한다. 곧 바른 믿음은 분명한 내용을 가진다.

만약에 우리가 그리스도 안에 나타난 하나님의 계시를 받아들이고자 하고, 붙잡고자 한다면 요한복음에서 사용된 '믿는다'는 단어의 이 세 가지 형태 모두에서 요한이 우리에게 믿도록 원하는 것이 무엇인지를 파악할 수 있다. 이 두 전치사 중에 하나를 사용하고 있는 구절들은 신앙은 하나님을 믿어야 하며(14 : 1 참고), 예수님을 보내신 분을 믿어야 하며(6 : 29, 12 : 44), 그리스도를 믿어야 하며(7 : 39), 예수님을 믿어야 하며(12 : 11), 아들을 믿어야 하며(3 : 36), 인자를 믿어야 하며(9 : 35), 빛을 믿어야 한다(12 : 36)고 제안한다. 믿어야 할 내용은 "나는 그이다"(8 : 24), "그리스도이시요 세상에 오시는 하나님의 아들이시며"(11 : 27), "예수께서 하나님

9. 전치사 에이스(eis)의 사용의 다양성에 관해서는 William F. Arndt, F. Wilbur Gingrich와 Frederick W. Danker, *A Greek-English Lexion of the New Testament and Other Early Christian Literature*, 2nd ed.(Chicago : Univ. of Chicago Press, 1979), pp. 228-230을 보라.

의 아들 그리스도이시며"(20 : 31), "하나님이 그리스도를 보내셨으며"(11 : 42, 17 : 8, 21), "그리스도가 아버지 안에 그리고 아버지가 그 안에 계시며"(14 : 10), "예수님이 하나님께로부터 나아오셨다"(16 : 30, 17 : 8)는 사실이다.

믿음의 중심은 그리스도이며, 그분의 정체와 기원이다. 더군다나 하나님에 대한 믿음조차도 일반적으로 예수님에 대한 믿음과 관련이 있다. 그러므로 제사복음서에서 믿음은 우리가 그리스도와 관계를 갖는 방식과 관련되어 있으며, 그 관계는 그에 대해 확신한 신뢰 중에 하나이다. 그리스도에 대한 신뢰의 관계는 그분이 누구인지에 대한 확신을 갖게 한다. 곧 하나님이 그리스도를 보내셨다는 것 등이다. 이것은 요한에 있어서 우리의 기독론이 믿음의 관계성에 뿌리를 두며, 그 관계성으로부터 성장한다는 의미이다. 우리는 믿음의 내용이 신뢰하는 부분이라고 말할 수도 있고 혹은 그리스도의 교리적인 견해가 온전한 신뢰의 한 면을 구성한다고 말할 수도 있다. 우리는 신뢰하기 위해서 우리가 신뢰하는 분이 누구인지, 왜 그래야 하는지를 분명히 알아야 한다.

제사복음서 저자는 또 이와 같은 종류의 믿음이 어떠한 결과를 가져다주는지 밝힌다. 믿는 사람들은 영생을 가지고 있으며(3 : 15, 다음 단락의 하단부 참고), 생명을 가지고 있으며(11 : 25), 빛을 가지고 있으며(12 : 46), 죽음으로부터 해방되었으며(11 : 26), 목마름으로부터 자유하게 되었으며(4 : 13), 성령을 가지고 있으며(7 : 39), 박해를 받았으며(12 : 42), 예수님이 하신 일보다 더 큰일을 할 수 있게 되었다(14 : 12). 먼저 영생, 생명, 빛, 죽음과 목마름으로부터 자유함과 같은 표현들은 요한이 그리스도 안에 나타나신 하나님과의 구원 관계를 진술하는 동의어이다. 이것들은 우리가 그리스도에 대한 믿음에 의해 하나님이 늘 의도하셨던 참된 생명 또는 생명에 참여하게 되었다고 언급하는 다양한 방식이다.

## 2) 누가 믿음을 결정하는가?

이제 우리는 이와 같은 요한복음의 역설들 중 하나와 맞부딪치려 한다. 긴장은 인간의 결정과 하나님의 섭리 사이에 있다. 만일 우리의 믿음의 책임이 누구에게 있느냐고 묻는다면, 우리는 두 가지 측면의 대답을 할 수 있다. 분명히 사람들이 믿음을 갖는 데 있어서 자유의지를 사용한다는 주장을 뒷받침해 주는 구절들이 있다. 내가 앞에서 언급한 바와 같이 요한복음에 관한 설교는 쉽게 생각하면 결단을 위한 설교가 될 수 있다.

사람의 결단이 요구되는 것처럼 보이는 구절들의 예로는 두 본문으로 충분하다. 아마도 이 구절들 중에서 가장 극적인 구절은 6 : 60~71일 것이다. 예수님의 제자들 중에 많은 사람들이 예수님이 자신이 누구인지에 대해 말씀하신 터무니없는 주장을 듣고서 그를 떠났다. 그런데 이러한 그들의 태도는 전혀 예수님을 놀라게 하지 않았다. 그 이유는 예수님은 처음부터 누구의 믿음이 진실한지를 아셨기 때문이다. 그러나 그 직후에 예수님은 열두 제자에게 돌아서서 물으신다(요한복음에서 열두 제자를 언급한 두 구절들 중에 하나, 20 : 24 참고). "너희도 가려느냐?" 이 말씀의 의미는 그들이 여전히 예수님을 떠나갈 것인지 결정할 수 있다는 것이다. 비록 그들이 예수님을 따르겠다는 결정을 했지만 말이다.

자유의지가 믿음의 부분인 것처럼 보이는 구절들 중에 다른 한 예는 마르다에게 하셨던 질문이다. 예수님은 자신이 "부활이요 생명이다."라고 주장하신 후에 물으신다. "네가 이것을 믿느냐?" 첫 번째 제자들의 부름은 간단한 초대의 말이다. "와서 보라"(1 : 39). 아마도 그들은 이 초대를 거절할 자유를 가지고 있었을 것이다. 또한 사마리아 여인의 증거와 예수님 자신의 말씀은 마을 사람들을 믿게 했다(4 : 39－42). 이밖에도 요한이 믿음을 사람들이 예수님에게 반응해서 나온 결단의 결과라고 추정했다는 증거로써 인용될 수 있는 구절들이 많이 있다.

그러나 문제는 그렇게 간단하지 않으며 요한에게도 마찬가지이다. 하나님에 의해 선택받은 자들만이 믿음을 가질 수 있다는 의미를 함축하고 있는 구절들 역시 많이 있다. 믿음은 하나님의 행위이지 우리의 행위가 아니다. 다시 말하면, 우리는 모든 증거를 필요로 하지 않으며, 요한복음에 나타난 이 주제를 예시하는 것으로 충분하다. 이 진술들 중에 가장 급진적인 주장은 12 : 39~40에서 찾아볼 수 있다. 이 구절은 이사야서에서 인용한 구절이다. “그들이 능히 믿지 못한 것은 이 때문이니 하나님이 그들의 눈을 멀게 하시고 그들의 마음을 완고하게 하셨기 때문이다.” 또한 예수님은 사람들을 자신에게 인도하고 자신을 믿도록 이끄는 신비로운 신적인 능력에 관해 언급하신다. 그 능력이 때로는 하나님이 그리스도에게 주신 자들이라는 표현으로 진술된다(6 : 37, 39, 10 : 29, 17 : 2, 6, 9, 24, 18 : 9). 그리고 때로는 ‘이끌다’는 표현으로 진술된다. “나를 보내신 아버지께서 이끌지(helkō) 아니하시면 아무도 내게 올 수 없으니……”(6 : 44, 65 참고). 10 : 26에서 예수님은 그의 대적자들이 예수님의 양들 중에 하나가 아니므로 믿지 않는다고 주장하신다.

우리의 기원이 우리가 믿음을 갖게 될지 그렇지 않을지를 결정한다는 느낌이 초기 영지주의자들이 요한복음에 매력을 느꼈던 이유들 중에 한 예이다. “너는 위로부터 낳음을 받아야 한다.”는 유명한 표현도 하나님께 기원을 두는 것이 사람을 믿음으로 인도한다는 의미를 함축한다. 혹자는 하나님에게 속하였고(또는 하나님으로부터 낳고, ek tou theou), 혹자는 그렇지 못했다(8 : 47). 당신의 기원이나 소속이 당신이 믿을지 혹은 그렇지 않을지를 결정하는 것처럼 보인다. 믿음의 행위 가운데에는 인간의 의지 그 이상의 무엇인가가 있다.

자발적인 믿음과 주어진 믿음의 역설이 요한복음의 역설의 중요한 예이며, 아마도 믿음에 대한 우리의 반응 역시 마찬가지일 것이다. 다수의 사람들은 요한이 실제로 의미했던 바가 이쪽이나 저쪽이라고 말하는 경향이 있으며, 그 후에 그것에 따라 다른 면들을 해석하기도 한다. 예를 들면, 요한이 추구하는 것은 우리 안에 믿음의 자발적인 반응을 불러일으키는 것이며, 하나님이 믿음을 결정하시는 것처럼 들리는 구절들도 우리의 반응을 구하는 데 있어서의 하나님의 우선권을 간단히 언급하고 있다고 말한다. 참으로 이것이 믿음에 관한 이중적인 측면 언어가 만들어 낼 수 있는 최선의 의미가 될 수 있다. 나는 당신을 여기에서 까다로운 역설에 대해 생각하도록 이끌고자 한다. 그것은 우리가 기꺼이 그리스도 안에 나타난 하나님의 사랑을 받아들여야 한다는 의미이다. 그러나 우리의 반응은 실제로 우리에게 주어진 하나님의 믿음의 선물에 대한 반향에 불과하다. 그와 같은 역설적인 견해는 우리 중 몇몇이 믿음을 선택하지만 또한 우리 자신도 모르게 믿음을 갖게 되는 순간들이 있음을 느낀다는 단순한 사실에서 이 경험적인 근거를 찾는다. 그렇다. 믿음은 그리스도를 향한 결단이다. 그러나 또한 믿음은 하나님이 주신 선물이다. 이 둘 모두는 오늘날 우리의 생활에서 진실이다. 우리는 은혜의 선물을 기꺼이 받아들여야 함을 알고 있다. 반면에 믿음에 대한 의지 없이, 곧 믿고자 하는 의지 없이도 믿는 것처럼 여겨지는 순간들도 있다.[10)]

### 3) 구원은 무엇으로부터 오는가?

제사복음서는 비록 '구원하다'(sōzō)라는 단어를 하나님이 인간을 구원하신다는 의미로 네 번 사용하고(3 : 17, 5 : 34, 10 : 9, 12 : 47), 한 번은 예수님을 '세상의 구원자'(sōtēr)로 칭하는 데 사용했지만, 다양한 구원의 범주들을 형성하지는 않는다. 요한복음에 따르면, 실제적인 질문은 우리가 무엇으로부터, 무엇을 위해 구원을 받는가이다.

10. Robert Kysar, "The Dismantling of Decisional Faith : A Reading of John 6 : 25 – 71," in Critical Readings of John 6, BibIntSer 22(Leiden : Brill, 1997) : pp. 161 – 181.

제사복음서에는 일종의 불신자들의 심판도 가끔씩 언급된다. 그러나 12 : 48을 보라(그리고 뒤에 나오는 '그리스도인의 소망'이라는 부분도 참고). 정죄받는 자들을 지칭하는 데 사용한 가장 생동감 있는 용어는 포도나무와 가지의 비유에서 찾아볼 수 있다. "사람이 내 안에 거하지 아니하면 "가지처럼 밖에 버려져 마르나니 사람들이 그것을 모아다가 불에 던져 사르느니라"(15 : 6). 우리들 중 많은 사람들은 복음서 저자가 일종의 지옥의 영원한 불을 그리려는 의도를 가지고 있으며, 이 용어는 단순한 은유에 불과하다고 의심한다. 그러나 그리스도와 믿음의 관계를 갖지 않는 사람들은 정죄함을 경험하게 된다. 그리스도가 세상을 정죄하기 위한 목적으로 오신 것이 아니라고 할지라도, 그의 오심은 심판의 원인이 되었다. 혹자들은 심판을 받으나 믿는 사람들은 심판을 받지 않는다(3 : 17-21). 3 : 17~21에서 주목할 만한 사실은 정죄함이 그리스도에 대한 우리의 반응의 결과라는 것이다. 그래서 믿지 않는 자는 이미 심판을 받았다(3 : 18). 즉, 심판은 현재에 주어지며 그리스도 안에서 우리를 향한 하나님의 제의에 대한 우리의 반응에 따라 결정된다. 실제적으로 '정죄하다'라고 번역되는 단어는 크리노(krinō)인데 이 단어의 의미는 '심판하다'이다. 우리는 그리스도를 향한 반응에 따라 우리 자신에게 임하는 심판을 통과할 수 있다. 그리고 여러 구절들에서 설명한 것과 같이 그리스도의 임재는 항상 분열(krisis)을 야기시킨다(7 : 43, 9 : 16, 10 : 19).

요한복음에서 예수님이 언급하신 정죄는 자신에 대한 그릇된 이해를 가지고 피조물로부터 분리된 세상에서 사는 인간의 운명을 말하는 것이라고 생각한다. 하나님은 그리스도 안에서 생명으로 우리를 구원하신다. 곧 하나님과 우리가 교제하게 하시고, 그 결과 우리는 여기 이 세상에서 그리고 다가올 세상에서 참된 생명을 갖게 된다. 그러므로 하나님은 일종의 죽음으로부터 우리를 구원하시는데 그것은 우리를 위해 창조자가 의도하신 바를 충분히 인식하지 못한 실존 혹은 진실하지 못한 생활로부터의 구원이다. 우리가 뒤에서 논해야 할 것은 구원의 선물들은 현재 믿는 자들에게 주어지며, 단지 미래를 위해 예약된 것이 아니라는 주장이다.

### 4) 설교학적인 암시들

몇몇 현대 기독교의 표현양식들은 우리의 영원한 운명과 이에 수반된 약속과 위협을 강조하기 위해 선정되었다. 그와 같은 관점이 너무나 광범위해서 그리스도인들은 때때로 자신들에게 선택권이 없으며, 믿음의 중심적인 주제로써 영원한 운명에 관한 질문을 취해야 한다고 느낀다. 만약에 그들이 그리스도인이 된다면, 그들은 지옥은 피하고 하늘나라에 들어가는 데 큰 관심을 두어야 한다. 요한복음은 그와 같은 영원한 운명을 부인하지 않으나 그보다는 우리를 위해 생명이 의미하는 그 근원을 향해 나아가기를 원한다. 당신은 영원을 죽음 이후뿐만 아니라 지금 소유하고 있으며, 현재 이 순간에 더 의미가 있다고 말할 수 있을 것이다.

요한복음의 관점은 우리가 소위 '실존론적'(existential)이라고 부를 수 있는 것인데, 이는 우리가 자신의 실존을 어떻게 이해하는지 그리고 어떤 유형의 실존이 그러한 이해를 가져오는지에 초점이 맞추어져 있다. 나는 우리 교구의 많은 사람들이 일상에서 이 질문과 씨름하고 있다고 믿는다. 내가 생각하기에 이것은 "나의 삶이 무엇을 의미하는가?" 하는 질문에 자주 나타난다.[11] 설교자들은 요한의 선포를 통해서 직접적으로 이 문제에 대한 고민을 설교할 수 있다. 그렇다면 요한이 '생명' 혹은 '풍성한 생명'(10 : 10)이라는 표현으로 의미하고자 하는 바는 무엇인가? 만

---

11. Thomas H. Naylor, William H. Willimon과 Magdalena R. Naylor, *The Search for Meaning*(Nashville : Abingdon, 1994) ; 그리고 Viktor Frankl, *Man's Search for Meaning : An Introduction to Logotherapy*, 4th ed. (Boston : Beacon, 1992)을 보라.

일 우리가 요한이 제시하는 관점을 수용한다면, 실존이라는 용어가 함축하는 의미가 무엇인가? 11 : 25에서 말씀하신 "나는 ~이다."(I am)에 관해 설교하기 위해서는 그 구절에서 '생명'이 의미하는 바가 무엇인지 철저히 연구하여야 한다. 영생이 죽음에 의해 제한되지 않은 생명을 의미한다는 사실은 언급할 필요가 없다. 그러나 분명히 이 '생명'은 그 이상의 의미가 있다. 생명이 의미하는 바는 우리가 하나님의 자녀이며(1 : 12), 하늘에 계신 우리의 아버지에게 속한다는 사실이다.

이 논의 중에 주목해야 할 사항 중 하나는 믿음의 본질이다. 또 나는 단지 이것이 얼마나 가치가 있는가 하는 느낌만을 전달할 수 있다. 교인들 중 한 사람이 "만일 내가 충분한 믿음을 가졌었다면……."이라고 말했던 것처럼 우리는 믿음을 양적으로 측정하는 경향이 있으며, 때로는 '믿음을 갖는' 것에 마음을 빼앗기게 되기도 한다. 분명히 이 관점에도 진실은 있다. 그러나 우리는 하나님이 우리에게 믿음을 주신다는 약속을 간직함과 동시에 믿음의 질적인 성장을 원해야 할 것이다. 우리는 우리 스스로를 믿게 할 수는 없다. 우리가 믿음이 필요할 때 하나님은 우리에게 믿음을 허락하신다. 아마도 믿음의 기둥들, 즉 나의 믿음과 하나님이 주신 것에 균형을 맞춘다면 우리는 더 나은 믿음생활을 영위하게 될 것이다.

### 5) 설교의 예

이 주제들에 도달하는 한 가지 방법은 요한복음 6장의 생명의 떡에 대한 강화의 하반부의 다루기 힘든 부분들과 관련이 있다. 아래의 설교는 6 : 35, 41~51을 탐구하며 "믿음이 가능한가?"로 제목을 붙였다. 이 설교는 예배의식(Proper) 14(오순절 후 12번째 주일)를 위해 준비되었다.

수영을 하는 사람들은 저류(undercurrent)의 위험성에 대하여 배운다. 저류의 강력한 힘은 당신을 수초 속으로 빨아들일 수 있다. 저류는 강한 힘이 있어서 자신감이 넘치는 최고의 수영선수조차도 두렵게 한다. 저류는 밑바닥에서부터 올라오며, 물의 표면에서는 인식되지 않는다. 경고 없이 저류가 들이닥친다. 수영하는 사람의 힘과는 상관이 없다. 저류의 강력함은 인간의 모든 에너지를 무력하게 한다.

내가 오늘을 위한 복음서의 일과를 읽는 것처럼, 나는 마치 저류의 피해자가 된 듯한 느낌을 받는다. 나는 기껏해야 읽는 본문의 표면만을 탐지할 수 있었다. 나의 힘과 확신에 위협이 되는 세력은 밑으로부터 올라온다.

저류로부터 끌어당기는 음성인 "나를 보내신 아버지께서 이끌지 않으면 아무도 나에게 올 수 없다."는 음성에 귀를 기울여야 한다.

아버지에 의해 이끌림을 받는다? 이 얼마나 수수께끼 같은 표현인가! 나 자신이 불확실성과 당혹감에 이끌려 감을 느낀다. 그것이 의미하는 바가 무엇인가? 어떻게 하나님이 우리를 이끄시는가?

대다수의 사람들은 믿음을 복음에 반응한 우리의 결단이라고 생각한다. 몇 년 전 내가 재직하는 신학대학원 교수 중 한 사람이 이 문제에 대해 중요한 구분을 하였다. 그는 그리스도인들의 믿음은 두 종류로 나누어질 수 있다고 제안했다. 즉, '원숭이 붙잡기'(Monkey－hold)와 '고양이 붙잡기'(Cat－hold)로 말이다.

어미 원숭이는 위험에 처한 자신의 어린 새끼를 보면 자기 새끼에게 돌진하여 등을 돌려댄다. 그러면 새끼는 그의 등에 올라타서 어미를 꽉 붙잡고 둘은 안전하게 달린다.

어미 고양이는 위험에 처한 자신의 새끼를 보면, 그 새끼에게 돌진하여 새끼의 목덜미를 문다. 어린 새끼는 어미의 입에 무력하게 매달린다. 그리고 그 어미는 새끼를 안전하게 옮긴다.

새끼 원숭이는 구조에 협력해야만 한다. 새끼 원숭이는 어미 등에 뛰어 올라서 단단히 붙잡는다. 그러나 새끼 고양이는 아무런 행동도 취할 수 없다. 구조는 전적으로 어미에게 달려 있다. 그리고 새끼 고양이는 전적으로 어미의 힘에 의존한다.

우리들 중 많은 사람들은 원숭이의 관점에서 구조를 생각하는 경향이 있다. 우리는 하나님의 구원 행위에 있어서 우리의 역할을 강조하기 좋아한다. 믿음은 우리의 행위인 것처럼 보인다. 확실히 그 행위는 복음 안에서 나타난 하나님의 임재에 의해 초대받는 행위이다. 우리는 믿음의 도약을 하며, 우리의 구원자를 붙든다. 그리고 우리는 구원을 받는다! 우리는 우리에게 필요한 것은 그리스도를 향한 결단이라는 말을 자주 듣는다. 그와 같은 결단에 의해 그리스도의 생애, 죽음, 그리고 부활이 우리 자신을 위한 것이 된다고 주장한다.

그렇다면 예수님이 여기에서 의미하신 바는 무엇인가? 하나님에 의해서 먼저 이끌림을 받지 않으면 아무도 그에게로 올 수 없는가? 그 말씀은 어떤 의미가 있는가? 이 말씀은 어미 고양이의 모습과 같다. 우리는 단지 우리의 구원자의 입에 매달려 있는 스스로 어떻게 할 수 없는 새끼 고양이 같다.

그러나 우리는 보다 더 과장된 이야기에 주목하게 될 것이다. 오늘을 위한 일과는 단지 더 광범위한 논쟁의 일부분일 뿐이다. 예수님은 6장의 시삭 부분에서 놀랍게도 많은 무리들을 먹이셨다. 그 후에 그들은 예수님을 만났다. 그리고 논쟁이 시작되었다.

수많은 사람들이 예수님과의 논쟁에 참여한다. 먼저 무리들이 예수님에게 나아온다. 그들은 음식을 먹은 후에 예수님을 따르게 되었고 예수님과 대화를 나누게 된다. 오늘 아침에 읽은 구절에는 대상 그룹이 바뀐다. 그들은 그 당시의 종교지도자들인 '유대인들'이라고 불리던 자들이다. 그들은 예수님의 말씀에 화가 났다. 그들은 예수님이 자신에 대해 하신 주장을 듣고 수군거린다. 그 뒤 제자들과의 논쟁으로 이어진다. 그들 역시 예수님의 말씀을 못마땅하게 생각했고 참지 못했다. 그들 중에 몇몇은 예수님의 말씀을 용납할 수 없어서 예수님을 떠났다. 마지막으로 모든 논쟁은 예수님이 열두 제자들 중 내적 그룹에게 "너희도 떠나려 하느냐?"고 물으심으로 끝을 맺는다.

이 전체의 논쟁을 통하여 예수님은 미묘하게 그의 논쟁 상대자에게 도전하신다. 예수님은 그에게로 오는 자들은 하나님이 자신에게 준 자들이라고 말씀하신다. 예수님은 믿음이 '하나님의 일'이며(믿음이 우리 안에서 행하신 하나님의 일이라는 것인가?), 믿기 위해서는 하나님의 가르침을 받아야 한다고 말씀하신다. 우리는 우리의 구원자의 입에 매달려 있는 새끼 고양이라고 할 수 있다.

이 모두는 두려움을 가져다주는 저류와 같은 느낌을 준다. 이 세력은 아래로 우리를 끌어당긴다. 그리고 "믿음이 가능한가?"라는 질문을 던진다. 적어도 우리 인간에게 믿음을 향한 결단의 가능성이 주어지는가?

이 논쟁의 결론 부분에 열두 제자가 등장한다. 그들은 예수님을 따르는 사람들 중에 내적 그룹이다. 다른 제자들은 예수님을 떠났다. 그리고 예수님은 열두 제자들에게 이야기하신다. 그들 역시 떠나기를 원하는가? 열두 제자들은 예수님이 하신 말씀 때문에 예수님을 떠나려 하는가? 예수님은 그들이 이 문제에 대한 선택권을 가지고 있는 것처럼 암시하는 듯하다. 그 후에 베드로는 위대한 고백을 한다. 이 고백은 우리 그리스도인들이 소중히 여기는 고백이다. "주여, 영생의 말씀이 주께 있사오니 우리가 누구에게로 가오리이까?"

베드로는 나에게 용기를 주었다. 또 베드로는 내가 더 강해졌음을 느끼게 했다. 예수님을 지속적으로 따르도록 하는 분명한 결단이 여기에 있다. 이제 그의 믿음은 의도적인 행동으로 나타난다. 베드로는 선택의 자유가 있었다. 그는 충실하게 남아 있기로 결정했다. 그는 믿음의 도약을 한다. 그리고 이제 영생의 말씀을 가지고 계신 분에게 온전히 매달린다. 적어도 표면적으로는 그렇게 보인다.

그러나 기다리라! 예수님의 반응은 안심시키려는 말씀이 아니다. 베드로와 다른 제자들에게 예수님은 "내가 너희를 택하지 않았느냐?"고 말씀하신다. 그들은 예수님의 제자들이 되고자 선택하지 않았다. 제자들이 거기에 있는 유일한 이유는 예수님이 그들을 선택하셨기 때문이다! 그들의 믿음은 그들이 예수님을 선택했기 때문이 아니라 예수님이 그들을 선택한 결과이다.

이제 이 전체 논쟁의 가장 놀라운 부분에 이르렀다. 예수님은 열두 명의 신실한 신앙인들을 선택하셨다. 그러나 그들 중에도 여전히 사탄이 있다. 우리가 믿도록 선택받았다고 할지라도 우리는 사탄이 될 수도 있다. 곧 우리가 유다가 될 수도 있다. 선택받은 자들 중에는 엉터리 신자들도 있다.

저류는 끌어당기는 강한 힘이 있다. 당신은 그 힘을 느끼는가? "나를 보내신 아버지가 이끌지 아니하면 아버지께로 올 자가 없느니라." 하나님은 믿는 자들을 예수님에게 주셨다. 그러나 그들이 예수님을 선택했기 때문이 아니라 예수님이 그들을 선택하셨기 때문에 믿는다. 신자들 가운데에도 몇 사람은 사탄일 수 있다.

믿음이 가능한가? 믿기로 결정하는 것이 우리에게 가능한 것인가? 이 논쟁의 흐름 중에는 곤란한 저류가 있다. 최소한 그 저류는 우리 중 몇 사람에게 무엇이 실제적으로 믿음인가에 대해서 질문하도록 한다. 이 전체 논의는 그 난해한 질문의 표면으로 이끈다. 믿는다는 것이 의미하는 바가 무엇인가?

물론 믿음을 갖는다는 것은 복잡한 문제이다. 믿음은 단순한 주제가 아니다. 우리는 이 방식으로 이 문제를 설명하고자 한다. 믿음은 전적인 하나님에 대한 의존이다. 믿음은 우리 자신의 힘과 공적에 대한 모든 주장을 포기하는 행위를 수반한다. 우리가 전적으로 하나님의 은혜와 우리를 향한 하나님의 자비에 의시하기 위해서는 모든 것을 포기해야 한다. 절대적인 믿음은 자신이 아니라 하나님에 대한 전적인 의지이다. 이것이 때때로 믿음은 자신을 비우는 것이라고 이야기하는 이유이다. 우리 자신의 모든 힘과 공적을 비우는 것이다. 그 비워진 곳에 우리를 받아 주시는 하나님에 대한 절대적인 의존이 들어온다. 은혜는 우리의 능력에 힘을 주는 강력한 저류이다. 그리고 우리를 전적으로 무력한 상태에 남겨 둔다.

나는 믿음에 관한 이 이해가 여기에서 예수님이 말씀하신 바를 이해하는 데 도움을 줄 것인지에 관해서 의문을 가진다. 아마도 예수님이 왜 그와 같이 말씀하시는가에 대한 단서가 여기 있을 것이다. 그의 선택 그리고 하나님의 이끄심, 여기에서 예수님은 우리의 자기 의존의 마지막 껍데기를 벗기시는 것처럼 보인다. 예수님의 말씀은 마지막 버팀목으로 우리를 이끈다. 자기 신뢰를 떠받치는 버팀목들, 이 버팀목의 마지막은 우리 자신의 결단에 대한 의지가 될 것이다. 이것은 믿고자 하는 결단의 결과로서 우리가 믿는다는 추측일 수 있다.

"아무도 아버지가 이끌지 않으면 나에게 올 자가 없다." 이제 자기 신뢰에 대한 나의 마지막 벽이 무너졌다. 이제 나는 그리스도를 향한 믿음을 위하여 하나님에게 의지해야 한다. 나 자신의 결단에 의해서가 아니다. 나는 그리스도의 구원의 팔에 무력한 상태로 매달려 있다. 우리에게 급강하하여 안전하게 우리를 운반하는 팔에 매달려 있다.

믿음은 가능한가? 나에게 믿는다는 것이 가능한가? 아니다. 결코 아니다. 하나님 한 분만이 하나님을 향한 나의 믿음을 가능하게 만드신다.

어떻게 하나님이 그같이 행하시는가? 어떻게 하나님이 자기 신뢰라는 우리들의 집 위에 믿음의 집을 세우시는가? 어떻게 하나님이 우리를 그리스도에게, 그리고 하나님 자신에게 인도하시는가?

그 질문에 대한 답은 요한복음의 다른 구절에서 찾아볼 수 있다. 수난 당하시기 전 예수님의 마지막 공적인 말씀 가운데에 있다. 예수님은 "내가 들어 올려졌을 때, 나는 모든 사람을 나에게로 이끌 것이다."라고 말씀하신다. 예수님은 십자가에서 우리를 자신에게 이끌 것이라고 주장하신다. 십자가는 오늘 본문에 언급된 신적인 이끌림이다. 하나님의 사랑에 대한 최상의 표현은 우리들에게서 믿음을 이끌어 내는 것이다. 예수님의 죽음은 강력한 흡입력처럼 십자가 아래로, 믿음으로 우리를 이끈다.

믿음이 가능한가? 십자가는 강력한 저류처럼 우리의 질문에 대답한다. 아니다. 믿음은 적어도 우리 자신의 힘으로는 가능하지 않다. 그러나 우리의 믿음은 하나님의 사랑에 의해서는 가능하다. 하나님은 고통스러운 죽음에서 우리를 선택하셨다. 하나님은 혹독한 십자가형에서 우리를 취하시고 그리스도에게 우리를 주셨다. 하나님의 무한한 사랑의 계시에서 하나님의 능력이 우리를 깊은 곳으로 끌어당긴다. 철저히 무력하게 된 상태에서 우리는 믿음을 갖게 되었다. 우리 자신도 모르게 믿게 된 것이다.

## 5. 그리스도인의 소망

우리는 종말론의 견해, 곧 마지막에 이루어질 일들에 대한 믿음에서 가장 널리 알려진 요한복음의 역설적인 긴장을 발견한다. 이 역설을 표현하는 전통적인 방법은 실현된 종말론과 미래적인 종말론이다(5 : 24, 28 - 29 참고). 요한은 그리스도인들이 미래에 대한 많은 소망을 가지고 있으며, 그것들이 현재적 실체들이라고 주장하는 것처럼 보인다. 요한복음은 이 미래적인 사건들이 현재에 일어난다고 주장하는 반면, 미래적인 차원 역시 전적으로 배제해 버리지는 않는다. 예를 들어, 몇몇 구절들은 부활이 현재적인 실체라고 암시하는 것처럼 보이는 반면, 다른 구절들에서는 미래의 부활을 약속하고 있다.

상당수의 사람들은 요한복음이 미래적 소망을 전적으로 현재적인 소망으로 와해시켰다고 주장한다. 그러나 만일 당신이 주의 깊게 그 본문을 읽는다면, 당신은 거기에서 여전히 마지막 때를 위한 약속의 흔적들을 인지하게 될 것이다. 사실은 제사복음서가 기독교 종말론의 절대적인 변화를 대변하지는 않는다. 그러나 제사복음서는 새롭게 조화로운 방식으로 미래와 함께 현재를 강조하고 있다. 말하자면, 당신은 바울의 몇몇 서신에서 동일한 현재, 미래의 긴장을 발견할 수 있을 것이라고 생각한다. 예를 들어, 로마서 5 : 9을 비교해 보면 이 구절에서 바울은 "우리가 의롭게 되었다."고 선언하고, 로마서 13 : 11에서 그는 구원이 가까웠다고 이야기한다. 케르드(G. B. Caird)는 신약성서에서 구원을 세 시제, 곧 과거, 현재, 그리고 미래로 나타내는 경향이 있다고 주장한다.[12] 제사복음서에서 우리가 발견한 것은 두 번째, 세 번째 시제, 곧 현재와

12. G. B. Caird, *New Testament Theology,* completed and edited by L. D. Hurst(Oxford : Clarendon, 1994), pp. 118 - 122.

미래가 단단히 통합되어 있으며, 서로 나란히 명료하게 표현되어 있다는 사실이다. 여기에 어떻게 현재와 미래의 종말론들이 동반자가 되는지를 보여 주는 몇 가지 예들이 있다.

### 1) 부활, 영생, 그리고 심판

요한복음에서 가장 빈번하게 오해하는 용어들 중 하나는 '영생'(aiōnios zōe)이다. 대다수의 사람들은 그리스도인이 기다리는 영생을 죽음 후의 생명으로 이해한다. 사실상, 요한은 이 미래의 선물이 이미 그리스도 안에서 믿는 사람들에게 주어졌음을 분명히 말한다. 그래서 그들은 현재에 영생을 갖는다. 요한복음의 예수님은 믿는 사람들이 지금 영생을 가지고 있다고 일관되게 말씀하신다(3 : 16, 36, 5 : 24, 39, 6 : 47, 54, 10 : 28, 17 : 2-3). 그와 같은 생명의 약속은 미래에 주어지는 것이 아니라 지금 주어진다.

믿는 사람들에게 현재의 약속으로 영생이 주어졌다는 이 변화는 요한복음이 이 생명을 우리의 생각과는 상당히 다르게 정의하고 있음을 의미한다. 영생을 양적인 면, 곧 끝없이 사는 생명으로 생각하기보다는 제사복음서는 영생이 생명의 '질'이라고 주장한다. 영생은 우리가 우리 스스로를 하나님의 자녀로 이해하고 그리스도 안에서 하나님과의 관계를 가지고 사는 생명으로 묘사된다. 이와 같은 유형의 생명은 영원한 분에 의해 양육되고 영원하신 하나님이 인간에게 원하시는 것과 조화를 이루고 있다는 의미에서 '영원함'이다.

요한복음은 부활 역시 동일한 관점에서 이해하고 있는데, 부활은 영생보다 미래와 현재 사이의 긴장이 더 뚜렷하며 차이는 보다 희미하다. 예수님은 자주 '마지막 날'의 부활의 약속을 하신다. 이 중 가장 분명한 언급은 6 : 22~59에 나오는 생명의 떡 강화에서 찾아볼 수 있다. 네 가지 다른 경우에 예수님은 자신을 믿는 사람들에 대해 말씀하시면서 "내가 마지막 날에 이를(혹은 그들을) 다시 살리리라."고 하신다(6 : 39-40, 44, 54). 실제적으로, 요한복음은 '마지막 날'이라는 구문에서 표현한 것과 같은 마지막 때의 묵시론적 개념에 대해서는 거의 언급하지 않는다.

무엇보다도 믿는 사람들의 미래의 부활에 관한 이 약속들은 6장에 나오는 강화에 흩어져 있는데, 이 약속은 믿는 사람들이 이미 '영생'을 가지고 있다는 약속과 나란히 있다. 40절과 54절에서는 "내가 그를 다시 살리리라."는 약속과 동일한 문장이 발견된다. 그러나 믿는 사람들이 이미 '영생'을 가지고 있다는 선언은 47절에서도 찾아볼 수 있다. 현재적 종말의 다른 표현들은 35절에서 찾아볼 수 있다(……내게 오는 자는 결코 주리지 아니할 터이요 나를 믿는 자는 영원히 목마르지 아니하리라). 그리고 51절에는 믿는 사람들이 '영생하리라'는 언급이 있다(이것은 영생의 언어학상의 변화이다-zēsei eis ton aiōna와 hē aiōnios zōē).

마지막 날의 부활의 약속은 믿는 사람들이 이미 영생을 누리고 있다는 주장과 구조적으로 짜 맞추어져 있다. 위의 강화와 함께 새로운 마음으로 11 : 17~44의 나사로를 살리신 이야기를 읽어 보라. 나사로를 살리신 이야기에서 예수님은 마르다에게 "나는 부활이요 생명이니……."라고 선언하신다(25절). 그리고 그 후에 가셔서 죽은 자들로부터 나사로를 일으키심으로 이 진리를 입증해 보이신다(나사로는 혼수상태에 빠진 것이 아니라 실제로 죽었다. 그 이유는 그가 나흘 동안 무덤에 있었기 때문이다). 이 이야기의 핵심들 중 하나는 '마지막 날'이 예수님 안에 이루어진 것처럼 보인다는 점이다. 그리스도가 계신 곳에 부활이 있다. 만약 이와 같이 6장과 11장을 서로 연결지어 읽는 것이 타당하다면, 부활은 마지막 날을 위해 약속된 것이나 그리스도는 '마지막 날'을 이루셨다. 그리스도는 '마지막 날'을 가져오신다. 5 : 25, 28~29은 이 현재와 미래의 긴장을 요약하는 것 같다. 5 : 21에서 예수님은 하나님이 '자신이 원하는 자에게 생명'을 줄 권세를 자기에게 허락하셨다고 선언한다. 하나님이 '죽은 자를 일으키시고 그들에게 생명을 주신 것'처럼 말이다. 예수님은 더 나아가서 5 : 25에서 "진실로 진실로 너희에게 이르노니 죽은 자들이 하나님의 아들의 음성을 들을 때가 오나니 곧 이때라 듣는 자는 살아나리라"고 선언하신다. 부활은 현재에 이루어진 미래적인 사건이며, 부활은 여전히 미래에 완성된다. 참 역설적이다!

우리는 이미 앞에서 믿음과 구원의 문제를 다룰 때 심판의 주제에 관해 논의했다. 그러나 5 : 24의 예수님의 말씀에 주의를 기울일 필요가 있다. 그 구절에서 예수님은 믿는 사람들이 이미 영생을 가지고 있다고 주장하시고, 이어서 그들은 "심판에 이르지 아니하나니 사망에서 생명으로 옮겼느니라."고 말씀하신다. 믿음은 심판을 받지 않고 생명에 이르는 것이다. 표준적인 묵시적 도식은 부활, 심판, 생명의 순서이다(살후 1 : 7-10 참고). 그러나 요한은 믿는 사람들은 심판에서 옮겨졌다고 한다. 요한복음 3 : 18에 의하여 심판이 예수님에 대한 우리의 반응에 따라 주어지는 것처럼 보인다. 그리고 9 : 39은 비교점을 두는 것처럼 보인다. 그러나 12 : 48에서 예수님은 자신을 거절하는 자들에게 마지막 심판이 여전히 있는 것처럼 말씀하신다. 그들에게는 '심판'과 그의 '말씀'이 있다. '마지막 날'에 대해 그리스도가 말씀하셨던 것이 그들에게 심판이 될 것이다. 마치 심판이 그리스도에 대한 우리의 자발적인 반응에 의해 일어나는 것처럼 보인다. 그러나 거절의 반응을 보인 자들은 일종의 미래적 심판에 직면하게 된다.

요한복음은 지금 그리고 여기에 있는 하나님의 마지막 선물들을 받아들임으로 믿음이 성장하기를 요구하고 있다. 나는 미래에 대한 소망을 온전히 제거하지 않고도 이것이 가능하리라고 생각한다. 가장 놀라운 사실은 우리가 일반적으로 미래와 관련시키는 사건들이 그리스도 안에 나타나신 하나님의 계시의 덕택으로 현재적 경험으로 변형된다는 것이다. 우리는 요한복음 저자가 이것을 선택했는지 혹은 요한 공동체가 이 관점을 붙잡았는지 확신할 수 없으나, 우리의 의식 가운데에서 우리가 이 세상에서의 현재적 생명을 존중히 여기는 데 이 사고가 어떠한 작용을 하는지는 파악할 수 있다.

### 2) 설교학적인 암시들

사람들은 끊임없이 기독교의 내세에 관한 생각을 공격한다. 우리 그리스도인들은 죽음 이후에 우리에게 어떠한 일이 일어날 것인지에 관해서는 관심을 집중하고 있는 반면, 여기 그리고 현재의 생명에 관해서는 거의 무관심하다. 우리는 전적으로 기다림의 백성들이다. 혹자가 주장하는 것처럼 그리스도인들의 소망은 오직 미래에 있다. 더군다나 여러 교회에 속한 집단들은 '마지막 날'에 관한 기대에 사로잡혀 있는 것으로 보인다. 어떤 사람은 '들려 올려질 것'이요, 어떤 사람은 '뒤에 남겨질' 것이다. 다시 비평가들은 이 집단들에게 미래에 모든 관심을 집중하게 되면, 현재에 대한 참된 관심을 빼앗기게 된다고 비난한다. 그러한 비난은 기독교 신앙을 너무 단순화시키는 잘못을 저지르는 것이지만, 우리는 그들의 주장을 진지하게 고려해야 할 필요가 있다.

설교는 여러 경우 중에 현재와 미래의 중간에 어정쩡하게 서 있다는 사실을 더 강하게 의식하도록 가르치며, 동등하게 양쪽 모두에게 관심을 가지도록 교육시키는 하나의 경우이다. 말하자면 중간 시대에 살면서 미래를 무시할 이유가 전혀 없다는 것이다. 우리는 미래가 현재로 변화된다는 사실을 믿는다. 그러나 요한은 우리에게 다른 메시지를 전하고자 한다. 곧 그리스도는 우리의 "미래와 현재를 변화시킨다."는 사실이다. 요한의 설교는 마지막 날을 오늘 여기에서 발견하도록 우리 공동체를 초청하는 기회를 주며, 미래에 대한 소망을 여전히 유지하면서 지금 그리스도가 우리에게 주신 생명의 질의 진가를 인정하는 기회를 준다.

그러므로 나는 우리가 요한의 역설적인 종말론을 설교하도록 노력하라고 제안하고 싶다. 설교자는 현재의 그리스도인의 경험을 고양시키고, 확인시킬 수 있다. 그리고 현재에 대한 우리의 관점을 변경시킬 수 있다. 그러나 어쨌든 나는 미래를 경시해서는 안 된다고 제안한다. 나는 사회와 자연의 미래의 변형은 복음서가 제공하는 귀중한 소망들 중에 하나라고 생각하지만, 때때로 현재에 우리에게 주어진 하나님의 선물에 대한 보다 더 온전한 인식이 부족하다고 생각한다.

### 3) 설교의 예

이 주제가 설교에 어떠한 영향을 주는지 보자. 다시 말하면, 이 설교는 단지 개략적이거나 단편적인 설교일 뿐이지만, 나는 이 설교가 회중들에게 현재적 생명의 질을 인식하는 한 방법을 제시할 수 있게 되기를 바란다. 이 예는 부활절 일곱 번째 주일(A)을 위한 복음서 일과로 요한복음 17 : 1~11에서 가져왔다. 이 설교의 제목은 간단히 "무엇이 영생인가?"로 붙였다.

> 오늘의 복음서 일과는 나에게 몇 년 전 친구와 나누었던 우정을 기억나게 한다. 그와의 우정은 다소 평범하지 않았다. 나의 가장 친한 친구 중 한 사람은 무신론자였다. 짐은 내가 알았던 가장 멋진 사람들 중 한 명이다. 확실히 그는 사회의 발전을 위해 크게 헌신하였다. 그는 사회를 보다 더 정의롭고 깨끗하게 하는 일에 열정을 쏟았다. 우리의 우정은 그런 종류의 의무를 토대로 이루어졌다. 그러나 우리는 또한 유사한 삶의 경험을 나누었다. 그러나 짐과 나는 몇 가지 문제에는 동의하지 않았다. 특히 종교가 그러했다. 그는 나의 의견을 존중했고, 나는 그의 생각을 존중했다. 그리고 우리의 우정은 돈독했다.
>
> 짐의 기독교비평 중 하나는 이것이다. 그가 생각하기에 그리스도인들은 미래에 대해 생각하느라 너무 많은 시간을 허비하고, 현재에는 너

무 적은 시간을 할애한다는 것이다. 그는 대부분의 그리스도인들이 자신들의 행위에 대해 하늘나라에서 상급을 얻게 될 것으로 믿고 있다고 생각했다. 반면, 짐은 그리스도인들이 이 세상의 문제에 무관심하다고 주장했다. 그는 여기와 현재를 변화시키고자 하는 믿음을 원했다. 미래에 하늘에서 약속된 파이(pie)만을 기대해서는 안 된다.

짐은 나에게 몇 가지 곤란한 질문들을 던졌다. 이 질문들 중에 하나는 이와 같았다. 만일 기독교가 죽은 후에 생명을 약속하지 않았다면, 당신은 그리스도인이 되었을까? 내가 무덤 저편에서 살기를 원하기 때문에 그리스도인인가?

이 질문은 상당히 난해하다. 당신은 무엇인가? 기독교가 죽음 너머의 생명에 대한 믿음을 주지 않는다면, 당신은 그리스도인이 될 것인가? 죽음 저편의 하늘나라가 우리 믿음의 한 부분이 아니라고 가정한다면, 당신은 계속 믿을 것인가?

나에게 떠오르는 생각은 복음서의 일과에서 예수님이 '영생'에 대해 말씀하고 계신다는 사실이다. 이 말씀은 예수님이 체포되고, 심문을 당하시고, 처형되기 전에 하신 마지막 기도이다. 이 기도에서 예수님은 자신의 지상에서의 생활과 사역을 요약하셨다. 특별히 그는 자신이 다 이루신 것에 대해 말씀하셨다. 예수님은 기도하셨다. "아버지께서 아들에게 주신 모든 사람에게 영생을 주게 하시려고 만민을 다스리는 권세를 아들에게 주셨음이로소이다." 이같이 말씀하신 후 예수님은 우리를 위해 영원한 생명을 정의하셨다. 영생의 정의는 요한복음에만 나와 있다. "영생은 곧 유일하신 참하나님과 그의 보내신 자 예수 그리스도를 아는 것이니이다." 영원한 생명은 하나님과 그리스도를 아는 것이다.

몇 가지 질문이 생긴다. 그중 하나는 "예수님은 어떠한 의미로 '안다'고 하셨는가?" 그러나 그보다 먼저 해야 할 질문은 "예수님은 어떠한 의미로 '영생'이라고 하셨는가? 무엇이 영생인가?" 우리는 물어야 한다.

요한복음은 영생을 보다 낯선 방법으로 그린다. 우리 중 많은 사람들은 영생은 죽음 후에 우리에게 주어지는 어떤 실체라고 설명한다. 영생은 무덤 너머의 생명이다. 곧 하늘나라에서 하나님과 함께하는 삶이다.

그러나 요한복음은 다르게 생각하는 것처럼 보인다. 요한복음은 그를 믿는 자는 영생을 가지고 있다고 반복해서 말씀한다. 요한은 우리가 죽은 후에 영생의 약속을 가진다고 말하지 않았다. 우리는 여기 그리고 현재 영생을 가지고 있다.

그렇다면 그리스도인인 우리의 현재 생활에서 영원은 무엇인가? 예수님은 어떻게 하면 오래 살 수 있을 것인가 하는 데 대해서는 분명히 언급하지 않으셨다. 그렇다. 영생은 끝없이 지속되는 생명이 아니다. 아니, 예수님은 생명의 양적인 면이 아니라 생명의 질을 염두에 두신 것처럼 보인다. 영생은 우리가 어떻게 오래 살 것인가가 아니라 어떻게 살 것인가이다. 우리는 습관적으로 '질적인 시간'에 대해 말하면서 성장해 왔다. 우리는 우리의 자녀들, 배우자, 친구들에게 좋은 시간이 필요하다고 말하지, 긴 시간이 필요하다고 말하지 않는다. 예수님도 똑같이 질적인 면의 중요성을 언급하신다.

이제 그 질문의 폭을 좁혀 보자. 그러나 그 질문 역시 그리스도인이 누리는 이 생명의 영원성이 무엇이냐이다. 질적인 시간은 이 시간이 어떻게 우리를 위해서 의미 있는 시간이 되느냐와 관련이 있다. 우리는 한 친구와 함께 여행을 하지만 의미 있는 대화를 못 나눌 수도 있다. 우리는 날씨에 관해서만 이야기한다. 우리는 우리의 일에 관해서만 이야기한다. 우리는 우리가 좋아하는 야구 팀이 어떻게 경기를 하는가에 대해서 이야기한다. 우리는 실제적으로 의미 있는 주제들에는 접근하지 않는다. 우리들의 사랑, 마음의 상처, 희망과 두려움, 우리 자신들과 다른 사람들에 대한 감정과 같은 주제들에 관해서는 대화하지 않는다.

예수님이 의도하신 영생은 의미와 목적을 가진 질적인 시간이다. 의미 있는 시간은 아카데미 수상작인 영화 "라이언 일병 구하기"(Saving Private Ryan) 주제의 한 부분이다. 분대는 라이언 일병을 찾아 데려오라는 임무를 띠고 최전선으로 보내졌다. 분대원 중 몇몇은 점점 그들에게 주어진 이 위험한 임무가 그럴 만한 가치가 있는지에 대해 확신을 가질 수가 없었다. 동료들 중 두 명이 독일군과의 전투에서 사망했다. 어떤 병사는 그들의 임무가 가치 있는 일인지 의문을 제기했다. 한 생명을 구하기 위해 열 사람이 생명의 위험을 감수하는 것은 의미가 없으며 무가치한 일로 여겨졌다. 그러나 분대장은 차차 그들에게 다른 확신을 주었다. 결국 그들을 설득할 수 있었던 것은 그 임무에 대한 사명이었다. 라이언 일병의 생명을 구하기 위해서 생명의 위험을 무릅쓴 것은 그 자신에게 주어진 사명 때문이었다. 사명 때문에 다른 사람들이 자신들에게 부여한 임무에 의미와 목적을 발견한다. 그들의 시간은 그들이 그 안에서 발견했던 의미의 관점에서 보는 질적인 시간이다. 질적인 시간은 가치 있는 시간이다.

영원한 생명은 가치 있는 시간이다. 여기 그리고 현재에서 목적과 사랑, 그리고 사명을 가지고 사는 것이다. 그리스도가 우리에게 주신 생명은 이 시간, 곧 현재 그리고 여기에서의 시간을 변화시킨다. 영생은 의미로 꽉 차 있는 생명이다. 영생은 무덤과 죽음을 넘어선 생명이다. 그러나 그것은 목표와 해야 할 일을 가짐으로 인하여 풍요롭게 되는 생명이다.

현재 생활에서 영원이란 무엇인가? 지금 이 생명을 의미 있고 풍요롭게 만드는 것은 하나님과 우리의 관계, 그리스도와 우리의 관계, 그리고 서로 간의 관계이다. 이것이 그리스도가 영생은 예수 그리스도와 하나님을 아는 것이라고 말씀하신 의미이다. 이 경우, 아는 것은 서로 간에 친밀한 교제를 나눔을 의미한다. 라이언 일병을 구하라는 임무를 의미 있게 만든 요인들 중 하나는 그 분대원들 사이의 관계이다. 그들이 서로를 알고 서로에 대해 관심을 갖게 됨에 따라 그들은 자신들에게 주어진 임무에 헌신하게 되었다. 우리가 하나님과 그리스도를 알게 됨에 따라, 우리에게 베풀어 주신 하나님의 사랑을 알게 됨에 따라, 우리의 삶은 영원하게 된다!

우리가 서로를 사랑할 때 생명은 영원하게 된다. 교회공동체 일원인 우리의 생명은 이웃에 있는 가난한 사람과 궁핍한 자를 섬길 때 영원하게 된다. 내가 아는 한 회중들은 이 생명의 영원성을 잃어버리지는 않을까 우려한다. 그들은 그들 자신과 사회생활 모두에 열심을 다해 왔다. 그들은 같은 생각을 가진 사람들끼리 그룹이 되어 함께 즐겼다. 그 후에 그들은 자신의 공동체에 속한 스페인 계통의 사람들과 접촉한 기회를 갖게 되었다. 이제 그들은 하나님의 사랑과 보호하심을 알았고, 어떻게 다른 사람들을 사랑하고 보호해야 하는지를 알게 되었기 때문에 그들을 위해 스페인어로 예배드리는 스페인 계통의 목회자를 초청하였다. 그들은 스페인 계통의 사람들을 그들 생활 영역에 초청하였다. 이로써 기독교 회중으로서 그들의 삶은 영원하게 되었다. 그것이 우리의 생활 가운데에 공유하는 영원함이다. 이 영원함은 곧 하나님과 그리스도를 아는 것이다. 우리가 서로 사랑하는 것이며, 우리 공동체 너머의 다른 사람들을 사랑하는 것이다……!

## 6. 결 론

요한의 설교는 부분적으로 요한복음 신학의 풍부함 때문에 가능성들로 가득 차 있다. 물론 요한복음 신학의 설교는 교인들을 교리적인 언어로 압도하는 것을 의미하지 않는다.

그것은 요한복음의 사상과 회중의 생활 사이의 관계성들을 확인해 준다는 의미이다. 그것은 신약성서에 등장하는 가장 도전적인 신학자 중 하나의 폭넓은 사고로 우리의 관점과 교구민의 관점들을 확대시킴을 의미한다.

신학적인 설교는 효과적이다. 그러나 이것은 우리가 청중들에게 그들의 생활과 신학적인 주제의 관련성을 보여 줄 수 있을 때에 가능하다고 생각한다. 우리는 대부분 특별한 신학적인 주제(은혜)를 신학적인 관점에서 조명하여 그 주제에 새로운 의미를 부여하고(우정 중에 구체화되는 은혜), 공통적인 매일의 경험 속에서 이를(우정이라고 말하는) 확인함으로 효과적인 신학적인 설교를 할 수 있게 된다. 예를 들면, 회중들이 생명의 영원성을 발견하도록 도움으로 영생에 관한 신학적인 사상을 단순히 추상적인 사상이 아닌 생활 가운데에 경험하게 할 수 있다. 그러한 점에

서 우리는 요한 신학을 설교하기 위해 신학적 주제와 일상의 경험 사이의 관계를 탐구할 필요가 있다.[13]

요한 신학의 설교는 두 가지 면에서 우리가 해야 할 작업을 지시한다. 첫째로 우리는 가능한 한 철저하게 요한 사상을 알 필요가 있다. 우리는 신학적 주제의 힌트를 찾기 위하여 요한복음을 읽고 또 여러 번 반복해서 읽어야 한다. 그리고 우리는 다른 사람이 요한 신학에 관해 주장했던 것들을 읽을 필요도 있을 것이다. 이 장에서의 간략한 토론으로 충분하지 않다. 둘째, 만일 우리가 회중들에게 효과적으로 요한 신학을 설교하고자 한다면, 우리는 그 회중들을 알아야 한다. 만일 우리가 사람들을 알지 못한다면, 회중들의 생활 경험과 신학적인 주제들을 연결시키기는 매우 힘들다. 이는 설교자가 설교를 위한 준비에서 두 종류의 석의를 해야 함을 말한다. 한편으로 우리는 심혈을 기울여 성서 본문을 주석해야 한다. 다른 한편에서는 동일한 관심을 기울여 회중을 해석해야 한다.[14] 우리는 회중들이 무엇을 말하고, 무엇을 믿으며, 어떻게 생활하며, 그들의 소망과 두려움과 즐거움이 무엇인지를 알아야 한다. 무엇보다 우리는 가능한 한 하나님이 우리에게 관심을 기울이신 것처럼 회중에게 관심을 기울일 필요가 있다.

요한복음 신학은 우리가 보아 왔던 것처럼 이 복음서의 언어와 밀접하게 관련되어 있다.

---

13. 신학적 주제들을 설교하는 이 방법은 Robert G. Hughes와 Robert Kysar, *Preaching Doctrine for the Twenty-First Century*, FRP(Minneapolis : Fortress Press, 1997)에 좀더 세부적으로 설명되어 있다.
14. Leonora Tubbs Tisdale, *Preaching as Local Theology and Folk Art*, FRP(Minneapolis : Fortress Press, 1997)에서 그의 책의 3장의 제목을 "회중을 주석한다."라는 표현을 사용하며, 그와 같은 주석 방법을 제시한다. 설교를 위해 성서 본문을 해석하는 주석적인 방법을 가장 잘 설명한 책은 Stephen Farris, *Preaching That Matters : The Bible and Our Lives*(Louisville : Westminster John Knox, 1998)을 보라.

제사복음서 저자는 조심스럽게 선택한 몇몇 단어들을 사용해서 폭넓은 사상을 표현하는 경향이 있다. 참으로 요한복음 신학은 우리에게 이 복음서의 언어에 대해 질문하도록 인도한다. "어떻게 복음서 기자가 말씀들 중에 말씀(Word)을 표현하고 있는가?" 하고 말이다.

# 3장 말씀과 말씀들

## 요한복음의 언어

요한복음 언어의 독특한 특성은 해석자들을 낭황하세 하고 설교지들을 괴롭힌다. 종종 낯선 언어, 긴 이야기들(요 4, 9, 11장 참고), 그리고 동일하게 긴 담화들(요 14-16장)이 있다. 특유한 표현들이 끊임없이 반복된다(예 : ~안에 거하다). 특별히 이런 담화들의 난해한 부분은 다음 장에서 고찰하고자 한다. 일반적인 문체와 관계없이 요한복음의 언어는 그 자체로 난해하고 복잡하다. 이를테면 평신도 성서연구 그룹을 초대하여 요한복음 17장을 읽고, 이 말씀에 대한 그들의 이해를 표현하려 하면 더욱 그러하다. 우리는 제사복음서의 언어가 이해하기에 매우 어렵다는 사실을 인정해야만 한다.

우리는 이미 다양한 요한복음의 언어의 특성들, 즉 복음서 언어의 상당한 논쟁적 특징들, 다양하고 상이한 의미들을 지닌 표현들과 단어들에 대한 복음서 저자의 선호, 언어의 효과와 사회적인 특성 등에 대해 진술했다. 이 장의 목적은 첫 번째, 제사복음서의 본문들에 암시된 일종의 언어의 신학으로 제안될 수 있는 바를 조사하고자 하는 데 있다. 두 번째, 요한복음 언어의 상징적이고 은유적인 성격에 집중적인 관심을 기울이며 논의를 할 것이다.

## 1. 요한복음의 언어와 설교

요한복음 언어의 당황하게 하는 특성은 일반적으로 언어에 대한 어떠한 이해가 본문에 깊이 새겨져 있는지를 물어보도록 우리를 인도한다는 점이다. 나는 언어에 대한 저자의 이해를 감히 밝혀 낼 수 있을 것인 양 하지는 않는다. 저자의 이해를 밝히기 위해서 우리는 저자의 생각 속으로 들어가야 하며, 그의 의도들을 파악해야 하는데, 그것은 상당한 위험을 내포한 역사적인 작업이다. 그 대신 나는 본문의 언어가 일반적으로 언어의 본질과 기능에 관해 함축하고 있는 듯이 보이는 것에 초점을 맞추고자 한다. 이 논의는 복음서의 본문이 특별히 심오한 개념을 함축하고 있으며, 그것은 특히 설교자들과 관련이 있다는 육감으로부터 제기된 것이다.

### 1) 언어에 대한 요한복음의 이해

이 장의 주제는 말씀들의 함축된 견해가 복음서 서론의 '말씀'에 관한 진술에 근거했다는 사실을 전제로 한다. 우리는 이 복음서의 서두에서 독자들이 접하게 되는 하나님이신 말씀 혹은 로고스의 매혹적인 속성을 철저하게 조사함으로 시작하고자 한다. 첫 번째 절은 말씀과 말씀들이 뒤이어 나오는 내러티브에 두드러진 표상이 될 것이며, 독자들은 예수님의 이야기 속으로 들어가기 전에 말씀(word)에 대해 숙고하도록 충분한 조언을 받아야 함을 제언한다. 수세기 동안 해석자들은 복음서 저자가 빌려 온 로고스라는 용어의 역사적, 철학적, 종교적인 상황에 대한 질문에 매혹되어 왔다. 그리고 본문이 진술하고 있는 의미를 이해하기 위해서는 로고스 개념의 상황을 이해해야 한다고 주장해 왔다.

특별한 상황이 무엇이었는지에 관해서는 약간의 동의가 있다. 로고스의 개념적인 상황에 대해 제안된 이론들을 요약하기 위해서 우리는 세 가지의 가장 평판이 좋은 제안들에 대해서만 말하고자 한다. 첫 번째로, 다바르(dābār)의 히브리적인 개념(다른 말로 ēmer와 같은)은 로고스의 지적인 상황을 적절하고 올바르게 이해할 수 있게 해 준다. 특별히 서론의 시작 부분에 나오는 구문인 '태초에'는 창세기 1 : 1을 상기시킨다. 두 번째 이론은 더욱 히브리적인 개념을 취하며, 지혜(헬라어 - sophia, 히브리어 - ḥokmā)에 관한 고찰이 보다 정확한 상황을 제공한다고 제안한다. 특별히 이러한 주장을 하는 이유는 로고스에 관해서 거론되었던 상당 부분(몇몇 사람들은 모든 것이라고 말한다.)의 진술이 지혜에 관한 진술과 병행을 이루기 때문이다.[1] 예를 들어, 말씀처럼 지혜는 솔로몬의 지혜 9 : 9에서 창조시의 중재자로 생각되었다. 토라에 대한 유대적인 사고와 메므라(Memra)라는 개념의 사용은 또다른 선택을 할 수 있게 한다. 메므라는 다바르(dābār)의 아람어 번역일 뿐만 아니라 때로는 하나님의 이름에 대한 완곡한 표현이다.

그러나 헬레니즘적인 배경 역시 동일한 가능성이 있다. 헤라크리투스(Heraclitus)는 로고스를 우주를 지배하는 영원하고 이성적인 원리로 이해했다. 그리고 스토아 철학자들은 로고스를 신의 정신이라고 주장했다.

---

1. Raymond E. Brown, *The Gospel according to John*(1 - 12), AB 29(Garden City : Doubleday, 1966), cxxii - cxxv, pp. 23 - 26과 519 - 524을 보라. 요한복음의 지적인 환경에 고전적인 연구는 C. H. Dodd, *The Interpretation of the Fourth Gospel*(Cambridge : Cambridge Univ. Press, 1963) ; 특히 pp. 263 - 285를 보라.

알렉산드리아의 필로(Philo of Alexandria, ca. 20 BCE-50 CE)는 로고스를 포함한 여러 주제들에 유대적인 사고와 헬라적인 사고를 결합시킨다. 필로에 의하면 로고스는 이 세상에 질서와 형태와 이성을 창조한 하나님의 사고이다.

나는 요한복음의 로고스 개념의 근거에 관한 난해한 질문에 대해 답할 필요가 없다고 생각한다. 그 이유는 로고스 개념에 대한 해석의 역사가 이 질문에 답이 없음을 입증했기 때문이다. 만일 누군가 이 찬양시의 저자가 로고스의 개념을 끌어 왔던 상황에 대해 말하고자 한다면, 이 개념이 히브리적이고 유대적이며, 헬레니즘적인 사상(필로의 절충주의와 크게 다르지 않는)에 영향을 입었다는 절충주의적인 상황을 가정하는 것이 위험을 줄이는 방안이다.

서두를 조명해 줄 최선의 배경이 무엇이든지 간에 첫 번째 구절은 로고스에 관한 여러 흥미를 자아내는 내용들을 진술한다. 요한복음은 '태초에'(en archē) '말씀'(ho logos)이 있었다고 시작한다. 로고스는 모든 것이 생기기 이전에 이미 존재해 있었다. 두 번째 구절에서는 "말씀이 하나님과 함께 계셨고 그 말씀은 하나님이셨다."(ho logos ēn pros ton theon kai theos ēn ho logos)라는 상당히 난해한 주장이 나온다. 로고스가 하나님 자신이든지 아니면 하나님의 신적 동반자로서 이해된 것이 분명하다. 전치사인 '함께'(pros)는 두 존재들 사이의 관계를 나타낸다. 반면 두 번째 구절의 '계셨다'(ēn)는 동사는 정체성을 암시한다. 곧 로고스와 데오스(theos)가 동일하다는 의미이다. 어떤 사람은 두 번째 구절에 사용된 하나님(theos)이라는 단어 앞에 관사가 없으므로 '신적인 존재'라고 번역해야 할 필요가 있다고 제안하기도 했다. 그 같은 주장이 가치 있음에도 불구하고, 데오스 엔 호 로고스(theos ēn ho logos, 이 말씀이 곧 하나님이시니라.)라는 표현은 그 구절에 대한 흥미를 더해 준다. 뒤이어 나오는 구절은 창조시에 말씀의 역할을 기술하지만, 여전히 찬양시의 서두는 신비스러움이 깃들어 있다. 무디 스미스(D. Moody Smith)는 다음과 같은 방법으로 서론의 내용을 "하나님의 창조성의 확대와 우주 안에 나타난 계시로서 하나님 안에 말씀의 참여……."[2]라고 요약한다.

신학적으로 우리가 할 수 있는 최선은 이 구절들이 의미하는 바를 충분히 전달할 수 있는 은유를 찾아내는 것이다. 그런 하나의 은유는 인간의 자기 표현이다. 이것을 로고스에 관하여 말해진 바에 적용하면, 우리는 하나님과 말씀 사이의 관계가 한 개인과 그의 자기 표현 사이의 관계와 동일하다는 결론을 내릴 수 있다. 자기 표현은 화자가 그들 자신의 독창적인 소리를 내기를 원할 때 나타난다. 예를 들면, 혹자가 "나는 오늘 우울하다."고 말할 때, 이 말은 참된 자기 표현이다. 말씀은 하나님의 자기 표현이다. 이 경우 자신에 대한 표현은 자아를 계시해 주며, 공적인 의미를 갖게 한다. 요한복음 1 : 1의 기독론적인 의미는 널리 논의되어 온 공통된 지식이다. 그리스도는 신적인 자아에 대한 하나님의 표현으로 그리스도를 통해서 우리는 하나님의 참된 본질을 보게 되는데, 이는 요한복음 1 : 18에 잘 나타나 있다. 로고스는 말씀의 형태로 신적인 자아를 표현하는 하나님의 행동이다. 이런 경우와 요한복음 1 : 14에 비추어 볼 때 이 말씀은 인간을 의미한다.

하나님 자신과 하나님의 말씀이 동등하며, 말씀이 하나님이라고 하는 언어가 의미하는 바는 무엇이라고 말할 수 있는가? 적어도 이 선언은 말씀, 즉 언어가 근본적인 실체라고 주장한다. 말씀은 태초부터 존재하였으며, 궁극적인 실재와 동등하다. 이 경우에 언어는 모든 존재들에 근본적인 한 역할을 부여한다. 적어도 인간에게는 그러하다. 인간이 언어를 사용하고 발전시킨 점은 주목할 만하다. 다른 피조물들이 상당히 유사한 방식으로 소리를 통해서 의사소통을 하든지 그렇지 않든지 간에 말이

2. D. Moody Smith, *John*, ANTC(Nashville : Abingdon, 1999), p. 50.

다. 이 논의를 한 단계 더 발전시키면, 언어는 인간을 실체, 곧 진리에 접근할 수 있게 해 준다. 그 이유는 언어가 근본 실체이신 하나님과 유사하기 때문이다. 여기서 내가 말하는 언어는 인간의 말 그 이상을 의미한다. 자기 표현은 여러 방식으로 성취되어 왔다. 사실, 우리가 동물에 관한 많은 지식을 갖게 될수록 그들이 자신을 표현하고 서로 간에 의사소통한다는 사실이 더욱 분명해진다. 그러므로 나는 '언어'가 자기 표현의 폭넓은 현상을 의미한다고 생각한다.

만일 이와 같은 무언가가 요한복음 1 : 1의 함축된 의미에서 나타난다면, 과연 이것을 예수님의 이야기와 어떻게 연관시킬 수 있을까? 우리가 이미 말했던 바와 같이 이는 무엇보다도 예수님 자신이 말씀이라는 의미이다. 말하자면, 근본 실체가 그의 말씀과 그의 생활 속에 표현되어지는 한 이것은 언어학적인 문제이다. "말씀이 육신이 되었다."(ho logos sarx egeneto)는 선언은 하나님의 자기 표현이 인간의 형태를 취했다는 주장이다. 신적 말씀은 단순히 추상적이지도 않고 들려지거나 종이 위에 기록된 표식이 아니다. 이 경우에 이 말씀은 온전한 인간이신 나사렛 예수이다. 결론적으로 하나님은 말씀 안에 신적 자아를 표현하고 계실 뿐만 아니라 그 말씀이 이 세상에 육신의 형태로 거하게 하셨다. 이 진술은 "그리스도와 말씀, 그리스도의 말씀들 사이에는 어떠한 관계가 있는가?"라는 하나의 질문으로 이끈다.

학자들은 기독론적 범주로서 로고스의 개념이 제사복음서의 나머지 부분에서는 발견되지 않는다는 데 주목해 왔다. 그러나 로고스라는 단어 자체는 요한복음에 36번 나오며, 이 단어의 동의어인 레마(hrēma)는 12번 나온다(3 : 34 참고). 더군다나 이 두 단어들은 매우 중요한 진술들에서 빈번하게 사용되어 왔다. 예를 들면, 예수님의 말씀을 믿는다는 것은 예수님 자신을 믿는다는 것과 동일하다(2 : 22, 4 : 50 참고). 그리고 그의 말씀은 믿음을 불러일으키며(4 : 41) '깨끗하게' 한다(15 : 3). 예수님의 말씀을 지키거나 혹은 '그 안에 거하는 것'이 믿는 사람들의 중요한 특징이다(5 : 38, 8 : 31, 14 : 23, 15 : 7, 17 : 6). 아마도 보다 중요한 것은 예수님이나 다른 사람들이 예수님의 말씀에 부여하는 의미나 능력일 것이다. 예수님의 말씀은 '영'이요, '생명'이며(6 : 63), '영생'의 근원(6 : 68)이다. 예수님의 말씀을 지키는 자는 '죽음을 보지 않을 것이며'(8 : 51), 그의 말씀은 다름 아닌 하나님의 말씀이다(14 : 24, 17 : 8).

요한복음 1 : 1에서 로고스에 관하여 찾았던 것과 이 복음서의 나머지 부분에서 이 단어 사용(레마와 함께)의 경우를 함께 비교해 보자. 하나님과의 관계에 있어서 이 말씀의 근본적인 역할은 예수님의 말씀들 안에서 수행되며, 그의 말씀들을 통해서 사람들은 말씀에 접근할 수 있게 된다. 곧 예수님의 말씀들을 통해 사람들이 하나님에게 가까이 간다는 의미이다. 말씀은 말씀들 안에서 성육화되었다. 그리스도 안에 나타난 하나님의 계시는 그리스도가 하나님 자신의 말씀인데 이는 그리스도의 말씀들이 말씀의 계시의 일부분인 경우에 그러하다. 그러나 이 경우에 '말씀'의 범주는 확대되어 행동과 더 나아가서 사람을 포함한다. 말씀이신 예수님은 자신이 하신 말뿐만 아니라 그가 누구이며 무엇을 행하셨는가에 대한 공적인 관찰을 하게 한다.

'말 - 행동'(Speech - Act) 또는 '수행 담화'(Performance Speech)에 관한 최근의 이론들은 말하는 것 자체가 어떤 바라는 목적이나 목표를 가진 행동임을 강조한다. 말과 행동 사이의 관계에 대한 그와 같은 견해는 말의 히브리적 개념의 차원을 붙잡는다. 히브리 성서에서 입 밖에 내어진 말은 이전에 존재하지 않았던 무언가를 생겨나게 하는 행동으로 생각되었다. 그러므로 입 밖에 내어진 말씀들(축복이나 저주 같은)은 말하는 바가 존재하게 하는 요인이 되었다. 창조의 첫 번째 이야기에서 하나님은 존재하지 않는 무언가를 생겨나게 하기 위해서 간단히 말씀하셨다(창 1 : 1 - 2 : 4a). 하나님은 말씀하셨을 때 신적인 말씀과 지속적인 관계를

가지셨다. 그리고 말씀된 바가 하나님의 행위에 의해서 실체를 갖게 되었다.[3]

이 모두가 요한복음의 언어에 관하여 우리에게 무엇을 말하고 있는가? 나는 요한복음의 본문 내에서 언어가 계시의 수단으로 추정된다고 생각한다. 요한복음의 언어는 말씀이신 분의 말씀들을 재진술한다. 복음서의 말씀들은 하나님 자신의 표현이다. 이것은 계시인 예수님에게 돌려질 수 있는 말씀들만이 아니라 복음서 전체를 포함한다. 그래서 20 : 30~31에 기록된 요한복음의 첫 번째 결론은 이와 같은 말씀들을 포함한다(21 : 24-25 참고). "오직 이것(표적들)을 기록함은 너희로 예수께서 하나님의 아들 그리스도이심을 믿게 하려 함이요 또 너희로 믿고 그 이름을 힘입어 생명을 얻게 하려 함이니라." 요한복음의 말씀들은 믿음을 일깨워 주고 생명을 주는 계시이다.[4] 다른 말로 하면, 요한복음의 본문은 그 언어 자체가 하나님을 독자들에게 계시하는 수단이라고 주장한다. 언어는 단순히 많은 매체들 가운데의 한 매체가 아니다. 언어가 그렇다고 하나님이 누구신지를 이해하는 유일한 길이라는 의미는 아니다. 그보다는 언어는 그리스도가 하나님의 말씀이라는 사실로 인해서 계시의 주요 매체가 되었다는 것이다.

### 2) 설교학적 암시들

이 모든 차이점이 설교자들에게 어떠한 소용이 되는가? 이 장황하고 격렬한 논쟁은 불필요하게 보인다. 그러나 만일 이 논쟁이 건전하다면 논리적으로 볼 때 요한의 설교를 위해서 그리고 일반적인 설교를 위해서

---

3. Terence Fretheim, "Word of God," in ABD 6, pp. 961-968 ; 그리고 Hugh C. White, ed., *Speech Act Theory and Biblical Criticism, Semeia* 41 (Atlanta : Scholars, 1988).
4. Gail R. O'Day, "The Gospel of John : Introduction, Commentary, and Reflections," *NIB* 9(Nashville : Abingdon, 1995), p. 852.

여러 가지 사항들이 뒤따라온다.

첫 번째, 만일 언어가 분명히 요한복음에서 그렇게 중요하다면 설교 준비의 해석적인 과정은 이 원칙으로 시작한다 : 한 본문의 특별한 언어에 대한 관심이 한 구절의 의미를 이해하기 위해 필요하다. 예를 들면, 우리는 어떤 요한복음의 구절에서 이러저러한 단어들의 수집이 몇몇 추상적인 내용을 표현하는 하나의 방법이라고 말할 수는 없다. 단어들의 선택과 그 단어들의 순서는 의미를 인식하는 데 본질적이기 때문에 신중하게 고려되어야 한다. 계시의 경우에도 그러하다는 사실이다. 말씀과 말씀들 사이의 관계는 아무리 작은 것이라 할지라도(요 1 : 1의 '함께', pros) 모든 글자가 중요함을 말해 준다. 언어적인 특이성에 대한 이 관심은 제사복음서의 본문이 주장하고 추정하는 언어에 대한 한 견해를 가정하고 있다. 특별한 언어는 계시의 매체이다.

우리 설교자들이 부딪치는 한 가지 유혹은 성서 본문을 대충 훑어 읽거나 그 본문으로부터 몇 가지 주제를 붙잡고 그 주제로 설교를 발전시키고자 하는 것이다. 나 역시 급하게 설교를 준비할 때 바로 그와 같이 했었다. 그러한 주제 선택 방법은 참된 성서적 설교를 거의 할 수 없게 한다. 사실, 혹자는 이것이 그 주제를 논의하기 위한 구실을 제공하는 하나의 본문을 찾는 간단한 주제적 설교라고 주장할 수도 있다. 물론 대안은 진지하게 본문의 특별한 언어(다른 것들 가운데)를 선택하여 그 본문이 우리에게 전하고자 하는 가능한 의미가 무엇인지를 알기 위해 언어를 자세히 연구하는 것이다.

예를 들면, 요한복음의 유명한 '실현된'(realized), '현재적'(present) 종말론은 구절들의 세부적인 부분에서 자주 발견된다. 5 : 24에서 예수님은 "……내 말을 듣고 또 나 보내신 이를 믿는 자는 영생을 얻었고 심판에 이르지 아니하나니 사망에서 생명으로 옮겼느니라"는 말씀으로 확신을 주신다. 이 진술의 놀라운 점은 '가진다'(echō)라는 동사의 사용이다.

이 말씀은 믿는 자들이 '가질 것이다'(미래 동사)가 아니라 이미 '가지고 있다'(동사의 현재형)는 의미이다. 5 : 25도 동일하다. 그 구절에서 예수님은 "……죽은 자들이 하나님의 아들의 음성을 들을 때(hōra)가 오나니 곧 이때(nyn estin)라 듣는 자는 살아나리라"고 말씀하신다. 부활의 시간은 현재로 그 시간이 현재 여기에서 이루어진다. 부활이 더 이상 먼 미래의 소망이 아니고 여기 그리고 현재의 실체이다. 의미는 언어의 세부적인 부분에 감추어져 있다. 이 구절들은 우리가 제안한 바와 마찬가지로 언어가 저자에게 매우 중요함을 보여 주는 자연스러운 경우이다.

둘째, 말씀과 말씀들 사이의 관계에서 제시된 의견은 일반적인 설교의 사역에 관해서 몇 가지 사항을 제안한다. 만일 요한복음의 말씀들이 사람들로 하여금 하나님 자신의 계시이신 말씀으로 다가가게 한다고 가정한다면, 설교의 말씀들은 새롭고, 평가할 수 없을 정도의 중요성을 갖게 될 것이다. 설교의 언어는 단지 인식할 수 있는 내용이 아니라 계시적인 내용이 될 수 있다. 보다 급진적으로 말한다면, 설교 시에 선포된 말씀은 다시 한번 한 사람 안에서, 특별히 사람의 이야기 가운데에서 성육화된다.

설교에 대한 그러한 견해는 제사복음서의 언어에 대한 고등한 관점뿐만 아니라 고전적인 예언의 말씀의 히브리적 개념에서 그 예를 찾을 수 있다. '하나님의 말씀'이 한 예언자에게 임했다. 그 후에 그 예언자는 말씀들 가운데에서 말씀을 선포하는데 일인칭으로 하나님의 말씀을 전한다. 예를 들면, 미가서의 표제는 '모레셋 사람 미가에게 임한 여호와의 말씀'(미 1 : 1 하)이다. 그 후에 미가는 "……여호와께서 이르시되"(미 3 : 5)라고 선언한다. 그리고 계속해서 하나님의 말씀을 전한다. "……내 백성아 내가 무엇을 네게 행하였으며 무슨 일로 너를 괴롭게 하였느냐 ……"(미 6 : 3－4). 제사복음서는 바로 그 주님의 말씀의 예언적인 이해를 적용하며, 인간의 말들로 이 말씀을 번역하는 데 많은 노력을 기울인 것으로 보인다.

언어와 하나님의 말씀에 대한 이 이해 가운데에서 설교 신학을 위한 근거를 찾을 수 있다. 이제 우리가 할 수 있는 최선의 노력은 설교를 위한 요한의 언어 이해에 함축된 의미들 중 몇 가지를 대략 살펴보는 것이다. 만약에 요한복음 서론과 첫 번째 결론(20 : 30 - 31)에서 말하는 바와 같이 언어가 계시적이라면 그것은 설교의 언어 역시 계시적으로 될 수 있으며, 계시적으로 되어야 함을 의미한다. 본문은 새로운 날을 위한 새로운 말씀 가운데 성육화되며, 하나님의 말씀을 현재화시킨다. 물론, 이러한 주장은 설교를 엉뚱할 정도로 고등하게 이해하는 것이지만, 하나님의 자기계시는 설교에서 다시 성육화된다. 비록 이 주장이 설교자에게는 지탱하기 힘들 정도로 책임의 중대성을 증가시키지만 그 장점은 고려할 만하다.

만일 설교에 대한 이 이해 안에 어떠한 진리가 있다고 한다면, 그것은 우리의 설교를 위해 여러 가지 의미가 있다. 분명하게 이 주장은 우리가 설교를 진지하게 대해야 함을 역설한다. 이 말은 자명한 이치처럼 들린다. 그리고 나는 한 가지 점에서 그렇게 되기를 바란다. 그러나 많은 목회자들은 설교 사역에 지쳐 있다. 많은 목회자들은 설교의 중요성에 대해서 낙담하고 있다. 만일 당신이 수년 동안 회중들에게 설교하고, 당신의 설교 결과로부터 거의 얻는 것이 없다면 낙담하는 것은 당연하다. 하나님 자신의 계시가 성육화될 수 있는, 설교의 잠재력에 대한 회상은 새로운 사명을 받은 설교 사역자들에게 지속적으로 자극을 준다.

언어에 대한 요한복음의 관점에서 두 번째 함축된 의미는 더욱 평범하고 덜 고상하다는 것이다. 만약 언어가 요한복음에서 이와 같은 중요성을 가지고 있다면, 우리는 설교를 위한 단어들과 구문들의 선택에 매우 신중해야 할 것이다. 하나님의 계시에 있어서 언어의 역할은 이 계시가 선포되는 한(이것이 의미하는 바가 무엇이든지 간에) 어떻게 당신이 말하느냐는 전혀 문제가 되지 않는다는 옛 생각에 의문을 제기한다. 요한복음에서는 말하는(혹은 쓰여진) 방식이 참으로 중요하게 보인다. 그리고 설교 역시 그러해야 한다. 그 사실을 인정한다면, 우리는 설교의 모든 단어, 구문, 문장을 세밀하게 조사해야 한다.

그러나 목회자들 사이의 현대적인 경향은 우리가 사용하는 언어에 그와 같이 세심한 주의를 기울이는 것과는 배치된다. 우리들 중 대부분은 설교를 위해 설교단을 벗어나서 청중들 앞으로 나오는 행위에 집착해 있다. 우리는 회중에게 더욱 가까이 가기를 원하며, 덜 형식적이며, 거리를 두지 않기를 원한다. 그래서 우리가 설교할 때에 설교단 앞으로 나가거나 혹은 설교단 주위에서 움직인다. 비록 이러한 대중적인 행위가 많은 경우 설교의 바람직한 모델이 아닌 텔레비전 설교자들에게 영향을 받은 것이지만, 그 행위는 상당히 긍정적이며 바람직하다. 또한 이러한 행동은 텔레비전 자체의 본질에 기인한다. 강연자가 텔레비전의 화면에 비칠 때(뉴스 앵커처럼) 그들의 모습은 우리에게 선명하고, 텔레비전 화면만큼 가까이 있는 것처럼 보인다. 강연자의 그와 같은 인접성은 회중들에게 더욱 가까이 다가가고자 하는 마음을 갖게 한다. 그리고 청중들 중에 상당수는 그같이 우리와 가까이하기를 기대한다.

메모만 가지고 설교단 밖으로 나아와서 설교를 하는 데 따르는 위험은 어느 정도 설교의 언어가 부주의하게 될 수 있다는 점이다. 우리는 설교를 하는 동안 머릿속에 떠오르는 언어를 자유롭게 사용하기 쉽다. 우리는 설교 노트를 읽기에 충분할 만큼 오랜 시간 동안 청중들과 눈이 어긋나는 것을 원하지 않는다. 그러나 반드시 그럴 필요는 없다. 우리가 설교 언어를 성실하게 작성한다면, 설교단 밖에서조차 설교하는 중에 이 언어를 되풀이할 수 있다. 주목하라. 여기서 중심 구문은 '충분히 성실하게'이다. 나는 우리가 설교 언어를 충분히 진지하게 선택한다면, 그리고 설교단 밖으로 언어를 가져갈 수 있을 만한 충분한 시간을 투자한다면,

설교단 밖으로 나아와서 메모 없이 혹은 약간의 메모만을 가지고 설교하는 동안 적절한 단어들과 구문들을 제대로 사용할 수 있으리라고 생각한다. 결국 설교 역시 많은 준비가 요구된다는 것이다.

### 3) 설교의 예

이 단락은 그 자체로 직접적인 한 예를 주지 않기 때문에 주의 깊게 구성된 이야기들과 유비들을 통하여 청중들에게 언어에 대한 이러한 견해를 이해하는 데 도움을 줄 수 있다고 생각한다. 아래의 제시된 본문은 요한복음 2 : 13~22(성전정화)에 관한 설교의 한 단편이다. 이 본문은 사순절 기간의 세 번째 주일을 위해 지정된 복음서에 있다. 설교는 22절에서 이야기의 결론을 향해 전개된다. 그 구절에서 화자는 우리에게 "죽은 자 가운데에서 살아나신 후에야 제자들이 이 말씀하신 것을 기억하고 성경과 예수께서 하신 말씀을 믿었더라"고 설명한다. 이것은 우리가 예수님의 말씀을 믿는 것의 중요성을 선포하는 한 방법이다. 분명히 이것은 주제설교이겠지만, 이 경우는 몇몇 상황에서 정당화될 수 있는 설교이다.

> 물론 말씀들은 매우 중요하다. 말씀들은 의사소통을 위해 중요시된다. 우리는 우리가 의미하는 바를 정확히 표현하기를 원한다. 그리고 우리는 우리의 말을 듣는 사람들이 우리가 말하고자 하는 바를 정확하게 이해하기를 원한다.
>
> 한때 나는 교회 회의를 위해 목회적 보고서를 준비했다. 리포트를 작성하는 과정에서 나는 교회의 본당 회중석(nave) 사용에 관한 주제를 포함시켰다. 그러나 교회의 본당이라는 단어 대신에 나는 우연하게 배꼽(navel)이라는 단어를 썼다. 회의는 말할 필요도 없이 나의 실수로 인하여 웃음바다가 되었다. 그러나 이 상황은 단지 한 단어의 실수로 인해 야기된 것이다. 말씀들은 의사소통을 위해서 매우 중요하다.
>
> 말씀들은 다른 이유로도 중요하다. 때때로 말들은 우리의 내적 자아로

부터 나온다. 우리가 한 말은 우리가 누구이고, 무엇을 좋아하며, 어떻게 생각하고, 어떻게 느끼는가를 나타낸다. 이런 경우에 말들은 다른 사람들과의 의사소통을 하는 데 매우 중요하다. 그렇다면 이 말들은 매우 개인적이다. 말은 다른 사람들에게 드러내는 우리 자신의 일부분과 같다.

두 명의 성인이 캐나다에서 낚시를 하고 있었다. 우리는 그들을 짐과 죠지라고 부른다. 이 두 사람은 난로와 침대가 놓여 있는 창고보다 작은 오두막집 안에서 며칠 밤을 보냈다. 낚시가 잘된 어느 날, 밤중에 폭풍이 일어났다. 점점 천둥과 번개가 강해졌다. 갑자기 번개가 오두막집 안 전체를 밝게 비추는 것 같았다. 그러고 나서 갑자기 어두움이 몰려 왔다. 낡고 부서지기 쉬운 창문을 천둥이 뒤흔들었다. 창문들이 곧 부서질 것만 같았다. 다시 비가 내렸다. 돌을 건물에 마구 내던지듯이 비가 퍼붓고 있었다.

처음에 그들은 폭풍에 관하여 농담을 했다. "이런 번개가 있는데 누가 전기를 필요로 할까?" 그 후 짐은 이상할 정도로 조용해졌다. 죠지는 계속해서 감정을 누그러뜨리는 표현을 했다. 그러나 짐으로부터 응답이 없었다. 폭풍이 여전히 거세었다. 조지는 간단히 물었다. "짐, 너 괜찮니?" 대답이 없었다. 죠지는 걱정이 되어 "짐, 너 괜찮니?" 하고 또 물었다.

결국 짐은 평상시와 다르게 작고 활기 없는 목소리로 말한다. "죠지, 나는…… 음, 너에게 말하는 것이 좋을 것 같아." "뭐라고 말하는 거야?" 라고 죠지가 물었다. "글쎄, 나…… 겁이 났어. 겁이 났다고 표현할 수밖에 없어." 처음에 죠지는 당황하여 그 단어들을 찾기도 힘들었다. 이 대화는 그들의 낚시 여행에 관해 말하는 그런 이야기가 아니다. 그러나 이제 그들은 점차적으로 두려움에 관해, 과거에 관해, 공포의 경험에 관해 이야기하기 시작했다. 곧 짐은 현재의 경험과 유사한 자신의 어린 시절 폭풍우의 경험에 대해 말했다. 번개가 짐의 집에 내리쳐서 불이 나기 시작했다. 불은 하마터면 그의 부모와 형제들의 생명을 빼앗아 갈 뻔했다.

짐은 쉽게 두려움에 빠지는 자신에 관해 이야기했다. 이 경우에 그의 대화의 내용은 비밀을 드러낸다. 짐은 죠지가 알지 못했던 자신에 관한 몇 가지 사실을 드러냈다. 강하고 발랄하고 확신에 찬 사람이 폭풍에 대한 자신의 두려움을 나누었다. 결과적으로 죠지는 짐을 알게 되었고 실제적으로 그를 더 잘 이해하게 되었다.

말은 말하는 사람에 대한 어떠한 사실을 드러낸다. 그래서 예수님의 말씀들을 믿는 것은 예수님 자신을 믿는 것이다. 예수님은 말씀들 가운데에서 자신을 나타내신다. 그리고 그의 말씀들은 믿음의 근거가 되었다. 죠지는 짐의 두려움에 관한 고백의 결과로 그를 보다 더 잘 알게 되었다. 우리는 예수님의 말씀들을 통하여 예수님을 보다 더 잘 알 수 있게 된다.

예수님의 말씀들을 앎으로써 예수님을 아는 것이 여전히 보다 중요하다. 예수님은 하나님의 말씀의 성육화이다. 예수님은 인간의 모양으로 오신 하나님 자신에 대한 하나님의 표현이다. 그래서 예수님의 말씀들은 우리에게 그 자신을 계시한다. 그러나 그것들은 또한 우리에게 하나님을 계시한다.

"그들은 예수님이 하신 말씀을 믿었다." 우리가 예수님이 하신 말씀을 믿을 때 예수님을 보내신 하나님을 믿게 된다. 말씀을 믿는 것, 즉 말씀을 신뢰하는 것은 삶의 중심에 말씀을 모셔 들이는 것이다. 그것이 우리의 믿음의 전부이다.

우리가 찾은 요한복음의 행 사이나 행 안에 담겨진 언어에 대한 이해는 설교를 위해 본문을 연구하도록 설교자에게 도전을 줄 뿐만 아니라 설교자가 설교 자체의 사역을 이해하도록 도전을 준다. 그러나 우리의 탐구는 요한복음의 언어가 어떻게 단어들의 한계를 넘어서는지를 물음으로 더 진행해 나아간다.

## 2. 은유적이고 상징적인 요한복음의 언어

제사복음서의 언어에 관해 논의하던 중 이 언어의 은유적(혹은 상징적) 특징에 특별한 관심이 자주 주어졌는데, 특별히 우리가 이전 장에서 논의해 왔던 것과 같은(예를 들면, '성령'이나 '바람', c-pneuma와 '거듭남', 혹은 '위로부터'-anōthen) 애매모호한 단어들의 사용에 관심을 기울였다. 다른 단어들과 구문들은 상징적인 의미를 가진다고 흔히 생각되어졌다. '물'이라는 단어를 그 예로 들 수 있다(4 : 1-42). 이 논의는 때때로 요한의 언어를 일종의 암호로 취급하게 하며, 만일 누군가가 그 암호를 푸는 열쇠를 발견한다면 요한의 상징을 이해할 수 있으리라고 생각하게 한다. 그러나 보다 새로운 문학적인 접근의 결과로 우리는 어떻게 그와 같은 언어가 독자들의 의식 속에서 작용하는가에 대한 제안들과 논의들을 찾아볼 수 있게 되었다.

### 1) 요한복음의 상징체계의 해석

한 단어와 구가 상징적이라고 말하는 것은 곧 이 단어와 구가 다른 의미를 내포하고 있다고 말하는 것이다. 곧 그 단어나 구의 명백한 의미에 다른 의미를 덧붙이거나 다른 의미로 대신하는 것이다. 만일 '물'이라는 단어가 상징이라고 말한다면, 우리가 일상적으로 물이라고 부르는 물질에 대한 언급에 다른 의미를 덧붙이거나 다른 뜻을 부여함을 의미한다. 곧 그 단어가 우리에게 다른 무엇인가를 지시하는 것이다. 상징주의에 대한 철학적이고 언어학적인 논의는 확대되었고 복잡해졌는데, 특별히 상징주의와 은유와 같은 다른 문학적 형식들 사이의 구분의 관점에서 그러하다.[5] 우리의 목적을 위해서는 그 문제에 너무 깊이 관여할 필요는 없다. 쾨스터(Craig R. Koester)는 요한에 나타난 상징주의에 관하여 그의 책에서 이같이 썼다.

---

5. 그와 같은 논의의 한 예는 Paul Ricoeur, *Figuring the Sacred : Religion, Narrative, and Imagination*, ed. Mark I. Wallace, and trans. D. Pellauer(Minneapolis : Fortress Press, 1995), 특히 53쪽과 143쪽에서 찾아볼 수 있다. 그리고 또한 Ricoeur, *The Symbolism of Evil*, trans. *E. Buchanan, Religious Perspectives 17*(New York : Harper and Row, 1967)을 보라.

> 일반적인 의미에서 상징은 다른 무언가를 대신하는 표현이다. 그러나 여기에서 우리는 보다 좁은 의미의 정의에 초점을 맞추고자 한다. 상징은 초월적인 의미를 가진 것으로 이해되는 이미지, 행위, 사람이다. 요한의 표현으로 상징들은 '위의 영역에 속한 것'과 '아래 영역에 속한 것' 사이를 연결시킨다.[6]

요한복음의 언어는 때로는 미묘하게, 때로는 분명하게 상징적인 해석을 초래한다. 상징적 언어가 제사복음서에서 중요한 역할을 한다는 데는 의문의 여지가 없다. 그러나 다양한 의문들이 우리의 토론을 위해 마치 논쟁의 여지가 있고, 의미가 있는 것으로 나타난다.

첫째, 어느 때에 한 단어나 구문이 '초월적인 의미'를 지닌 것으로 해석되거나 혹은 다른 무언가를 우리에게 지시해 주는지, 그리고 어느 때에 그렇지 않은지를 우리가 어떻게 인지할 수 있는가? 요한복음에 대한 몇 가지 읽기는 그 구절들의 가능한 상징적인 의미들에 상당한 영향을 미친다. 예를 들면, 학자는 가나의 혼인잔치 에피소드는 상징적으로 적절히 해석되어야 하며, 우리를 다른 실체들에게로 향하게 한다고 주장한다. 브로디(Thomas L. Brodie)는 그 이야기가 '세상을 향한 하나님의 선물과 교회의 생명에 대한 이상적인 개요'라는 의견을 내놓았다. 그래서 세례, 성만찬, 그리고 결혼은 신적 존재와의 연합의 배경하에 이해되어야 한다고 주장한다.[7] 다른 사람들은 이것이 결혼제도가 성례가 되어야 한다거나, 성만찬 시 포도주와 관계된다는 의미라고도 주장한다.[8]

우리가 어느 때에 한 단어나 구문, 행동을 상징적으로 받아들여야 하는

---

6. Craig R. Koester, *Symbolism in the Fourth Gospel : Meaning, Mystery, Community*(Minneapolis : Fortress Press, 1995), p. 4.
7. Thomas L. Brodie, *The Gospel according to John : A Literary and Theological Commentary*(Oxford : Oxford Univ. Press, 1993), pp. 175-176.
8. Brown, *Gospel according to John*, pp. 109-110에 있는 그 구절의 상징주의에 관한 논의를 보라.

가? 말하자면, 어느 때에 분명한 지시대상보다 더한(그리고 더 큰) 무언가를 지시한다고 간주해야 하는가? 이러한 질문을 하는 이유는 제사복음서 기자가 상징적인 의미를 폭넓게 사용하기 때문에 우리는 모든 곳에서 상징을 찾으려는 경향이 있기 때문이다. 상징적 언어를 확인하는 데 당혹스럽게 하는 다른 예는 창을 찌른 후 예수님의 옆구리에서 흘러나오는 '피와 물'이다(19 : 34). 분명한 의미는 예수님이 참으로 죽으셨다는 것이다. 그렇다면 여전히 우리는 이 두 물체를 다른 실체들에 대한 묘사로 취할 수 있는가? 피와 물이 성만찬과 세례를 언급하는가? 여기서 물은 때로 요한복음의 다른 곳에서처럼 성령을 의미하는가?(7 : 37－39 참고).[9)]

그렇게 할 필요가 없거나 그 본문이 그러한 의미를 함축하지 않을 때(비록 이것이 분별하기 어렵다고 하더라도)에도 우리는 한 본문에서 상징적인 의미를 구성할 위험이 있다. 상징적인 언급들이 있는 본문을 읽을 때 범하기 쉬운 잘못으로부터 보호하는 가장 좋은 방법은 요한복음의 다른 곳에 있는 이러한 언급들을 간단히 점검하는 것이다. 다른 곳에서 물을 상징적으로 사용하였는가? 그곳에서 이 단어가 무엇을 언급하고 있는가? '피'에 관해서는 어떠한가? 다른 곳에서 복음서 저자가 이 단어에 상징적인 의미를 부여한 어떠한 증거가 있는가? 전체적으로 복음서 저자의 문체와의 일관성을 유지하기 위해서는 우리가 본문을 잘못 사용하지 않도록 해야 한다.

현재 상징주의를 식별하는 절대 안전한 방법은 없다. 예를 들면, 어떤 특별한 상징이 한 번 나타나는 경우는 어떠한가? 우리는 다른 곳에서 이 단어나 구문, 행동이 상징적으로 사용된 증거를 발견할 수 없는데, 이 한 번의 경우가 그 단어의 문자적인 의미를 넘어서 우리에게 다른 무언가를 가리키기 위해 몇몇 단어나 구문을 사용하는 경우가 될 수 있지 않

9. 이 구절의 해석에 관한 논의는 George R. Beasley－Murray, John, WBC 36 (Waco : Word, 1987), pp. 355－358을 보라.

는가? 이 예는 6 : 51~58의 언어에서 찾아볼 수 있다. 예수님의 살을 먹고 피를 마신다는 표현이 상징적인 의미를 갖는 다른 예가 없지만, 우리는 이 단어들을 순전히 문자적인 의미로만 해석하지 말아야 한다.

여전히 상징적인 의미들은 요한복음의 일반적인 신학적 취지와 일관성이 있어야 한다. 비록 그 언어의 실제적인 사용이 그렇지 않는다고 할지라도 말이다. 그렇다면 요한복음의 사고가 19 : 34에 있는 '피와 물'을 상징적으로 읽는 것을 정당화하는가? 전체 복음서의 신학적인 관점은 가나의 혼인잔치를 상징적으로 읽는 것을 허용하는가? 어떤 의미에서 복음서 전체는 이것이 어떻게 '초월적인 의미'를 가지는지를 생각하도록 우리를 초대한다. 결과적으로 상징적인 언어와 비상징적인 언어 사이의 구별은 무엇보다 상징주의에 대한 정의의 문제이다. 그리고 그 구분은 희미해지는 것처럼 보인다.

우리가 주시해야 할 필요가 있는 요한복음의 상징들에 관한 또 하나의 질문은 우리가 어떻게 상징적 언어를 다루어야 하는가이다. 나는 이미 직접적이고 분명한 지시 관계를 넘어서 다른 의미를 가리키는 것으로 보이는 언어를 해석하는 하나의 공통된 방법은 암호로써 상징주의를 이해하는 것이라고 제안했다. 암호의 표식은 다른 것에 대한 대용물로 사용된다. 만일 당신이 암호를 안다면, 당신은 메시지를 보내는 사람이 의도한 바가 첫 번째 표식, 즉 분명한 의미가 아니라 다른 의미가 있을 것으로 이해할 것이다. "독수리가 땅에 내려앉았다."는 실제적으로 독수리(새)가 휴식을 취하기 위해 어떤 장소에 내려앉았다는 의미가 아니다. 이 표현은 목적지에 군대가 도착했다는 암호이다. 우리는 제사복음서에서 '물'이 항상 성령을 나타낸다고 할 수도 있다(7 : 37-30 참고). 그러면 그 후에 우리는 '물'이라는 단어가 나타날 때마다 '성령'으로 대체해야 한다. 요한복음의 상징적 언어를 다루는 데 따르는 어려움은 해독되는 암호로 언어의 의미를 제한하는 위험이 있다. 또한 이것은 언어를 해석하는 일종의 부자연스러운 체계를 창출하기도 한다. 예를 들면, 예수님이 사마리아 여인에게 마실 물을 달라고 하셨을 때 우리는 일상적으로 물이라고 부르는 실체 외에 다른 의미로 물을 해석해야 한다는 사실을 놓치기 쉽다. 요한복음의 상징주의의 사용에는 부호화 이상의 진행되는 무언가가 있다.

사실 요한복음의 상징주의는 시종일관 애매모호하게 보이며, 그래서 명확한 의미를 넘어서 정확히 무엇을 언급하는지 파악하기 어렵다. 만일 설교자들이 자주 은유적으로 요한의 언어를 취급한다면, 우리는 소위 상징적 의미를 보다 더 잘 다룰 수 있게 된다. 은유는 우리가 일상적이지 않은 방식들로 일상적인 단어들을 사용할 때 나타나며, 우리가 한 단어의 사전적 의미를 넘어서 확대 해석할 때 이 단어는 다른 것을 지시하게 된다.[10] 내가 "그녀는 보석이다."라고 말했을 때 이 진술을 문자적으로 받아들이지 말아야 한다. 그렇지 않으면, 우리는 일종의 바위와 같은 모습을 한 여인을 상상해야 한다. 오히려 이 언어는 보석의 가치를 지닌 전혀 다른 무언가를 가리키는 데 사용된다.

은유는 우리를 놀라게 한다. 은유는 우리가 일상적으로 연결시키지 않는 두 실체들을 연결시킨다. 그러므로 은유는 두 실체 모두의 사전적 의미들을 벗어난다. 신선하고 새로운 은유는 전적으로 새로운 방식으로 사고하도록 요청함으로 우리에게 충격을 준다. 한 은유가 일반적인 의미를 가질 때 그 은유는 실제 은유적인 의미를 잃게 된다. 예를 들면, '침대의 머리'는 비록 은유적인 표현이지만 은유적으로 보이지 않는다. 첫째로 혹자가 그들의 머리와 다리를 두어야 하는 곳인 침대의 부분들이 한 침대의 '머리'와 '다리'가 되어야 한다고 말한다면, 이 주장은 사람들

10. 은유와 은유의 기능에 대한 나의 이해에 관한 보다 충분한 논의는 나의 책 *Stumbling in the Light : New Testament Images for a Changing Church*(St. Louis : Chalice, 1999), 2장을 보라.

에게 충격을 줄 것이다. 그러나 은유는 이 둘이나 그 이상의 실체들의 예기치 않은 관계의 긴장을 완화시킨다. 때때로 종교적인 은유들 역시 충격을 주지 못할 때 진부한 말이 된다. "나는 선한 목자라……"(요 10 : 11)는 예수님의 말씀이 이에 대한 분명한 경우이다. 원래 이 관계는 충격을 주었을 것이다. 그 이유는 1세기 팔레스타인에서 목자들은 평판이 좋지 않았기 때문이다. 목자들은 마을에서 도적질하는 자로 지목된 떠돌이들이어서 밤에 알려지지 않은 곳으로 양 떼들을 조용히 이동시켰다. 그러한 점에서 요한이 예수님을 목자라고 표현한 것은 청중들에게 충격을 주었다.[11] 은유와 직유의 차이는 직유는 비교할 때 '같다' 혹은 '처럼'이라는 단어를 사용하기 때문에 독자들은 그것을 구별할 수 있는 실마리를 얻는다. 다른 말로 하면 직유는 은유와 동일한 기능을 할 수 있다.

은유는 우리를 놀라게 하며, 항상 당황하게 하고 생각하게 만든다. 바로 이것이 셰익스피어가 맥베스에서 "인생은 단지 걸어다니는 그림자이라……."고 했을 때의 의미 그대로이다(맥베스, 5막 5장). 만일 A=B라는 관계가 낯설고 예기치 않다면, 우리는 이 관계에 의해 의미하는 바가 무엇인지 쉽게 결정할 수 없다. 이같이 은유는 우리를 지속적으로 당황하게 하며, 의미의 새로운 가능성을 불러일으킨다. 다른 말로 한다면, 은유의 의미는 항상 '열려져' 있으며 "이것이 이 은유가 의미하는 바이다."라고 확신 있게 말함으로써 그 의미를 '닫히게' 할 수는 없다. 리쾨르(Paul Ricoeur)는 "참된 은유는 번역할 수 없다……."고 썼는데, 이는 그것들이 말을 바꾸어 설명할 수 없다는 의미가 아니라 부연(paraphrase)이 무한하며, 그 의미의 새로움이 고갈되지 않는다는 뜻이다.[12] 은유의

---

11. 예를 들면, 예레미아스는 팔레스타인 목자들이 "죄인들(hamartōloi) 중에 속하는 자들로 생각되었다."고 주장했다(*The Parables of Jesus*, 2nd ed., trans. S. H. Hooke〈New York : Scribner, 1972〉, p. 133).
12. Ricoeur, "*Paul Ricoeur on Biblical Hermeneutics*," *Semeia* 4(1975), p. 80.

이 특징은 대부분의 사람들을 불편하게 만든다. 우리는 단어들과 구문들의 의미를 확실하게 정의하고 싶어하며, 본문에서 단어와 구문들의 의미를 확실하게 정의할 수 없을 때 좌절감을 느낀다.

요한복음의 상징적 의미의 해석을 위해 이 모두가 의미하는 바는 무엇인가? 우리가 요한의 상징적 언어를 은유로 취급할 때 어떠한 일이 일어나는가? 상징의 은유적인 읽기가 가져다주는 독특한 공헌은 우리가 무리하게 단어들에 의미를 부여하는 것을 제재하며, 계속적으로 그 단어의 의미를 찾기 위해 노력하게 한다. 그러므로 상징은 단순히 그 단어들이 가리키는 것들로 번역될 수 없다. 더욱이 상징은 상상력을 자극하며, 처음에는 이런 의미를 그리고 다음에는 저런 의미를 계속해서 찾게 한다.

예를 들면, 논란이 많은 요한복음 6 : 56의 "내 살을 먹고 내 피를 마시는 자는 내 안에 거하고 나도 그의 안에 거하나니"라는 예수님의 말씀을 보자. 첫 번째 이 진술을 은유로 간주하면, 우리는 이 말씀이 불러일으키는 충격을 수용할 수 있다. 이러한 종류의 해석은 정확하게 이 언어가 우리 안에서 놀라움, 불안정과 혼란을 유발시킨다고 볼 수 있다. 다른 말로 하면, 이는 우리에게 그 단어들의 충격을 맛보게 한다. 더욱이 다른 문장이나 구문을 참조하여 이 구절의 의미를 정의내리는 것과 더불어 이 단어들은 언어의 우리에 가두어지지 않아야 한다. 또한 우리는 다른 의미들을 자극하고, 지속적으로 새로운 가능성들을 표면에 이끌어냄으로 우리의 상상력 가운데 다른 의미들이 작용하도록 해야 한다. 더욱이 요한복음의 상징주의를 은유적으로 취할 때 우리는 그 본문의 의미에 관한 다른 제안들을 받아들이도록 마음을 열어야 한다. 결국 하나의 참된 의미는 없으며, 단지 다양한 가능성만이 있을 뿐이다. 우리가 음식을 섭취하는 것처럼 예수님을 받아들여야 한다. 우리는 예수님과 그의 계시를 통하여 배고픔을 채워야 한다. 우리는 성만찬의 떡과 포도주에서 그리스도의 죽음과 부활의 은혜를 취해야 한다.

만일 요한복음의 상징적 언어가 은유적인 방식으로 작용한다고 보면, 이것은 첫째, 우리가 놀라움과 애매모호함을 복음서의 본질적인 특징으로 받아들여야 하며, 둘째, 우리가 그 의미를 확실하게 안다고 추정하지 않아야 하며, 셋째, 그 언어가 상상력 가운데 지속적으로 새로운 의미를 불러일으킬 수 있도록 해야 하며, 넷째, 그 언어가 사용되는 문맥에 주의 깊은 관심을 기울어야 함을 의미한다. 은유는 항상 문맥과 관련이 있다. 은유는 요한복음 6 : 56이 6 : 27~58의 생명의 떡 강화의 전체와 밀접하게 관련이 있는 것처럼(6장 참고) 다른 언어와도 관련이 있다.

### 2) 요한복음의 상징주의의 선포

사람들은 요한복음의 상징적 언어에 관해 어떻게 설교할 것인가? 가능성들은 거의 무한하다(마치 은유적인 상징의 의미가 무한한 것처럼). 그러나 여기에 설교학적 목적들로 이와 같은 종류의 언어로부터 유익을 취하기 위한 몇 가지 구체적인 제안들을 하고자 한다.

첫째, 우리가 제사복음서에서 찾은 요한복음의 상징들에 대한 설교들은 청중들에게 대답을 주기보다는 그들의 사고를 자극시키는 데 관심을 두어야 한다. 만일 요한복음의 상징적 언어의 은유적인 특징이 상상력을 자극하고, 그 언어가 다른 표현들로 정확히 번역되지 않는다는 사실을 인정한다면, 설교는 당연히 유사한 방식으로 역할을 해야 한다. 물론 오늘날 회중은 그 대답을 듣는 데 열심이어야 하며, 이 질문들을 듣기 위해 귀를 열어 놓아야 한다. 반면 그들은 '회중을 생각하게 만드는 설교'를 늘 환영하지는 않는다. 우리는 솔직히 상징적 언어 중 일부분의 의미를 정확히 안다고 주장할 수 없으며, 우리는 그 의미가 무엇인지 안다고 하는 몇몇 주석가들의 주장을 진지하게 받아들이기도 쉽지 않다. 만일 복음서 저자가 기독교 신앙의 성숙을 추구하기 위해 상징적 언어를 통해서 사고를 자극하기를 요구한다면 그리고 만일 교회가 한때 이 도발적인 문서를 정경에 포함시켜야 한다고 생각했다면, 우리 설교자들은 요한복음 언어의 애매성의 긴장을 완화시킬 필요가 없다.

정확하게 이것이 의미하는 바가 무엇인가? 생명의 떡 강화의 결론 부분에 관한 한 설교(요 6 : 51-58은 예배의식 15, B를 위해 주어진 복음서 일과)에서는 이 의미들 중 하나는 옳고 다른 의미들은 그릇되다는 주장 없이도 그리스도의 육신을 먹고 그의 피를 마신다는 말씀이 뜻하는 일리 있는 의미 중 몇 가지를 탐색할 수 있다. 요한복음 10 : 1~10에 관한 설교(부활절 4, A)는 관심을 끄는 '선한 목자' 은유를 모범으로 제시하며, 처음에는 한 면을 그리고 다음에는 다른 면들을 살펴봄으로 회중들의 관심을 다른 곳으로 향하게 할 수 있다. 이 설교는 회중들에게 이 다양한 해석들을 집까지 간직해 가서 일주일 동안 회상해 볼 수 있는 기회를 제공한다. 요한복음 14 : 6의 설교(부활절 5, A를 위한 일과의 부분)는 '길이요, 진리요, 생명'으로서 예수님의 신분들 중 하나가 다른 것들보다 더 가치 있다고 주장하지 않고도 탐구할 수 있다.

내가 제안해 왔던 바와 같이 이와 같은 종류의 도전적인 설교는 깊은 인생의 문제에 답변하는 보다 권위주의적인 주장만큼 회중의 입맛에 맞지는 않지만, 우리가 생각해 왔던 21세기에 가장 좋은 설교로는 적합하다. 여러 학자들 가운데 로스(Lucy Rose)는 공동체의 논의를 확장하는 하나의 방법으로 회중과 한 본문에 대한 하나의 해석을 공유하게 되는 설교인 일종의 선포를 개략적으로 진술했다.[13] 그녀의 책의 결론들 중 하나는 설교자의 권위에 대해 다시 생각하게 했으며, 설교에 있어서 보

13. Lucy Atkinson Rose, *Sharing the Word : Preaching the Roundtable Church*(Louisville : Westminster John Knox, 1977). 실제로 로스는 그녀의 스승인 크래독(Fred B. Craddock)에 의해 채택된 설교에 대한 견해의 함축된 의미를 추구하고 있다. Craddock's *Overhearing the Gospel : Preaching and Teaching the Faith to Persons Who Have Heard It All Before*(Nashville : Abingdon Press, 1978)의 결론을 보라.

다 대화적이거나 회화적 입장에 가치를 두도록 도전을 주었다. 내가 기술했던 방식으로 제사복음서의 은유적 상징들을 설교하는 것이 설교의 미래에 대한 이 비전에 기여하는 것이라고 할 수 있다(결론 참고).

둘째, 우리는 요한의 상징적이며 은유적인 언어를 우리 시대에 적용시킴으로 공정하게 평가해야 한다. 요한복음의 언어가 작용하면 가장 빈번히 새로운 은유들, 상징들, 그리고 그림 언어를 만들어 낼 것이다. 은유적 언어의 결과들 중에 하나는 우리가 원래적인 은유를 탐구하려고 하는 동안에 우리에게서 다른 은유를 끌어낸다는 것이다. 그것이 우리가 많은 좋은 은유들을 이해하고자 할 때에 첫 번째 은유를 설명하기 위해 다른 은유를 사용하는 이유이다. 그리스도인의 이미지를 떠올릴 때 '하나님의 자녀들'을 생각나게 하는 모든 은유들을 생각해 보자. 하나님의 가족, 그리스도 안에 있는 형제자매들, 우리의 형제인 그리스도, 아버지나 부모로서의 하나님 등 말이다. 하나의 풍부한 은유가 다른 여러 은유들을 유발시키는 것은 자연스럽다. 제사복음서의 은유적인 언어는 상상력을 자극하여 다른 은유들과 동시대적인 은유들 또는 표상들을 조성하도록 우리의 상상력을 자극할 것이다. 예를 들어, 8 : 12의 은유 곧 "나는 세상의 빛이다."는 오늘날 세상의 빛이 어떠한 기능을 하는지를 생각하게 한다(이 구절은 개정판 공동성서일과에는 포함되지 않았으나 사순절 4, A 참고). 그리스도는 플랫폼의 전등들처럼 우리를 안전하게 목적지까지 인도하신다. 어린아이의 침실에 부드럽게 비추어 밤새도록 아이에게 그곳에는 전혀 어두움이 없다는 확신을 주는 조명등처럼, 하나님이 그리스도 안에서 우리에게 주신 선물도 그러하다. 가로등이 공격자들로부터 우리를 보호해 주듯이 그리스도의 빛은 하나님과 우리의 관계를 유지하도록 지켜 준다.

원래 주장한 것 중 몇 가지를 말하기 위한 새로운 은유들의 생성과정은 소위 '동시대적인 청중들을 위한 요한복음의 재언어화'라고 불려질 수 있다.[14] 한 본문의 재언어화란 우리 자신의 생활들에 이 본문을 적용시키는 과정의 한 부분이다. 예를 들면, 우리는 언어들로 된 사도 신조의 첫 번째 항목을 진술하도록 기존 계층에 요청할 수 있다. 우리는 그들의 언어로 신조를 재진술하도록 하며 그 과정에서 이 신조를 자신의 것으로 취한다.

설교를 위한 제사복음서의 해석 과정에서 우리는 제사복음서의 언어가 상상력을 자극하도록 허용해야 하며, 우리는 무엇이 일어났는지를 보기 위해 이 언어를 다루어야 한다. 우리는 회중들이 17장에 있는 예수님의 기도를 자신의 기도로 받아들이도록 하기 위해 요한의 용어인 '영화롭게 하다'를 어떻게 표현할 수 있을까?(부활절 7, A를 위한 복음서의 일과인 17 : 1-11을 참고) 이 질문을 고려하기 시작하자마자 우리는 아마도 그리스도가 하나님께 영광을 돌린다는 사실을 표현할 수 있는 현재의 은유들에 대해 생각하는 우리를 발견하게 될 것이다. 나는 노벨 평화상의 수상을 생각해 본다. 그리고 불타는 건물로부터 한 아이를 구출하는 무명의 한 사람을 알리고자 하는 데 보다 더 큰 관심을 둘 수도 있다. 현재의 은유가 성서적 이미지의 의미를 온전히 표현할 수 없음을 기억하라. 이는 우리를 이끄는 언어의 한 방향을 가리킬 뿐이다.

2장에서 우리는 요한복음 3장에 있는 프뉴마(성령)의 애매모호한 의미를 고려해 봤는데, 3 : 8은 실로 성령의 의미를 밝히기 위해서 집약된 간단한 은유인 '바람'이라는 표현을 사용하고 있다. 성령과 바람이 나란히 놓여 있는데, 이는 둘 사이의 유사성을 고려하게 한다. 성령의 경우처럼 우리는 바람 자체는 아니지만 바람이 존재한다는 증거들을 볼 수

14. Robert G. Hughes 와 Robert Kysar, *Preaching Doctrine for the Twenty-First Century*, FRP(Minneapolis : Fortress Press, 1997), pp. 29-32을 보라. 그는 Sandra M. Schneiders, *The Revelatory Text : Interpreting the New Testament as Sacred Scripture*(New York : HarperCollins, 1991), pp. 69-71의 '재언어화' 개념에 도움을 입었다.

있다. 바람의 자유로움, 바람의 힘, 바람의 유동성 모두가 교회가 갖는 성령의 경험을 분명히 표현하도록 우리에게 도움을 준다. 이 모두는 설교자들에게 바람과 성령을 사용하여 그들 자신의 유비를 엮어 내도록 통찰력을 준다. 연을 날리면서 바람의 신비로움과 힘을 배우는 한 아이를 상상해 보라. 언어의 은유적인 특징은 요한의 은유들로부터 우리 시대를 위한 은유들을 창작하도록 만든다.

성서의 언어를 다루는 일은 과감한 행동이다. 우리 중에 누가 요한을 '향상'시키려고 시도할 것인가? 참으로 요한의 이미지가 다른 시대에 영향을 주었던 바와 같은 영향을 오늘에도 미치게 하는 것은 위험이 따르는 일이다. 우리는 복음서의 메시지를 전달하기 위한 목적으로 그 일을 행한다는 확신을 가질 필요가 있다. 우리는 현재 우리의 은유들이 약해지고 부적절해지며, 심지어는 진부해질 수 있으나 그것은 당연하다는 사실을 기억할 필요가 있다. 요한복음의 언어의 가장 온전한 의미를 절대적으로 붙잡는 하나의 단어 모음집은 존재하지 않는다. 이 때문에 우리는 본문의 능력과 동등하게 되려고 시도하지 않는다. 우리가 하고자 하는 바는 단순히 오늘의 그리스도인들이 요한복음의 상징이 주는 자극성에 접근하도록 도움을 주려는 것이다.

마지막으로 요한복음의 은유적 상징들을 설교하고자 하는 데 대한 나의 제안은 하나의 단어를 중심으로 설교를 정교하게 작성하는 것이다. 이 모든 단어들이 상징적이거나 은유가 되지 않을지 모르나, 그것들 중 상당히 많은 단어들이 풍부한 의미를 함축하고 있다. 은유들처럼 우리가 단어의 의미 전체를 파악하는 것은 불가능하다. 그러므로 우리는 한 단어의 다양한 가능성과 현재 그 단어들의 관련성을 탐구해야 한다. 그와 같은 설교들은 한 단어에 초점을 맞추기 때문에 보다 정교한 상징에 대한 설교보다 어떤 점에서는 간단할 수 있다. 다른 말로 하면, 보다 정교한 은유들을 다루는 법들처럼 그러한 설교들은 한 단어에서 가능한 다양한 의미를 탐구할 수 있고 탐구해야 한다.

예를 들면, 요한복음 저자는 '거하다'('메노'라는 동사)는 단어를 선호한다. '메노'라는 단어는 설교에 다양한 가능성을 제공한다.[15] 수세기를 거친 해석의 역사를 통해서 이 단어는 요한복음이 기독교 신비주의를 조장시킨다는 논쟁에 상당한 역할을 해 왔다. 이 경우, 신자들 안에 그리스도나 하나님의 상호 내주뿐만 아니라 그리스도나 하나님 안에 신자들의 상호 내주하는 양편 사이의 개별적인 구분이 불분명해지며, 둘이나 셋이 하나가 된다는 의미로 받아들여졌다. 그것은 일반적으로 요한복음을 해석하는 나의 방식은 아니다. 특히 '거하다'는 단어가 그러하다. 그러나 이것은 상당한 역사를 가진 요한의 이해이다.

나에게 있어서 요한복음에 나오는 '거하다'는 단어는 관계를 암시한다. 아버지는 아들 안에 거하며(14 : 10), 믿는 사람들은 아들 안에 거한다(15 : 4). 관계는 하나님을 아는 열쇠이다. 우리가 사물들에 대해 관계를 갖는 방식은 우리가 아는 바에 따라 결정된다. 관계는 우리의 믿음의 핵심이다. 그리고 관계성 안에서 우리는 특별히 생명과 함께 보다 깊은 차원들을 발견한다. '거하다'는 이 동사가 의미하는 관계는 매우 친밀한 교제이며, 복음서 자체에서는 '친구'로 특징짓는다(15 : 15). 아버지와 아들, 그리고 믿는 사람들 사이의 관계의 복잡성은 사랑과 관심을 최상의 덕으로 삼는 한 공동체를 암시해 준다.

강한 의미가 있는 '거하다'는 개념은 개인적인 관계에 대한 현대적인 이해로 번역될 수 있다. 관계는 우리의 생활에 중요한 요인이며 우리가 누구인지를 규정하기까지 한다. 그래서 우리의 창조자와 우리를 교제하게 하려는 하나님의 노력은 생활을 변화시키는 새로운 관계의 방식과 비교된다고 볼 수 있다. 결혼, 친구, 부모와 자식의 관계 이 모두는 우리의

---

15. Brown, *Gospel according to St. John*, pp. 510 – 512.

개인적인 관계를 형성하는 방식들이다.

다른 예는 '세상'(코스모스)이라는 단어이다. 이 경우에 세상이라는 단어의 은유적인 차원은 우리가 '거하다'는 단어에서 찾아볼 수 있는 것보다는 약하다. 이는 이 단어가 여전히 때때로 상징적인 의미를 암시하는 한 방식으로 사용된다는 뜻이다. 제사복음서 저자는 자주 악과 불신앙의 영역을 가리키는 부정적인 의미로 이 단어를 사용한다. 세상은 그리스도를 미워하며, 믿는 사람들을 미워한다(15 : 18). 그리고 요한복음은 때때로 우주적 양극성(혹은 이원론)의 개념의 부분으로 코스모스라는 단어를 사용하기도 한다. 이 경우에 세상은 긍정적인 신적인 차원과 대립되는 다른 부정적인 영역을 대표한다.[16)]

다른 한편, 하나님이 '세상을 이처럼 사랑하사' 이 세상을 구원하기 위해 독생자를 보내신다. 더군다나 하나님이 세상에 아들을 보내신 것처럼 믿는 사람들은 세상에 보내진다(17 : 18, 20 : 21). 제사복음서의 다양한 문맥에서 이 한 단어를 조사함으로 우리는 선교신학의 본질적인 요인을 발견한다. 기독교공동체는 악의 영역 내에 살아가며, 하나님과의 왜곡된 관계의 차원에서 살아간다. 그러나 세상으로부터 구별되어진다. 반면 교회는 세상에 선교를 해야 한다. 피조물을 향한 하나님의 사랑에 충동을 받아 우리는 복음서의 메시지를 가지고 세상에서 사역하도록 초청받는다.[17)]

### 3) 설교의 예

아래의 설교는 요한복음 14 : 1~14을 중심으로 한 설교이다. 이 본문

---

16. On Johannine dualism, Kysar, *John, the Maverick Gospel*, rev. ed.(Louisville : Westminster John Knox, 1993), pp. 60－67을 보라.
17. 20 : 19－23에 대한 나의 논의는 *John*, ACNT(Minneapolis : Augsburg, 1986), pp. 302－305을 보라.

은 부활절 다섯 번째 주일 A를 위해 주어진 일과이다. 이 구절은 또한 장례식 때 주로 사용되는 본문이기도 하다. 그러나 나는 부활절 기간 동안 회중들을 위해 이 본문을 중심으로 설교를 준비했다. 이 설교는 예수님의 말씀 중에 있는 '거처'라는 단어가 의미하는 바를 살펴보고자 시도했다. 나는 이 설교를 한 단어에 초점을 둔 설교의 한 모범으로 그리고 보다 정확히 말하면 요한복음에서 자주 사용하는 단어들 중 하나에 초점을 둔 설교의 예로 제시하고자 한다. 이 설교는 또한 설교자들이 그들의 회중에게 가족의 중요성을 깨뜨리지 않고 한 본문의 원래적인 언어를 소개하는 방식에 관한 한 예이다. 나의 경험에 의하면, 평신도들은 고유의 언어가 분명하고, 간단하고, 적절할 때 그 언어의 설명에 늘 매혹된다.

우리에게 친숙한 단어들이 있다. 오늘의 요한복음 일과는 우리가 장례식에서 자주 읽고 듣는 구절이다. 그 상황에서 이 구절은 숨을 거둔 사랑했던 자가 하나님과 함께 안식을 누린다는 확신과 위로를 준다. 다른 의미에서 보면, 예수님의 말씀은 상당히 이해하기 힘들다.

처음 세 구절들을 다시 들어 보자.

"너희는 마음에 근심하지 말라 하나님을 믿으니 또 나를 믿으라 내 아버지 집에 거할 곳이 많도다 그렇지 않으면 너희에게 일렀으리라 내가 너희를 위하여 거처를 예비하러 가노니 가서 너희를 위하여 거처를 예비하면 내가 다시 와서 너희를 내게로 영접하여 나 있는 곳에 너희도 있게 하리라."

이 무슨 이상한 약속인가! 우리는 종종 예수님이 이 세상 너머에 특정한 한 장소를 우리에게 약속하고 계신다고 생각한다. 이는 마치 하나님이 하늘의 영역에 엄청나게 큰 공동주택을 가지고 계시며, 우리를 위해 준비되어 있는 예약된 방이 있는 것처럼 들린다. 예수님은 하나님이 많은 방들이 있는 한 '집'을 가지고 계신다고 말씀하신다. 그리고 예수님은 '우리를 위한 장소'를 준비하신다고 말씀한다. 우리들 중에서 한 장소가 아닌 다른 것으로 하늘을 생각해 왔었던 사람들은 이 구절로부터 많은 도움을 얻지 못한다. 그들의 생각은 이것과 상당한 차이가 난다. 이 구절은 우리가 하늘에 대해서 가졌던 어린아이와 같은 이미지를 확증해 주는 것처럼 보인다. 이 세상 너머 위의 영역에 있는 한 장소이다. 즉, 이 세상에서 우리가 생활하는 중에 가졌던 곳과 거의 같은 거주하는 곳, 하나님의 집, 집안에 있는 한 방이라고 하겠다.

이 구절에서 보다 당황스럽게 하는 것은 예수님이 사용하신 '처소'라는 단어이다. 이 단어는 요한복음에서 중요한 단어 중에 하나로 특별한 형태를 가진다. '처소'라고 번역된 이 단어는 헬라어로 모나이(monai)이다. 요한은 이 단어를 사용한 유일한 신약성서의 저자이며, 요한복음에 이 단어가 두 번 나온다.

두 번째 경우, 이 단어가 요한복음에 나오는데 다르게 번역되어 있다. 영어 번역자들은 '거처' 대신에 '주거지'라는 의미를 선택해 왔다. 요한복음 14장에서 후에 나오는 그 구절에 귀를 기울여 보자. 제자들의 질문에 예수님은 대답하여 말씀하신다. "나를 사랑하면 내 말을 지키리니 내 아버지께서 그를 사랑하실 것이요 우리가 그에게 가서 거처를 그와 함께하리라." 이 구절은 우리에게 많은 도움을 주지 못한다. 거처는 거주할 장소로서 방이 될 수도 있다. 그 방이 우리의 집이 될 것이다. 우리는 이제 예수님이 약속하신 하늘에 있는 방을 가진다. 다시금 우리에게 평안함을 주는 말씀들이다. 그러나 여전히 이런 말씀들은 하늘에 대한 보다 물리적인 생각과 그곳에 있는 우리의 장소를 암시한다.

당신이 이 단어를 '거처'로 번역하든지 아니면 '주거지'로 번역하든지 이 단어에 관해 설명할 여지는 아직 남아 있다. 이 단어는 대부분 '거하다'나 '머물다'(menō)로 번역되는 동사와 관계가 있다. 때때로 요한복음에서 이 단어의 의미는 물리적으로 특정한 곳에 머무는 것을 의미한다. 곧 특정한 곳에 사는 것이다. 예를 들면, 예수님은 우물가에서 한 여인을 만나신 후에 사마리아 동네에 한동안 '머물러' 계셨다고 진술할 때 이 단어를 사용한다.

예수님은 하나님과 우리의 관계 그리고 그리스도와 우리의 관계에 대해 말씀하시기 위해 이 단어를 반복해서 사용하신다. 하나님은 그리스도 안에 거하신다. 그리고 그리스도는 하나님 안에 거하신다. 그리스도는 우리의 생활 가운데 거하시며, 우리는 그리스도 안에 거한다. 우리는 그리스도의 말씀과 그리스도의 사랑 안에 거해야 한다. 마지막으로 예수님은 성령이 우리 안에 거하게 될 것이라고 약속하신다. '거하다'는 서로에 대해 관계를 자주 갖게 되는 것을 의미한다. 즉, 다른 사람과 관계를 가진다는 의미이다. 이 단어는 때때로 물리적인 장소와는 전혀 관련이 없으며, 전적으로 개인적인 관계를 뜻하기도 한다.

우리 중 대다수는 하나님이 우리와 함께 거하시고 우리 안에 거하신다는 말씀이 의미하는 바를 알고 있다. 나는 잇따른 비극으로 인하여 마음의 문을 닫고 생활을 해 왔던 한 사람을 방문했다. 그녀의 아이들은 모두 죽었고, 반면 그녀는 여전히 살아 있었다. 그녀의 남편은 뇌졸중으로 고생하다가 몇 년 전에 죽었다. 그녀는 경제적으로 심한 곤란을 겪었으며, 사회보호단체로부터 지원받아 생계를 지탱하고 있었다. 나는 그녀에게 물었다. "어떻게 당신은 어려움 중에도 살아갈 수 있습니까?" 그녀는 간단히 대답했다. "저는 혼자가 아닙니다. 하나님이 항상 나와 함께하십니다!"

이 여인은 하나님과 함께 거한다는 의미를 알고 있다. 그녀는 이 단어가 암시하는 관계에 대해 알고 있다. 그렇다. 예수님이 말씀하신 거처는 반드시 한 장소가 되어야 하는 것은 아니다. 관계를 뜻할 수도 있다. '거처'로 번역된 이 단어는 가능성을 의미할 수도 있고, 기회를 의미할 수도 있다. "내가 너희를 위하여 거처를 예비하러 간다."는 "내가 너희를 위하여 기회를 준비하러 간다."를 의미할 수도 있는 것이다.

이 구절은 두 세계에 사는 것에 대해 말하고 있는 것 같다. 한편으로는 그리스도 안에서 죽었던 사랑하는 자들의 생활에 관하여 말하고 있으며, 다른 편에서는 이 세상에서 지금 여기에서의 생활에 관해 무엇인가를 말한다. 그리스도는 우리가 이제 하나님과 친밀한 관계를 맺고 살도록 하기 위한 기회를 준비하러 가셨다. 우리의 '거하는 장소'는 지금 그리고 무덤을 넘어서 하나님의 현존 안에 있다. 그렇다면 이 구절은 현재의 생활과 죽음 이후의 삶 모두를 의미하는가?

그러나 기억하라. 여기서 '거처'로 번역된 이 단어는 다른 곳에서는 '집'으로 번역되었다. 그리고 이 단어는 헬라어로 거처와 집 모두를 의미할 수 있다. 그리스도는 우리에게 한 거처를 약속하셨다. 우리가 안락하고 평화롭게 생활할 수 있는 관계이다. 그렇다면 '거처'라는 단어가 당신에게 생각나게 하는 것은 무엇인가? 안전한 곳? 편안한 장소? 휴식과 느긋함이 있는 장소? 아마도 그리스도가 '거처'라는 단어를 사용하심으로 염두에 두신 것은 이 모든 의미들을 포함할 수 있을 것이다.

나의 아내 미르나와 나는 집에서 매우 즐겁게 지낸다. 우리에게 이곳은 안식과 휴식을 제공하는 공간이다. 우리는 또한 여행을 즐긴다. 반면  하루의 여행이 끝났을 때 우리가 머무를 장소를 마련하지 않고 길을 나선다면 그 사실이 우리를 성가시게 할 것이다. 우리는 우리를 위해 예약된 방이 있기를 원한다. 방의 예약은 우리를 보다 평안하게 한다. 방의 예약은 우리의 여행에 부담을 덜어 준다. 이것은 우리를 기다리는 임시적인 방을 준비하는 것과 같다. 예약을 하지 못했을 때 우리는 머무를 장소를 찾기 위해 이 모텔에서 저 모텔로 찾아다니는 모습을 상상하게 된다.

그리스도는 우리에게 인생의 여정의 끝을 위해 예약된 곳을 약속하신다. 그 예약은 여행 자체의 한 부분이다. 하나님과 그리스도는 지금 이 세상에서의 생활에서 우리의 여행 동반자이시다. 그러나 하나님과 우리의 관계는 장소와 시간을 문제 삼지 않는다. 이것이 그리스도의 약속이다. 하나님께 감사하라.

# 4장 말씀들과 이야기들

## 요한복음의 강화들과 내러티브들

이전 장에서 논의했던 요한복음의 상징주의로부터 분명해신 사실은 내러티브들과 담화 모두가 상징적으로 될 수 있다는 점이다. 예를 들면 요한복음의 '성전정화'에 관한 이야기(2 : 13 – 22)는 "성전을 일으키리라."는 예수님의 말씀(19절)과 화자의 설명(21절)에 비추어 볼 때 분명히 상징적이다. 요한의 내러티브와 강화 자료들은 상징주의의 가능성을 공유한다. 그러나 요한복음의 이들 두 문학적인 형식 사이에는 여전히 다른 중요한 관련성이 있다.

우리의 목적은 내러티브와 강화 사이의 구분을 분명히 하고자 함이다. 물론 내러티브에 있어서 이야기를 하는 화자의 목소리는 두드러진다. 비록 내러티브가 예수님의 말씀과 다른 등장인물들의 말들(2 : 13 – 22 참고)을 포함하고 있지만 말이다. 우리가 강화의 부분들이라고 부르는 곳에서 비록 화자와 다른 등장인물들이 말하고 있지만, 예수님의 목소리가 현저하다. 예를 들면, 6장의 긴 생명의 떡 강화에서 주된 말씀들은 예수님께 돌려진다. 비록 다른 등장인물들도 중요한 역할을 하고(28, 41b-42, 52b절) 화자가 해석으로 방향을 제시하지만 말이다. 내러티브와 강화는 때때로 함께 얽혀져 있어서 몇몇 구절들을 강화나 내러티브라고 부르게 되는 잘못을 범할 수도 있다(9 : 1-7 참고).

이 장은 우리를 세 가지 관심사로 인도할 것이다. 첫째, 우리는 요한복음의 강화들과 고별강화의 장들(14-17장)에 대한 몇 가지 특별한 관심을 포함하여 어떻게 강화들을 해석할지에 대해 논의할 것이다. 둘째, 이 장에서는 내러티브 자료들의 특징들에 대해 탐구하고자 한다. 내러티브와 강화에 관한 부분 모두에서 설교하는 데 어려움을 주는 이 두 문학적인 형태들 각각의 문제점들을 간단히 요약함으로 시작하고자 한다. 이 장의 결론에서 우리의 관심은 요한복음에 나오는 복잡하지만 매력 있는 강화와 내러티브 사이의 관계에 관심을 기울일 것이다. 일반적으로 우리는 설교자를 위해 이 관련 자료들을 분리하고자 노력할 것이며, 세 가지 설교적 예들을 제공할 것이다.

## 1. 요한복음의 강화

많은 설교자들은 대부분의 경우 요한복음의 내러티브들에 관한 설교가 요한복음에 포함되어 있는 논쟁들(discussions)이나 담화들(speeches)에 관한 설교보다 쉽다고 말하곤 했다. 그리고 나는 진심으로 그러한 판단에 동의하곤 했다. 어느 면에서 내러티브들은 상당히 단순하다. 많은 경우에 내러티브들은 상징적으로 보인 경우를 제외하고는 명료하다. 그러나 강화들은 내러티브보다 훨씬 애매모호하다. 간단히 설명하자면, 내러티브적 자료는 일반적으로 자연스러운 순차적인 논리로 이어지는 반면, 강화들은 논리와는 무관한 상태로 구성된 것처럼 보인다.

### 1) 강화의 문제점

아래의 구절을 큰 소리로 읽어 보라.

> 예수께서 외쳐 이르시되 나를 믿는 자는 나를 믿는 것이 아니요 나를 보내신 이를 믿는 것이며 나를 보는 자는 나를 보내신 이를 보는 것이니라 나는 빛으로 세상에 왔나니 무릇 나를 믿는 자로 어둠에 거하지 않게 하려 함이로라 사람이 내 말을 듣고 지키지 아니할지라도 내가 그를 심판하지 아니하노라 내가 온 것은 세상을 심판하려 함이 아니요 세상을 구원하려 함이로라 나를 저버리고 내 말을 받지 아니하는 자를 심판할 이가 있으니 곧 내가 한 그 말이 마지막 날에 그를 심판하리라 내가 내 자의로 말한 것이 아니요 나를 보내신 아버지께서 내가 말할 것과 이를 것을 친히 명령하여 주셨으니 나는 그의 명령이 영생인 줄 아노라 그러므로 내가 이르는 것은 내 아버지께서 내게 말씀하신 그대로니라 하시니라(요 12 : 44-50).

얼마나 정밀하고 암시적인 언어인가! 독자는 예수님이 하신 말씀을 이해하기 위해서 요한복음의 주요개념에 익숙해질 필요가 있다. 비록 그 의미가 완전히 분명하지는 않지만 말이다. 내가 요한복음을 가르칠 때 이 구절을 해석하도록 과제로 주고, 학생들에게 여기에 예시된 주요주제들을 나누어서 논하도록 했다. 그러나 담화의 흐름에 주의하도록 하라! 그 한 가지 방법은 담화에서 논리적인 움직임과 같이 무언가를 확인하도록 강조하는 것이다. 이것이 전 복음서의 구성에서 핵심적인 담화에 해당된다고 할지라도 당신이 개정판 공동성서일과(Revised Common Lectionary)에서 이 구절을 찾지 못하는 이유가 될 수 있을 것이다.

이 예는 제사복음서에 있는 예수님의 강화의 특성에 대한 하나의 보기에 불과하다. 그리고 다른 많은 예들이 해석자가 다루어야 할 바를 예시하기 위해 주어질 수 있다. 요한복음에 나오는 강화들은 우리가 서론에서 언급한 것처럼 공관복음의 강화들과는 분명한 차이가 있다. 요한복음의 예수님의 담화들은 보다 길 뿐만 아니라 보다 복잡하고 이해하기 어렵기까지 하다. 우리가 이제까지 말해 왔던 오해의 동기 실례들은 우리를 놀라게 하지 않는다. 왜냐하면 요한복음의 등장인물들처럼 독자들은 요한복음의 예수님에 대해 이해하기 어려우며, 내러티브에서 등장인물들이 행했던 것처럼 예수님을 오해하기 쉽다는 사실을 알기 때문이다. 이렇게 길고 복잡한 담화들로부터 우리는 무엇을 얻을 수 있을까?

### 2) 요한복음 강화의 스타일

강화의 구조는 요한복음 연구에 있어서 가장 고전적인 문제 중에 하나이며, 쉽게 설명되지 않는다. 일반적으로 강화를 읽을 때 우리는 빈번히 일종의 논리적인 구조를 발견하고 인식하게 된다. 우리가 좋은 설교를 읽고 있다고 가정하자. 주의를 기울이면 분명한 구조나 발전의 방향을 구분해 낼 수 있는 기회가 주어진다. 때때로 이런 발전은 논리적이라기보다는 말씨나 감정의 여하에 달려 있다. 그러나 그 설교의 구성 부분들에 흐르는 움직임은 우리에게 일종의 판단력을 갖게 한다. 우리는 TV에서 듣거나 보는 것과 동일한 담화를 기대한다.

요한복음에 나오는 많은 강화 자료 중 우리를 당황하게 하는 것은 바로 이런 식별할 수 있는 구조나 움직임이다. 이 장의 시작 부분에서 인용한 구절(12 : 44 - 50)은 그 좋은 실례이다. 담화의 분리된 부분들 사이의 연결점을 찾으려는 노력은 대부분 무의미하다. 왜 예수님은 이 일을 말씀하신 후에 저 일에 대해 말씀하시는가?

이 특별한 구절에서 걸림돌이 되는 몇몇 부분을 인용하기 위해 46절에 빛의 이미지를 소개한 이유는 무엇인가? 이 이미지와 예수님을 믿는 것과는 어떤 연관성이 있는가? 이 담화에서 '어둠'이 심판의 말씀을 불러일으키는가?(47 - 48절) 49절에 있는 아버지로부터 온 '명령'으로 예수님을 이끄는 논리는 무엇인가? 예수님이 말씀하신 '명령'은 어떠한 형태로 되어 있는가? '영생'에 대한 그 명령은 어떠한가? 만약에 이 말씀의 순서에 의해 하나의 구조를 형성해야 한다면, 우리는 이 구절 안에서 우리 자신의 구조로 이 구절을 읽지 않았다고 주장하기가 매우 어렵게 된다. 또한 요한복음의 강화의 예는 개별적인 단어들과 구문들의 사용이 담화에 있는 한 패턴의 식별을 얼마나 복잡하게 하는지 암시해 주고 있다. '심판'(judgement)이라는 단어는 이곳에서 그러한 실례 중에 하나이다.

지금까지 강화 구절의 흐름을 이해하는 다양한 방식이 제안되어 왔다. 물론, 우리는 무엇보다도 먼저 이 담화들에 구조나 형태가 없을 가능성을 고려해야 한다. 요한복음의 저자는 예수님의 전승적인 말씀들의 단편들을 결합시키며 확장시키고, 우리가 논리라고 부르는 것과 같은 일련의 사항에 대해 고려하지 않고 그 단편들을 연결시켰다. 이 견해는 논리적인 논쟁이 이 저자의 최우선적인 관심사항이 아님을 드러낸다. 그런데도 우리는 어리석게도 요한복음의 구절들에 논리성을 부여하려고 노력한다. 만약에 그렇다면, 강화를 진행시키는 다른 방법이 있는가?

신약성서의 구절들이 단어 연결(word association)에 근거하여 서술되고 있다는 사실을 발견하기란 어렵지 않다. 한 단어는 다른 단어에 대해 깊이 생각하게 한다. 단어 연결은 때로는 두세 단어들의 내용이나 의미를 토대로 적용되기도 한다. 그것은 12장에서 심판을 빛과 어둠의 관계와 연결시키는 경우이다. 단어들 사이의 연결은 단어들의 발음이나 철자에서도 일어날 수도 있다. 그 하나의 실례를 생명의 떡에 대한 강화에서 찾아볼 수 있다. 6 : 62에서 갑자기 예수님이 인자의 '들어 올려짐'(동사형, anabainō)에 관하여 이야기하실 때 '하강한다' 혹은 '내려온다'(katabainō)라는 단어가 6 : 33~58에서 반복적으로 나타난다. 두 단어의 마지막 발음 바이노(bainō)에 주의하라. 이것이 강화의 이 부분에 있어서 통일성과 극적인 반전을 형성한다.

또한 하나의 단어가 우리에게 긴 담화를 함께 이어 맞추게 한다(6 : 33-58, came down 참고). 그 분명한 예는 16 : 1~15에서 찾아볼 수 있는데, 이 강화는 1, 3, 4절에 두 번 그리고 6, 12, 13, 15절에 나오는 '이 일들'(tauta and ta), '많은'(polla), 그리고 '모든'(panta)이라는 단어들로 짜여져 구성되어 있다. 이 통일성은 순수하게 언어적이다. 왜냐하면 '이 일들'이라는 단어가 다른 무언가를 언급하기 때문이다. 예를 들면, 1절에서 '이것들은' 예수님이 제자들에게 말씀하시는 것을 가리킨다. 그리고 3절에서는 제자들을 향한 다른 사람들의 행동들에 대한 언급이다. 또한 헬라어 단어인 '잠시'(mikron)라는 단어가 16 : 16~19에 빈번히 등장하는데, 이 단어는 이 구절들을 함께 연결시킨다. 그리고는 20절에서 갑작스럽게 '진실로, 진실로'(truly, truly)라는 선언으로 끝나는 것에 유념하라(14 : 10-12에서는 '일'과 '일들'이라는 단어에 의해 연결된다).

이것은 요한복음의 강화에서 단어의 연결이 어떻게 구조를 형성하는지 또 단어 연결에 관한 인식이 그 구조를 인지할 수 있는 한 방법이 되는지에 대한 간단한 몇 개의 주장들일 뿐이다. 이에 대한 다른 방법은 이런 강화들을 직선적인 논쟁으로 보지 않고 나선형적으로 검토하는 것이다. 사실, 이러한 제안은 상당히 오래된 방법이지만 여전히 수용되고 있다. 이 제안은 본질적으로 진술의 순환적인 형태를 논증하기 위해서 한 구절 안에 있는 반복된 단어들과 구문들에 의존한다. 이는 당신이 요한복음을 읽어서 아는 것처럼 상당히 쉬운 방법이다. 그러나 만약 순환성이 형성된다면, 보다 큰 어려움은 한 번 나온 단어나 절에서 그 후에 나오는 것까지 사상적인 발전을 발견하는 데 있다.

5 : 19~30의 담화(speech)를 예로 들어 보겠다. 먼저 우리는 이 구절들 안에서 아버지-아들(19-23, 26절)과 같은 반복된 표현들을 확인할 수 있다. 이 둘 사이의 관계는 보는 것과 보여 주는 것(19-20절)에서부터 주는 것(21-27절), 공경하는 것(23-24절), 그리고 마지막으로 듣는 것

(24-28절)으로 진행된다. 이러한 점들을 염두에 두면서 담화 안에서 발생하는 이 과정에 주목해야 한다. 이 아버지-아들 주제는 30절에서 '나를 보내신 이'라는 말씀으로 끝을 맺는다. 28절에서 생명을 주는 것은 부활로 이끌고 그리고 심판(24절)은 그리스도의 심판(30절)으로 이끈다.

두 번째 예는 단어 연결과 순환의 조합을 보여 준다. 17 : 6~19에서 6~14절은 '준다'라는 단어에 의해서 연결된 것 같다. 그러나 '세상'이라는 단어는 '준다'는 단어와 함께 나오기 시작한다(9, 11, 13절). 다음으로 15~19절에서 그 문장들은 '세상'이라는 단어로 연결되어 있다. 이 경우에 일종의 순환적 효과가 명확하지만 그러나 한 강화의 진행을 탐지하는 다른 방법에 대한 보다 분명한 증거가 있다. 이 구절에서 흐름은 일반적인 논리에 의해서보다는 단어들 사이의 연결에 의해서 이어진다. 우리는 순환적인 연속성이 있든지 없든지 간에 논리가 아닌 사상들과 개념들의 연관성을 찾아야 할 것이다.

교차대칭구조(Chiasm)는 요한복음 담화들에서 구조를 분리하기 위해 사용된 또다른 문학적 형태이다. 이 형태의 명칭은 담화나 내러티브 구조가 헬라어 문자 '키'(chi, 역자 주 : 12번째인 X)와 상당히 유사하다는 주장에서 나왔다. 엘리스(Peter F. Ellis)는 5 : 19~30이 교차대칭적 평행을 형성한다고 주장한다. 그는 이 같은 방식으로 이 구절들을 요약했다.

(a) 아들은 자신의 의도대로는 아무것도 할 수 없다(5 : 19-23).
(b) 죽은 자들이 하나님의 아들의 음성을 들을 때가 온다(5 : 24-25).
(c) 아버지는 아들에게 심판하는 권한을 준다(5 : 26-27).
(b') 무덤 속에 있는 자가 다 그의 음성을 들을 때가 온다(5 : 28-29).
(a') 나는 나 자신의 권한으로 아무것도 할 수 없다(5 : 30).[1]

---

1. Peter F. Ellis, *The Genius of John : A Composition-Critical Commentary on the Fourth Gospel*(Collegeville, Minn. : Liturgical, 1984), p. 90. 엘리스(Ellis)는 요한복음이 전체적으로 교차대칭구조로 형성되었다고 주장한다. 그래

이 분석에 따르면, 이 강화는 두 단계(a 와 b)를 통하여 전환점이요, 가장 중요한 점(c)으로 진행되고 있다. 다음으로 이 강화는 처음 두 단계(b' 와 a')를 통해 그 흐름으로 되돌아간다.

브라운(Raymond Brown)은 15 : 7~17에서 교차대칭 형태를 제안한다. 이 구조를 요약하기 위해서 브라운은 7~10절과 12~17절에 있는 진술들 사이에 한 평행에 주목한다. 예를 들면, 전체 구절은 '내 말이 너희 안에 거하면'으로 시작하고, '내가 이것을 너희에게 명함은'으로 끝맺는다. 그리고 브라운은 '말'과 '명하다'는 단어의 평행에 주목한다. 다른 평행구들은 7절과 16절의 '구하라', 8절과 16절의 '열매를 맺으면', 9절과 15절의 '아버지'와 '사랑한 것과 사랑받는 것', 10절과 12~14절의 '계명'과 '계명들'에서 찾아볼 수 있다. 브라운의 분석에 의하면 교차대칭법의 중심점은 11절이다. "내가 이것을 너희에게 이름은 내 기쁨이 너희 안에 있어 너희 기쁨을 충만하게 하려 함이라."[2)]

한 강화 구절의 문체를 다루는 그와 같은 모든 제안들은 위험성을 내포하고 있다. 내가 그러한 것처럼 각각의 경우에 우리는 문장의 형태 안에서 찾고자 원하는 것을 찾는 잘못을 하기 쉽다. 그럼에도 불구하고 우리가 논의한 구조의 부재, 단어 연결, 순환구조, 교차대구법은 가치가 있다. 이들 중에 하나가 나타나는 다른 강화들이 당연히 있을 수 있다. 게다가 이는 또한 구조에 대한 우리의 필요가 한 구절 내에서 이러한 구조들 중에 하나를 발견하도록 강요할 수도 있다. 혹시 제사복음서 저자

---

서 그는 더 큰 교차대칭구조(13-16장) 내에 있는 교차병행구조로 되어 있다고 한다. 예수님과 사마리아 여인의 대화의 교차대칭적 분석에 관해서는 Charles H. Talbert, *Reading John : A Literary and Theological Commentary on the Fourth Gospel and the Johannine Epistles*(New York : Crossroad, 1992), p. 120을 보라.

2. Raymond E. Brown, *The Gospel of John*(13-21), AB 29A(Garden City : Doubleday, 1970), p. 667.

는 구조에 많은 관심을 두지 않았으며, 이런 강화들은 예수님의 말씀들과 그 말씀들에 대한 교회의 해석을 이것저것 주워 모은 것일까? 구조에 대한 우리의 필요가 본문 자체를 넘어서지 않도록 조심해야 한다고 설교자들에게 경고하고 싶다.

이런 경고에 비추어서 위에 기술된 분석들은 그 단순함 때문에 더 나을 수는 있으나 정교함이 부족하다는 조심스러운 의견에 관심을 가져 보자. 나는 이 접근을 '의식의 흐름'(stream of consciousness)이라고 부르는데, 문학에서는 특별한 방향성을 갖지 않고 뒹구는 사상과 감정의 자유로운 흐름을 가리킨다. 당신은 의식의 흐름을 분석하지 말라. 차라리 당신은 그 의식 속에 들어가서 그것이 당신을 이끌도록 허용하라. 흐름을 따라가라. 만약 당신이 담화를 의식의 흐름이라는 관점에서 보고자 한다면, 그 담화를 큰 소리로 읽으라고 제안하고 싶다(가능하다면 헬라어로). 단어들은 다음 단어들로 쉽게 넘어갈 수 있도록 해 준다. 우리의 비판능력을 괄호로 묶어 둠으로 우리가 할 수 있는 최선을 다해서, 잠시 동안 비판 능력들을 정지하게 된 것이다. 우리는 그렇게 하지 않았다면 우리로부터 벗어났을 담화 속의 의미를 발견하게 되었을 것이다. 이 제안은 학문적이지는 않지만, 그렇게 하면 그 구절에 이런저런 구조의 부과 없이 그 구절 스스로 말하도록 허용하게 된다.

어떤 학자들은 우리가 '의식의 흐름'이라고 부르는 강화의 특징을 그 구절들의 시적 특성이라고 주장한다. 대부분의 사람들은 그 강화들에서 요한이 글을 쓰는 스타일이 산문적이라기보다는 시적임을 발견한다. 이 시적 특성은 히브리 시의 고전적 특성인 평행구의 사용에서 두드러진다.[3] 그와 같은 평행구의 예들은 3 : 11, 16, 그리고 20~21절에서 찾을 수 있다. 혹자는 요한복음 강화들에 셈족 자료가 사용되었다고 주장해

---

3. James Limburg, "Psalms, Book of," in *ABD* 5(1992) : pp. 528 - 530을 보라.

왔다. 그러나 그 주장은 증거를 너무 확대 해석한 것이다. 나는 아주 간단하게 강화들은 여러 면에서 산문을 읽는다기보다는 차라리 시를 읽는 것과 같다고 말하고 싶다.

### 3) 고별강화

강화들의 문체 속에 있는 설교학적인 암시들을 말하기 전에 우리는 14~17장 안에 있는 강화 자료들의 특별한 부분을 고려할 시간을 가져야 한다. 만일 개정판 공동성서일과에서 그 자료들이 현저히 드러나는 것 외에 다른 이유가 없다고 한다면 말이다. 이 책의 6장에서는 이 단락으로부터 발췌된 성서일과에 있는 구절들을 다룬다. 그리고 이제 이 장들에 있는 강화 자료들의 특성에 우리의 근본적인 관심을 두고자 한다. 이 장들은 전통적으로 '고별강화'라고 불려졌는데 그 이유는 예수님의 죽음과 부활을 위해서 제자들(이 경우에 그들이 누구든지)을 준비시키는 가르침들에 대한 예수님의 특별한 관심 때문이다. 그래서 예수님의 '떠남'(13 : 1) 혹은 그의 '가심'(14 : 28, 16 : 7)의 주제가 박해 중에서도 제자들이 보인 충성의 주제(16 : 1-4 참고)와 더불어 이 장에서 빈번히 나온다.

다드(C. H. Dodd)는 고별강화의 구조를 다음과 같이 분석한다. 첫째로 '드라마 장면의 시작'(13 : 1-30), 둘째로 '그리스도의 떠나심과 다시 오심에 대한 대화'(13 : 31-14 : 31), 셋째로 '그리스도와 그의 교회에 대한 강화'(15 : 1-16 : 33), 넷째로 '그리스도의 기도'(17 : 1-26)로 구조를 나누었다.[4]

대다수의 사람들은 이 강화들의 장르는 한 지도자가 그의 제자들에게

---

4. C. H. Dodd, *The Interpretation of the Fourth Gospel*(Cambridge : Cambridge Univ. Press, 1963), pp. 401-420. 이 장들의 구조에 대한 다른 제안들에 관해서는 Fernando F. Segovia, *The Farewell of the Word : The Johannine Call to Abide*(Minneapolis : Fortress Press, 1991)을 보라.

주는 최후의 교훈을 기술하는, 다른 문학작품에서도 찾아볼 수 있는 표준적인 양식이라고 주장해 왔다.[5] 요한복음 13장은 때로는 고별강화에 포함되기도 하고, 때로는 고별강화들의 서론으로 여겨지기도 한다. 어느 쪽이든지 요한복음 13장이 자신의 제자들에 대한 예수님의 마지막 가르침을 모아 놓은 것만은 확실하다.

이 장들은 예수님의 어록들과 그 말씀들의 해석에 대한 세 개의 분리된 자료들의 편집물로 생각되어 왔다.[6] 예를 들면, 요한복음 14 : 1~31은 '상실과 회복'에 초점을 맞추고, 15 : 1~16 : 4a는 '그리스도와의 친밀함과 세상에 대한 적대감'에 초점을 맞춘다. 그리고 16 : 4b~33은 '고난과 확신'에 초점을 둔다.[7] 가장 중요한 것은 이 강화들 안에 많은 반복들이 있다는 점에 주목해야 한다는 사실이다. 예를 들면, 하나님께 간구하는 권한에 대한 언급이 다섯 번 정도 발견되고(14 : 13-14, 15 : 7, 16b, 16 : 23-24, 26), 예수님은 제자들의 기쁨에 관하여 적어도 세 번 말씀하신다(14 : 28, 15 : 11, 16 : 20-24).[8] 설교자들은 각각의 구절을 인접한 문맥과 연관지어야 한다. 그리고 또한 고별강화 안의 다른 곳에 있는 유사한 구절들을 조사하고 비교해 보아야 한다.

---

5. 고별강화와 병행되는 작품들의 예는 Talbert, *Reading John*, pp. 200-202을 보라.
6. 요한복음에 있는 예수님의 말씀이 실제로 역사적인 예수로부터 왔는지 아니면 초기 기독교 전통에 그 뿌리를 두었는지 그리고 그것들이 살아 계신 그리스도의 말씀들에 대한 복음서 저자의 해석인지를 밝히는 작업은 사실상 불가능하다. 그러나 나는 설교적인 이유에서 확대되어지고 정교화되고 발전된 전승적인 말씀들의 자취가 있음을 확신한다. 설교자들에게 이러한 구분을 하도록 짐을 지울 이유는 거의 없다. 이 질문에 대한 보다 보수적인 진술에 관해서는 Barnabas Lindars, *The Gospel of John*, NCB(London : Oliphants, 1972), pp. 54-56을 보라.
7. Kysar, *John*, ACNT(Minneapolis : Augsburg, 1986), pp. 219-254.
8. 세 강화들 각각의 다른 유사성과 독특한 주제들에 관해서는 Kysar, *John*, p. 235을 보라.

복음서 저자의 관점에서 볼 때 이 구절들은 예수님의 부활 이후에 교회에서 선포되었다. 그런 다음 그 자체로 이 말씀들은 우리와 우리 시대의 교회에 전해진다. 강화들의 주제는 현시대의 교회와 쉽게 연결된다. 예를 들면, 요한복음 15 : 18~16 : 4a 같은 구절에서 현저히 나타나는 세상과의 적대감의 주제는 대중문화와 점점 더 화합하지 못하게 되는 우리 스스로를 발견하는 데 중요한 역할을 한다. 고별강화는 오늘날 교회를 문화에 과도하게 동화되는 것으로부터 보호하기 위한 탁월한 자료라고 생각한다.

요한복음 17장은 특별한 관심이 요구된다. 왜냐하면 13~16장과 상당히 차이가 있기 때문이다. 기도문은 우리가 '의식의 흐름'이라고 부르는 전형적인 방식을 따르고 있으며, 예수님의 감정과 사랑으로 가득 차 있다. 요한은 예수님을 때때로 차갑고 냉소적으로 그리지만, 여기의 사랑에 관한 예수님의 말씀들은 그의 마지막 기도에 성육화되었다. 비록 예수님의 고난과 죽음에서 그것들이 구체화될 것이지만 말이다.

이 부분은 파라클레토스(보혜사)에 관해서 세세히 논의할 곳은 아니다(요 14 : 16, 26, 15 : 26, 16 : 7, 요일 2 : 1, 이 책의 6장 참고).[9] 이 시점에서 우리의 관심을 끄는 부분은 성령에 대한 해석을 확대하면서 어떻게 그 구절들이 일정한 주제들을 반복하느냐이다. 많은 예들을 들 수 있다. 먼저, 14 : 26에서 예수님은 파라클레토스가 "……너희에게 모든 것(panta)을 가르치고 내가 너희에게 말한 모든 것을 생각나게 하리라"고 약속하신다. 다음으로 16 : 13에서 예수님은 "……진리의 성령이 오시면 그가 너희를 모든 진리(alētheia pasē) 가운데로 인도하시리니"라고 선언하신다. 이 두 말씀 사이에는 분명히 관련성이 있다. 그러나 두 번째 말씀은

9. John Ashton, "Paraclete," in ABD 5(1992) : pp. 152-154 ; Brown, *Gospel of John*(pp. 13-21), pp. 1135-1144 ; 그리고 Rudolf Schnackenburg, *The Gospel according to John*, vol. 3(New York : Crossroad, 1982), pp. 138-154.

예수님의 계시를 '진리'로 정의함과 동시에, 그 약속을 좀더 미래로 두는 것 같다.

두 번째는 이 구절들을 자세히 읽으면 파라클레토스를 보낸 분의 다양함이 드러난다. 14 : 16에서 아버지는 예수님의 요청으로 파라클레토스를 보내신다. 그리고 14 : 25에서 아버지는 파라클레토스를 예수님의 '이름'으로 보내신다고 확언한다. 다음으로 15 : 26과 16 : 7에서 예수님은 그가 파라클레토스를 보낼 것이라고 말씀하신다(16 : 13－14에서는 성령을 보내신 분을 언급하지 않는다). 이 증거를 요한복음에 있는 편집자의 손길이라고 주장하기보다는 차라리 강화들이 그 자체의 모순을 가지고 완성되어 간다고 생각하라. 그리스도와 하나님은 분리된 존재이면서 동시에 동일한 존재이다. 다른 말로 하면, 기독론은 분명히 간단한 모순으로부터 나온다는 것이다.

파라클레토스가 그리스도가 '떠난' 이후 계속되는, 그리스도 안에 있는 하나님의 계시의 수단이라고 말하면 충분하다. 이 구절들에 따르면, 성령은 그 계시에 계속 다가설 수 있게 하고 계속 교회를 인도하고 가르친다. 그래서 제사복음서는 파라클레토스가 예수님의 사역의 연장임을 주장한다. 예수님은 성령이 자신의 사역을 되풀이한다고 주장하시면서 파라클레토스를 '다른 보혜사'(14 : 16)라고 말씀하신다. 결론적으로 파라클레토스는 '예수님의 변화된 자아'(Jesus' alter ego)라는 명칭으로 불려 왔다. 요한복음에서 부활하신 그리스도는 그의 제자들에게 성령을 부어 주신다(20 : 22). 그러나 성령과 부활하신 그리스도의 현존 사이의 구별은 희미해진다. 요한은 마치 그가 계속해서 교회에 도전을 주고, 교회를 이끌어 간다고 주장하는 것처럼 부활하신 그리스도의 나타나심에 대하여 결론을 이야기하지 않는다. 후대 교회는 그리스도의 현존과 성령의 현존 사이를 구별하기 위해 제사복음서가 했던 것보다 더 명확하게 선을 그었다.

### 4) 설교학적인 암시들

예수님이 그의 제자들과 함께하신 마지막 사적인 사역에 대한 묘사는 위에서 논의한 전형적인 요한복음의 강화 자료로 가득 차 있다. 우리가 설교를 위해 이 장들로부터 가져온 구절들을 연구할 때 염두에 두어야 할 두 가지 사항이 있다. 첫째, 최소한 요한복음이 제시한 그 구절들의 배경을 알아야 한다. 17장 이후에 예수님은 곧바로 체포되신다. 그리고 요한복음의 이야기의 나머지 부분들은 예수님의 수난과 부활을 기술하고 있다. 요한은 극적인 효과를 염두에 두고 이 자료를 예수님의 임박한 수난의 상황 속에 배열한다. 그 결과 설교자들은 예수님의 가르침들의 인격적인 특성을 강조할 기회를 갖는다. 예수님을 떠나보내야 할 상황에 직면한 제자들에 대한 예수님의 관심, 자신의 떠남과 십자가에 달려서 돌아가신 결과로 제자들이 경험하게 될 위기를 예견한 제자들을 위한 예수님의 준비 등을 통해서 말이다. 이로써 강화들은 그리스도인 개개인들과 공동체의 삶 가운데에서 경험하는 현재 위기들의 상황 속에서 적절하게 해석된다.

둘째, 설교자들은 앞에 있는 내용과 뒤에 나온 내용을 정확하게 연관시키려는 시도 없이 있는 그 자체로 구절들을 선택하는 데 주저하지 말아야 한다. 이렇게 말하는 나의 의도는 문맥으로부터 벗어난 해석을 하라고 권고하려는 데 있지 않다. 그보다는 이 강화들이 바로 위에서 언급했었던 보다 광범위한 문맥하에 느슨하게 결합된 단편으로 보인다는 이 간단한 사실을 인식시키고자 함이다. 예를 들면, 15 : 18~25은 15 : 12~17(사랑의 계명)과 15 : 26~27(파라클레토스 증거 중에 하나) 사이에 삽입되어 있다. 18~25절에서 세상과 제자들의 관계에 대한 예수님의 말씀들은 앞에 나온 구절이나 그 구절들에 이어 나오는 구절과 전혀 관련이 없지는 않다. 설교자는 인접한 강화들 내에서 그 구절들의 위치를 파악하고 이해하려는 필요성을 느끼지 않고도 그 구절들 자체만으로 자유롭게 설교할 수 있다고 생각한다.

셋째, 거의 모든 경우에 있어서 강화 자료들의 설교는 단어들과 구절들에 대해 설명하도록 요구하기 때문에 자주 우리와 회중들을 당황하게 한다. 물론 우리는 예수님이 보다 광범위한 여러 신학적 범주들('진리'와 같은 것) 중 몇몇에 의해서 의미하셨던 바를 전적으로 단번에 확정할 수는 없다. 그러나 만일 우리가 청중들을 이 본문들 안으로 끌어들여야만 한다면, 그 범주들 안에 있는 주요한 단어들에 대한 분명하고도 근본적인 의미를 설명해 주는 것은 우리의 당연한 의무라고 하겠다. 예를 들면, 여러 구절에서 우리는 예수님이 '세상'(요 15 : 18－27)이라는 단어에 의해 의미하고자 했던 것으로 여겨지는 바를 분명히 할 필요가 있다. 그렇다면 우리가 예로 들고 있는 강화 구절(12 : 27－36)에서 '심판', '들리는 것', '이끄는 것'은 무엇을 의미하는가? 요한복음의 설교는 왜곡시키거나 지나치게 단순화시키지 않고 합리적인 방법들을 사용하여 복잡한 단어들과 구절들을 설명하도록 부담을 준다.

내가 의도하는 바를 보여 주는 한 예로, 요한복음 17 : 6~19에 관한 설교를 생각해 볼 수 있다(부활 후 일곱 번째 주일, C를 위해 주어진 본문). 17절에 의하면, 예수님은 아버지에게 제자들을 위하여 간구하신다. "그들을 진리로 거룩하게 하옵소서 아버지의 말씀은 진리니이다." 어떻게 '거룩하게 하다'라는 단어의 의미를 명료하게 할 수 있을까?(이 책의 6장 참고). 거룩함에 관한 복잡한 교리로 청중들에게 부담을 주기보다는(요한의 의도는 아닐 것이다.) 차라리 헬라어 동사인 '구별하다'(hagiazō)는 단어의 근본 의미에 의지하는 편이 낫다. 예수님은 하나님이 제자들을 세상과 주변 문화로부터 구별해 주시기를 기도하신다. 만약 우리가 간단하게 '진리'란 본질적으로 하나님의 계시에 대한 언급이라고 진술한다면, 그리스도인들은 하나님이 참으로 그런 분이라고 이해함으로써 하나님을 예배하고, 우리의 가치를 그분으로부터 추구한다는 측면에서 사회로부터 구별될 것이다. 특별하게 달력에서 특정한 날들(7월 4일 혹은 마틴 루터 킹 기념일)을 구분하는 것같이 하나님은 신적인 사랑으로 부르신 자들을 분리시키신다. 물론 이 행위의 위험성은 단순화를 목적으로 우리가 이를 너무 단순화시키거나 어떤 경우에는 사소한 것으로 여긴다는 데 있다. 내가 설교했던 경험에 비추어 보면, 분명한 사실은 청중들(그들은 신학적인 통찰에 있어서는 상당히 순수할 것이다.)은 성서적인 사상과 주제를 이해하고자 하는 노력에 도움받고 싶어한다는 것이다. 요한의 강화 설교는 결코 쉽게 되지 않는다. 왜냐하면 요한복음의 해석이 절대 쉽지 않기 때문이다. 요한복음에서 예수님의 말씀을 깊이 있게 탐구하는 것은 여전히 우리의 기대를 뛰어넘어서 우리를 풍요로움으로 인도할 것을 약속해 준다.

## 5) 설교의 예

"특별한 평화"라고 제목이 붙은 요한복음 14 : 23~29(부활 후 여섯 번째 주일, C)에 대한 이 설교는 여러 해 전에 내가 했던 설교를 수정한 것이다. 나는 이 설교를 여기에서 요한의 강화 구절을 다룰 한 예로 제시하고자 한다. 먼저 이 설교는 보다 많은 회중들을 위해서 준비되었다. 거기에는 위를 향한 움직임의 많은 증거들이 있는 반면, 동시에 상당히 많은 불만족과 감정적인 고통이 있다. 또한 당신은 이 설교가 나의 아내 미르나와 내가 언급되어 있는 개인적인 설교임을 알게 될 것이다. 지나치지 않다면 이 설교는 내가 가치 있다고 생각하는 개인적인 이야기의 한 부분이다.

> 얼마 전에 평신도 수련회에서 나는 하나님이 인간들에게 가장 원하는 것이 무엇인지 그 그룹에게 상상해 보라고 했다. 그들이 제시한 의견들 중 가장 먼저 언급되고, 대부분을 차지한 내용은 전 세계적인 평

화, 평화와 아름다움, 평화와 고요함 등에서 보여지는 것처럼 평화였다. 어떤 사람이 그가 말하려고 했던 것은 평화였다고 나중에 나에게 한숨 쉬며 말했다.

나는 그가 우리 대부분이 가지고 있던 욕구를 표현했다고 생각했다. 나이가 들면 들수록 나는 바로 이 한 가지를 더욱 원하게 되었다. (한숨 쉬고) 그것은 바로 평화이다. 모든 다툼, 걱정들, 염려들을 버려라. 다른 사람들과의 다툼과 기계들과의 다툼을 삼가라. 나는 폭풍이 없이도 지낼 수 있다. 고요한 바다를 나에게 주라. 배를 흔들지 마라!

나는 인생에 있어서 성공, 부와 우리가 소유하고 싶어하는 모든 것을 열망했다고 생각한다. 그리고 이제 나는 인생의 단순한 평화를 위해서 그 모든 것들을 버렸다. 그러자 내가 그 어떤 것보다도 평화를 좋아하는 유일한 사람이 아니라는 사실이 분명해졌다. '평화스러운 잠'(peaceful sleep)을 가져다주는 약들을 파는 거대한 시장이 있다. 우리는 여전히 비문에 '평화롭게 잠들다'(Rest in peace)라고 써넣는다. 베스트셀러는 여전히 '마음의 평화'(peace of mind)를 위한 가장 최신의 견해들을 포함한다. 우리들에게는 이와 같은 무언가를 추구하려는 만연된 태도가 있다. 즉, "나를 혼자 있게 놔둬라. 간섭받고 싶지 않다."처럼 말이다. 나는 이번 주일에 지루함이 나를 엄습함을 느꼈다.

평화는 우리가 추구하는 보물 중에서 가장 고귀하다.

그래서 당신은 오늘 요한복음 일과에 있는 예수님의 말씀이 매우 적절하다고 생각할 것이다. 제자들과의 마지막 대화에서 예수님은 다음과 같은 말로 작별인사를 하였다. "평안을 너희에게 끼치노니 곧 나의 평안을 너희에게 주노라 내가 너희에게 주는 것은 세상이 주는 것과 같지 아니하니라."

그러나 이 평화는 예수님이 주신 특별한 평화이다. "내가 너희에게 주는 것은 세상이 주는 것과 같지 아니하니라." 예수님이 주신 평화는 세상적인 평화와 같지 않다.

실험을 한번 해 보자. 눈을 감아라. 절대적인 평화 중에 있는 당신 자신을 보도록 노력하라. 그 상황이 무엇처럼 보이는지 그려 보라. 당신은 완전히 평화로운 상황에서 무엇을 보았는가? 이제 눈을 떠라. 방금 당신이 그렸던 장면은 특별히 무언가가 부재한 상황이었다고 추측해 보자. 당신과 내가 가장 일반적으로 추구하는 세상의 평화는 어떤 것들이 '없는 것'으로 묘사될 수 있다. 전쟁, 범죄, 경쟁, 폭력, 통증, 투쟁, 싸움, 성취되지 않은 욕망의 부재처럼 말이다. 마치 우리가 추구하는 평화는 진공과 같은 어떠한 상황처럼 들린다.

전에 내 친구가 우리들 중 대부분이 추구하는 평화는 무덤에 가지 않고는 얻어질 수 없다고 말한 적이 있다. 우리가 얻고자 애쓰는 바는 모든 갈등을 없게 하는 것이다. 그것은 마치 삶 자체가 없는 것같이 들린다.

그러나 예수님은 특별한 평화를 주신다. 없음으로 특징 지어지는 평화가 아닌, 있음으로 특징 지어지는 평화이다. 예수님이 제자들에게 주신 평화는 성령 안에서 하나님의 임재의 확신이다. "보혜사 곧 아버지께서 내 이름으로 보내실 성령 그가 너희에게 모든 것을 가르치고 내가 너희에게 말한 모든 것을 생각나게 하실 것이다. 평안을 너희에게 끼치노니……."

예수님이 주신 평화는 무언가가 없는 상태가 아닌, 성령 안에서 하나님의 임재의 결과이다. 이 평화는 독특한 평화이다. 예수님의 평화는 삶의 다툼이 없는 평화가 아니다. 예수님의 평화는 삶의 불행을 소멸시키지 않고, 불행과 함께 살아가도록 힘을 준다. 예수님의 평화는 분쟁이 없는 삶을 보장하지 않고, 삶의 분쟁을 이겨 내도록 하는 지속적인 실재이다. 이 독특한 평화는 우리를 홀로 남아 있게 하거나 괴로움을 당하지 않게 하지는 않는다. 이와는 정반대이다! 이 평화는 실존의 결과로 온다. 이 실존은 우리가 다른 사람의 고통을 느끼게 되는 실존이다. 우리는 다른 사람의 고통을 우리 자신의 고통에 더하여 느낀다. 그 실존은 다른 사람의 삶에 관심을 갖게 하고, 그렇기 때문에 우리는 다른 사람이 억압을 받고 있는 동안에는 편안히 쉴 수 없다.

만족과는 거리가 먼 이 독특한 평화는 우리를 불만족스럽게 한다. 이 평화는 우리의 형제자매들이 세상 어느 곳에서든지 자유를 갖지 못하고 정의를 알지 못하는 한 우리로 불만족하게 하는 실존이다. 이 평화는 이 세상 어디에서나 혹은 우리 민족 가운데에 인종차별이 있는 한 우리로 하여금 불만족하게 하는 실존이다.

이 예수님의 평화는 독특한 평화이다. 나는 이 평화가 내가 열망했던 그런 종류의 평화라고 확신할 수 없다. 왜냐하면 내가 추구했던 평화는 세상의 평화였기 때문이다.

그러나 이 평화 또한 독특한 평화이다. 왜냐하면 이 평화가 나에게 주어지기 때문이다. 대부분의 사람들이 추구하는 평화는 우리가 그것을 추구한 후에 미래에 거기로부터 나오는 목표이다. 우리는 평화가 우리가 찾을 수 있는 어느 곳에 감추어져 있다고 생각하는 것 같다. 인생은 숨바꼭질과 같다. 평화는 감추어져 있고, 우리는 그 평화를 찾으려고 노력한다. 또는 평화는 획득되는 하나의 일용품이고, 이루어야 하는 목표이다. 평화는 우리가 얻는 무언가이다.

그래서 예수님이 평화를 주겠다고 주장하셨을 때 우리의 사고방식을 많이 고려하지 않으셨다. 그것은 선물이다! 그것은 찾아질 수 없다. 그것은 성취되지 않는다. 그것은 획득되지 않는다. 그것은 우리에게 주어진다. 예수님의 평화는 우리가 행한 어떤 일의 결과가 아니라 우리를 위해서 행하여진 무언가이다. 평화의 선물은 우리의 삶 가운데 하나님의 지속적인 거하심의 결과로 인해 온다. 우리가 해야 하는 모든 것은 신적 임재의 은총을 받아들이고 그것에 민감해지는 것이다.

한때 어떤 조언자가 나에게 내가 보다 지속적으로 따를 만한 몇 가지 조언을 해 주었다. 그는 인생에서 대부분이 바라는 일들은 그것들을 쫓아갈 때는 결코 발견되지 않는다고 말했다. 평화와 행복은 우리가 그것을 추구하기 때문이 아니라 우리가 다른 것을 목표로 했을 때 선물로 우리에게 다가온다. 평화와 행복이라는 귀한 선물은 다른 목표를 추구하는 노력의 부산물로 얻어진다.

카이저는 흥미를 가지고자 하는 데 헌신적이다. 황금 같은 휴일이 오면, 우리는 재미있게 놀려고 움직이기 시작한다. 우리는 즐거운 일을 추구한다. 마치 재미가 우리가 소유할 수 있는 무엇인 양 '재미있게 놀려고' 한다. 그날 내내 우리는 속담처럼 "우리는 아직도 재미있게 놀고 있는가?"라고 자신에게 물을 수 있다. 그러나 이상하게도 대부분의 즐거운 순간은 그것들을 계획하지 않을 때 생겨난다. 그것들은 갑자기 주어진다! 그것들은 계획되거나, 고안되거나, 구성되지 않는다. 그것들은 기대하지 않은 순간에, 즉 일반적으로 우리가 재미있게 놀려고 하기보다는 차라리 우리가 다른 일에 집중할 때 다가온다. 위원회의 모임도 재미있고, 의원모임도 재미있다. 믿거나 말거나 청과물 가게에 가는 것도 즐거운 일이다.

예수님이 우리에게 주신 이런 독특한 평화는 우리가 얻으려고 애쓰는 목표로서가 아니라 기대하지 않게 선물로서 찾아온다. 이 평화는 다른 사람들을 위해 봉사할 때 온다. 이 평화는 다른 사람들과 그리스도의 사역에 관심을 가질 때 다가온다. 이 평화는 세상의 정의와 모든 사람들의 존엄성을 위해서 일할 때 다가온다.

세상의 기준에 의하면 예수님의 이 평화는 독특하다. "평안을 너희에게 끼치노니 곧 나의 평안을 너희에게 주노라 내가 너희에게 주는 것은 세상이 주는 것과 같지 아니하니라."

아마도 이런 독특한 평화는 결국 우리가 추구하는 평화는 아닐 것이다. 이 평화는 우리가 원하는 고요함이나 만족의 평화가 아니다. 그렇지 않은가?

나는 삶의 과정에서 우리가 원한다고 생각하는 것이 항상 우리가 실제로 원하는 것이 아님을 배운다고 생각한다. 나는 내가 과자, 아이스크림, 그리고 팝콘을 먹지 않는 다이어트를 계속하기 원한다고 생각한다. 그러나 나는 건강한 삶을 오래 영위하기를 더 원한다. 나는 인생에서 싸움이나 걱정이 없기를 바란다고 생각한다. 그러나 나는 주님을 섬기는 것을 더 원한다. 나는 정말로 내가 바란다고 생각하는 그런 평화를 원하고 있는가?

때때로 강의 중에 어떤 학생은 선생님이 대답할 수 없는 질문을 할 것이다. 선생님이 대답하지 못하는 이유는 분명히 그 질문이 잘못된 질문이기 때문이다. "뱀의 다리 중 어느 것이 더 강한가요? 뒷다리인가요, 앞다리인가요?"

평화에 대한 우리의 탐구는 잘못된 탐구일지도 모른다. 그것은 잘못된 것을 추구하기 때문에 성취되지 않는다. 백만 달러 이상의 복권당첨, 그것이 나에게 평화를 가져다준다고 하자! 아니면, "누가 백만장자가 되기를 원하는가?"라는 프로그램에 나가서 그 상금 모두를 받을 수도 있을 것이다. 비록 이것이 나에게 평화를 가져다주지 않는다 할지라도 나는 어떤 방법으로든지 이 일을 시도하고 싶어할 것이다! 분명히 많은 사람들이 그렇게 생각한다. 복권판매상 창문 앞에 늘어선 줄이 잭포트(퀴즈에서 정답자가 없을 때 적립되는 상금)가 증가하는 것처럼 점점 길어지는 것같이 보인다.

그러면 우리들 중 누가 그런 돈을 벌고 싶지 않다고 생각하지 않겠는가? 벼락부자! 이것은 황홀한 일이다. 그렇지 않은가? 과연 1억 달러가 우리가 진정으로 바라던 평화를 가져다줄 수 있는가? 얼마나 많은 돈일까? 당신은 당신의 인생에서 창조자의 임재를 아는 것으로부터 오는 평화를 살 수 있는가?

예수님이 우리에게 주신 평화는 독특한 평화이다. 그러나 아마도 그 평화는 우리가 진정으로 바라던 평화일 것이다.

## 2. 요한복음의 내러티브

제사복음서에 있는 전반적인 내러티브는 일반적으로 분명하고, 비교적 부드럽기 때문에 그 이야기의 흐름을 따르는 데 거의 문제가 없다. 요한복음의 내러티브를 읽을 때 드러나는 두 가지의 중요한 문제점은 첫째로 내러티브들의 상징성과 두 번째는 몇 군데에서 봉착하는 독특한 난제들이다. 예수님의 말씀과 마찬가지로 내러티브의 상징적 가능성들에 대해 토의하면서, 우리는 요한복음의 내러티브에 있는 이른바 '아포리아스'(aporias)에 대하여 간단하게 생각해 보려 한다. 아포리아스는 철학적이거나 문학적인 본문에서와 마찬가지로 어려움으로 간단하게 정의되는데, 그 의미의 불확실성으로 인해서 해결 가능성이 보이지 않는 경우를 지칭한다. 이 경우 어려움은 내러티브의 흐름인데, 아포리아스는 본문을 이해하는 데 방해가 된다. 제사복음서는 내러티브의 단절로 악명이 높다.

### 1) 내러티브의 문제점

가장 뚜렷한 내러티브의 어려움은 14 : 31에서 발견된다. 이 구절에서 예수님은 마치 고별담화가 끝난 듯이 말씀하신다. 그리고 예수님과 제자들은 '동산'(18 : 1)으로 들어간다. 그러나 이 강화는 이어지는 다른 두 장들에서도 계속된다. 그리고 세 번째 장에서 예수님은 기도하신다. 학자들은 14장과 15장 사이의 이 낯선 단절을 해독하기 위해 많은 시간을 할애했다.

내러티브에서 또다른 단절이나 결점은 6장과 7장의 순서이다. 이 경우의 문제점은 지리적인 데 있다. 5 : 1에서는 화자는 우리에게 예수님이 예루살렘에 올라가셨다고 설명한다. 그리고 이 장의 나머지 부분에 지리적인 움직임이 언급되지 않았다. 그러나 6 : 1에서 예수님이 갈릴리로 돌아가셨다는 언급이 없음에도 불구하고 예수님이 갈릴리 바다 건너편에 가셨다고 전한다. 내러티브 흐름에 있어서 이 어려움들은 전위(displacement)와 재구성(rearrangement)의 이론을 형성하게 했다.[10] 전위는 요한복음이 기록된 파피루스들이 우연히 순서가 바뀌었는데, 그 후 다시 올바른 순서대로 모으지 못한 것을 가리킨다. 우리에게 전해 내려온 요한복음의 구조를 재조합하는 데 실수가 있었다는 의견이다. 재배열을 위한 노력은 요한복음의 원래 순서를 재구성하고자 하는 것이다. 이러한 이론 중에 가장 유명한 것이 불트만(R. Bultmann)의 이론이다.[11]

무질서와 재구성의 이론들은 점차 인정을 받지 못하게 되었다. 왜냐하면 대부분의 경우 복음서 순서를 있는 그대로 받아들일 필요가 있다는 문학적인 주장으로 대체되었기 때문이다. 컬페퍼는 제사복음서는 전반

10. 전위와 재구성 이론들에 대한 충분한 논의는 Wilbert Francis Howard, *The Fourth Gospel in Recent Criticism and Interpretation*, revised by C. K. Barrett(London : Epworth, 1955), pp. 95-127을 보라.

11. Bultmann, *The Gospel of John : A Commentary,* trans. G. R. Beasley-Murray (Philadelphia : Westminster, 1971)을 보라.

적으로 "탁월하지만 흠이 있다."는 예리한 관찰을 했다. 탁월함은 그것 안에 복잡성, 미묘성, 심오함이 있는 것이고, 흠은 변이, 연속성, 흐름들이라고 하였다. 그는 계속해서 요한복음은 생각했던 것보다 더 통일성이 있고, 결속력이 있다고 주장한다. 왜냐하면 요한복음은 지속적으로 주된 주제들을 발전시키고 있기 때문이다.[12)]

설교자들 대부분은 두 가지 이유에서 내러티브 흐름에 관한 이러한 문제점들을 간과할 수 있다. 첫째, 오늘날 요한복음에 대한 문학비평은 복음서의 현재 순서가 이치에 맞다고 주장한다. 그리고 우리는 그러한 통일성을 찾고 주장함으로 도움을 얻는다. 둘째, 설교자들은 문맥에 근거해 해석하는 반면, 우리는 메시지를 구성하기 위해 본문의 완벽한 내러티브 순서에 의존할 필요를 거의 갖지 않기 때문이다.

## 2) 요한복음 내러티브의 특징들

요한복음을 읽는 독사들은 이 복음서 인에 두 종류의 내러티브가 있음을 알게 될 것이다. 첫 번째 그룹은 이야기 자체의 목적을 위해 말한 것으로 보이는 내러티브들을 포함한다. 예를 들면 예수님에게 기름 부은 사건(12 : 1-7)에 대한 기술이다. 그 이야기는 마리아에 대한 예수님의 중요한 선언으로 결론을 맺는데, 그 자체만으로도 가치가 있다. 당신은 예수님의 마지막 말씀 없이도 그 이야기를 이해할 수 있을 것이다.

요한복음에서 찾아볼 수 있는 내러티브의 두 번째 종류는 한 담화를 위한 상황을 구성하거나 제공하기 위해서 진술된 이야기들이다. 한 가지 예는 예수님을 찾아온 니고데모의 이야기이다(3 : 1-9). 화자는 니고데모를 무대에 등장시킨다. 장면이 설정되고 준비된다. 등장인물인 니

12. Culpepper, *Anatomy of the Fourth Gospel : A Study in Literary Design*(Minneapolis : Fortress Press, 1983), pp. 231, 234.

고데모는 사라지고 나머지 구절들에는 예수님의 말씀이 주로 나타난다(3장 참고). 이 이야기가 주는 통찰력으로 니고데모에 관해 생각해 보라. 왜냐하면 문장이 잘렸기 때문에 니고데모가 어떻게 되었을지 궁금하기 때문이다. 그는 예수님이 하신 말씀을 믿었을까? 그렇지 않았을까? 우리는 예수님이 하시는 말씀의 배경을 이루는 이런 유형의 내러티브가 공관복음 안에 있는 몇몇 구절들과 상당히 유사하다는 사실을 깨닫게 될 것이다. 이른바 선언적 이야기들은 단지 예수님의 말씀의 상황을 설정하기 위해 무대를 준비하는 역할을 한다.[13] 마가복음 2 : 18~20, 10 : 13~16, 17~22이 그러한 예들이다. 또한 간단한 내러티브적 배경들은 공관복음에 많이 나오는 예수님 비유들의 상황을 제공한다. 예를 들면, 누가복음 15 : 1~16 : 13에는 네 개의 비유들이 소개되어 있다. 15장에서 세 개 그리고 다른 하나는 16 : 1~3에 있다.

또한 복음서들의 독자들은 곧바로 제사복음서에서 진술하고 있는 이야기들이 공관복음에서 기술된 이야기들과 다르다는 사실을 깨닫게 될 것이다. 처음 세 복음서들은 예수님의 수난에 관한 확대된 내러티브를 포함하고 있는데, 만일 그렇지 않다면 공관복음의 내러티브들이 보다 짧아졌을 가능성이 있다. 공관복음의 대부분의 전형적인 형식은 기록되기 전에 구전으로 전해 온 이야기들로서 수년 전에 양식비평에 의해서 특징지어진 짧은 내러티브 단편들이다. 예를 들면, 마가복음 2장은 최소한 4개의 비교적 독립된 짧은 이야기들을 포함한다. 그 구절들은

13. 나는 몇 년 전에 테일러(Vincent Taylor, *The Formation of the Gospel Tradition* 〈London : Macmillan, 1957〉)에 의해 수년 전 제안된 것과 동일한 '선언 이야기들'(pronouncement stories)이라는 범주를 사용한다. 양식비평에 관한 그의 책에서 디벨리우스(Martin Dibelius)는 이 이야기들을 '파라디그마'(paradigms)에 포함시킨다(*Form Tradition to Gospel*, trans. B. L. Woolf〈New York : Scribners, 1934〉). 불트만은 이 양식을 '아포프테그마'라고 명명한다(*The History of the Synoptic Tradition*, trans. J. Marsh〈Oxford : Basil Blackwell, 1963〉). 양식비평은 어느 정도는 옛 이론인 반면, 이 문학양식에 대한 인식은 여전히 그 가치를 인정받는다.

1~12, 13~17, 18~22절과 23~28절이다. 다른 한편, 제사복음서는 사마리아 여인과 예수님의 대화(4 : 1 - 42), 나면서부터 소경된 자의 치유(9 : 1 - 41), 나사로를 살리신 표적과 예수님을 죽이려는 음모(11 : 1 - 54)를 포함하는 상당히 많은 긴 이야기들로 구성된다. 이 중 세 개는 첫 번째 해 사순절, 셋째, 넷째, 그리고 다섯째 주일에 주어진 복음서 일과들이다. 그 본문들은 길이 때문에 그 자체로도 설교자들에게 상당한 좌절감을 준다.

우리는 제사복음서가 이 이야기들을 얻게 된 과정과 그 이야기들 각각이 얼마나 많은 근거를 초기 전승에 두고 있는지에 대한 문제들을 탐구할 필요는 없다. 문학적인 통일성 때문에 이 이야기들은 일반적으로 요한복음의 내러티브의 극적인 특성을 보여 주는 좋은 예가 된다. 이런 보다 긴 이야기들은 요한복음의 내러티브가 긴장감, 극적인 상호교류, 긴장된 행동, 다양한 층들의 언급, 상징적 언급을 육성하는 그 방식을 보여 준다(1장 참고).

나사로를 살리신 표적은 문학적으로 긴장감을 유출시킨다. 이 내러티브는 베다니 가족(마리아, 마르다, 나사로)을 도우러 가는 길에 예수님이 지체하신 이야기로부터 시작한다. 8절에 있는 제자들의 의견과 이어서 나오는 16절의 도마의 외침인 "우리도 주와 함께 죽으러 가자."는 유대에서 예수님을 기다리고 있는 위험을 생각나게 해서 독자들의 긴장을 고조시킨다. 다음으로 무덤으로 향하는 예수님의 발걸음이 먼저는 마르다(20 - 27절)와 다음으로는 마리아(28 - 32절)와의 대화로 인해 지연된다. 예수님의 예상하지 못한 울음과 그의 강력한 감정적인 반응(35, 38절)은 정확하게 예수님이 무엇을 하시기를 원하는지 우리를 혼란스럽게 한다. 아마도 이런 긴장은 예수님이 무덤을 열라고 명령하셨을 때 더욱 강해진다(39절). 그런데 예수님의 명령에 따라 나사로가 무덤 밖으로 나올 때 갑자기 모든 긴장이 해소되고 갈등이 사라진다. 여기에서 본문은 독자들을 초조하게 하기 위해 강력한 긴장을 사용한다.

긴장의 다른 중요한 예를 맛보기 위해서는 빌라도가 최종적으로 어떠한 결정을 내릴 것인지에 관한 질문에 초점을 두고, 빌라도 앞에서의 예수님의 심판 이야기를 다시 읽어 보라. 우리가 이 이야기들에 친숙하기 때문에 이 이야기들 안에 있는 내러티브적 긴장에 민감하지 못하는 경향이 있다. 우리는 예수님과 나사로의 이야기가 어떻게 전개될 것인지를 알고 있으며, 빌라도의 결정도 잘 알고 있다. 이야기에 대한 친숙함이 때때로 우리에게 그 안에서 어떤 일이 일어나고 있는지 인지하는 데 방해를 줄 수 있다. 아마도 경우에 따라서 우리는 그 이야기를 모른 체해야 하고 그 이야기가 어디로 진행되는지 전혀 모르는 체해야 한다. 성공적으로 이런 무지로 가장할 때 우리는 이야기 속에서 전에 알지 못했던 많은 사실들을 발견하기 시작할 것이다.

요한복음 내러티브의 또다른 특징은 극적인 상호교류이다. 내가 의미하는 바로는 이 극적인 상호교류는 내러티브에서 다른 등장인물들과 예수님의 주고받음(give－and－take)을 가리킨다. 이 상호교류는 빠른 속도로 이야기들을 진행시키며 풍성하게 한다. 2：1~11에 기록된 예수님과 예수님의 어머니 사이의 대화를 혼란스럽게 하는 요소는 분명히 문제의 발전과 무엇인가를 해 달라고 하는 예수님의 어머니의 요구(3절)인데, 이 요구가 내러티브를 이끌어 가고 있는 듯하다. 처음에 예수님은 행동을 취하려 하지 않으셨으나, 어머니의 요구는 그에게 영향을 주었다. 결혼식에서 예수님이 하인들에게 하신 명령은 놀람을 주는 장치이다. 다음으로 포도주의 품질에 대한 하인들의 언급은 놀람을 고조시킨다. 내러티브에서 반복적으로, 다른 등장인물들과 예수님의 만남은 일종의 원동력으로 역할을 한다. 극적 상호교류에 관한 또다른 비슷한 예는 4：46~54에 있는 왕의 신하의 아들을 고치는 이야기이다. 또다시 예수님은 마치 그가 왕의 신하의 요청을 거부하실 것처럼 말씀하신다

(48절). 다음 절에 기술된 절망에 빠진 아버지의 말은 예수님을 감동시켜 그의 아들을 고치게 한다. 곧 왕의 신하의 간단한 믿음의 진술("주여, 내 아이가 죽기 전에 내려오소서"〈49절〉)은 예수님으로 치유하게 한다. 결혼식에서 예수님과 어머니 사이, 그리고 예수님과 왕의 신하 사이의 극적인 교류가 두 이야기의 긴장에 분명히 중요한 역할을 한다.

요한복음 내러티브의 세 번째 특징은 이른바 '긴장된 행동'(tensive action)이다. 이 경우에 '긴장된'(tensive)이라는 단어는 단지 긴장(tension)을 야기시킨다는 의미를 갖고 있다. 또한 나는 긴장은 명료함의 부족으로부터 생긴다고 생각한다. 여러 가지 의미를 가지고 있거나 애매모호한 언어, 동시에 긴장을 분명히 해소시킬 수 있는 능력이 없는 언어는 우리를 긴장시킨다(이전 장을 참고). 내러티브적 행동은 그 이야기가 어떻게 구성되는지 분명하게 알지 못할 때 긴장을 가져다준다. 과연 이 이야기가 무엇을 의미하는가? 의미하는 바가 이것인가 저것인가? 제사복음서 저자는 다양한 의미들을 지닌 단어와 구들을 사용함으로 우리를 인도하는 데 만족하지 않고, 그것들의 의미에 관한 가능한 다양한 해석들을 불러일으키는 이야기들을 활용하도록 고무시킨다.

7 : 1~13에는 '초막절'(Feast of Tabernacles)에 예루살렘에 올라가고자 하시는 예수님의 결심에 관한 호기심을 불러일으키는 이야기가 있다. 이 이야기는 "그 후에 예수께서 갈릴리에서 다니시고 유대에서 다니려 아니하심은 유대인들이 죽이려 함이러라"(1절)는 진술로 시작한다. 다음에 '그 형제들'—이는 그 형제들까지도 예수를 믿지 아니함이러라(5절)—이라는 신비스러운 등장인물들이 갑자기 출현하여 예수님의 제자들 역시 예수님이 하고 계신 일들을 보도록 하기 위해서 그곳에 가도록 설득한다(3-4절). 예수님은 처음에 거절하신다(6-9절). 그러나 그 후에 어떤 이유에서인지 비밀리에 가신다(10절). 이 짧은 이야기는 예수님에 대한 생각의 차이로 인해 무리들이 서로 나누어졌다고 결론을 내린다

(11-13절).

이 이야기는 요한복음의 내러티브 상황 속에서 이해하기 상당히 어려운 면이 있다. 사실은 우리가 그 이야기에 몇 가지 의미를 부여하고자 할 때, 우리의 상상 가운데 떠오르는 수많은 질문들이 있다. 첫째로, 복음서 어느 곳에서도 언급된 적이 없는 이 '형제들'은 누구인가? 다음으로는, 왜 예수님은 처음에 거절하시고 그 후에 가셨는가? 이것은 복음서 저자가 2 : 1~11에 나오는 예수님의 어머니의 요청에 대한 예수님의 반응이나 4 : 46~54에서 왕의 신하의 탄원에 대한 반응처럼, 인간의 조정으로부터 예수님이 자유로우시다는 사실을 보여 주는 다른 경우인가? 제자들이 믿을 수 있도록 예수님이 공적으로 행하시는 사역들은 무엇인가? 내러티브에서 이전의 여러 사건에서 예수님이 행하셨던 바로 그것이 아닌가?(2 : 11, 4 : 1-42, 54, 5 : 1-9, 6 : 1-14, 16-21 참고). 형제들이 요구하고 있는 예수님이 아직 행하시지 않은 일은 무엇인가? 이 이야기는 그들의 불신앙으로 인해 스스로 악한 의도를 가지고 있음을 암시하는가?

우리는 이 이야기에서 저자가 의도했던 바를 안다고 자처할 수는 없으며, 분명히 복음서 저자가 의도적으로 이 이야기를 그같이 애매모호하게 기록했다고 말할 수도 없다. 우리가 아는 것은 현재의 이야기가 많은 질문을 불러일으킨다는 사실이다. 본문이 내러티브의 긴장을 일으키는 특성을 심사숙고하도록 장려하기 때문에, 나는 그 본문들이 정확히 무엇을 의미하는지 확실히 안다고 주장할 수 없다고 생각한다. 물론 이 작업은 일반적이지 않다. 왜냐하면 우리는 우리의 문화에서 한 구절의 의미를 확고히 확정짓도록 훈련을 받았기 때문이다. 그러나 만약 우리가 어떤 이야기가 의미하는 바를 확실하게 안다고 선언한다면, 우리는 다른 가능한 의미들을 상상하는 지속적인 즐거움을 맛볼 수 없게 된다.

내가 내러티브에서 긴장을 불러일으키는 행위라고 불렀던 것과 관련해서 요한복음 이야기의 또다른 특징은 이른바 '참고문의 다양한 층'이다. 우리가 이 책 1장에서 주목한 것처럼 복음서가 회당으로부터 근래에 분리되어 고통받는 공동체로부터 그리고 그 공동체를 위해서 기록되었다는 주장은 이 내러티브들이 예수님의 역사적인 시기와 복음서가 기록될 당시에 있었던 교회의 현재적 상황이라는 두 시기를 언급하고 있다는 가능성에 근거한다.[14] 복음서 기원에 관한 이 이론 전체를 승인하지 않더라도, 우리는 제사복음서 저자가 교회의 당시 상황을 위해서 예수님의 이야기를 해석했다고 믿을 수 있다. 이러한 의미에서 그것은 저자가 기독교 전승을 수단으로 교회 내에 널리 발생하는 문제들을 전달하는 좋은 설교의 본보기이다.[15] 물론, 예수님 시대와 교회의 시대라는 이중 언급이 요한복음만의 독특성은 아니다. 적어도 공관복음 각 권에 대한 대부분의 학문적인 해석은 교회의 매우 특별하고 구체적인 상황을 위한 기독교 메시지로 공관복음을 읽으려고 한다.

1장에서 우리는 이와 같은 이중 언급이 가장 두드러지게 나타난 곳이 요한복음 9장이라고 논의했다. 그 이야기는 참으로 회당과 요한의 교회 사이의 적대감을 반영하는 것처럼 보인다. 그러나 우리의 목적을 위해 더 중요한 것은 복음서 저자가 자신이 살던 시대의 독자들에게 능력을 주기 위한 노력을 보여 준다는 점이다.

---

14. 이것은 특히 기독교공동체가 회당으로부터 출회당한 직후에 요한복음이 기록되었다는 마틴의 가설 구성의 경우이다. 마틴은 요한복음 내러티브의 여러 곳에서 저자가 교회의 '여기 그리고 현재'와 '과거 거기', 이 두 단계를 은연중에 언급한다고 주장한다(History and Theology in the Fourth Gospel, 2nd ed.〈Nashville : Abingdon Press〉, 1979을 보라). 또한 Martyn, *The Gospel of John in Christian History : Essays for Interpreters, Theological Inquiries* (New York : Paulist, 1978), pp. 90-121을 보라.
15. 나의 논문, "Preaching as Biblical Theology : A Proposal for a Homiletical Method," in *The Promise and Practice of Biblical Theology*, ed., John Reumann(Minneapolis : Fortress Press, 1991), pp. 143-156에서 나는 설교에 관한 이 이해를 발전시키려고 노력했다.

예루살렘에 입성하시는 예수님에 관한 요한의 이야기(12 : 12 - 19)는 여러 면에서 이 사건에 대한 공관복음의 관점과 차이가 있다(비록 요한복음에서는 실제로 예수님이 예루살렘으로 들어갔다고 말하지 않는다 할지라도 이 이야기는 공관복음의 설명에 근거해서 붙여진, 전통적으로 알려진 이 이름을 갖게 되었다). 15절에 있는 구약성서(히브리 성서)의 인용문은 스가랴 9 : 9(보라 네 왕이 임하시나니 나귀새끼를 타고 있다.)과 스바냐 3 : 16(두려워 말라, 시온의 딸아.)을 혼합하고 있다(막 11 : 1 - 10, 마 21 : 1 - 9, 눅 19 : 28 - 38 참고). 스바냐서에는 왕은 야훼라고 선포하며, 민족주의적인 지도자에 대한 언급은 없다. 제사복음서 저자는 그 이야기의 민족주의적인 암시의 분위기를 누그러뜨린 것 같다. "나귀를 타고 예루살렘에 들어가시는 예수님의 모습은 그 민족주의와 반대되도록 의도된 예언자적인 행동이다."[16] 비록 요한복음의 내러티브가 예수님을 '왕'이라고 부르는 예수님의 참된 모습을 잘못 이해한 군중들을 보여 주지만, 그들의 제안은 틀리지 않았다(13절). 분명히 예수님은 십자가에 들어 올려질 때 우주적인 왕이 되실 것이다.

우리 중 몇몇은 요한복음에 있는 예루살렘 입성에 대한 내러티브가 과거의 예수님의 이야기와 복음서를 기록할 당시의 교회 이야기, 둘 모두를 언급한다는 주장에 대하여 의구심을 갖고 있다. 제사복음서가 그리스도의 왕권을 강조하고 다시 정의하는 분명한 사실에 덧붙여서, 이 이야기는 왕권에 대한 이러한 이해를 가진 공동체에 무슨 일이 일어나고 있는지 혼란스럽게 한다. 다양한 추측이 가능하다. 복음서 저자는 민족주의가 아닌 새로운 의미의 왕권에 대한 이해를 강조하기 위해서 두 단계의 예수님의 예루살렘 입성 이야기를 기술한다. 그리고 설교자 요한이 요한 공동체에 특별한 주제를 제안하고 있다고 결론을 맺는 것은 올바른 일이다. 이중측면의 언급에 대한 이 개념이 단지 문학적인 해석만

16. Brown, *Gospel according to John*(1 - 12), p. 463.

이 아닌 복음서의 역사적인 해석을 수반한다는 사실에 주목하라. 그러나 이것은 전적으로 문학비평과 조화를 이룬다(1장 참고).

이중측면(double-layered) 기법으로 구성된 내러티브는 결국 우리를 복음서 화자가 말하는 몇몇 이야기들의 상징적 특징으로 이끈다. 상징적인 의미는 긴장된 그리고 이중측면 기법으로 구성된 내러티브들과 관계가 있다. 상징적 내러티브에 관한 독특한 점은 '초월적 의미'(transcendent significance)를 가진 다른 주제의 설정이다.[17] 이전 장에서 우리가 인지했던 것처럼 상징적 내러티브는 그 자체를 넘어서 지시하는 바가 하나의 단어들이나 구문들이 아니라 행동들과 사건들에 나타난다는 점을 제외하고는 상징적 담화와 동일한 방식으로 역할을 한다. 일반적으로 언어적 상징주의같이 우리는 우리가 읽고 있는 내러티브들이 어떤 다른 의미를 나타낸다고 생각할 때, 동일한 해석적인 문제들에 직면한다. 특별히 내러티브가 상징인지, 단지 표면적으로 말하고 있는 듯이 보이는 것만을 읽어야 되는지를 결정해야 하는 때에는 더욱 그러하다. 상징적인 역할을 하는 것으로 여겨지는 한 내러티브의 실례는 이미 요한복음에 나타난 상징주의나 비유에 관해서 말해 왔었던 것에 덧붙일 필요가 있는 것들을 모두 보여 준다. 게다가 내러티브가 상징적인지 아닌지에 관해서 질문할 때 우리는 긴장감 있는 내러티브와 같은, 이 장에서 이미 언급했던 요한복음 내러티브의 동일한 특징들 중 몇 가지를 발견하게 된다.

6 : 1~14에서 많은 무리를 먹이는 표적에 대한 요한의 설명은 우리에게 현미경 밑에 놓인 좋은 표본과 같은 예를 제공한다. 요한복음 6장은 상당히 상세하게 그 구절을 다루지만, 여기서 우리는 이 부분을 가능한 상징적 내러티브로 검토할 것이다. 공관복음에서는 발견되지 않은 독특한 이 이야기에서 요한의 관점을 나타내는 특징 중 몇몇이 아래의 사

17. Craig R. Koester, *Symbolism in the Fourth Gospel : Meaning, Mystery, Community*(Minneapolis : Fortress Press, 1995), p. 5.

항에 포함된다. 첫째로, 화자는 명확한 배경을 제시한다. 무리들이 이곳까지 예수님을 따라온 이유는 "예수님이 병자들에게 행하시는 표적을 보았기 때문이다"(6 : 2). 그 장소는 '산'(3절)인데 이 특징이 공관복음에 나와 있지 않다. 더군다나 화자는 우리에게 유월절이 '가까이' 왔다고 전한다(4절). 둘째로, 무리를 먹이신 사건으로의 전환이 요한복음에서는 전적으로 차이가 난다. 6절에는 예수님 스스로의 결정이 강조된다. '보리떡 다섯 개와 물고기 두 마리'를 드린 '소년'의 역할이 이 사건을 진술한 공관복음의 이야기에는 빠져 있는데 요한복음에서는 자세하게 묘사되어 있다. 특별히 화자는 우리에게 "그곳에는 잔디가 많다."라는 사실을 강조하는데, 이는 눈에 띄는 특징이다. 셋째로, 떡과 물고기에 대해 하신 예수님의 행동이 두 가지 면에서 차이가 있다. 먼저 예수님은 '축사하신 후'(동사 eucharisteō)에[18] 친히 그 음식을 무리들에게 나누어 주신다(11절). 공관복음에서는 제자들이 떡과 물고기를 나누어 준다(마 14 : 19, 막 6 : 41, 눅 9 : 16). 넷째로, 무리들이 음식을 먹고 난 후에 예수님은 제자들에게 "남은 조각을 거두고 버리는 것이 없게 하라."고 명령하신다(12절). 공관복음과는 다르게 요한복음의 화자는 음식을 먹었던 무리들의 숫자를 언급하지 않고 무리들이 '예수께서 행하신 이 표적을 보고' 그리고 그분을 '이는 참으로 세상에 오실 그 선지자'라고 부르고, '그들이 와서 자기를 억지로 붙들어 임금으로 삼으려는 줄 아시고'라는 무리들의 반응을 기술하고 있다(14 - 15절).

---

18. 사천 명을 먹이신 사건에 대한 마가의 설명에서(8 : 1 - 10), 화자는 예수님이 떡에 대해서는 '축사'(동사, eucharisteō)하셨으며, 물고기에 대해서는 '축복'(eulogēo)하셨다고 기록한다(막 8 : 6 - 7). 동일한 이야기에 대한 마태복음의 기사(15 : 32 - 39)에서 예수님은 떡과 물고기 모두에 대해서 '축사'하셨다(마 15 : 36). 그러나 오천 명을 먹인 이야기에는 유카리스티오(eucharisteō)라는 단어를 사용하지 않는다. 대신 우리는 예수님이 떡과 물고기 모두에 '축복'하셨다는 말을 듣는다.

이 이야기는 주님의 만찬에 대한 상징적 표현인가? 요한복음의 몇 가지 독특한 특징은 복음서의 언어와 신학의 전형으로 지정할 수 있다. 예를 들면, 6 : 4의 유월절 배경(이것은 아마 10절의 '많은 잔디'에 대한 설명인 것 같다.), 2절과 14절의 표적들에 대한 언급 그리고 예수님을 왕으로 삼으려는 군중의 열망(15절) 등이다. 다른 세부적인 표현들은 그 이야기를 잘 전하기 위해 제시된 것 같다(한 소년과 떡들과 물고기들, 9절). 상징적이고 성례적인 언급일 가능성을 더욱 강하게 뒷받침하는 사항은 유월절 배경, 예수님의 축사하심, 예수님이 친히 음식을 나누어 주심, 그리고 음식들이 버려지는 일이 없도록 남은 조각을 모으는 행동이다. 이 상황이 가능성을 더욱 진전시킨다. 6 : 51~68에서 우리는 복음서에서 가장 분명한 성례전적인 언어를 발견하게 된다. 만약 22~71절의 강화가 음식 먹는 이야기에 대한 해석이라면(아래 다음 단락 참고), 다음 구절인 51~58절은 6 : 1~15에 암시된 성례적인 의미의 가능성을 주장한다.

복음서에서 한 구절이 상징적인지 아닌지를 결정하는 가장 쉬운 방법 중에 하나는 다른 부분에서 그 주제를 뒷받침하는지를 찾아보는 것이다. 그러나 이 경우에 있어서는 많은 무리를 먹이신 표적의 상징적인 읽기에 대한 확증을 다른 곳에서 찾으려 할 때 우리는 아무것도 찾을 수 없다. 주님의 만찬 제정에 관한 설명의 부재는 우리로 하여금 이 이야기가 어떻게 이곳에 있게 되었는지에 대해 궁금증을 갖게 한다. 많은 주석가들은 많은 무리를 먹인 표적을 성만찬 제정 기사로 읽으며, 혹자들은 이 표적을 주의 만찬 제정에 대한 요한의 설명이라고 해석한다.[19] 그렇다면 이 본문은 제사복음서 저자가 이 이야기 자체의 기술(음식 먹는 것)을 뛰

19. Brown, *The Gospel according to John*(1-12), pp. 247-249. 또한 John Marsh, *Saint John*, Pelican Gospel Commentaries(Baltimore : Penguin, 1968), p. 284 ; Thomas L. Brodie, *The Gospel according to John : A Literary and Theological Commentary*(Oxford : Oxford Univ. Press, 1993), pp. 262-263을 보라.

어넘어서 분명하게 성만찬을 가리키고 있다고 믿게 하는 좋은 예이다. 그러나 이 이야기가 주님의 만찬의 교훈을 이곳에 위치하도록 하기 위한 인위적인 구성이 아니라는 사실에 주목하라. 그보다는 요한복음은 공관복음서 저자에 의해서 알려진 전승적인 이야기를 반복하면서 거기에 다른 차원의 의미를 덧붙인다. 그렇기 때문에 그 이야기는 성만찬에 대해 생각하도록 자극할 뿐만 아니라 예수님의 또다른 기적적인 표적을 기술하게 한다.

불행하게도 우리는 늪 속에서 헤매고 있다! 제사복음서에서 성례에 대한 질문은 답하기가 애매하며, 불분명하다. 해석자들이 이 질문에 대하여 그들 나름대로의 해답을 가지고 모든 것을 그리려고 한다.[20] 그러나 이러한 경향은 우리가 이 문제에 대해 관찰하려는 것을 방해하지는 않는다. 첫째는, 요한복음 6 : 1~15을 상징적인 의미로 해석하는 경우에 있어서 우리는 긴장을 야기시키는 내러티브에 접하게 되고 또한 전반적으로 요한복음에 나타난 상징들에서처럼 최종적인 의미로 결론이 내려지지 않아야 하는 도전적인 내러티브를 접하게 된다. 그러나 이 내러티브는 우리에게 그 구절들의 상징적인 의미를 생각하도록 자극하고 당황스럽게 한다. 우리는 그 질문에 대한 최종적인 답을 가지고 있지도 않고 답할 수도 없음을 기억하자. 왜냐하면 이 이야기의 특성이 그것의 의미를 열어 놓기 때문이다.

둘째로, 나는 설교자들이 이와 같은 사항들을 분별할 특정한 자격을 가지고 있다고 믿는다. 수세기 동안 교회는 많은 무리를 먹이신 표적을 성만찬적으로 해석해 왔다. 그리고 그 이유 때문에 우리는 동일한 방식

20. Kysar, John, *The Maverick Gospel*, rev. ed.(Louisville : Westminster John Knox, 1993), pp. 122 - 126 ; *The Fourth Evangelist and His Gospel*(Minneapolis : Augsburg, 1975), pp. 249 - 259를 보라. 이 문제에 대한 보다 오래된 평가에 관해서는 Howard, *The Fourth Gospel*, pp. 195 - 212와 pp. 304 - 305을 보라.

으로 이 본문을 읽어 버린다. 아마 우리는 공개적으로 회중들에게 이 본문의 성만찬적 의미가 오늘날 우리에게 있어서도 분명하다는 사실을 알려야 할 것이다(교회에서 선행자들이 했던 것처럼). 그러나 그것이 본문이 실제적으로 시사하려는 바가 아닐 수도 있다.

### 3) 설교학적인 암시들

나는 이 논의의 설교학적인 함축된 의미들이 이미 분명해졌다고 생각한다. 그러나 나는 요한복음의 내러티브를 설교하는 데 있어서 가능한 한 그것들을 명백히 하기 위해서 몇 가지 주장들을 구체화시키려고 한다.

첫째는 이 부분은 모든 복음서들에 관한 설교와 관련된 한 가지 제안을 하기에 좋은 부분이다. 한 이야기를 진술하는 복음서의 독특한 특징들을 강조하라. 다른 복음서에 병행 구절이 있는 한 구절을 우리가 설교하고자 한다고 가정하라. 그리고 다른 복음서들 중에 있는 구절들 중 한 구절이 다른 때의 독서를 위해 성서일과에 주어졌다고 생각하라. 그날을 위한 특별한 일과라고 할 때, 나는 그 이야기에서 독특한 점을 찾을 것을 제안한다.

예를 들면, 성서일과는 많은 무리를 먹이는 마태복음의 이야기(14 : 13-21, 예배의식 13, A)와 요한복음의 이야기(6 : 1-21, 예배의식 12, B) 모두를 포함한다. 많은 무리를 먹이신 이적에 대한 신약성서의 사고를 살펴보기 위해서는 이 두 이야기 각각의 독특한 특징을 분리해서 설교에서 그 특징들을 강조하는 것이 바람직하다. 요한복음의 이야기를 설교할 때 우리는 위에서 언급했었던 그 본문의 독특한 특징들을 설교의 구성에 사용해야 한다. 다음으로 우리가 첫 번째 해에 마태복음의 이야기를 접했을 때, 우리는 이 이야기가 요한복음의 이야기와 무엇이 다른지 묻게 된다. 예를 들면, 마가복음과 같이(6 : 34) 마태복음에는 예수님이 무리를 보시고 불쌍히 여기셨다고 진술되어 있는데(14 : 14), 요한복음의 이야기에는 분명히 이러한 설명이 없다. 요한복음의 이야기(6 : 9)에서 보리떡 다섯 개와 물고기 두 마리를 가진 소년의 역할이 마태복음(14 : 17)에서는 제자들에게 주어진다. 마치 오늘날 교회들이 세상의 가난한 자들을 위해서 그들이 가지고 있는 것을 내어 놓는 것처럼 제자들은 배고픈 사람들이 먹도록 그들에게 점심을 제공한다.

만약 우리가 공통된 이야기에 대한 한 복음서의 진술의 독특성을 강조하고자 한다면, 우리는 두 가지를 성취해야 한다. 첫째는 복음서 저자가 이 이야기를 진술하는 이유를 분명히 해야 한다. 그럼으로 인해 주어진 일과에 더욱 충실하게 될 수 있다. 둘째로, 그 이야기 중 한 본문을 설명할 때 우리가 할 수 있는 모두를 다 이야기할 필요는 없다. 그렇게 되면 성서일과에 다른 본문이 나올 때 말할 것이 없게 된다. 그 좋은 예는 예배의식 16, A의 마태복음의 형식에 나오는 가이사랴 빌립보에서의 베드로의 고백(16 : 13－20)과 예배의식 19, B를 위해 주어진 마가복음의 형식에 나오는 베드로의 고백이다(8 : 22－38).

두 번째 제안은 내러티브의 역할에 의존한 강화 혹은 내러티브에 관심을 기울이는 것이다. 앞에서 우리는 요한복음에 있는 몇몇 내러티브들이 예수님이 말씀하시기 위한 배경을 제공하는 것, 그 이상의 기능을 하지 않았음을 언급했다. 그러한 경우들에 있어서 그 본문은 우리를 내러티브보다는 담화에 더 큰 관심을 기울이도록 한다. 내러티브가 한 강화를 필요로 하지 않고, 그 자체로 나타나는 경우들에서 내러티브는 우리의 관심을 집중시킨다(이 문제에 관해서는 이 장의 다음 부분 참고). 분명하게 이 단순한 주장은 우리 앞에 놓여진 특별한 본문에서는 정당화되지 않는다. 이는 우리가 예수님의 말씀을 무시해야 한다는 말이 아니라 단지 예수님의 말씀을 해석할 때 내러티브를 기억해야 한다는 의미이다.

예를 들면, '성전정화' 사건에 대한 요한복음의 설명(2 : 13－22, 사순절 3, B)에는 첨가 부분이 있다(2 : 19). 이 부분은 성전을 모독하는 사람들을 예수님이 어떻게 다루시는지 보여 주는 중요한 구절이다. 여전히, 이 말씀은 내러티브 없이는 거의 이해하기 어렵다. 그래서 우리가 그 말씀을 설교할 때는 조심스럽게 내러티브 내에서 설정해야 한다. 니고데모의 에피소드(3 : 1-16, 삼위일체주일, B. 그리고 사순절 2, A의 다른 독서)는 예수님의 담화를 희생시키고, 대신 니고데모라는 등장인물에 대한 설교에 치중하지 않도록 해야 한다. 이 경우에 니고데모는 그 이야기의 흐름을 따라 예수님을 만난 인물의 좋은 본보기이다.

셋째로, 본문이 서스펜스를 강조할 때 우리는 설교에 그 내러티브의 서스펜스를 재현해야만 한다. 내러티브에서 서스펜스의 요소를 탐지하기는 쉽다. 그러나 그 요소를 우리의 설교에서 표현하기란 참으로 어렵다. 서스펜스한 설교의 주된 특징은 목회자가 두세 번의 전환점을 통해 설교가 어느 방향으로 전개될지 청중들이 궁금증을 갖도록 이끌기 전에 핵심적인 메시지를 드러내지 않는 데 있다.[21] 우리 중에 몇 사람이 서스펜스를 적용하여 설교를 작성하고자 할 때, 우리는 청중들을 상당히 방황하게 한다. 나는 개인적인 경험을 통해서 이 사실을 알고 있다. 그러나 순조롭게 전개되면 청중들의 관심을 사로잡을 수 있고, 청중들에게 이 설교가 어떻게 끝날 것인지에 대해 호기심을 갖게 할 수 있다. 설교에서 구조화된 서스펜스에 대한 몇 가지 좋은 예는 로우리(Eugene L. Lowry)의 책 *How to Preach a Parable : Design for Narrative Sermons*(「비유를 어떻게 설교할 것인가 : 내러티브 설교를 위한 설계」)에서 찾아볼 수 있다. 나는 특히 로우리 자신의 설교인 "Who Could Ask for Anything More?"(누가

---

21. 상당히 많은 이 경우들에 관한 나의 제안은 설교의 형식이 본문의 형식을 따라야만 한다는 주장을 적용시키려고 노력해야 한다는 것이다. 이 방법에 관한 논의를 위해서는 Thomas G. Long, *Preaching and the Literary Forms of the Bible* (Minneapolis : Fortress Press, 1988) ; Don M. Wardlaw. ed., Preaching Biblically : Creating Sermons in the Shape of Scripture(Philadelphia : Westminster, 1983)을 보라.

더 많은 것을 요구할 수 있는가?)를 추천하고 싶다.[22]

실례에서처럼 요한복음 11장의 죽은 나사로를 살리신 이야기에 대한 설교는 우리에게 화자가 성서의 이야기에 끼어 넣은 서스펜스를 재현하도록 한다. 우리는 그 이야기 자체를 다시 말함으로 혹은 동일한 서스펜스를 동반한 현재의 이야기(의사가 몇 번이고 지체하는 동안 그 의사가 도착하기만을 기다리는 이야기같이)를 진술함으로 동일한 경험을 할 수 있다. 이것은 나에게 특별한 초조감 중 하나를 표현하게 한다. 처음 3분 동안 그 설교의 전체적인 강조점을 드러내야 하는 설교자! 그 행위는 보편적이다. 왜냐하면 이것은 오래된 구호인 "그들에게 당신이 무엇을 말하려 하는지 말하라. 그들에게 말하라. 그리고 다음에 당신이 그들에게 무엇을 말했는지를 말하라."의 근거이기 때문이다. 설교자가 설교의 시작 부분에서 나에게 그 설교를 요약해 줄 때 내가 그 모든 설교를 듣기 원하는 이유는 무엇일까?

네 번째 제안은 역동적인 논쟁이 포함된 내러티브를 설교하기 위해서 역동적인 논쟁 방식을 사용해야 한다는 것이다. 예를 들면, 우리가 예수님과 사마리아 여인의 이야기를 설교한다고 가정해 보자(4 : 1 – 42, 사순절 3, A를 위해 주어진 본문). 이 이야기에는 내러티브와 강화가 창조적으로 서로 얽혀져 있다. 그러나 그 여인의 의견과 질문들이 이 이야기의 흐름을 이끌어 간다는 사실에 주목하라. 예를 들면, 12절에서 사마리아 여인은 예수님이 누구신가 하는 질문과 20절에서 예배의 주제에 관한 질문을 한다. 이 구절은 설교에 대화를 적용하도록 설교자들을 초청한다. 확실히 그것은 회중과의 실제적인 대화를 포함할 수 있다. 그러나 이것은 또한 대화적 논쟁에 있어서 설교자가 설교단에서 다른 상대와의

22. Eugene L. Lowry, *How to Preach a Parable : Design for Narrative Sermons* (Nashville : Abingdon, 1989). Lowry의 설교와 분석에 관해서는 pp. 115 – 141을 보라.

대화적 진술을 하거나 혹은 간단히 설교자 자신이 이 둘 모두의 역할을 할 수 있도록 한다.

이런 설교의 형태는 두 사람이나 두 견해들 사이의 상호작용을 통해서 처음부터 끝까지 설교의 흐름을 구조화하는 것을 포함한다(다음 장에서 예수님과 빌라도에 관한 설교 참고). 때때로 이것은 설교자가 질문을 제기하는 질문자를 상상한다든지, 모든 면에서 설교자에게 도전하고 있는 적대자를 상상함으로 실현된다.[23] 나는 대화적 논쟁이 이야기를 이끌어가는 내러티브를 설교하는 한 방법으로 대화와 토의 같은 논쟁의 기법을 사용한 몇 가지 형식을 소개하고자 한다.

다섯째로, 내러티브가 긴장감의 특징을 보이고 있을 때 설교에 긴장감 있는 내러티브를 적용하라. 이러한 경우에 여러 가능성들이 있다. 그 의미가 여러 다른 가능한 해석 사이에 정지되어 있는 것처럼 보이는 내러티브를 취해서 설교에서 그 각각의 의미를 서로 연결하여 탐구해야 한다. 그 이야기 자체의 풀리지 않는 특징을 해결하지 않더라도 말이다. 예를 들면, 당신이 사순절 다섯째 주일, B(혹은 성주간〈Holy Week〉의 수요일, A, B, C)에 요한복음 12 : 20~33(혹은 20-36절)을 설교한다고 상상해 보라.

이 구절은 내러티브(20-22절)로 시작하고 예수님의 담화(23-33절)로 끝을 맺는다. 예수님을 만나기 위해서 오고 있는 '헬라인들'의 이야기는 굉장한 긴장감을 준다.[24] 그것은 무엇을 의미하는가? 헬라인들이 빌

---

23. 바울은 그의 여러 편지에서 이 같은 방식을 사용한다. 예를 들면, 로마서에서 그는 정말로 자신의 대적자들에게 말하고 있는 것처럼 질문을 한다. 예를 들면, 로마서 6 : 1을 보라. 바울은 우리에게 설교에서 어떻게 역동적인 논쟁의 방식을 사용할 것인지를 가르쳐 주는 데 도움을 줄 수 있다.
24. '헬라인'(hellēnes)이라는 단어의 의미는 확실하지 않다. 이 단어는 때로는 이방인을 언급하는 데 사용되며, 때로는 유대교로 개종한 이방인이나 소위 헬라회당의 '하나님을 두려워하는 자들'을 가리키기도 한다.

립에게 가서 "선생이여, 우리가 예수를 뵙고자 하나이다."라고 요청한다. 빌립은 안드레에게 말하고, 이 둘은 헬라인들의 요청을 예수님에게 전한다. 예수님은 그들의 요구를 완전히 무시하고 말씀을 시작하신다.

왜 그럴까? 이 구절에 대한 설교는 이 내러티브 부분의 난제를 탐구하게 한다. 이 탐구를 위한 하나의 구조는 한 편이나 다른 편에만 호의를 보여 주는 것이 아니라 그들 모두에 동일한 신뢰를 주면서 여러 가지 가능성들을 고려해야 한다.

(1) 헬라인들은 부활 이후 이방인들에 대한 교회의 선교와 그리스도 안에 계시된 하나님의 우주적인 본질을 대변한다. 바리새인들이 말한 것처럼 "온 세상이 저를 좇는도다"(19절). 이 경우에 그 구절은 하나님의 계시의 포괄성을 주장하고, 우리가 그리스도를 통해 하나님께 다가가는 데 제한을 두는 우리의 경향에 문제를 제기한다.

(2) 예수님을 만나고자 하는 헬라인들의 열망은 바리새인들과 대조적이다. 바리새인들의 부정적인 견해는 19절에 표현되어 있다. 바리새인들은 종교적인 권력기구를 대표하며 제도화된 종교가 변화를 거부하고 현 상태를 유지하려고 하는 속성을 잘 대변해 주는 패러다임이다. 하나님에 의해서 시작된 변화까지도 그러한 반응을 보인다. 반면에 헬라인들은 개방된 패러다임을 제공한다.

(3) 헬라인들은 예수님이 그들을 받아들이지 않을까 두려워한다. 사실 빌립이 안드레에게 먼저 간 행동으로 판단할 때, 그럴 가능성을 염두에 둔 것으로 보인다. 그렇다면 빌립은 예수님이 그들을 환영하지 않을 것으로 생각했을까? 빌립은 그리스도의 사역의 포괄성을 이해하지 못했는가? 우리는 어떠한가?

아무리 당신이 이 선택사항들을 구조화한다고 해도 유효한 해답은 본문 안에 있다. 헬라인들의 정확한 역할을 언급하지 않고 그대로 둠으로 그 구절은 헬라인들의 출현이 23절에 있는 "인자의 영광을 얻을 때가 왔도다."는 예수님의 선언의 근거를 제공했음을 암시한다. 화자는 여러 방법으로 예수님에 대한 폭넓은 관심이 예수님의 죽음과 부활에 수반된 분위기들을 조성시켰다고 주장한다. 헬라인들은 그리스도의 영광을 위해서 하나님이 준비하신 열쇠이다(5장 참고).

여섯 번째, 오늘 우리 시대와 이야기의 메시지를 관련시키기 위해서는 내러티브에 있는 의미의 다양한 층들을 이용하라. 여기서 설교자들은 예수님의 이야기를 통해서 복음서 저자가 자신의 시대의 교회에 전달하려고 하는 길(the way)에 대한 역사적 생각들을 간단히 요약해서 전하고 싶어한다. 내가 앞에서 말한 것처럼 9장에 있는 이야기는 복음서가 기록될 당시의 교회와 회당 사이에 갈등이 진행되고 있었음을 암시하는 가장 쉬운 예를 제공한다. 나는 설교자들이 이 의미의 두 층을 지적하고, 다음으로 이 이야기의 더 깊은 층들이 오늘 우리에게 어떻게 전해질 수 있을지에 대해 질문할 것을 제안한다(위의 토의 참고).

마지막으로, 설교자들은 내러티브들의 상징적 의미가 분명할 때에 전해야 한다. 말하자면, 상징적인 언급들의 의미가 불분명하고 불확실해서 단지 그 구절들에서 드러난 분명한 의미만을 다루는 것이 더 나은 몇몇 구절에서 그러하다. 예를 들면, 가나 혼인잔치에는 세례의 상징성(2 : 1-11)이 약하기 때문에 설교학적인 이유에서 그러한 해석은 피하는 것이 좋다(물론 이것은 나의 견해일 뿐이다). 내러티브의 상징적 의미가 포괄적이고 비교적 분명할 때 설교자들은 설교적 해석을 위한 놀라운 가교를 갖게 된다.

적절한 예는 발을 씻기는 사건이다(13 : 1-20 또는 13 : 1-17, 31b-35, 3년 주기 모두의 성목요일을 위한 일과). 많은 해석자들은 예수님의 섬김의 행동에는 두 가지 의미가 있다고 생각한다. 그중 하나는 6~11절에 있는 예수님과 베드로 사이의 대화에 암시되어 있으며, 다른 하나는 12~20절에 있는 예수님의 말씀에 암시되어 있다. 후자를 '도덕적 의미'라고 부른다. 즉, 발 씻기는 행동은 제자들이 서로를 어떻게 대해야 하는지에 대한 모델로 해석되고 있다. 전자의 의미는 예수님이 말씀하신 '씻는 것'이다. 물론, 이 두 가지 해석은 상호배타적이지 않다. 그러나 상징적 해석은 우리에게 예수님의 죽음을 예수님의 종의 행위로 그리고 그 행위로 말미암아 하나님은 우리를 창조자로부터 분리시키는 더러움을 씻기신다는 의미로 이해하도록 한다. 우리는 세족목요일에 하나님이 성금요일에 그리스도를 통하여 하시고자 하는 사역의 표상과 전형을 제공할 수 있다.

### 4) 설교의 예

제자들을 부르신 사건에 관한 요한복음의 본문은 1 : 35~51이다. 그러나 성서일과에서는 이 하나의 내러티브가 두 부분으로 나누어진다. 첫 번째 부분은 29~42절인데, 이 부분은 35~42절의 제자들을 부르신 사건을 세례 요한의 증거(29-34절)와 연결시킨다. 이 독서는 현현 후 두 번째 주일, A에 해당된다. 두 번째 부분 43~51절은 1년 후 동일한 주일에 해당한다. 이 두 번째 부분에도 예수님이 제자들을 부르신 사건이 계속된다. 이때에 빌립은 나다나엘을 예수님의 제자의 대열에 합류시킨다. 성서일과는 애석하게도 한 단위인 1 : 35~51을 둘로 나눈다.

제시된 아래의 설교는 나의 아내인 미르나가 전에 했던 설교인데 이 책에서 사용하기 위해 약간의 수정을 가했다. 이 설교를 이 책에 포함하도록 허락한 아내에게 감사한다. 시기는 현현 후 두 번째 주일, A이고 본문은 요한복음 1 : 29~41이다. 설교는 예수님과 첫 번째 제자들 사이에 역동적인 대화로 이루어진다. 이 설교는 또한 오늘의 교회를 위해서 그 의미의 더 깊은 층을 파헤친다. 이 설교의 다른 특징은 내러티브에서 제자들과 예수님, 양측이 사용한 단어들을 사용하는 방식이다. 원제목은 "무엇을 구하느냐?"이다.

나는 블라우스를 사기 위해서 쇼핑하러 갔을 때 희한한 경험을 했다. 나는 내가 찾고 있는 옷이 있을 것으로 예상되는 옷가게에 들어갔다. 내 앞에 있는 진열대에 블라우스들이 즐비하게 놓여 있었다. 모양이 다르고 색상이 다른 옷들이 전시되어 있었다. 어떤 옷들은 휴가를 위해 디자인되고, 어떤 옷들은 정장으로 디자인되었다. 어떤 옷은 레이스와 섬세함으로, 어떤 옷들은 두껍고 따뜻하게 디자인되었다.

나는 그 진열대 사이에 서서 이 옷 저 옷을 살펴보다가 한 블라우스를 가리키며 그 옷을 집어 들었다. 친절한 여자 점원이 "무엇을 도와드릴까요?"라고 물었다. 나는 그녀에게 블라우스를 사고 싶다고 말했다. "어떤 종류의 블라우스를 찾으세요?" 나는 잠시 머뭇거리다가 중얼거리듯이 "잠시 둘러보려고요."라고 대답했다. 그 여자 점원은 친절하게 그렇게 하라고 말하고 필요하면 언제든지 도움을 청하라고 하였다.

나는 전시된 수많은 블라우스들을 둘러보았다. 보면 볼수록 내가 무엇을 원하는지에 대한 확신이 줄어들었다. 실망스러웠다. 남자들은 행운인 것 같다. 남자의 셔츠들은 그렇게 복잡하지 않으니까 말이다. 결국 나는 그 가게를 나왔다. 나는 정말로 블라우스가 필요하지는 않았던 것 같다. 블라우스를 사도록 나의 발걸음을 가게로 인도한 것은 참을성 없는 나의 마음 때문이었다. 나는 나의 실패에서 위로를 얻었다. 왜냐하면 나는 항상 성직자 셔츠를 입을 수 있었기 때문이다!

당신은 무엇을 찾고 있는가?

이 질문은 예수님이 그를 따르기 시작한 호기심 어린 자신의 첫 번째 제자들에게 했던 물음이다. 그들은 원래 세례 요한의 제자들이었다. 그러나 요한은 예수님에 대하여 "세상 죄를 지고 가는 하나님의 어린양을 보라."라고 선포한다. 그리고 두 제자들은 성령이 예수님 위에 내리는 것을 보았다고 하는 요한의 말을 들었다.

그래서 그날 예수님이 지나가실 때에 그들은 예수님을 따랐다. 그들은 이 낯선 사람을 따르기 위해서 요한의 곁을 떠났다. 예수님이 그들을 보시고 그들에게 "무엇을 구하느냐?"라고 질문하신다. 그들은 내가 블라우스 가게에서 했던 것처럼 어이없어 말을 못한 것 같다. 그들은 당황해서 도리어 예수님에게 "랍비여, 어디 계시오니까?"라고 묻는다. 그것은 감히 내가 벙어리라고 말하는 낯선 방식의 대답이다. "당신의 주소는 어디입니까?", "당신의 호텔 방 번호는 몇 번입니까?"

당신은 무엇을 구하느냐? 이 질문은 이 두 제자들에게 너무 심오한 물음이다. 탐색을 한다. 그 질문은 그들의 삶 속으로 파고 들어간다. 너무 깊이 있는 질문이어서 그들은 대답할 수 없다. 그들은 자신들이 무엇을 추구하며 예수님을 따르는지 희미하게 느낄 뿐이다. 그들이 필요로 하는 무엇인가 있다는 단지 희미하고 애매모호한 느낌만 있다. 예수님은 아마도 그것을 주실 것이다.

당신은 무엇을 구하느냐? 그리스도는 그 질문을 계속하신다. 우리는 무엇을 찾고 있는가? 우리는 우리의 인생에서 무엇을 추구하고 있는가? 우리 인생에서 예수님을 따르기 위해 매 주일 이곳에 우리를 오게 하는 것은 무엇인가? 우리 대부분은 그 첫 번째 두 제자들보다 이 질문에 더 잘 대답할 수 없다. 우리는 우리가 찾고 있는 것이 무엇인지 알 수 있는 방법이 없다.

이것을 상상해 보라. 당신이 예배를 마치고 집으로 돌아갔을 때 당신은 당신 집 앞에 놓여 있는 큰 상자를 발견한다. 이 상자에 이렇게 기록되어 있다고 가정해 보자. "이 상자 안에 있는 물건은 당신이 온 생애 동안 찾아왔었던 것이다." 이 문구를 보며 당신이 이 상자를 열 때 이 상자 안에서 당신은 무엇을 발견하기를 기대하는가? 현금 뭉치인가? 행복인가? 평화인가? 건강인가? 당신을 영원히 젊게 해 줄 신비한 처방인가? 고통으로부터의 자유인가? 불멸인가? 당신이 인생에서 원하는 바를 만족시켜 주기 위해서 그 상자 안에는 무엇이 담겨져 있을까?

도전해 보자! 블라우스 가게에서의 나의 혼란은 이 질문에 대해서 우리 대부분이 겪을 혼란과 비교하면 아무것도 아니다. 당신은 무엇을 구하는가? 우리 중에 몇 사람은 적어도 희미하게나마 욕구와 삶 속에 있는 결함, 공허함을 안다. 그러나 우리는 그 공허함을 무엇으로 채워야 하는지에 관한 의견을 가지고 있지 않다. 우리는 삶 속에서 우리를 괴롭히는 문제를 어느 정도 해결하기 위해 쇼핑을 할 수 있다. 그러나 그렇게 할 때 우리는 전시된 물건들 중에 선택해야 하는 어려운 문제에 직면하게 된다. 하지만 우리가 필요하다고 생각하는 것과는 다른 해결책이 많이 있다. 서로 다른 유형의 대답이 있다. 어떤 옷은 레이스가 달려 우아하고 어떤 옷은 화려하다. 어떤 것은 단순하고 평범하다. 어떤 것은 따뜻하고 평온한 날씨에 적합하고, 어떤 것은 인생의 추운 겨울을 위한 옷이다.

이 다양하게 주어진 해답들 중에 당신은 당신의 문 앞에 놓여 있는 상상의 상자 안에서 무엇을 발견할 것인가? 불행히도, 당신이 이 상자에서 발견하리라고 말한 물건을 당신이 필요로 하지 않을지도 모른다. 우리가 발견하려고 하는 대부분은 아마 우리가 정말 필요로 하는 물건이라기보다는 증상들을 치료하는 물품인지도 모른다. 나에게는 이것이 사실이다. 사실 내가 필요하다고 말하는 것은 내가 정말 필요로 하는 것이 아닐 수도 있다. 그것은 그저 진짜 중요하고도 절실한 필요의 결과물일 뿐이다.

대부분의 사람들은 자신이 추구하고 있는 바를 알지 못한다. 우리는 이것이라고 생각하지만 다른 것이 있음을 알게 된다. 아이들이 실제로는 야채가 필요할 때 소다와 캔디를 필요하다고 생각하는 것처럼 말이다.

우리들 중 몇 사람은 내가 그런 것처럼 돈이나 안전이 필요하다고 생각할 수 있다. 그러나 우리는 인생에서 궁극적으로 그런 것들이 우리의 불만족의 실제적인 근거가 아님을 발견한다. 때때로 우리는 실제적으로 통증의 원인을 제거해야 할 필요가 있을 때에도 통증을 완화시키기만을 원한다고 생각할 수 있다. 우리는 실제적으로 수술이 필요할 때에도 단지 진통제를 필요로 한다고 생각하기도 한다. 우리 모두는 개인적으로 원하는 것, 욕구, 소망, 희망들과 꿈이 있다. 그러나 또다른 필요는 없는가?

우리가 이 문제에 대하여 더 깊이 생각하면 할수록 모든 일들에 대해 더욱 실망하게 된다. 그것은 오래 전 TV시리즈인 "Northern Exposure"

의 이야기에 등장하던 요엘의 경우이다. 요엘은 위기에 봉착했다. 그는 고립된 알레스카 케리라는 마을에 살 수밖에 없게 된 의사이다. 그는 그곳에 있기를 싫어했다. 그곳에 있다는 사실에 분개하였다. 그러나 그는 그곳에서 의료행위를 함으로써 생존할 수 있다는 사실을 알게 되었다. 이 마을에는 무섭고 원인을 알 수 없는 전염병이 돌고 있었다. 아픈 사람이 전혀 없다면, 고통이나 아픔이 없다면, 심지어 감기조차도 없다면, 요엘은 따분하게 될 것이다. 일주일에 환자가 한 명도 없다면, 그는 지탱할 수 없을 것이다.

그는 그의 친구 버나드에게 이런 상황에 대하여 불평을 털어놓았다. 버나드는 대담하게 요엘이 정체성의 위기에 봉착했다는 의견을 제시했다. 일이 없으면 요엘은 자신이 누구인지 모른다. 요엘은 절망에 빠졌고 침울해졌다. 이제 그는 그러한 경험으로 인해서 거의 움직일 수 없게 되었다. 물론 버나드의 판단은 옳다. 요엘이 추구하는 것은 그의 일이다. 그의 기술적인 행위이다. 그는 이 일을 자신이 원한다고 생각한다. 그러나 버나드는 그에게 "너는 무엇을 구하느냐?"라고 질문한다. 이 세상에 모든 사람이 갑자기 건강하게 된다면 그는 어디에 있어야 하는가?

요엘은 이러한 질문을 받는 것을 좋아하지 않았다. 그리고 많은 사람들은 이와 같은 질문을 받는 것을 좋아하지 않는다. 당신은 무엇을 구하는가? 그것은 고통스러운 질문이다! 이 질문은 사라지지 않을 것이다. 이 질문은 우리를 계속 괴롭힌다. 우리가 지금 이 질문을 회피한다면, 그 질문은 나중에 다시 한번 우리에게 도전할 것이다. 우리가 지금 이것을 회피한다면, 그것은 인생의 몇몇 위기의 그림자들로부터 눈에 띄게 될 것이다. 그것은 우리를 엄습할 것이다! 인생의 고통이 너무 커서 벗어나기에 힘들게 되었을 때, 우리 삶이 좌절되고 위협받을 때, 그때에 이 질문이 우리에게 다가온다. 너는 무엇을 구하느냐?

너는 무엇을 구하느냐? 우리는 개인적으로 이 질문에 봉착한다. 그러나 우리는 공동체적으로도 이 질문에 도전을 받는다. 이곳에서 하나님의 백성의 공동체로서 우리는 무엇을 구하는가? 어떤 사람들은 우리가 '좋았던 옛 시절'로 되돌아가기를 원한다고 말하기도 한다. 예를 들면, 교회에 참석한 사람들의 수가 많았던 그때, 작은 수의 공동체였고 모든 사람들끼리 서로 잘 알았던 그때, 교회가 사람들의 사회적 생활의 중심이 되었던 그때로 되돌아가고 싶어한다. 그러나 우리는 우리 내면의 깊은 곳에서 그것이 해답이 아님을 안다.

예수님은 두 제자들에게 상당한 두려움을 주는 질문을 하신다. "너희는 무엇을 구하느냐?" 그들은 당황하여 "당신은 어디에 계십니까?"라고 대답한다. 예수님은 "와 보라!"라고 대답하신다.

와 보라! 예수님은 당황스러워하는 두 제자들을 자신이 머물고 있는 곳까지 따라오도록 초대하신다. 그러나 물론 예수님은 그 이상의 말씀을 하고 계신다. 예수님은 그들 두 사람에게 자신을 믿도록 초대하신다. 그는 그들에게 확신을 가지고 따르도록 초대하신다. 그렇게 하는 중에 발견되어야 할 중요한 무언가가 있다.

그리스도는 여전히 우리에게 "너는 무엇을 구하느냐?"라고 물으신다. 그리고 우리들 중 대부분은 여전히 거의 관심을 갖지 않는다. 그러나 그리스도는 여전히 "와 보라!"라고 우리를 초대하신다. 이 말씀은 일종의 약속이다. 오라. 나를 따르라. 나를 믿어라. 나를 신뢰하라. 그러면 너는 보게 될 것이다. 너는 이해할 것이다. 너는 네가 원하고 필요하다고 상상한 모든 것보다 더 심오한 무언가를 알게 될 것이다.

그렇게 이 첫 번째 제자들처럼 우리는 따른다. 우리는 우리가 추구하는 것에 확신이 없다. 우리는 우리가 기대한 일이 일어날 것이라는 확신이 없다. 우리는 그 결과가 어떻게 될 것인지에 대해서 알지 못한다. 그러나 우리는 그 약속을 믿는다. 와 보라!

당신은 수영을 배우려고 했던 것을 기억하는가? 당신은 당신을 가르치는 선생님이 물이 무엇과 같은지 '와 보라'라고 당신을 초대한 것을 기억하는가? 당신을 가르치는 선생님은 물이 당신을 받쳐 줄 것이라고 약속했다. 당신은 뜰 것이다! 그러나 당신은 그 말을 믿지 못한다! '나는 물속의 돌멩이처럼 가라앉을 거야!' 그러나 결국 당신은 그 선생님의 약속을 신뢰한다. 당신은 그의 초청을 받아들인다. 당신은 물속으로 들어가고, 당신의 등을 뒤로 하고 당신의 팔을 뻗고, 깊은 숨을 들이쉬고 당신의 발을 바닥으로부터 떨어지게 하라! 당신은 돌멩이처럼 가라앉지 않았다. 당신은 물위로 떴다. 약속이 실현되었다!

약속이 실현되었다! 와 보라! 그 약속이 당신을 지켜 줄 것이다. 우리는 아직도 우리가 무엇을 구하고 있는지 알지 못한다. 우리는 예수님이 우리를 어디로 인도하실지 여전히 알지 못한다. 우리는 우리가 배영까지 배울 수 있을지 의심한다. 그러나 약속은 실현될 것이다! 그리스도가 인생의 위험한 물 가운데에서 우리를 지키신다.

그러나 오늘의 복음서 일과에는 보다 더 흥미로운 특징이 한 가지 남아 있다. 이 두 제자 중에 한 사람은 안드레이다. 안드레는 자신이 예수님에게 무엇을 추구하고 있는지 정확하게 알지 못한다. 그러나 그는 약속을 신뢰하고 예수님의 와서 보라는 초청을 받아들인다.

이 빈약한 근거하에 그는 그 이상의 행동을 한다. 안드레는 예수님에 대한 좋은 소식을 나눈다. 그 자신의 형제인 시몬 베드로와 이 소식을 나눈다. "우리가 메시야를 만났다." 당신은 분명히 안드레의 결연한 선언에 당황할 것이다. 그에게 오랫동안 고대해 오던 하나님의 대리자를 예수님 안에서 찾았다는 주장을 할 근거가 있는가? 그는 실제로 예수님 안에서 그가 무엇을 구하는지 알지 못했다. 그는 그가 보게 될 세례 요한의 증거와 예수님의 약속을 제외하고는 아무것도 가지고 있지 않았다. 그럼에도 불구하고 그는 그의 생각을 알렸다.

참으로 흥미로운 일이다! 복음서 일과는 요한의 증거, "보라 하나님의 어린양이로다."로 시작한다. 그리고 그 일과는 안드레가 베드로에게 한 우리가 메시야를 만났다는 증언으로 결론을 맺는다. 이 밖의 모든 것들은 이 증거의 버팀목 내에서 일어난다.

이 회중의 일원인 우리는 우리가 무엇을 구하는지 아마도 확신하지 못할 것이다. 우리는 예수님을 따름으로 인해서 무엇으로 인도될 것인지 알지 못한다. 그러나 우리는 우리가 보게 되고, 배우게 되고, 우리를 성장하게 할 약속을 믿는다.

그러나 우리를 위해 모든 사건이 증거의 버팀목 내에서 일어난다. 예수님의 약속에 대한 우리의 신뢰는 우리에게 우리가 메시야를 만났다는 소식을 나누지 않을 수 없게 한다. 만약 우리가 도전하지 않는다면, 우리는 실제로 우리의 주장을 구체화할 수 없다. 만약 우리의 주장이 의심을 받는다면, 우리는 확신을 가지고 그 의심을 이겨 낼 수 없다. 우리는 오직 그리스도를 믿고 삶을 그분에게 맡길 수 있다. 그리고 우리가 그렇게 했기 때문에 그 사실에 대하여 조용히 있을 수 없다. 우리는 형제자매들이 어디에 있든지 찾는다. 그리고 우리는 그 소식을 나눈다. 우리가 메시야를 만났다! 우리와 함께 하자. 그리고 와 보라!

## 3. 강화들과 내러티브

내러티브와 강화는 어떠한 관련이 있는가? 요한복음은 예수님의 강화와 예수님의 행위에 관한 내러티브들을 자극적인 방식으로 나란히 놓는다. 예를 들면, 우리는 어느 때에 강화 구절을 앞의 내러티브에 관한 주석으로 이해해야 하는가? 다른 말로 하면 강화 구절들을 대하는 데 있어서 우리에게 요구되는 것은 어떤 방식으로 복음서 저자가 내러티브와 강화를 서로 엮어 놓았는지, 하나가 다른 것에 대한 해석으로 주어지는지에 대한 감각을 갖는 것이다.

많은 학자들은 요한복음에 있는 강화와 내러티브 사이의 구조적인 관계에 주목해 왔고, 분석하고자 했다. 유명한 영어권 신약학자인 다드는 몇 년 전에 요한복음의 전반부 열두 장에 있는 강화와 내러티브의 관계에 대하여 이와 같이 말했다.

> 구조의 단위는 내러티브와 강화로 구성된 하나의 에피소드(삽화)이다. 이 둘은 하나의 주된 주제로 연결되어 있다. 이야기된 사건들은 강화에 등장하는 그 사건에 대한 그들의 복음적인 의미를 위한 해석을 수용한다. 다른 관점에서 표현하자면, 강화들에서 선언된 진리들은 서술된 행동 속에서 극적인 표현으로 제시된다. 행동과 말은 하나이다. 행동과 말의

통일성은 요한복음의 철학에 근본을 이룬다…….[25]

다드는 나에게 복음서에 내러티브와 강화가 어떻게 짜 맞추어져 있는지, 그리고 전자가 후자를 해석해 주는지 깨닫게 해 주었다. 더군다나 다드는 '행동과 단어의 통일성'에 관하여 말함으로써 이런 관계가 어떤 의미가 있는지 사고하게 했다. 내러티브와 강화의 통일성에 관한 인식은 설교를 위한 몇 가지 중요한 암시를 내포하고 있다. 여전히 다드의 진술은 몇 가지 조건을 필요로 한다.

내러티브와 강화에 관한 다드의 견해는 요한복음에 대한 최근 내러티브 비평가인 스티브(Mark W. G. Stibbe)의 작품에 반영되었다. "요한복음에서는 종종 강화 자료의 문맥에 내러티브가 나오는데, 그것은 내러티브의 전후 관계를 살펴봄으로 독자들이 세부사항을 깊게 해석하게 한다." 스티브는 다음과 같이 말함으로 다드의 폭넓은 일반화를 축소시킨다. "서술과 대화 사이의 관계가 비록 다양하게 표현되었다고 할지라도, 총괄적으로 판단할 때는 이것은 복음서의 한 특징이다."[26]

### 1) 담화와 행동에 관한 요한의 다양성

요한복음은 예수님에 관한 이야기들을 담화들과 연결시키려는 경향이 있다. 그러나 이 형태가 반드시 고정적이거나 불변하지는 않다. 그보다도 이 본문은 관계가 다양하다는 점에서 독자들의 균형을 잃게 한다. 아래에 있는 도표는 우리에게 담화와 행동 사이의 관계를 폭넓게 보여 줌으로써 이해를 돕는다.

---

25. Dodd, *Interpretation of the Fourth Gospel*, p. 384.
26. Mark W. G. Stibbe, *John as Storyteller : Narrative Criticism and the Fourth Gospel*, SNTSMS 73(Cambridge : Cambridge Univ. Press, 1992), pp. 17-18.

| 내러티브와 강화의 구조 – 요한복음에 있어서의 대화 | |
|---|---|
| 내러티브 | 강화 – 대화 |
| | 서론(1 : 1 – 18),<br>화자의 강화 |
| 요한의 증언과 제자들의 부름(1 : 19 – 51) | |
| | 가나의 혼인잔치(2 : 1 – 11) |
| 성전정화(2 : 12 – 23)<br>니고데모가 예수님에게 나아옴(3 : 1 – 10). | |
| | 하나님과 아들(3 : 11 – 12) |
| 세례 요한과 예수님(3 : 22 – 30) | |
| | 위로부터 오신 분(3 : 31 – 36) |
| 사마리아 여인(4 : 1 – 42)<br>왕의 신하의 아들을 고치심(4 : 43 – 54).<br>못가에서 한 사람의 치료(5 : 1 – 18) | |
| | 아들과 아버지(5 : 19 – 47) |
| 많은 무리를 먹이심(6 : 1 – 15).<br>물위를 걸으신 예수님(6 : 16 – 21)<br>무리들이 예수님에게 나아옴(6 : 22 – 24). | |
| | 생명의 떡에 관한 대화(6 : 25 – 59) |
| 예수님의 말씀에 대한 반응(6 : 60 – 71)<br>예수님이 명절에 올라가심(7 : 1 – 13). | |
| | 명절 담화(7 : 14 – 24) |
| 예수님에 대해 나누어짐(7 : 25 – 31).<br>예수님을 체포하는 시도에 실패함(7 : 32 – 36).<br>명절과 나누어짐에 대한 결론(7 : 37 – 52)<br>(간음하다 잡힌 여인〈7 : 53 – 8 : 11〉) | |
| | 세상의 빛 – 위로부터 오신 예수님<br>(8 : 12 – 30)<br>예수님과 아브라함(8 : 31 – 59) |
| 나면서부터 소경된 자의 치유(9 : 1 – 41) | |
| | 양과 목자(10 : 1 – 39) |
| 예수님이 요단강 저편으로 가심(10 : 40 – 42).<br>나사로를 살리심(11 : 1 – 44).<br>예수님을 체포하려는 음모(11 : 45 – 57)<br>예수님에게 마리아의 기름 부음(12 : 1 – 8).<br>나사로를 죽이려는 음모(12 : 9 – 11)<br>예루살렘에 들어가시고 헬라인들이 나아옴 | |

| (12 : 12 – 22). | |
|---|---|
| | 때가 옴(12 : 23 – 36). |
| 예수님에게 불신의 반응(12 : 37 – 43) | |
| | 예수님을 믿음(12 : 44 – 50) |
| 발을 씻음(13 : 1 – 11). | |
| | 섬김, 사랑, 그리고 배반(13 : 12 – 38) |
| | 고별강화들(14 : 1 – 16 : 33) |
| | 예수님의 기도(17 : 1 – 26) |
| 수난 이야기(18 : 1 – 19 : 42) | |
| 부활(20 : 1 – 29) | |
| 첫 번째 결론(20 : 30 – 31) | |
| 바닷가에서의 부활 현현(21 : 1 – 14) | |
| | 베드로와의 대화(21 : 1 – 15) |
| 두 번째 결론(21 : 24 – 25) | |

내러티브와 강화 사이의 이 같은 구분은 요한이 이 둘을 사용하는 여러 가지 특징들을 이해하는 데 도움이 된다. 첫째로, 내러티브 부분은 담화 부분보다 더 자주 나타난다. 그러나 길이 면에서 14~17장은 해설 부분과 비교할 때 담화의 양이 적절하다. 두 번째, 두 종류의 자료가 나타나는 경우 분명하고 예측 가능한 형식이 없다. 비록 나의 이 구분이 정확하다고 할 수 없을지라도, 하나의 담화 앞에 얼마나 자주 세 개의 내러티브 부분이 나오는지 주목하는 것은 흥미롭다.

예를 들면, 3 : 12~21에 있는 예수님의 첫 담화가 나오기 전에 1 : 19~3 : 10에 세 가지 사건들이 기술된다. 그리고 5 : 19~47의 담화가 나오기 전에 4 : 1~5 : 18까지 세 내러티브 부분이 있다. 또한 동일한 형식이 6 : 1~59과 7 : 32~52에 다시 발견된다. 그러나 담화와 행동은 3 : 1~21과 12 : 12~13 : 1에서 교대로 나온다. 더 나아가서 10 : 40~12 : 22은 하나의 긴 내러티브 부분이다.

담화(speech)와 사건(event)의 관계가 다양하며, 전적으로 예측할 수 없다는 스티브의 주장은 옳다. 여전히 우리는 다드와 스티브 이 두 사람이 강화가 내러티브에 관한 설명과 관계된다고 한 주장의 취지에 주목해야 한다. 적어도 아래의 예들에서 진술한 내러티브 부분은 예수님의 말씀에 의해서 풍요롭게 된다.

- 3 : 11~21 니고데모가 예수님을 찾아온 내러티브에 대한 해설
- 3 : 31~36 세례 요한에 관한 대화를 조명한다.
- 6 : 25~59 많은 무리를 먹이신 이야기의 의미를 깊게 한다.
- 9 : 1~39 나면서부터 소경된 사람의 치유에 관한 이야기에서 종교지도자들에 대한 설명
- 12 : 23~36 헬라인들이 예수님을 찾아온 사건과 다소 관련이 있어 보인다.
- 12 : 44~50 예수님에 대해 불신앙으로 반응하는 사람들의 비극을 강조한다.
- 13 : 12~38 의심할 것 없는 발 씻기는 행동에 관한 해설

비록 전체 이야기들에는 나오지만, 우리는 아직 이야기되지 않은 사건을 예수님이 예견하신 경우를 찾을 수 있다. 예를 들어, 3 : 31~36에 있는 담화에서 예수님이 자기 자신에 대해 '무엇보다도'라고 말씀하실 때 그것은 사마리아 여인(4 : 12)에 관한 이야기를 미리 가리키는 것인가?

예수님이 나중에 6 : 25~59에서 해석하신 것처럼 '생명'과 '영생'에 대한 말씀은 많은 무리를 먹이신 표적을 예상한 것인가? 만약 그렇다면, 많은 무리를 먹이신 이야기는 두 해석들 사이, 하나는 앞에 그리고 다른 하나는 뒤에 있는 해석들 사이에 놓이게 된다.

사실, 이것은 요한복음에서 내러티브 부분들과 강화 부분들 사이의 관계가 아주 복잡하고도 의미심장하다는 사실을 암시한다. 이 관계성 때문에 독자들은 어떤 한 부분을 해석하려고 할 때 그것이 이미 앞에 나

왔음을 지속적으로 염두에 두어야 할 필요가 있다. 이런 요구는 복음서의 거의 모든 부분이 복음서의 다른 부분을 다시 읽도록 요구한다는 의미에서 이른바 '재읽기'(re-reading)라고 불려지는 요한복음의 비평적 분석으로 우리를 이끈다.[27]

다드가 올바르게 지적한 것처럼 우리의 흥미를 가장 끄는 것은 말과 행동의 역동적인 통일성이다. 관계의 복잡성은 서로에 대하여 우위성을 갖지 않고, 말이 행동을 해석하고, 그리고 행동이 말을 해석해야 한다고 역설한다. 신학적으로는 이것이 말과 행동은 하나이고 그것의 계시적인 특성에 있어서는 동일하다는 주장이다.

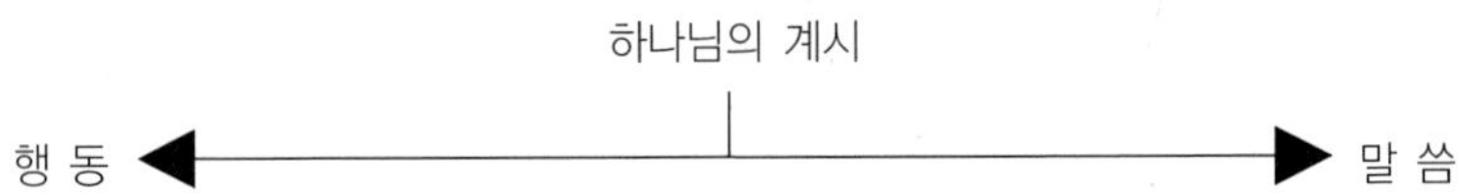


성육화된 말씀은 하나님이 행하시고 말씀하신 것 둘 다에서 하나님을 계시한다. 그리고 예수님의 말씀과 행동, 둘 모두에 대한 등장인물들의 반응은 인간의 딜레마를 반영한다. 예를 들면, 예수님의 담화가 때때로 어떻게 불신을 야기시키며(6 : 60-71), 때때로 어떻게 그의 행동이 동일한 거절을 불러일으키는(9 : 1-41)가에 주목하라. 말씀과 행동은 동일한 계시의 다른 형태이며, 그것은 우리를 이 논의에 대한 설교학적인 암시들로 이끈다.

---

27. 성서연구들에 있어서 다시 읽기는 새로운 비평적 관심이다. 이 과정에 관해서 나에게 상당한 통찰력을 주었던 연구는 불행히도 아직 영어로 번역되지 않았는데, 이 책의 목적은 고별강화가 어떻게 다시 읽혀지도록 쓰여졌는지를 보여 주고자 하는 데 있다. Andrea Dettwiler, *Die Gegenwart des Erhöhten : Eine Exegetische Studie zu den johanneischen Abschiedsreden(John 13 : 13-16 : 33) unter besonderer Berücksichtigung ihres Relecture-Charakters*, FRLANT 169(Göttingen : Vandenhoeck & Ruprecht, 1995).

## 2) 설교학적인 암시들

첫 번째 함축된 의미는 설교에 관한 일반적인 사항이다. 근본적인 질문은 어떻게 이야기가 말씀화되며, 어떻게 말씀들이 행동들을 특징짓느냐이다. 어떻게 이 둘이 서로에 대해 경쟁적인 관계에 있으며, 서로를 향상시키는가이다. 우리는 말과 행동이 하나일 때 그것이 그리스도인의 삶을 온전히 통합시키며, 신뢰성 있게 한다는 사실을 잘 알고 있다. 이 자명한 이치는 하나의 사건 속에서 말씀이요, 행동인 그리스도가 하나님의 계시라는 사실에 근거를 둔다. 그는 말씀을 하실 뿐만 아니라 걸음을 걸으신다. 하나님의 자기계시가 말씀과 행동의 조화 속에 있기 때문에 그 계시에 의해 받아들여진 우리들 대부분은 날마다의 생활 속에서 이 둘을 조화시켜야 한다.

그러나 설교자들은 말씀과 행동의 이 통일성에 관한 또다른 함축된 의미에 관심을 두어야 한다. 설교는 설교단을 넘어서 설교자의 생활과 밀접하게 연결되어 있다. 거기서 우리는 말씀이 우리 자신의 생활 가운데에서 행동으로 구체화되었는지 아닌지를 드러낸다. 이것 역시 하나님에 관한 그리스도의 계시의 단일성에 근거를 둔 자명한 이치이다.

게다가 설교적 행위 그 자체는 말씀과 행동의 관계성에 대한 표현이다. 설교는 단지 구두의 사건만이 아니다. 우리가 알아야 하는 분명한 진리는 우리가 육체 가운데에서 보아 왔고 들어 왔던 그 좋은 설교자의 오디오 테이프 녹음을 경청해야 한다는 것이다. 테이프에 구체화되지 않은 말씀은 실제 설교에서 생명력이 떨어진다. 설교자의 몸은 그의 말과 마찬가지로 설교의 한 부분이다. 그러나 설교단에서의 설교자의 행동들은 전인격을 통해서 모든 사람들과 대화하고자 하는 그의 말씀과 조화를 이룬다. 만약 우리가 때때로 설교의 말씀들이 모두 계산에 의해 선포되고, 몸짓, 몸의 움직임, 그리고 자세가 단지 설교적 양식의 재료를 깨끗하게 다듬는 행동에 불과하다고 생각한다면, 우리는 설교의 근본적인 특징을 대단히 잘못 이해하고 있는 것이다. 다시 말하면, 말씀은 바로 지금 그 말씀을 구체화한 사람에 의해서 선포된다.

내러티브와 강화의 관계에 대한 두 번째 함축된 의미는 설교를 위한 요한복음 본문의 해석과 관계가 깊다. 우리가 내러티브와 강화 사이에 밀접한 관계에 대해서 주시해 왔던 것이 설교를 위한 요한복음 본문에 관한 연구에 몇 가지 분명한 결과들을 가져다준다.

첫째, 분명히 우리는 설교하기 위해 선택한 본문의 세부적인 내용을 염두에 두면서 설교하고자 하는 구절과 인접한 부분의 내용에 깊은 관심을 기울일 필요가 있다. 이것은 그 구절 앞뒤의 여러 부분들을 함께 읽음을 의미한다. 그리고 때로는 복음서 전체를 다시 읽음을 의미한다.

두 번째, 우리는 해설과 담화 사이의 연결점들을 찾아야 한다. 내러티브 형식으로 구현되는 그 구절의 앞뒤에 어떤 예수님의 말씀이 있는가? 예를 들면, 사순절 다섯 번째 주일, C의 마리아가 예수님께 기름 부음에 관한 설교에서 우리는 '값 비싼 향유 곧 순전한 나드 한 근'(12 : 3)이 예수님의 장사를 예견하는 것과 마찬가지로(19 : 38 - 40) 마리아의 형제 나사로의 장사도 예견한다는 사실에 주목해야 한다.

기술적으로, 본문에서 독자에게 앞서 시사해 주는 구절을 '프로렙시스'(prolepses)라 하고, 본문의 보다 앞선 부분들을 거슬러서 가리키는 부분을 '아나렙세스'(analepses)라고 부른다.[28] 마리아의 행동은 둘 모두에 해당된다. 왜냐하면 그녀의 행동은 한편으로 그녀의 형제를 죽음에서 일으키신 그리스도를 통한 하나님의 은총과 다른 한편으로는 믿는 사람들 모두에게 생명을 주는 그리스도 자신, 그리고 가장 중요한 부활 사이에 위치하기 때문이다.

28. Culpepper, *Anatomy*, pp. 56 - 70.

### 3) 설교의 예

마리아가 예수님에게 기름 부은 사건(12 : 1-8)은 구절들의 상호연관성에 관한 설교학적 가능성들을 탐구할 수 있는 좋은 기회를 제공한다. 이것은 단지 설교의 한 단편이다. 그리고 이 설교는 설교의 방향성과 고려할 점을 설정해 놓은 단편이다. 이 설교는 본문의 해석에 초점을 맞추었으나, 나는 두 군데에서 이 단편의 부분들이 어떻게 완전한 설교로 발전될 것인지를 지시하는 내용을 괄호 안에 삽입해 놓았다.

> 당신은 어린 시절에 길을 횡단하다가 주의를 받았던 일을 기억하는가? 그 표준이 되는 경고는 다음과 같다. "길을 건너기 전에 길 양쪽을 살펴야 한다!" 부모님의 명령은 우리가 그러하리라고 상상하는 것보다 더 큰 도움이 된다. 우리는 운전할 때 길에 진입하기 전 길 양쪽을 계속해서 살펴야 한다. 주행하기 전에 교통상태를 점검하라. 내가 특별히 제대로 이행하지 못하는 사항 중에 하나는 넓은 주차 장소에서 양편을 살피는 행동이다. 예를 들면 쇼핑몰 같은 곳에서 동시에 모든 방향을 살펴야 하는 것과 같이 양쪽을 살피는 행동은 쉽지 않다!
>
> 그러나 이 복음서 일과는 우리에게 그렇게 하라고 요청한다. 양쪽을 다 살펴라! 예수님의 발에 마리아가 기름을 붓는 행동은 사랑과 애정이 담긴 아름다운 동작이다. 정확하게 그 행동은 무엇을 의미하는가? 특별히 요한이 이 이야기를 이곳에 둠으로 의미하고자 하는 바가 무엇인가? 곧 예수님의 사역의 이 연결지점에 이 이야기를 두는 이유는 무엇인가? 요한복음 12장 전체는 문의 축과 같다. 복음서 전체의 이야기는 이 지점이 중심축이며, 이제 다른 방향으로 선회한다. 이전 장들에서는 예수님의 공적 사역을 다룬다. 그러나 12장 이후에서 예수님과 그의 제자들은 사적으로 물러난다. 13~17장은 예수님이 제자들과 하신 사적인 사역과 관련이 있다.
>
> 그렇다면 마리아의 사랑의 행동은 무엇을 의미하는가? 마리아가 사용한 '비싼 향유'는 장사를 위해서 몸에 바르는 데 사용되는 물건이다.

그 시체는 향유로 덮이고 다음에 기름이 발라진다. 다음으로 그 시체를 천으로 감싼다. 이 행위는 시체를 보존하고 불쾌한 냄새를 줄이는 일반적인 방법이다. 마리아가 그가 가져온 향유 모두를 사용했을 때 우리는 장사를 위해 준비했다고 생각하지 않을 수 없다. 그리고 그 행위는 양편 모두를 보게 한다.

먼저, 우리는 뒤를 돌아본다. 예수님에게 기름을 부은 마리아의 행동은 우리에게 그녀의 형제 나사로를 생각나게 한다. 우리가 아는 것처럼 이 복음서 일과는 예수님이 무덤에서 나사로를 일으키신 후에 곧바로 나온다. 마리아는 장사를 위해 준비되었던 그녀의 형제를 보았었다. 향을 바르고, 방부제를 넣고 천으로 감았다. 그리고 이제 그녀는 동일한 향유를 예수님의 발에 붓기 위해 사용한다.

기름 붓는 마리아의 행동은 감사를 표현하는 사려 깊은 동작이다. 이 행동은 예수님을 향한 마리아의 사랑과 감사를 표현하는 방식이다. 이러한 행동은 마리아에 관해 우리에게 전해진 말씀에서 발견할 수 있다. 마리아와 그의 누이 마르다는 주님의 충실한 제자로 그려진다. 마리아의 기름 부은 행동은 스승에 대한 제자의 사랑의 행동이다(우리의 제자도에서 감사의 부분은 어떠한가? 그리고 우리는 어떤 행동으로 감사를 표현하는가?).

마리아의 행동은 우리에게 나사로를 회복시켰던 예수님의 모습을 회상시킨다. 그 행동은 또한 우리에게 앞을 바라보게 한다. 우리는 이 이야기의 나머지 부분을 안다. 예수님은 결국 체포되시고, 심문을 받으시고, 십자가에 처형당하시고 그 후에 묻히신다. 그 이야기의 이 전환점에서 요한은 앞으로 다가올 일을 예시해 준다. 마치 소설에서 때때로 이야기의 중간쯤에 그 이야기가 어떻게 끝맺게 될 것인지에 관한 암시를 주는 것처럼 말이다. 마리아는 아무도 모르게, 의도적이지 않게 예수님의 장사를 준비하고 있었을 것이다. 그러나 예수님의 이야기 전체 맥락 속에서 이 기름 부음은 다가올 일을 예견한다. 그것은 예수님의 죽음과 장사이다.

마리아의 행동은 우리에게 양편 모두를 보도록 요구한다. 우리에게 미래를 가리키면서 그리스도가 우리를 위해서 무엇을 하실지 예시한다. 그녀의 기름 부음은 예수님이 자신의 친구, 당신과 나를 위해서 행하시는 희생 제의를 암시한다. 이러한 방식으로 이 행동은 하나님이 그리스도 안에서 우리를 위하여 하신 것을 기억하도록 한다. 그 사랑은 우리와 같은 사람들을 위해서 그분의 생명을 내려놓는 행위 안에 표현된다. 기름 붓는 행위는 하나님이 우리에게 보여 주신 사랑을 기억나게 한다.

앞을 바라보는 행동은 우리에게 뒤도 돌아볼 수 있게 한다. 거기서 우리는 예수님이 마리아를 위해서 행하신 일을 보고 마리아가 표현한 일종의 감사가 우리 안에서도 일어나도록 감동을 준다. 마리아는 당신과 나를 대표한다. 그녀는 우리가 직접적으로 할 수 없는 행동을 우리를 위해서 한다. 그녀는 제자도의 차원에서 우리의 모델이다. 우리는 예수님의 발에 기름을 부을 수 없다. 그러나 우리는 그분이 자신의 생명을 주셨던 사람들을 섬길 수는 있다(오늘날 우리의 세계에서 사랑의 섬김의 표상으로 기름 붓는 행위).

# 5장 왕으로 즉위하다

## 요한복음의 수난 이야기

요한복음의 수난 이야기로부터 가져온 구절들은 개정판 공동성서일과에 일곱 번 나온다. 성금요일(A, B, C 모두), 왕 되신 그리스도의 날(그리스도 왕, B), 종려·수난주일(B, 격년으로), 성토요일(A, B, C, 격년), 우리 주님의 부활(부활절, A, B, C, 격년으로), 오순절(A), 부활절 2(A, B, C)과 부활절 3(C), 주어진 구절 중 넷은 부활하신 주님의 현현을 보도한다. 하나는 전체 부활 이야기이다(18 : 1 - 19 : 42). 다른 하나는 빌라도 앞에서의 심문에 관심을 가지며 또 하나는 십자가에 못 박히신 이야기이다. 분명히 교회는 요한복음의 구절들을 교회의 가장 중요한 몇몇 절기에 사용한다(왕 되신 그리스도의 날, 성금요일, 성토요일, 우리 주님의 부활, 부활절 기간, 오순절, 그리고 그 외의 몇 절기).

제사복음서는 예수님의 체포, 심문, 십자가, 그리고 부활에 관한 독특한 이야기를 진술한다. 요한복음의 수난 이야기 형태는 공관복음에서 찾아볼 수 있는 수난 이야기와 동일하다. 그러나 일반적으로 제사복음서 저자는 독특한 의미를 부여한 개별적인 에피소드들을 제공한다. 가장 중요한 것은 비록 완전히 독특하지는 않아도 그리스도의 죽음과 부활의 의미가 특별히 강조되어 나타난다는 사실이다. 예를 들면, 마태복음과 누가복음에서 동일한 주제를 확인할 수 있음에도 불구하고 그리스도의 왕권은 약간 다른 방식으로 요한복음의 이야기에 묘사된다.

요한복음에서 그리스도의 수난, 죽음과 부활의 의미는 애매모호하다. 그러나 지금쯤은 그것이 우리를 놀라게 하지는 않을 것이다. 긴장감을 주는 단어들, 구문들, 그리고 내러티브들을 사용하는 것처럼 요한복음은 당황스럽고, 자극적인 방식으로 예수님의 이야기에 결정적인 결론을 배정했다. 설교자가 요한복음의 수난 이야기가 눈에 보이는 것보다 더 많은 내용을 포함하고 있는지 의아해하는 유일한 사람은 아니다. 학문적인 데 지대한 관심이 있는 해석자들은 요한복음의 이 부분에서 동일한 경험을 해 왔다.

이 장에서 우리의 작업은 어려워진다. 우리는 먼저 요한복음 18장과 19장에 기록된 예수님의 체포, 심문, 죽음에 관한 요한의 내러티브를 개관하고자 한다. 이 부분을 개괄적으로 살펴보고자 하는 이유는 수난 내러티브들 내에 표현된 독특한 신학적인 주제들을 어느 정도 이해하는 것이 요한복음을 설교하는 데 필요하기 때문이다. 전체의 내용을 개관한 후 그 주제들에 대해 논의한 것과 동일한 방식으로 부활의 이야기들에 접근할 것이다.[1)]

1. 아래의 논의의 몇몇은 18~21장에 관한 나의 앞선 작업의 결과인 나의 주석, *John*, *ACNT*(Minneapolis : Augsburg, 1986), pp. 265-322을 반영한다. 이전에 출판된 자료 중 그 어느 것도 문자 그대로 여기에 사용하지는 않았다.

## 1. 체포, 심문, 그리고 십자가에 달리심

요한복음의 수난 이야기는 드라마와 서스펜스로 전개된다. 우리는 몇 개의 에피소드를 보게 될 것인데, 이 에피소드들은 약간 자의로 수정한 듯이 보인다. 반면 다른 내용들은 섬세하게 진술되었다. 이 부분을 개관하는 최선의 방법은 공관복음 전승과 공유되는 내용, 그리고 요한복음의 독특한 부분들 중에 몇 가지를 개략적으로 관찰을 함으로 수난 이야기 전체를 살펴보는 것이다.

### 1) 18장과 19장의 개관

#### (1) 정원에서 체포(18 : 1-11)

요한복음에서 예수님의 체포 기사는 예수님이 자신의 운명을 통제하고 계심을 강조한다. 제사복음서에는 독특한 두 구절이 포함되어 있다. 이 중 첫 번째는 18 : 4~9에 나타난 예수님이 신분을 밝히시는 내용이다. 이 부분은 화자가 독자들에게 예수님은 자신이 당하실 일을 정확하게 아셨다(4절)고 말함으로 시작한다.

예수님과 '몇몇 군인들과 대제사장들과 바리새인들에게서 얻은 아랫사람들' 사이의 간단한 대화는 엄청난 결과들을 가져온다. 예수님은 그들이 찾는 자가 누구인지 물으며, 그들은 '나사렛 예수'라고 대답한다. 예수님은 그 사람이 '나다'(egō eimi)라는 수수께끼 같은 표현을 사용해서 자신이 누구인지를 밝히신다. 마치 번개를 맞은 것처럼 군인들과 아랫사람들은 땅에 엎드려졌다. 이 표현이 독특하고 효과적인 방식으로 하나님에 대해 언급한 것인지 약간은 의심되는 면이 있으나, 이 사건은 한 가지 문제에 대한 답을 준다. 이 모습은 신적 이름의 능력이 체포하려는 일단의 사람들을 제압했음을 보여 준다.

이 장면은 또한 예수님이 큰 능력을 가지고 계신다는 사실을 독자들이 분명히 알게 한다. 곧바로 수난 이야기는 예수님이 기꺼이 이 사건들이 일어나도록 허락하셨음을 강조하면서 시작한다. 예수님은 결코 자신이 통제할 수 없는 악한 세력의 희생자가 아니다.

동일한 관점이 18 : 10~11에 나와 있다. 요한복음의 내러티브는 베드로를 칼을 가진 자라고 밝힌다. 그리고 베드로는 불쌍한 종인 말고에게 자신의 분노를 발산했다. 그러나 이 두 사람에 대한 상세한 소개가 예수님이 베드로의 행동을 멈추게 한 말씀보다는 중요하지 않다. 예수님은 베드로에게 그의 검을 칼집에 꽂으라고 간단하게 명령하신다. 그 이유는 예수님이 그의 생명을 위한 하나님의 뜻을 성취하셔야 하기 때문이었다.

'잔'(to potērion)에 대한 그의 언급은 겟세마네 동산에서 하신 예수님의 말씀을 기억나게 한다(마 26 : 39, 막 14 : 36, 눅 22 : 42). 그러나 제사복음서는 자신의 생애에 대해 계획하신 하나님의 뜻을 받아들이고자 고통스럽게 씨름하는 예수님의 이야기를 포함시키지 않았다. 요한복음에서 예수님은 모든 것을 하나님의 뜻에 맡겼기 때문에 그의 결단은 결코 흔들리지 않고 결국 그 뜻을 성취하신다. 반면 공관복음에 있는 겟세마네 동산에서의 예수님의 이야기와 요한복음 12 : 27~28은 놀라울 만큼 유사하다.

그 구절에 의하면 예수님은 '괴로워하신다'. 그러나 그 구절에서조차도 예수님은 하나님으로부터의 확인이 필요하지 않다고 주장하신다. 그리고 그때 들린 하늘의 음성은 예수님 자신을 위한 것이 아니라 무리들을 위한 것이다(12 : 30).

예수님은 체포 장면에서 모든 상황을 통제하신다. 그는 자신에게 무슨 일이 일어날지를 아셨으며, 하나님의 뜻에 순종하시고, 그 일들이 일어나도록 허락하신다. 비록 예수님은 그러한 일들이 일어나지 않도록 할 수 있는 능력이 있음에도 불구하고, 체포 이야기에 이 특별한 회전을 줌으로써 요한복음은 수난 이야기 전체를 통한 예수님의 역할에 경각심을 갖게 한다.

### (2) 예수님의 종교적인 심문과 베드로의 부인(18 : 12－27)

요한복음에서 종교적인 시험은 상당히 혼란스럽다. 비록 몇몇 진술이 내러티브로부터 벗어나지만 말이다. 혹자는 요한복음의 이야기가 이미 여러 부분에서 종교적인 시험을 진술해 왔기에, 종교지도자들 앞에서의 최후의 심문이 불필요하다고 주장한다(5 : 18, 7 : 1, 32, 45－52, 11 : 45－53 참고). 어떤 의미에서 요한복음 이야기 전체는 법적인 심문 장면과 동일하다고 할 수 있다. 곧 예수님은 피고이며, 종교지도자들은 원고이다.[2)]

종교지도자들의 심문에 관한 공관복음의 기사들과는 차이 나게 예수님은 산헤드린 앞에 서지 않으신다(마 26 : 57－68, 막 14 : 53－65, 눅 22 : 54－71 참고). 대신 우리는 예수님이 '그해의 제사장인 가야바의 장인인' 안나스에게 끌려갔다고 하는 설명을 듣는다(18 : 13 참고, 11 : 48－53과 비교).

그 장면은 곧바로 뜰에 있는 베드로에게로 바뀐다. 그리고 다시 예수님에게로 장면이 바뀌었을 때, 예수님은 '대제사장'에게 심문을 받

2. 보다 오래되었으나 유용한 연구는 A. E. Harvey, *Jesus on Trial : A Study in the Fourth Gospel*(Atlanta : John Knox, 1976)을 보라. 보다 최근의 연구는 Andrew T. Lincoln, *Truth on Trial : The Lawsuit Motif in the Fourth Gospel*(Peabody, Mass. : Hendrickson, 2001)을 보라. 요한복음이 요한 기독교인들이 회당으로부터 출회당한 후에 기록되었다는 이론(1장 참고)은 요한복음 전체에서 어떻게 회당의 지도자들이 그리스도인들을 고소했으며, 어떻게 그들이 자신들의 믿음을 지켰는지를 가정한다. 그러나 우리가 말해 왔던 바와 같이 요한복음의 기원에 관한 그와 같은 이론은 상당히 추상적이다.

으신다(18 : 19). 심문이 끝났을 때 우리는 "안나스가 예수를 결박한 그대로 대제사장 가야바에게 보내니라"(18 : 24)는 말을 듣는다. 다시 장면은 18 : 25~27에서 베드로에게로 되돌아간다. 그리고 18 : 28은 가야바 앞에서의 심문은 끝나고 예수님은 빌라도에게 끌려갔다고 보도한다.

몇 가지 질문이 남아 있다. 요한이 사용한 '그해의 대제사장'이라는 표현의 의미는 무엇인가? 대제사장은 가야바인가 아니면 안나스인가? 아니면 요한은 이 두 사람 모두를 '대제사장'이라고 부르는가?[3] 18 : 19에 언급된 대로 대제사장이 예수님에게 질문할 때 예수님은 자신이 드러내놓고 가르쳤고 아무것도 은밀하게 말하지 않았다고 간단하게 대답하신다. 23절에서 예수님은 대제사장에게 그가 가르친 것이 '잘못되었는지'를 지적하거나 그가 정죄받는 이유가 무엇인지를 설명하라고 한다. 예수님은 자신의 가르침 중에서 공격받을 만한 것이 있으면 찾아내라고 당당하게 말씀하신다.[4]

요한복음에는 종교적 심문과 베드로의 부인이 짜 맞추어져 있다. 마가복음과 마태복음에서 베드로의 부인에 앞서 종교지도자들의 심문이 나온 것과 달리, 누가복음에서는 그 순서가 뒤바뀌었다. 곧 베드로의 부인에 대해 먼저 우리에게 말하고(눅 22 : 54-62), 그 후에 산헤드린 앞에 서신 예수님의 모습을 보도한다(22 : 63-71). 그러나 요한은 그의 카메라를 예수님과 안나스(18 : 12-14, 19-24, 28), 그리고 뜰에 있는 베드

3. 특별히 Gail R. O'Day, "The Gospel of John : Introduction, Commentary, and Reflections," in *NIB* 9(Nashville : Abingdon, 1995), pp. 805-810을 보라.
4. 마태복음과 마가복음은 "내가 하나님의 성전을 헐고 사흘 동안에 지을 수 있다."(마 26 : 61) 혹은 "손으로 지은 이 성전을 내가 헐고 손으로 짓지 아니한 다른 성전을 사흘 동안에 지으리라"(막 14 : 58)고 분명히 밝힌 결과가 예수님에 대한 '거짓 고소'를 가져오게 되었다고 보도한다. 물론 요한은 2 : 19에서 거의 동일한 말씀을 예수님에게 돌린다. 그러나 그러한 말씀이 종교지도자들 앞에서의 예수님의 심문에는 아무런 역할을 하지 않는다.

로 사이를 오가며 움직인다. 그 이야기는 어떤 점에서는 다음과 같이 이동한다.

예수님과 가야바 → 베드로의 첫 번째 부인
↓
예수님과 '대제사장' → 베드로의 두 번째, 세 번째 부인
↓
예수님이 빌라도에게 보내진다.

그러므로 우리는 종교지도자들에 맞서서 흔들리지 않고 서 계신 예수님을 보고, 동시에 겁이 나서 굴복하는 베드로를 본다. '카메라'는 앞뒤로 이동하면서 대조의 충분한 효과를 보여 주며, 설교자들에게 서로 얽혀진 예수님과 베드로의 모습을 통한 대조를 재창출할 수 있는 놀라운 기회를 제공한다.

### (3) 빌라도 앞에서의 예수님의 시험(18 : 28 – 19 : 16)

이 구절은 보다 혼란스러운 종교적인 심문과 대조적으로 요한복음의 문학적인 걸작 중에 하나이다. 브라운은 그 구절의 '바깥 – 안' 구조를 묘사해 왔다. 그는 일곱 장면이 있음을 발견해 냈는데, 그 장면들은 건물의 외부 뜰과 관정 내의 장면들 사이를 번갈아 가며 오간다. 더군다나 브라운은 이 일곱 장면들 내에서 교차대칭 구조를 찾았다. 첫 번째 장면과 일곱 번째 장면, 그리고 두 번째와 여섯 번째, 세 번째와 다섯 번째 장면이 서로 병행을 이룬 반면, 네 번째 장면은 그 축이 된다.

그는 그 장면들을 다음과 같이 확인한다.

(1) 밖 – 종교지도자들이 예수님의 죽음을 요구한다(18 : 28 – 32). (2) 안 – 빌라도가 왕권에 대한 주제로 예수님을 심문한다(18 : 33 – 38a).

(3) 밖 – 빌라도는 예수님을 고소할 이유를 찾지 못한다. 그리고 예수님이나 바라바 둘 중 한 사람을 풀어 줄 것을 제안한다(18 : 38b – 40). (4) 안 – 군병들이 예수님에게 채찍질을 한다(19 : 1 – 3). (5) 밖 – 빌라도는 예수님이 무죄함을 선언한다(19 : 4 – 8). (6) 안 – 빌라도와 예수님은 권위에 관해 논의한다(19 : 9 – 11). (7) 밖 – 무리들은 빌라도에게 예수님을 십자가에 못 박게 넘겨 달라고 요구하고, 빌라도는 그렇게 한다(19 : 12 – 16).

브라운은 이 안과 밖으로의 움직임을 이같이 설명한다. "한 장면에서 다른 장면으로의 빌라도의 끊임없는 움직임은 그의 내면에서 일어나는 갈등에 대한 외적인 표현이다. 왜냐하면 예수님이 무죄하다는 그의 확신이 예수님을 정죄하도록 그를 압박하는 정치적인 압력과 동등한 비율로 증가하기 때문이다."[5)]

브라운이 관찰한 것처럼 빌라도의 성격은 매력적이다. 이 이야기는 빌라도가 예수님이 무죄함을 알았으나 만일 무죄를 선언한다면 종교지도자들이 원하는 바를 행하지 않는 것이기에 갈등을 겪게 될 것임을 더할 나위 없이 분명하게 해 주고 있다.

빌라도에 대한 논의들은 자주 그가 줏대가 없고 약한 자임을 보여 주지만, 다른 사람들은 그에게서 자신의 이력을 위해서는 정략적인 행동을 하려고 하는 한 정치가를 본다. 불트만은 빌라도가 계시에 대한 정권의 반응을 대변하는 자라고 강력히 주장한다. 그 당시의 국가는 '정치적인 의미에서만 왕의 개념을 이해한다'. 이 같은 빌라도의 태도는 예수님에 대한 중립적인 위치의 무익함을 요약해 주고 있다.[6)]

---

5. Raymond E. Brown, *The Gospel according to John(13 – 21)*, AB 29A(Garden City : Doubleday, 1970), pp. 858 – 859, p. 858으로부터 인용.
6. Rudolf Bultmann, *The Gospel of John : A Commentary*, trans. G. R. Beasley – Murray(Philadelphia : Westminster, 1971), pp. 653 – 657, p. 653으로부터 인용.

정치지도자와 무리들 사이의 대조는 빌라도의 상황에 관한 극적 효과를 높인다. 역사적인 사실이든지 그렇지 않든지 간에 요한은 무리들(그리고 종교지도자들)을 예수님에 대해 격한 적대감을 갖는 자들로 묘사한다. 그들은 다른 방법으로 문제를 해결하기를 원하지 않았다. 오직 예수님을 처형하고자 했다. 그들은 철저한 반대 세력을 대표하며, 반면 빌라도는 야비한 반대 세력인 기회주의자를 상징한다. 빌라도는 자신의 신념에 대한 용기가 부족했다. 그래서 그의 판단과 반대되는 입장을 취했다. 그는 예수님의 공개적인 반대 세력과 마찬가지로 악의 편을 들었다.

만일 빌라도가 매력 있는 등장인물이라면, 예수님은 왕적인 힘을 가진 인물이다. 이 내러티브의 중심과 정신은 왕적 권위에 관한 질문이다(18 : 33-37). 빌라도에 의해 대변되는 정치적 구조가 궁극적인 권위인가? 아니면 예수님인가? 요한은 조용히 이 등장인물들의 역할을 바꾸어 놓는다. 당신은 이미 오래전에 빌라도가 심판을 받아야 할 대상이고 예수님은 심판자라고 이해했을 것이다.

정치적 권력은 영적인 힘과 대립해 있다. 그러나 18 : 36에 있는 예수님의 말씀을 그의 왕권이 세상적이며 정치적인 문제들과는 전혀 관계가 없다는 의미로 받아들여서는 안 된다. 전체 이야기는 대립이 실상임을 나타낸다.

"이 세상에 속하지 않았다."는 에크 투 코스무(ek tou kosmou)에 대한 번역인데, 이 문장에서는 요한이 선호하는 전치사 에크(ek)를 사용한다. 이 전치사는 자주 한 존재의 근원을 암시한다. 어떠한 존재가 나온 뿌리이다.

예수님은 그의 권세가 세상 밖의 다른 근원으로부터 왔다고 말씀하신다. 빌라도의 모습을 한 정부와 예수님의 대결은 모든 정치적 구조(우리 자신의 것을 포함한)와 대결하고, 심판하고, 이의를 제기한다.

예수님의 왕적 능력은 빌라도를 상대하는 태도와 이 두 인물 사이의 현저한 차이에 의해 판단할 때 이 내러티브에서 분명해진다. 이 내러티브의 왕적 주제를 강화시키기 위해 요한복음의 저자 또는 요한복음의 저자 이전의 요한 전승은 예수님의 '채찍질'과 예수님에 대한 빌라도의 심문을 통합시킨다.

마태복음과 마가복음이 이 간단한 단화를 예수님에 대한 판결 이후와 예수님의 십자가에 달리시기 전의 위치에 포함시킨 반면(막 15 : 16-20, 마 27 : 27-31), 제사복음서는 독자들이 이 사건을 "누가 실제 왕이냐?"는 질문의 문맥 가운데에서 보기 원한다. 이 모두를 통해서 예수님은 다시 그 자신의 운명을 통제하신다. 예수님은 빌라도와 종교지도자들에게 그 시대의 주도권을 허용하지만, 궁극적인 권한은 자신이 가지고 계신다.[7)]

### (4) 십자가에 못 박히심(19 : 17-37)

예수님의 처형에 관한 요한의 설명은 초기 기독교 전통에서 발생한 전통적인 형태를 따르나 요한의 특질들을 덧붙임으로 풍요롭게 되었다. 십자가의 장면의 움직임은 다음과 같이 진행된다.

십자가(17-18절) ⟶ 죄표(19-22절) ⟶ 호지 아니하고 통으로 짠 옷(23-24절, 예언의 성취) ⟶ 어머니와 사랑하는 제자에게 하신 말씀(25-27절) ⟶ 말씀 : "내가 목마르다"(28-29절, 예언의 성취) ⟶ 말씀 : "다 이루었다"(30a절) ⟶ 죽음과 영혼이 떠나가심(30b절) ⟶ 예수님의 옆구리를 찌름(31-34절) ⟶ 참된 증언(35절) ⟶ 예언의 성취(36-37절)

---

7. 불행하게도 요한은 "이에 예수를 십자가에 못 박도록 그들에게 넘겨주니라"(19 : 16, 막 15 : 16과 차이나게 '그들에게'를 덧붙인다.)는 화자의 언급으로 빌라도 앞에서의 심문을 결론짓는다. 그들은 15절의 '대제사장들'을 가리키거나 아니면 14절의 '유대인들'을 가리킬 수 있다. 내러티브는 유대인들이나 그들의 지도자들이 실제적으로 예수님을 십자가에 못 박았다는 분명한 인상을 남긴다. 19 : 25에 의하면 그 인상이 옳음을 알 수 있다. 유대인들이 예수님의 죽음에 책임이 있다는 이 제안은 수세기 동안 기독교인들 사이에 반셈족적인 사상을 조성하였고 선동하였는데, 이러한 사상은 바로잡아야 하며 비난받아야 한다(1장 참고). 그러나 요한의 '유대인들'이라는 용어의 상징적 사용의 상황에서 볼 때 이 메시지는 악의 세력이 예수님의 처형의 책임이 있다는 것이다.

이 내러티브의 절정은 자신의 사명을 다 이루셨다는 예수님의 선언과 '영혼'이 떠나셨다는 말씀이다(30절). 이 이야기는 예상되는 바와 같이 그 절정을 향해 나아간다. 그러나 이에 뒤따르는 진술은 다소 생소하다. 창을 찌르는 행위는 어떤 점에서는 죽음의 해석처럼 보이며, 그 해석이 '참된' 진술이라는 지지를 받는다. 예언의 성취는 복음서들에 있는 십자가 장면의 공통점이다. 그러나 그 사건에 대해 구약성서를 인용한 요한의 각주는 이 복음서에서 독특하다고 하겠다 : 예수님의 호지 아니하고 통으로 짠 옷(23-24절, 시 22 : 18 인용), 그의 목마름(28절, 시 69 : 21 인용), 그리고 예수님의 뼈가 부러지지 않았다는 증언의 진실성(36절, 분명히 시 34 : 20, 출 13 : 46, 민 9 : 12의 결합), 그리고 예수님의 옆구리를 찌름(34절, 슥 12 : 10 인용). 시편 22편과 69편 모두는 마가복음에 인용되었으며, 마태복음에 병행구절이 있다(막 15 : 34, 36 참고). 그러나 제사복음서는 이 시편의 다른 부분을 언급한다. 초기 그리스도인들은 예수님의 죽음이 구약성서에 있는 주제들의 관점에서 이해할 수 있으며, 이해되어야 한다는 확신을 가졌다. 그러나 요한복음 19 : 36~37에 있는 인용구절을 포함한 것은 다른 문제이다. 37절의 스가랴서의 언급은 요한복음에 유일하다. 36절에서 제시된 내용은 유월절 어린 양과 관련이 있다. 후자는 우리가 아래에서 탐구하게 될 요한의 주제를 강화시킨다.

이 인용구절들이 암시하는 바는 예수님이 자신에게 주어진 "하나님의 사명을 온전히 이루셨다."는 것이다. 그러므로 '다 이루었다' 혹은 완성했다(tetelestai)는 30절의 표현은 매우 적절하다. 그러나 가장 중요한 것은 십자가 사건을 통한 예수님의 왕적 위상이다. 예수님은 자신의 십자가를 처형 장소까지 날랐다. 그의 옷은 호지 아니하고 통으로 짠 것인데, 이 옷은 왕으로서의 위엄과 온전함을 암시한다. 예수님은 성경을 응하게 하시려고 목마르다고 말씀하신 것이지 인간적인 욕구를 채우기 위함이 아니었다. 요한복음에는 예수님의 고통에 대한 언급이 없다. 즉, 그의 고통에 대한 호소나 하나님에 대한 간청이 없다(막 15 : 34과 대조). 예수님을 처형하는 자는 예수님의 고결한 위엄 때문에 감히 예수님을 조롱하지 못한다(눅 23 : 35 – 37 대조). 예수님은 마지막 행동으로 자신의 어머니를 돌아보며, 자신을 따르는 자들로 이루어진 새로운 공동체를 세우신다. 예수님은 인간처럼 죽지 않고 자유롭게 '영혼이 떠나가셨다'(paredōken to pneuma). 영어번역은 아쉽게도 '그의'(his)라는 단어 대신에 관사 '그'(the)로 대체한다. 예수님은 그를 따를 자들에게 "사람이 친구를 위하여 자기 목숨을 버리면 이보다 더 큰 사랑이 없나니 너희는 내가 명하는 대로 행하면 곧 나의 친구라"(15 : 13 – 14)고 말씀하신 것처럼 그는 이제 바로 그 일을 하신다. 곧 예수님은 기꺼이 자신의 목숨을 사랑으로 '내어 놓는다'.

아이러니하게도 '넘겨주다'는 동사(paradidōmi)는 수난 이야기에서 줄곧 심문의 과정 중 예수님과 연관 있는 권위자들에 관해 말할 때 사용되었다(18 : 2, 5, 30, 35 – 36, 19 : 11, 16). 예수님은 이 모든 언급들에서 동사의 목적어였다. 그러나 이제 더 이상 악한 지도자들이 주어가 아니며, 예수님이 동사의 주어가 되신다. 그리고 동사의 목적어는 예수님 자신의(혹은 하나님의) '영혼'이다. 예수님은 자신의 죽음의 명령을 취하시며, 자신의 목숨을 기꺼이 내어 놓으신다. 지금까지 '영혼'(to pneuma)이라는 표현에 대해서 논란이 있어 왔다. 과연 이 표현은 예수님 자신의 영혼을 가리키는가? 아니면, 성령을 가리키는가? 물론 대부분의 학자들은 영혼이 전자를 가리킨다고 주장한다. 그리고 그 구절은 '예수님이 죽으셨다'를 의미한다. 그러나 다른 학자들은 영혼이 성령의 선물을 암시한다고 주장했었다. 그리고 20 : 22에서 성령은 제자들에게 분명하게 주어질 것이다. '영'이라는 단어가 해결책 없이 두 가능성 모두를 불러일으킨다는 점에서 이 복음서에서 이 용어의 사용과 완전한 조화를 이루게 된다. 그의 생명, 영을 하나님께 드림으로 예수님은 하나님의 영을 세상에 넘겨주셨다.

예수님의 옆구리를 찌르니 물과 피가 나왔다는 수수께끼 같은 이야기는 해석하기가 어렵다(3장 참고). 이 표현은 예수님의 죽음에 대한 해석으로 중요한 위치에 있는데, 19 : 35에 있는 화자의 설명에 의해 증진되는 느낌이다. 그러나 그 설명에서 우리는 이름을 밝히지 않은 증인이 '보았다'는 것이 무엇인지 확인할 수 없다. 그가 본 것이 전체 십자가의 장면인가? 아니면 단지 예수님의 옆구리를 찌르는 것인가? 이것이 무엇을 가리키든지 '물과 피'(haima kai hydōr)는 확실히 중요하다. 한편으로 물과 피는 가장 분명하게 예수님이 죽으셨음을 의미하며, 그 자체로 충분히 중요한 의미가 있다. 그러나 만약 요한복음이 요한의 교회가 예수님이 육신을 입고 오셔서 죽으셨다는 사실을 부인하는 자들과의 논쟁(요일 2 : 22, 5 : 6 참고) 중에 기록되었거나 개정되었다고 한다면, 이 표현은 예수님의 죽으심을 '나타내려는' 어떠한 생각을 표현한 것으로 추정된다.

다른 단계에서 피와 살은 예수님의 계시의 결과 특별히 죽음으로 주어지는 선물을 대변한다. 예수님이 방금 '이루신 것'은 이 세상에서 육신을 입은 존재로서 사랑하고 속죄하는 하나님의 사명이다. '피'라는 헬라어는 요한복음 1 : 13에서 사용된다. 그 구절에서 피는 단지 인간의 생명을 의미한다. 그러나 6 : 53~56에서는 우리에게 영생을 주는 예수님의 육신의 생명이라는 독특한 의미가 있다. '물'은 하나님이 그리스도 안에서 주신 새로운 생명의 상징으로 가장 빈번히 사용된다(3 : 5-8, 4 : 10-14 참고). 이것의 상징체계는 보다 복잡하다. 그러나 이것은 예수님의 옆구리에서 물과 피가 나왔다고 말함으로 충분하다. 예수님의 옆구리에서 나온 물과 피는 그의 죽음의 실체에 대한 증거이며 또한 그의 생명이 영생과 새로운 생명의 근원임을 가리킨다. 십자가는 인간이 창조자와 새로운 관계를 맺으며, 전적으로 새로운 존재가 되게 한다는 의미에서 그리스도 안에 나타난 하나님의 자기계시를 대변하는데, 그것은 하나님이 의도하셨던 생명이다.

물론, 전체 십자가 장면은 빌라도가 십자가 위에 붙였던 히브리어와 로마어와 헬라어로 기록된 '나사렛 예수 유대인의 왕'(19 : 19－22)이라는 패 아래에서 전개된다. 이 이야기는 마태복음 27 : 37과 마가복음 15 : 26에서 발견되지 않는 명료함과 강조점을 가진 이 표식에 초점을 둔다. 마태복음과 마가복음에서 그 패는 예수님을 고발하는 죄명이 적혀 있으며, 누가복음(23 : 38)에서는 부수적으로 조롱의 구실이 된다. 요한복음에서 빌라도의 죄패는 역설적이다. 빌라도는 유대인들을 조롱하려는 의도를 가졌다. 그는 그들을 압박해서 예수님을 십자가에 못 박으려는 의도를 취소시키고자 하는 기대를 가진다. 부지불식간에 빌라도는 그레코 로마 세계에서 사용하는 세 언어로 온 세상에 십자가의 의미를 선포한다. 그리고 그리스도는 그의 죽음으로 왕으로 즉위하신다.

### (5) 장사(19 : 38－42)

이 간단한 에피소드에서 우리는 여러 가지 눈에 띄는 요한복음의 특징들을 찾아볼 수 있다. 첫째, 갑작스럽게 '숨은 제자'인 아리마대 요셉이 이전의 이야기에서 나온 니고데모와 함께 등장한다. 자신의 믿음을 공공연히 고백하지 않는 다른 사람과 니고데모의 관련성은 그 역시 제자일 가능성을 자극한다. 공관복음에서는 요셉을 언급하면서 '예수님의 제자'(마 27 : 57)라고 하거나 '하나님의 나라를 기다리는 자'라고 설명한다(막 15 : 43, 눅 23 : 50－51). '숨은 제자'라는 표현은 요한복음 저자의 시대에 자신들의 신앙을 공개적으로 밝히기 두려워하는 신앙인들이 있었음을 말해 준다. 확실히 알 수는 없으나 요한복음이 실제로 그와 같은 숨은 믿음을 비난하지 않았다는 사실이 흥미롭다. 이러한 요한의 태도는 오늘날의 '숨은 제자도'의 가능성에 의문을 제기한다.

요한복음에서 요셉과 니고데모는 매장을 위해 예수님의 시체를 준비한다. 그러나 마가복음 16 : 1에서처럼 이러한 이유로 첫 번째 부활절 아침에 여인들이 무덤으로 온 것은 아니다. 공관복음에서는 요셉이 세마포로 예수님의 시체를 쌌다고는 말하지만, 그가 예수님의 시체에 기름을 발랐다고 하지는 않는다. 기름 부음은 12 : 1~8에 기록된 마리아의 행동을 기억나게 한다. '새 무덤'은 특별한 의미를 갖는다. 그래서 화자는 특별히 '아직 사람을 장사한 일이 없는 새 무덤'(19 : 41)이라고 설명한다. 요한복음에서 화자는 우리가 이 무덤을 '왕에게 합당한 무덤'으로 이해하기 원한다.

예수님은 그의 체포, 심문, 처형의 단계단계를 왕적인 위엄을 가지고 움직이신다. 왜냐하면 예수님은 자신의 죽음에 의해 들려 올려지기 때문이다. 곧 최고의 존재로 즉위되신다.[8] 이 장들에서의 예수님의 이미지는 이 장들을 '수난' 내러티브라고 불러야 할 것인가 하는 의문을 불러일으킨다. 강조점은 예수님이 얼마나 많은 고난을 당하셨는가에 있지 않고, 무엇에 의해 그가 그의 영광을 나타내셨는가에 있다. 이것은 18장과 19장의 이야기들에 있는 주요주제들을 고려하게 한다.

## 2. 요한복음의 수난 내러티브에 나타난 주제들

18장과 19장의 내러티브에는 수난 이야기에서 가장 중요한 요한복음의 주제가 이미 강조되어 있다. 말하자면 왕으로 즉위하신 예수님이다.

---

8. 불트만은 "요한의 수난 내러티브는 예수님이 실제적으로 죽음을 고통스러워하신 것이 아니라 죽음을 선택하셨음을 보여 주고 있다고 말했다—수동적인 희생자로서가 아니라 능동적인 승리자로서 죽음을 선택하셨다." Bultmann, *Theology of the New Testament*, vol. 2, trans. K. Grobel(New York : Scribners, 1995), p. 53.

요한복음에서는 왕권의 의미가 무엇인지를 설명하는 것 외에는 이에 대해 거의 말할 것이 없다. 물론 그리스도가 종됨으로 왕권을 뒤집었고, 사랑으로 주권을 대체했기 때문에 이 설명은 필요하다. 그러나 요한이 '하나님 나라'에 대해서 거의 말하지 않고 대신 '왕'에 관해서 빈번히 말하고 있음에 주목해야 한다. 공관복음의 예수님의 가르침과 설교에서 두드러지게 등장하는 '하나님 나라', '하늘나라'라는 용어가 요한복음에서는 3 : 3, 5에만 언급된다. '왕국'(basileia)은 요한복음에서 하나님의 나라에 대한 두 번의 언급 가운데에만 있으며, 세 번은 빌라도와 예수님의 논쟁 중에 있다(18 : 36). 요한이 독자들의 관심을 왕국에서 왕으로 돌리는 것은 어떠한 의미가 있는가?

### 1) 수난의 용어들

이 시점에서 우리는 잠깐 멈추어서 예수님의 심문과 처형에 대해 기술할 때 사용한 예수님의 다양한 표현들과 제사복음서 저자가 수난 이야기를 바로 그와 같은 주제들로 채워 놓았는지 고려해야 한다. 더군다나 복음서의 내러티브는 다양한 중심 표현들을 통해 이 이야기의 절정을 예견한다. 공관복음과 다르게 예수님은 인자가 견뎌 내야 할 수난에 대해 세 번(혹은 네 번) 예고하지 않으신다. 그보다 예수님은 상당히 애매모호한 용어로 자신의 죽음과 부활에 대해 말씀하신다.

#### (1) 시 간

예수님이 자신의 체포, 심문, 십자가, 그리고 부활에 앞서 우리에게 설명하기 위해 사용하신 표현들 중에 가장 분명한 것은 수수께끼 같은 호라(hōra)라는 용어일 것이다. 이 단어는 요한복음에 24번 사용되는데, 그중 8번은 단순히 그날의 시간, 시계가 가리키는 시간에 대한 언급이다 (1 : 39, 4 : 52, 5 : 35〈개역개정판은 '때'라고 번역〉, 11 : 9, 19 : 14, 27). 그러나 다른 곳에서는 엄격하고 결정적인 시간을 가리킨다. 많은 경우 이 용어는 분명히 예수님이 체포되시고, 십자가에 달리시고, 죽음에서 일으킴을 받는 때를 가리킨다. 그러나 어떤 경우에는 다른 중요한 시간을 말한다(16 : 2, 4, 32 참고).

'호라'라는 용어가 예수님의 계시에 대한 결정적인 시간을 가리킨다는 점이 우리에게 흥미를 준다. 때때로 예수님은 '때'라는 표현으로 종말론적 시간에 관해 말씀하신다(4 : 21, 23, 5 : 25, 28). 여러 경우에 예수님은 그의 "때가 이르지 않았다."고 말씀하시는데, 이때는 미래의 자기 계시의 때를 가리킨다. 이 예들은 가나의 혼례잔치 사건에서 예수님이 자기 자신을 나타내기 원하지 않으셨던 것(2 : 24)과 예수님의 대적자들이 예수님을 잡고자 하나 그의 때가 이르지 않았기 때문에 손대는 자가 없다고 하실 때의 시간을 포함한다(7 : 30, 8 : 20). 극적으로 예수님은 처음으로 "인자가 영광을 얻을 때가 왔도다."라고 선언하신다(12 : 23). 그리고 이때부터 내러티브에서 언급한 그때의 결정적인 기간은 현재 또는 가까운 미래라고 여겨진다(12 : 27, 13 : 1, 16 : 25, 17 : 1).[9]

이 표현의 중요성은 적어도 삼중적이다. 첫째, 예수님의 '시간'은 우리에게 수난과 부활이라고 부르는 사건이 있었음을 입증해 준다. 곧 이 사건들 안에서 하나님이 예수님을 통해서 신적인 목적을 성취하셨다는 의미이다. 복음서 초반부의 내러티브들은 매우 중요한데, 그 내러티브들은 예수님의 죽음과 부활 가운데 나타날 그리스도의 온전한 계시를 예고하고 있다. 둘째, 이 용어의 사용은 마치 시간이 정해지고, 시기가 고정되고, 변경될 수 없을 것 같은 고유의 결정론이 암시되어 있다. 셋째, 학자들이 주장처럼 이 '때'라는 단어의 사용은 구약성서와 특별히 예언서에

9. 나는 요한복음의 내러티브 구조에서 예수님의 '때'의 위치를 보여 주고자 했다. *John, the Maverick Gospel*, rev. ed.(Louisville : Westminster John Knox, 1993), p. 18.

나오는 '여호와의 날'의 개념에 그 뿌리를 두고 있는 것 같다(사 2 : 2-20, 겔 30 : 3, 욜 1 : 15, 암 5 : 18-30, 습 1 : 7-18). 만약 실제로 그러하다면, 예수님의 날은 인간의 역사 가운데에 하나님이 결정적으로 잘못된 것을 바로잡으시고 정의를 가져오실 그때이다. 이는 그리스도 안에 나타난 하나님의 계시와 이스라엘 역사 속의 하나님의 중대한 행위들에 관한 생각과 연결된다.

설교자들은 '때'라는 용어의 사용에서 연대기적 시간과 대립되는 생생한 시간으로서의 카이로스(kairos)의 근본적인 사상을 인지한다. 그러한 의미에서 이 '때'는 우리에게 의문을 갖게 하고, 결단을 불러일으키는 하나님과의 만남의 순간을 가리킨다. 요한의 사상에서 예수님의 '때'는 그 자신의 카이로스적인 때임과 동시에 모든 인류를 위한 결정적인 순간인 때이다.

### (2) 영 화

'영화'(doxa)라는 개념은 적어도 15번 나오는데, 제사복음서에서 절대적으로 필요하다. '영화롭게 하다'(doxazō)라는 동사는 보다 빈번히 나오는데, 대략 22번 사용된다. 이 단어들에 관해 중요한 점은 예수님이 자주 자신의 죽음과 부활을 '영화'로 표현했다는 사실이다. 요한복음 17장에 나오는 예수님의 기도의 처음 열 개의 절은 영화라는 단어 사용의 뛰어난 예이다(6장 참고). 하나님이 그를 '영화롭게 하실 것이며' 그가 하나님을 '영화롭게 할 것이다'(17 : 1)라는 예수님의 기도에 주목하라. 예수님은 이미 자신의 일과 말씀으로 하나님을 영화롭게 하셨다(17 : 4). 그리고 예수님은 하나님이 자신을 '창세전에 내가 아버지와 함께 가졌던 영화로써 지금도 아버지와 함께'(17 : 5) 자신을 영화롭게 해 달라고 요청하신다. 그렇다면 요한복음에서 '영화롭게 하다'와 '영화'가 의미하는 바는 무엇인가?

우선 첫째로, '영화'는 무엇보다도 하나님의 임재를 의미하며, '영화롭게 하다' 혹은 '명예롭게 하다'는 뜻이 있는 카보드(kabōd)의 히브리적 개념에 근거한다. 구약성서에서 '하나님의 영광'은 '하나님의 임재'와 동의어이다(사 6 : 1-3 참고). 만일 비교적 간단한 이 '영화'의 이해가 요한의 언어와 사고에서 제시된 것이라면, '영화'는 단순히 하나님의 임재를 의미한다. 그렇다면 십자가와 부활이 그 자체 안에서 하나님의 임재를 나타낸다는 점에서 하나님을 영화롭게 하는 것이다. 그리고 그 사건들이 그리스도 안에 계신 하나님의 임재를 드러내는 한, 그리스도를 영화롭게 한다.[10)]

1세기(C. E.) 팔레스타인 세계에 대한 사회적 연구들은 '명예와 수치'의 중요성을 강조해 왔다. 이 의미에서 명예는 단순히 명성이며, 대중들이 이 명성을 한 사람에게 부여할 때 주어진다. 말하자면 ……에 기인한 것이다. 명예와 수치는 그레코 로마 사회에서 주요한 가치로써 기능을 한다. 더군다나, 가족 구성원은 가족의 명예를 높여야 하는 책임이 있다. 만일 우리가 사회적 명예와 수치의 관점에서 요한이 사용한 '영화롭게 하다'와 영화라는 용어를 읽으면, 그것들은 보다 분명해진다. 하나님은 예수님에게 명예를 준다는 의미에서 예수님을 영화롭게 하신다. 특별히 십자가와 부활에서 그러하다.[11)]

---

10. Sverre Aalen, "Glory, Honour," in *The New International Dictionary of New Testament Theology*, vol. 2, ed. Colin Brown(Grand Rapids : Zondervan, 1981), pp. 44-48. 알렌은 요한복음에서 영광이라는 단어의 사용을 다음과 같이 말했다. "여기에서도 역시 영광은 하나님의 계시 혹은 역사 가운데에 그의 능력의 중재로 이해되어진다"(요 1 : 14, 2 : 11, 11 : 4, 12 : 41)(48). 또한 영광이라는 단어에 붙은 관사는 도움이 된다. Ceslas Spicq, *Theological Lexicon of the New Testament*, trans. and ed. James D. Ernest, vol. 1(Peabody, Mass. : Hendrickson, 1994), pp. 362-379.
11. 요한복음에서의 명예와 수치에 대한 논의를 위해서는 Bruce J. Malina and Richard L. Rohrbaugh, *Social-Science Commentary on the Gospel of John*(Minneapolis : Fortress Press, 1998), pp. 121-124을 보라. 17 : 1~3

나는 '영화롭게 하다'와 '영화'에 대한 이 견해 모두가 요한이 사용한 용어들에 포함되어 있다고 주장하는 것이 사려 깊다고 생각한다. 하나님과 그리스도는 명예-수치 사회에서 최고의 명예를 소유했으며, 그 사실이 하나님이 신적 자아를 계시하실 때에는 언제든지 표현된다. 우리가 큰 주의를 기울여 주목해야 하는 것은 하나님의 임재와 명예가 십자가의 피 가운데 표현되었다는 점이다. 가장 수치스러운 죽음이 하나님과 그리스도 두 분 모두의 명예를 선언한다. 문화적인 가치가 뒤엎어진 것이다.

### (3) 들리어 올림

우리는 이미 3장에서 이 표현의 의미를 살펴보았으며, 이 표현의 이중적인 의미에 주목하였다. 그러므로 우리는 간단히 제사복음서에서 이 단어를 어떤 의미로 사용했는지를 요약할 수 있다. 헬라어 동사 휘프소(hyspoō)는 요한복음에 다섯 번 나온다(3 : 14〈2번〉, 8 : 28, 12 : 32, 34). 각각의 경우, 우리가 위에서 주목한 대로 '왕위에 즉위하다'와 '십자가에 달린다'는 이 두 의미를 모두 가지고 있다. 예수님과 하나님이 일반 죄인들과 같이 수치스럽게 처형되신 그리스도에 의해 영광을 받게 되실 것이라는 사실이 이상하게 들리는 것처럼, 십자가에 달리심이 왕적 인물에게 권한을 주는 기능을 한다는 사실도 이해하기 어렵다. 그러므로 이 같은 사실은 다음과 같은 질문을 제기하게 한다. 예수님은 과연 어떤 유형의 왕인가?

---

에 대한 주석에서 말리나와 로르보그는 "예수님의 영광과 아버지의 영광(그래서 아들이 당신을 영화롭게 할 것이다.)은 완전하다고 말한다. 고대 지중해 연안 지역의 생활에 있어서 명예의 근본적인 중요성에 의해서 판단할 때 예수님은 그중 최고의 가치를 요구하신다"(244).

### 2) 어떤 유형의 왕인가?

그리스도의 주권에 대한 이 강조는 요한복음의 신학으로부터 발생한다. 예수님은 하나님 말씀의 성육화이며 이 때문에 하나님의 왕국은 그리스도의 왕국이다. 계시자는 단순한 계시의 매개물 그 이상이다. 그 자신이 계시이다.[12] 예수님의 임재는 세상에 신적인 법칙을 가져다주는 하나님의 임재이다. '영생'은 그 신적 법칙이나 더 나은 삶의 근본이다. '하나님의 나라'를 '영생'으로 바꾸는 요한의 사고에는 얼마간의 진실이 있다. 아마도 이렇게 한 데는 요한복음의 전승이 창조자가 의도했었던 하나님의 선물인 생명에 관해서 말하기를 원했지, 하나님의 주권(왕 되심)에 관해 말하기를 원하지 않았기 때문으로 보인다. 그러한 이유에서 그 왕은 십자가에 달려 올려짐으로 왕좌에 앉으시는 특별한 유형의 왕이다. 그는 우격다짐으로 통치하는 왕이 아니라(로마인들처럼), 고통을 안는 사랑으로 통치하는 왕이다. 세상적인 왕이나 통치자들과 같지 않게 하나님은 인간을 억압하고, 우리를 강제로 복종시키는 데 관심이 없다. 대신 십자가에 달리심을 통한 그리스도의 '왕권'은 사랑을 통한 최상의 왕권이다.

그러므로 요한복음의 수난 내러티브는 무엇보다 신적인 사랑을 나타낸다. 요한복음의 수난 내러티브에서는 일종의 예전적인 희생을 통한 속죄를 인식하도록 강요한다. 예를 들면, 마가복음과 다르게 '대속물'에 대해서 말하지 않는다(막 10 : 45). 로마서 3 : 25뿐만 아니라 요한1서 2 : 2와 4 : 10에서처럼 '화목제물'에 대해서도 언급하지 않는다. 요한복음에 주님의 만찬 제정 기사가 나오지 않는 것은 예수님이 자신의 몸과 피를 세상의 구원을 위해 내어 놓는다(마 26 : 26 - 28, 막 14 : 22 - 24, 눅

---

12. 이것은 불트만의 유명한 슬로건인 "하나님의 계시자로서 예수님은 오직 그가 계시자임을 계시한다."와 관련 있다. Bultmann, *Theology*, vol. 2, pp. 66 - 69을 보라.

22 : 19 – 20, 고전 11 : 23 – 26)고 말씀하지 않았다는 사실과 관련이 있다. 이 언급들은 모두 예수님의 죽음의 의미를 이해하기 위한 은유들로서 유대의 희생적 예배에 호소하는데 요한복음에는 모두 빠져 있다. 만일 우리가 예수님의 '희생'을 요한적인 의미에서 말하고자 한다면, 우리는 제의적인 희생이 아니라 '개인적인' 희생으로 표현해야 한다. 그렇다고 하더라도 당신은 희생이 적절한 단어인지에 대해 의문을 가져야 한다. 예수님은 십자가에서의 자신의 죽음을 희생으로 표현하지 않았으며, 언제나 '영화'로 말씀하신다. 예수님은 자신의 '친구'를 위하여 목숨을 '내어놓으실' 때 희생제물이 아니었다. 그의 죽음은 희생제물이라기보다는 사랑의 행동이다.[13]

내가 염려하는 것은 우리는 바울의 시각과 공관복음의 시각을 통하여 너무도 빈번히 요한복음의 수난 내러티브를 읽으려는 경향이 있으며, 그렇게 함으로 요한복음에 나타난 십자가의 근본적인 의미를 놓치게 된다는 사실이다. 요한복음의 십자가 신학을 표현하는 가장 간단한 방법은 그의 영광 가운데에 그리스도가 3 : 16의 메시지, 즉 "하나님이 세상을 이처럼 사랑하사……"를 드러낸다고 말하는 것이다. 그러므로 이전 장에 언급되었고, 요한복음 15 : 12~15에서 찾아볼 수 있는(다음 장 참고) 친구의 주제는 예수님의 죽음을 나타내는 요한의 방식을 설명하는 가장 좋은 방법이다.[14] 12 : 32에서 예수님은 "내가 땅에서 들리면 모든 사람을 내게로 이끌겠노라"고 말씀하신다. 이 말씀은 하나님의 사랑의 능력이 이 세상에 풍성히 주어지며, 그의 매력에 끌리지 않을 수 없다는 의미가 함축되어 있다. 그리스도의 왕권은 탁월한 사랑이며, 요한의 시

13. Kysar, *John, the Maverick Gospel*, pp. 49 – 54를 보라.
14. 요한의 십자가의 신학인 이 주제에 대한 가장 좋은 연구는 J. Massyngbaerde Ford, *Redeemer, Friend, and Mother : Salvation in Antiquity and in the Gospel of John*(Minneapolis : Fortress Press, 1997)이다.

대나 현시대에 거의 이해하기 어려울 정도로 큰 왕권이다.

### 3) 새로운 가족과 새로운 유월절

마침내 우리는 이곳에서 예수님이 자신의 어머니를 알아보시고, 어머니를 '사랑하는 제자'[15]의 어머니로 삼도록 하시며, 그 제자를 어머니의 아들로 인정하시는 독특한 에피소드를 살펴보게 되었다(19 : 25b-27). 이 장에는 요한복음의 내러티브들의 경우에서 자주 접할 수 있는 것과 같이 의미의 두 층(아마도 그 이상)이 있다. 우리는 이 사건에서 표면적으로 예수님이 자신의 죽음 이후 자신의 어머니의 생활에 대해 지대한 관심을 보이심을 알 수 있다. 당시 사회적인 상황에서 볼 때 예수님이 죽으심으로 예수님의 어머니가 남자의 보살핌 없이 남겨진다면, 그녀의 생활은 견디기 힘들 정도로 어렵게 되었을 것이다. 불행하게도 여인들은 자신들을 돌볼 수 있는 남자와 연결되어 있어야 한다. 만일 예수님이 그의 생애 동안에 그러한 봉사를 수행하셨다면, 이제 그는 이 일을 자신과 가장 가까운 제자, 곧 예수님이 사랑하시는 이름이 밝혀지지 않은 신비스러운 제자에게 맡긴다.

그러나 표면 아래에는 이 행동에 대한 다른 의미가 있다. 예수님의 어머니와 사랑하는 제자는 새로운 공동체에 있는 요소들을 대변한다. 자신의 어머니를 사랑하는 제자에게 맡기고, 그 제자를 자신의 어머니에게 위탁하면서 예수님이 행하신 일은 십자가 아래 있는 자들의 공동체를 형성하고자 함이다(1장 참고). 다른 말로 하면, 이 이야기는 교회 형성에 대한 요한복음의 이야기이다. 예수님은 돌아가시기 전 마지막 행동으로 요한복음의 서론에서 자신이 한 말씀을 성취하신다. "영접하는 자 곧 그

---

15. 요한복음에서 사랑하는 제자의 특징에 대한 좀더 장황한 논의에 대해서는 Rudolf Schnackenburg, *The Gospel according to St. John*, vol. 3(New York : Crossroad, 1982), pp. 375-388을 보라.

이름을 믿는 자들에게는 하나님의 자녀가 되는 권세를 주셨으니"(1 : 12). 여기에서 예수님은 사랑하는 제자와 어머니에게 자신이 세상에 가져왔던 계시를 지속적으로 행할 수 있는, 믿는 자들의 교제(koinonia)를 형성해 내는 능력 혹은 권세(exousia)를 주신다. 여기 이 논의의 관점에서 보면, 그리스도에 의해 형성된 공동체는 서로 사랑으로 함께 묶어져 있다. 곧 예수님이 그들에게 "서로 사랑하라 내가 너희를 사랑한 것같이 ……"(13 : 34-35)라고 요청하신 것처럼 말이다. 그러므로 교회는 그리스도 안에 나타난 하나님의 계시를 지속하는 사랑의 공동체이다. 교회 안에서 신적인 사랑이 구현되며, 그를 통하여 그 사랑이 교회 안에 전해진다(다음 장에서 요한복음 17장의 논의 참고).

널리 인정을 받는 요한복음의 수난 내러티브의 다른 차원은 새로운 유월절 어린양으로서의 예수님에 대한 강조이다. 이 강조에 대한 증거는 여러 가지 사실 가운데에서 발견되는데, 그것들 중 가장 중요한 사실은 요한복음의 이야기에서 예수님이 십자가에 달리신 때가 공관복음보다 하루 먼저라는 점이다. 예수님은 정확하게 같은 날 해가 진 후 유월절 식사를 위해 어린 양들이 도살되는 그 시간에 십자가에 달리신다.[16] 화자는 그 사실을 유월절 양의 뼈를 꺾지 말아야 한다는 금지명령(출 12 : 46, 민 9 : 12)에 근거해 예수님의 다리를 꺾지 않고 그의 옆구리를 찔렀다고 해석한다. 그러므로 예수님을 '하나님의 어린양'이라고 하는 세례 요한의 외침은 희생적인 어린 양이라기보다는 유월절 어린 양을 염두에 두었을 가능성이 가장 높다.[17]

16. 공관복음의 연대기와 요한복음의 연대기 사이의 관계의 명료함을 위해서는 Gail O'Day, "The Gospel of John," pp. 704-705을 보라.

17. 유월절 어린 양의 죽임이 얼마간의 희생적인 의미를 가졌었는지 그렇지 않은지는 분명하지 않으며, 역사적인 증거는 우리의 지식을 제한한다. 그러나 바울은 '유월절 어린 양'의 희생에 대해 언급한다(고전 5 : 7). John R. Miles의 도움을 주는 논문, "Lamb" in *ABD* 4(1992) : pp. 132-134을 보라.

요한복음에서 그리스도와 유월절, 그리고 유월절 식사 시에 먹는 어린 양과 관련지음으로 의미하고자 하는 바는 무엇인가? 가능성이 높은 가장 간단한 대답은 요한복음이 그리스도 안에 나타난 하나님의 계시를 새로운 유월절로 제시했다는 것이다. 하나님이 첫 번째 유월절을 수단으로 이스라엘 백성들을 노예 상태에서 해방시키신 것처럼 이제 하나님은 그리스도를 통해서 소외와 거짓의 노예 상태에 있는 사람들을 자유롭게 하셨다. 다시 한번 하나님은 인간들을 억압으로부터 자유하게 하기 위해 싸우시며, 이 자유는 하나님의 사랑의 구체적인 표현이다. 더군다나 신적인 사랑의 품에 안김으로 우리는 사랑이 없는 억압과 소외로부터 자유하게 되었다.

유월절 자유에 대한 이 해석은 그와 같은 자유의 정치적이며 사회적인 차원들로 축소되지 않는다. 참으로 요한 공동체는 자신들을 추방하고 멸시하는 사회 내의 억압 상황에서 예수님의 죽음에 대한 설명을 읽었을 것이다. 그들은 억압의 실체를 알며, 이 이야기를 통하여 하나님의 자유하게 하시는 사랑을 이해하게 되었다.

왕의 자리에 오름은 우리가 생각하는 것과 같이 일상적으로 한 지도자가 왕위에 오르는 행위는 아니다. 그보다는 하나님과 그리스도의 영화이며, 모든 세상과 이 세상에 거주하는 자들을 위한 신적인 사랑의 실체에 대한 출현이다. '세상'이 악의 손아귀에 있고 하나님으로부터 소외되어 있기 때문에 하나님의 계시의 대리자, 예수님은 체포되시고, 심문을 당하시고 죽으셨다. 그러나 그의 계시는 세상이 인간과 인간의 생활을 소중히 여기시는 창조자의 손에 있음을 보여 준다. 그러므로 세상의 악에 대한 가장 생생한 표현, 즉 하나님의 대리자의 처형을 통하여 하나님의 근본적인 선하심이 알려지게 되었다. 역설적이게도 하나님은 신적인 자아를 하나님에 대해 적대적인 가장 악한 세력들에 의해 범해진 행위를 통해 계시하신다.

### 4) 설교학적 암시들

요한복음의 수난 이야기로부터 가져온 한 구절이 개정판 공동성서일과에 나올 때 이 구절은 설교자들에게 어떠한 도움이 되는가? 위에서 설명한 주제들은 일반적으로 설교를 위한 주제로 선택되거나 독서로 주어지지 않는다. 여기에서 내가 원하는 것은 주어진 일과가 수난 내러티브에서 요한의 근본적인 강조점들과 어떻게 관련되는지를 살펴보아 이 주제들을 중심으로 18장과 19장에 있는 각각의 구절들을 적절하게 해석할 수 있게 되는 것이다.

실제적으로 개정판 공동성서일과는 요한복음 18장과 19장의 부분들을 세 번 제시한다. 18 : 33~37은 두 번째 해, 왕 되신 그리스도의 날의 복음서 일과로 주어진다. 이 구절들이 빌라도와 예수님의 왕권에 대한 논의를 포함하고 있기 때문에 이는 요한복음이 어떤 유형의 왕으로 그리고 있는지를 물을 수 있는 좋은 기회이다. 더군다나 이 구절들은 힘과 권세의 주제에 관심을 갖게 한다. 현재 우리의 문화는 힘의 표현으로 물리적인 세력을 강조하는 경향이 있으며, 권세의 특징으로 절대적인 지배를 강조하는 경향이 있다. 아마도 빌라도는 그와 같은 종류의 힘과 권세를 참되다고 가정했을 것이다. 본문에서처럼 이 둘의 병행은 힘에 대한 우리의 이해의 본질을 조명해 주며, 그리스도의 힘과 권세를 지지하게 함으로 세상적인 힘과 권세를 해체시킨다.

개정판 공동성서일과 덕분으로 성금요일에 전반적인 수난 내러티브를 다룰 수 있게 되었다(18 : 1-19 : 42, A, B, C). 설교자들에게 여러 가능성들이 주어진다. 그중 하나는 전체 내러티브의 드라마를 진술하는 것으로 한 사건에서 다른 사건으로 거침없이 진행하다가 마지막 비극인 예수님의 장사로 결론을 맺는 방법이다. 보다 용이한 다른 선택은 설교의 주제로 단화들 중에 하나를 취하는 방법이다.

예를 들면, 체포, 종교적인 심문, 그리고 베드로의 부인 등이다. 만일 당신이 성토요일에 예배를 드린다면, 3년 주기 모두에 주어진 대체 일과는 요한복음의 십자가에 달리신 이야기이다(19 : 38 - 42). 이 방법으로 다시 이야기 전체를 붙잡을 수 있으며, 한 부분 곧 예수님이 사랑하는 제자에게 자신의 어머니를 맡기고 사랑하는 제자를 어머니에게 부탁하는 부분에 초점을 맞출 수 있고, '다 이루었다'는 극적인 승리의 외침에 초점을 둘 수 있다.

요한복음의 수난 내러티브의 이해는 복음서 전체를 회상하게 한다. 예를 들면, 수난 이야기에서 우리는 예수님이 '들리어 올린다'는 말씀에서 의미하였던 바가 무엇인지, 정확히 '영화'가 무슨 의미인지, 그리고 어떻게 예수님의 죽음이 그의 사역을 완성하는지에 대한 실마리를 찾을 수 있다. 수난 이야기를 통해서 우리는 니고데모와의 대화에서 예수님이 의미하셨던 바가 무엇인지(3 : 1 - 17, 사순절 두 번째 주일, A ; 삼위일체 주일, B ; 성십자가 주일, A, B, C ; 3 : 14 - 21, 사순절 네 번째 주일, B)를 이해할 수 있다. 마찬가지로 수난 이야기는 사순절 세 번째 주일, A를 위해 주어진 4 : 5~42과 예전 13~16, B 그리고 감사절, C의 생명의 떡 강화 전체를 조명한다. 수난 내러티브에 대한 연구는 주어진 요한복음의 본문이 무엇이든지 간에 요한복음 전체를 설교하고자 하는 데 중요하다.

## 5) 설교의 예들

### (1) 심 문

아래의 설교는 내가 에모리 대학의 교수가 된 직후 캔들러 신학대학원의 채플에서 했던 설교를 번안한 것이다. 이 설교는 왕 되신 그리스도의 날을 기념하는 절기의 설교이다. 이 왕 되신 그리스도의 날, B를 위해 주어진 본문(요 18 : 33 - 37)의 설교는 예수님과 빌라도의 논쟁에 있어서 대화적인 형식을 되풀이하며 그리스도의 권세와 통치에 대한 나의 이해를 표현하기 위한 시도이다. 두 번째 주어진 읽기는 요한계시록 1 : 4b~8이며, 이 구절은 설교의 마지막 부분에서 인용된다. 설교 제목은 "이곳의 책임자는 누구인가?"이다.

이 자리에 온 이래로 나는 최근 수개월 동안 몇 가지 질문을 하곤 했었다. 새로운 교수로서—경매에 붙여진 새로운 새끼 염소와 같은—나는 이 학교의 시설과 업무에 관하여 파악해야 할 것이 많이 있었다. 이 문제를 상의하기 위해 만나야 할 적합한 사람은 누구인가? 나는 이 문제를 해결하기 위해 어느 사무실로 가야 하는가? 이 문제의 책임은 누구에게 있는가? 그 상황의 책임자는 누구인가?

나는 여기저기 사무실을 찾기 위하여 현관을 드나들며 정처 없이 방황했다. 나는 관리자들의 명단을 찾는 데 많은 시간을 허비했으며, 동료들에게 끊임없이 질문했으며, 특히 나의 친구이자 비서인 개리(Janet Gary)에게 물었다. 이곳은 참으로 따뜻한 곳으로 나는 상냥하고 친절한 안내를 받았다.

그러나 여전히 나의 많은 질문에도 불구하고 나는 아직까지 에모리 대학 구내 주차장의 책임자가 누구인지 찾아내지 못했다.

누가 여기의 책임자인가? 이 질문이 바로 빌라도 앞에서의 예수님의 심문에 대한 요한의 이야기를 읽을 때 제기되는 물음이다. 아마도 당신은 누가 누구를 심문하는지 전혀 분명한 느낌을 갖지 못할 것이다. 빌라도가 실제적인 책임자인가? 그리고 예수님은 고소자인가? 아니면 책임자는 예수님인가? 빌라도가 고소자인가? 나에게는 그 경계가 조금씩 흐려지기 시작한다. 그리고 그런 후에는 그 경계가 완전히 사라졌다. 빌라도는 그곳의 책임자가 누구인가 하는 문제로 방황했던 것처럼 보인다. 그는 철두철미하게 파헤쳐서 이제 문제의 해결점을 찾고자 말하고 있는 듯하다.

당신은 어떠한 유형의 통치자인가? 당신은 정치적인 자리를 열망하고 있는가?

네가 스스로 하는 말이냐 아니면 다른 사람이 나에 대하여 네게 한 말이냐?

오, 이제 오라! 나는 종교적인 열광주의자가 아니다! 당신을 여기에 데려온 자는 당신의 백성이 아닌가? 이 세상에서 당신은 무엇을 행했는가?

내 나라는 이 세상에 속하지 않았다. 만일 내 나라가 이 세상에 속한 것이었다면 싸웠을 것이다. 그러나 내 나라는 여기에 속하지 않았다.

오, 오! 그러면 당신은 나라를 가지고 있구나! 당신은 어떤 유형의 통치자인가? 흥! 그러한가?

네 말과 같다! 나는 진리에 대하여 증거하기 위해 왔다. 진리에 속한 자는 내 음성을 듣느니라.

이곳의 책임자는 누구인가? 나는 거의 빌라도처럼 어리둥절했다. 참으로 로마인들처럼 어찌할 바를 몰랐다. 이 간단한 질문에 대한 얼마나 낯선 대답인가! 당신이 통치자인가? 당신이 이곳의 책임자인가? 빌라도의 질문은 이해가 간다. 중요한 질문이다. 그는 좋은 신학도가 되었다. 그는 물어야 할 올바른 질문들을 알고 있다.

우리도 빌라도처럼 때때로 그런 질문을 한다. "이곳의 책임자는 누구인가?" 우리는 실제로 이 문제를 정리해야 할 필요가 있다! 이는 상당한 차이를 둘 수 있다. 이 문제는 나에게 이제 상당한 차이를 가져다준다. 나는 이 학교 주변에서 나의 길을 찾으려고 노력했다. 이곳의 책임자는 누구인가?

6개월 전에는 보다 중요한 문제가 있었다. 미르나와 나는 손에 그 편지를 가지고 있었다. 그 편지는 오랜 면접 과정의 마지막 말, 곧 리그리스 학장이 나를 이 학교의 교수의 일원이 되도록 허락하는 임용장이었다. 그리고 우리는 결정을 하기 위해 고심했다.

여기의 책임자는 누구인가? 우리 자신의 야망들, 기대들, 미래를 위한 계획들? 아니면, 다른 무엇? 이곳에 책임 있는 사람은 어떤 사람인가? 책임이 있는 자가 누구인지에 대한 질문에는 상당한 차이가 있다.

그리고 나와 마찬가지로 당신들 중 몇몇은 매일 누가 책임자인가 하는 문제로 고심한다. 특별히 당신이 매일의 뉴스를 접할 때 그러한 질문을 하게 된다. 특별한 이권집단이 지배하고 있는가? 혹은 제약회사 연합인가? 아니면 영향력 있는 부자인가? 로비 그룹이 우리의 법을 만들었는가 아니면 국회가 했는가? 폭력적인 무질서한 세력들이 도시들과 세상을 지배하는가? 질서, 정의와 평화를 위한 단체들이 이 모든 문제의 최후의 결정권을 가지고 있는가?

내가 일터로 가기 위해 차를 탔던 것처럼 질서와 평화가 사랑스러운 10월 아침을 지배하는 것으로 보인다. 태양이 밝게 빛난다. 그리고 기온은 따뜻하며, 나뭇잎은 찬란하게 빛나는 초록빛을 띠고 있다. 나는 애틀랜타에 있다는 사실에 매우 기뻤다. 그러나 그 광고 게시판의 소식은 나의 평온함을 황폐화시켰으며, 질서를 위협했다. 보기에는 단순한 소식이었으나 소름이 끼칠 정도로 애매모호했다. 황소(Bull)가 주도권을 잡게 되었다.

"황소가 주도권을 잡게 되었다?" 무엇이 황소인가? 누가 황소인가? 어떻게 주도권을 잡게 되었는가? 나의 생각은 여러 가지 가능성으로 가득 차 있었으며, 그 가능성들 중 어느 것도 믿고 싶지 않았다. 그 후 나는 이 문구가 맥주 광고임을 깨달았다. 그러나 이 사실이 나의 염려를 가라앉게 할 수는 없었다. 그 단어들은 나의 마음에 오래 머물렀으며, 여전히 나에게서 떠나지 않고 나를 괴롭혔다. "황소가 주도권을 잡았다!"

누가 이곳의 주도권을 잡고 있는가? 아니면, 주도권을 잡는 자가 없는가? 존재하지 않는 혼돈의 황소가 이 세상의 CEO인가? 인생은 결국 궁극적인 법칙이나 최후의 질서가 없는가? 절대적인 혼란, 무질서, 대혼란!

누가 이곳의 주도권을 잡고 있는가? 우리는 알기를 원한다. 우리는 알 필요가 있다. 누가 책임자인가? 만일 있다면 누구인가? 우리 그리스도인들을 위해서는 다른 어떤 존재가 있는가? 요한복음에 매달린 우리들에게 문제가 되는 것인가? 우리는 이미 알고 있지 않는가? 우리의 믿음은 하나님의 주권을 인정하고 있지 않는가? 우리는 주도권을 가지고 계신 분이 그리스도라고 주장하지 않는가? 하나님의 성육신하신 말씀,

모든 것이 그를 통하여 지은 바 되었으니 그가 없이는 하나도 된 것이 없다. 그분은 하나님의 그리스도이시다.

빌라도, 이 미약하고 거만한 로마 황제의 대리인! 하나님의 말씀이 육신이 되셨으며, 이곳에서 가이사의 희생물이 되셨다. 우리는 누가 주도권을 가지고 있는지 모른다. 우리는 빌라도가 그리스도를 심판하는 것이 아니라 그리스도가 빌라도를 심문하는 분임을 알고 있지 않는가? 그러나 예수님은 권력자들의 손에 처형되도록 넘겨졌다. 빌라도는 실제로 예수님이 무죄라는 생각을 가졌던 것으로 보인다. 그러나 결국 그는 굴복했다. 예수님은 죽음에 넘겨졌다. 그러나 결국, 빌라도는 그에게 주도권이 있는 지를 확신하지 못했다. 이 골치 아픈 일을 마무리하는 그가 할 수 있는 최선의 방책은 십자가에 매단 '유대인들의 왕'이라고 적혀 있는 죄패이다. 그는 "내가 쓸 것을 썼다."고 주장한다. 그가 마지막으로 보인 유일한 품위 있는 행동이다. 멋대로 하는 세력들에 대항하는 그의 유일한 행동이다.

그렇다면, 누가 주도권을 잡고 있는가? 우리는 실제로 알고 있는가? 우리 모두는 확신이 있는가? 우리의 왕, 우리의 통치자가 십자가에 못 박혔다. 처형되었다. 십자가에 달렸다. 만일 그가 왕이라면, 그의 왕관은 십자가이다. 만일 그가 통치자라면, 그의 통치는 무시무시한 일이다. 만일 그가 주도권을 가지고 있다면, 그의 지배 영역은 해골의 장소이다. 참으로 그의 지배 영역은 이 세상에 속하지 않는 낯선 영역이다. 참으로 낯선 영역이다!

그러나 사라의 지배 영역 역시 낯선 곳으로 보인다. 그녀는 자신의 가장 사랑하는 교구민들 중 한 사람의 병상 곁에 서 있었다. 그녀는 암을 극복하고자 애쓰는 마지막 결정적인 전투를 지켜보았다. 그는 화려한 투쟁을 종결지었다. 그리고 용기 있게 견뎌 냈다. 그러나 무서운 암은 이제 멋대로 그에게 영향을 미칠 수 있다. 암이 여기에 주도권을 잡고 있다. 이 심판은 최종적이다. 이 판결은 상소할 수도 없다.

사라는 참기 어려운 아픔을 보았다. 가공할 만한 고통을 보았다. 그녀는 마지막 흐느끼는 소리를 들었으며, 마지막으로 헐떡거리는 숨소리를 들었다. 그리고 조용해졌다. 그녀가 할 수 있는 최선의 행동은 여전히 떨리고 있는 손을 따뜻하게 만져 주는 것뿐이었다. 튜브와 바늘 사이에 어떤 곳, 그녀의 손가락 끝이 그의 몸을 만졌다. 그녀가 할 수 있는 최선의 행동은 거의 들리지 않는 기도를 웅얼거리는 것이었다. 아마도 그를 위한 기도라기보다는 그녀 자신을 위한 기도였을 것이다.

그녀가 할 수 있는 최선의 행동은 그곳에 있는 것이었다. 그 자리에 있는 것이었다. 교인들과 그리스도의 돌보심이 있게 하는 것이었다. 그녀가 할 수 있는 최선의 행동은 얼마간의 고통을 나누기 위해 그곳에서 다른 사람의 고통을 공감하며, 사랑을 나누는 것이었다.

이곳은 누구의 주도하에 있는가?

그리스도, 단순히 임재를 통해 주도권을 갖는가? 그리스도, 무기력함을 통해 주도권을 갖는가? 그리스도, 좌절된 사랑을 통하여 주도권을 갖는가? 약점을 통하여 주도권을 갖는가? 고통을 겪는 돌봄을 통하여 그러한가? 여기의 주도권은 누구에게 있는가? 지금도 계시고 전에도 계시며 장차 오실 분인가? 우리를 사랑하시며, 사랑하는 사람들의 영역, 자유자의 영역을 만들기 위해 우리를 자유롭게 하신 분인가?

주도권을 갖게 되는 방식에는 어떤 것이 있는가? 아마도 거기에는 강력한 비전들이 있었을 것이다. 아마도 힘을 과시함으로, 분명히 능력을 계시함으로 말이다.

악을 추방하기 위한 엄청난 불이 있었으면 좋겠다. 그러나 그 대신 거기에는 단지 한 방울의 물만 있었다. 그릇됨을 바로잡기 위한 강력한 군대가 있었으면 좋겠다. 그러나 그 대신 거기에는 단지 빵 부스러기들만 있었다. 그의 이름으로 통치하는 세력과 강한 지배자들이 있었으면 좋겠다. 그러나 그 대신 거기에는 단지 한 모금의 포도주만 있었다.

왜냐하면…… 왜냐하면 그의 세계는 다른 영역으로부터 왔기 때문이다. 다른 영역, 다른 법칙으로부터 말이다.

### (2) 십자가에 달리심

아래의 글은 요한복음의 수난 이야기 전체(18 : 1 – 19 : 42)를 읽게 되는 성금요일예배를 위해 준비한 설교의 개요이다. 초점은 19 : 26~27의 자신의 어머니와 사랑하는 제자에게 하신 예수님의 말씀에 있다. 설교의 형태는 이 단어들의 의미를 탐구하고 최종적으로 설교자가 회중들을 위해 남겨 두기를 원하는 의미에 도달하게 하는 것으로, 수많은 연속되는 계단들을 통해서 움직인다는 뜻에서 '사닥다리'라고 부를 수 있다. 이 단편은 나의 친구요, 동료요, 공동 저자인 허그스(Robert G. Hughes)가 여러 해 전에 필라델피아에 소재한 루터 신학대학교(Lutheran Theological Seminary) 예배시간에 했던 설교에서 영감을 받은 것이다. 당신은 그가 그의 설교에서 했던 것과 같은 설교를 발전시키고자 하는 데 있어서 나의 부족함 때문에 허그스를 비난해서는 안 된다.

> "여자여, 보소서 아들이니이다.", "네 어머니이다." 이 말씀으로 예수님은 이름을 밝히지 않은 제자에게 자신의 어머니를 돌보라고 권한다. 그리고 예수님은 그의 제자에게 자신의 어머니를 맡기신다. 우리는 이 제자의 신원을 알 수 없다. 요한복음의 여러 군데에서 그는 단순히 '예수님이 사랑하시는 제자'라고 불려진다. 마태복음과 마가복음과 다르게 요한복음에서는 예수님의 어머니의 이름, 곧 마리아라고 밝히지 않는다. 그녀는 항상 그의 어머니로서만 언급된다.
>
> 당신은 예수님이 십자가상에서 이 말씀을 하셨을 때 어떠한 생각을 가지고 계셨다고 추정하는가? 그는 십자가에 달려서 고통당하고, 구경꾼들에 의해 조롱을 받고 계신다. 한낮의 강력한 더위 때문에 그의 몸에서는 땀이 비 오듯이 쏟아진다. 그의 머리 주위에는 파리 떼들이 들끓는다. 그의 머리에서는 피가 뚝뚝 떨어진다. 점점 말하기가 어려워지게 된다. 십자가에 매달려 있는 자세는 폐를 압박해서 점점 더 숨쉬기가 어려워진다.
>
> 그리고 예수님은 그의 시선을 자신의 어머니에게 돌리고 그녀에게 말씀하신다. 그 후에는 그녀의 아들이 될 제자를 향해 말씀하신다. 당신은 예수님이 의미하셨던 바가 무엇이라고 생각하는가?

예수님은 자신의 죽음 후에 어머니를 돌보는 일에 관심을 가지셨다. 당시 문화에서는 과부들은 자신의 아들들의 보살핌을 받아야 했다. 남자 없이 홀로 사는 여자는 가난해지고 소외당하기 쉬웠다. 이 모든 일이 있음직하다. 예수님의 어머니는 과부이다. 예수님은 자신의 어머니가 관심과 돌봄과 사랑을 받기 원했다.

예수님의 말씀은 가장 단순한 의미에서 부모님들을 위한 우리의 관심과 동일하다. 만일 모든 자식들이 죽는다면, 어머니와 아버지가 연세가 드신 후에 누가 그들을 돌볼 것인가? 어떻게 우리는 그들이 늘 보살핌을 받게 되리라고 확신할 수 있는가? 그렇다면 우리는 보험을 들어야 하고, 부모들이 노후에 거주할 수 있는 복지시설과 연결시키든지, 아니면 친구에게 부모님을 부탁해야 한다. 이것이 자녀가 그의 부모들을 위해 가져야 하는 관심의 일종이다.

예수님은 그의 생애 중 언제 그 말씀을 하셨는가! 예수님은 고통을 당하시면서도 자신을 생각하지 않으시고 자신의 어머니를 생각하셨다. 그의 인생의 마지막 순간조차도 그의 관심과 사랑은 자신의 어머니를 감싸 안는 것이었다. 예수님은 이러한 분이시다. 항상 우리에게 관심을 두시는 분이시다. 우리를 위해 최선을 다하기 원하신다. 가난한 자와 궁핍한 자, 그리고 외롭고 상처 입은 자에게 관심을 가지신다. 이 마지막 순간에 보이신 어머니에 대한 걱정은 그의 생활 가운데에 표현된 하나님의 사랑이다.

때때로 다른 사람들에 대한 우리의 사랑이 시험을 받는 순간들이 있다. 우리는 그 순간들을 알 것이다. 우리가 돌보아야 할 사람을 부탁해야 할 위기가 우리에게도 닥칠 수 있다. 이와 같은 순간들 중 하나에 직면한 한 여인이 있었다. 그녀의 생활은 그녀를 학대한 남편에 의해 위험이 처해 있었다. 이번 경우에 그녀의 남편은 술에 취해 분노 상태에 있었으며, 그의 분노는 여섯 살 된 딸을 향했다. 그 어머니는 이미 마루에 넘어져 있었으며, 매를 맞아서 피를 흘리고 있었다. 그러나 남편이 딸을 때리려고 손을 들어 올리는 것을 보았을 때, 그녀는 버둥거리며 다가가서 남편과 딸 사이에 자신의 몸을 던졌다. 그 결과로 그녀는 거의 의식을 잃을 때까지 구타를 당했으며, 인사불성 상태에서 침대에 엎어졌다. 이 이야기는 좀더 밝은 결말을 가진다. 이 사건은 마침내 그 여인에게 아이를 데리고 거처할 다른 곳을 찾아야 한다는 확신을 갖게 했다.

딸의 생명이 위기에 처해 있을 때 아이에 대한 깊은 사랑이 자신의 생명을 위험에 내어 주도록 그녀의 마음을 움직였다. 그녀의 사랑은 그 순간에 표현되었다. 그리스도는 상당히 유사한 방식으로 자신의 생명을 우리를 위한 신적 사랑을 표현하는 수단으로 내어 주셨다. 그는 자신의 몸을 악의 세력과 우리 사이에 던지셨다. 그리고 그 사랑, 그 무한한 동정심이 어머니와 제자에게 하신 이 간단한 말씀에 표현되었다.

"여자여, 보소서 아들이니이다.", "네 어머니이다."

분명히 이 말씀들은 신적인 사랑의 마음에서 나온 것이다. 자신의 어머니와 제자를 새로운 가족으로 구성하는 이 행동, 즉 예수님이 새로운 가족을 구성하시는 것은 가능한 일인가?

요한복음의 시작 부분에서 우리는 약간의 흥미를 갖게 하는 말씀들을 발견한다. 저자는 예수님이 이 세상에 오신 하나님의 말씀이라고 한다. 그러나 자기 백성은 그를 영접하지 않았다. 저자는 말한다. "영접하는 자 곧 그의 이름을 믿는 자들에게는 하나님의 자녀가 되는 권세를 주셨으니……." 하나님의 자녀가 되는 권세로 그리스도는 사람들 가운데에서 새로운 가족을 이루셨다. 하나님의 가족을 말이다. 그리스도가 계시하신 사랑 안에 연합함으로 믿는 사람들은 형제자매들처럼 된다. 모든 사람은 하나님과 그들의 관계 안에서 어버이의 사랑과 관심을 발견한다.

우리는 지난날 동안에 가정과 '가정의 가치'에 대해서 들어 왔다. 우리가 알아 왔던 전통적인 가정의 형태가 변화되고 있다. 자녀들을 가진 한 부모들, 자녀들을 갖지 않거나 혹은 입양하는 길을 선택한 부부, 또한 같은 성끼리 결합을 하고 자녀들을 양육하는 사람들도 있다. 전통적인 가족관이 변하고 있다.

이러한 변화 가운데, 우리는 가족에 관해서 다시 생각해야 한다. 가족은 무엇으로 구성되었는가? 자녀들을 양육하기 위한 환경에 있어 본질적인 것은 무엇인가? 가족에 대해 다시 생각해 보면서 우리는 가족들 가운데 우리가 소중하게 여기는 것이 무엇인지 재발견하게 되었다. 그것은 서로에 대해 깊은 관심을 나누는 사람들의 교제이다. 어른들과 자녀들 사이의 사랑의 관계, 자녀들이 건강한 삶을 누리며 자랄 수 있는 환경을 조성하고 돌아보는 것이다. 또한 우리는 가족들이 양육될 뿐만 아니라 파괴될 수 있음을 정확히 알게 되었다. 우리는 역기능적인 가족이 어떻게 생활을 황폐화시킬 수 있는지 배우게 되었다.

수년 전 신학대학교에 있을 때 나는 시간제 일을 하고 있었다. 나는 한 가정에서 정서적으로 불안한 아이들을 위해 일을 했다. 그곳에는 그들의 배경으로 인해 상처를 받아서 입양되기에 적합하지 않은 아이들이 있었다. 그들은 이 가정에서 상담자들과 함께 일하는 동안에 공존하며, 자신들의 생활을 나누는 법을 배웠다. 나의 일은 단순히 열 명의 아이들과 함께 큰 방에 거주하는 것이었다. 서로 잘 지내도록 그들을 돕고, 함께 놀이를 하고, 허드렛일을 하는 것이었다. 우리는 이 아이들이 신뢰할 수 있는 어른이 되기 위해 노력했다.

거의 대부분의 아이들에게 부모와 가족은 꼴사나운 단어요, 개념이었다. 그들 중 대부분의 아이들은 자신들을 학대하는 부모 밑에 있었다. 만일 그들에게 전혀 가족이 없었다면 더 나았을 것이다. 가족은 그들에게 도움을 주기보다는 피해를 주었다. 나는 우리가 그 아이들을 위해 '가족'이 되도록 노력해야 함을 깨닫게 되었다. 그들은 사랑과 양육이 없는 생활 가운데에서 표류해 왔다. 그리고 우리는 그들이 사랑받고 있음을 알게 되고, 잘 자랄 수 있는 환경을 제공하기 위해 시도해 왔었다.

그것이 우리 모두가 필요한 것이 아닌가? 비록 우리 가족들이 건강하고 강하다고 할지라도, 우리는 혈육 관계를 넘어서 감정을 드러낼 수 있는 한 가정이 필요하다. 우리는 누군가의 관심에서 몇몇 사람을 배제시키지 않는 한 가족이 필요하다. 우리는 우리가 가진 혈육 관계가 무엇이든지 간에 신뢰와 안정을 주는 가족이 필요하다.

그와 같은 유형의 가족을 예수님이 십자가로부터 만드셨다. 십자가 아래 모여서 예수님의 고통을 나누던 것이 새로운 가족의 구성요소이다. "여자여, 보소서 아들이니이다.", "여기, 네 어머니이다." 그로 인해 믿음의 가정이 태어난다. 당신과 내가 잘 자랄 수 있고 성장할 수 있는 가정이다. 가족에 대한 모든 사회적인 변화 가운데 하나님의 가족은 무엇보다도 중요하게 되었다. 우리의 세례에서 하나님은 우리를 신적인 가족이 되도록 하셨다. 우리에게 새로운 부모들과 새로운 형제자매들, 새로운 가족이 주어졌다.

그렇다. 예수님은 이 말씀을 그의 어머니를 위해 준비하셨다. 어머니를 위한 자신의 사랑과 관심으로부터 예수님은 자신의 어머니가 안정된 생활을 영유할 수 있으리라는 확신을 주셨다. 그러나 예수님은 또한 우리를 위해 한 가정을 만드셨다. 이 세상에 하나님의 가정을 이루시고 계신다. 이 둘이 의미하는 것에는 한 가지 공통점이 있다. 예수님은 하나님의 사랑을 어버이의 사랑과 믿는 자들 사이의 사랑이라고 표현한다. 그리고 그는 우리에게 서로를 위탁하신다. 당신의 주위를 돌아보라. 당신의 형제자매들을 보라. 우리 모두는 믿음과 사랑으로 연합되었다.

"여자여, 보소서 아들이니이다.", "여기, 네 어머니이다."

## 3. 부활 현현

요한복음에서 그리스도의 십자가에 달리심과 부활은 분리될 수 없다. 십자가와 부활은 하나의 사건이다. 그래서 십자가 사건에서 우리가 찾았던 왕위에 즉위하심이 부활하신 그리스도의 이야기들에서도 발견된다. 그의 십자가에서만큼 예수님이 말씀하신 영화가 그의 부활에도 있다. 불트만은 예수님의 십자가에서의 죽으심은 이미 그의 승귀와 영화이기 때문에 요한복음에서 실제적으로 그리스도의 부활을 언급할 필요가 없다고 주장했다. 그는 계속해서 그리스도의 부활은 단지 다른 하나의 '표적'이라고 말했다.[18] 그러나 나는 이 두 사건 곧 십자가와 부활을

18. Bultmann, *Theology*, vol. 2, p. 56.

하나의 사건으로 간주하는 것이 보다 긍정적이라고 생각한다. 요한복음에는 현세의 범주들을 초월하여서 그 시간이 초월적인 가치를 가진 사건 자체에 와해된 것처럼 보인다. 이러한 면에서 제사복음서 저자의 사역은 시간의 진행이 최고도로 중요한 누가복음과 사도행전과는 매우 차이가 있다.

이 장에서 우리는 먼저 20장과 21장에 있는 이야기들을 개별적으로 살펴본 후 요한복음의 부활 기사에 나오는 전반적인 주제들을 논하고자 한다. 마지막으로 우리는 부활절 이야기들을 설교하기 위해 설교학적 의견들과 그러한 노력의 한 가지 예를 살펴보고자 한다.

## 1) 20장과 21장의 개관

요한복음에는 부활하신 그리스도가 제자들에게 나타나신 네 가지 이야기들이 있다. 이 이야기들 중 셋은 20장과 21장에서 찾아볼 수 있다.

### (1) 빈 무덤의 발견과 마리아에게 나타나신 그리스도(20 : 1-18)

첫 번째 이야기에는 막달라 마리아가 빈 무덤을 발견한 사건과 부활하신 그리스도가 그녀에게 나타나신 사건이 결합되어 있다(20 : 11-18). 이 두 이야기는 초기 기독교 전승에서 분리되어 있었을 것이나, 여기서는 이 두 이야기가 하나의 온전한 문학적인 단위로 구성되어 있다(마 28 : 1-10 참고). 부활 현현 이야기들에서 네 권의 복음서 모두가 동의하는 몇 가지 사항들 중 하나는 한 여인 혹은 일단의 여인들이 먼저 빈 무덤을 발견했다는 사실이다. 그 여인들의 정확한 이름과 숫자에 대해서는 의견이 다양하지만 각각의 복음서 저자들은 그녀들이 빈 무덤을 발견했다는 사실을 보도한다.

여인들이 부활 이야기에서 이런 중요한 역할을 했다는 사실은 보다 주목할 만하다(그 당시 여인들의 증언들이 신뢰성을 얻지 못했다는 증거는 누가복음 24 : 11을 참고). 분명히 당시의 문화적 상황에서 그 여인들은 아마도 애도하고 무덤을 돌보는 역할을 했을 것이다. 이 경우에는 그 여인들에게 이 이야기에서의 중심적인 위치가 주어지는데, 그 모습은 여인들이 초대교회에서 선입견이 있는 역할들에 한정되지 않았음을 암시한다. 우리가 앞으로 보게 될 막달라 마리아의 경우가 그러하다. 복음서들은 한 여인 혹은 여인들이 안식일 후 첫날 이른 아침에 무덤에 갔다는 사실에 동의한다. 마가복음(16 : 1)과 누가복음(24 : 1)은 예수님의 시체에 바르기 위해 향품을 가지고 무덤에 갔다고 진술한 반면, 마태복음은 요한복음에 동의하여 그 행동을 언급하지 않는다. 요한복음은 그보다 먼저 매장을 위해 시체를 준비시켰다고 기술한다. 마태복음 역시 그와 같은 준비를 당연하게 여기는 것처럼 보인다. 비록 첫 번째 복음서에 이 사건에 대한 분명한 언급은 없지만 말이다.[19]

요한의 경우에는 마리아가 예수님에 대한 사랑과 예수님 곁에 있고자 하는 기대 때문에 아침 일찍이 무덤에 갔다고 확실히 추측할 수 있게 한다. 현대의 널리 알려진 상상에 따르면, 막달라 마리아는 창녀였다가 회개하고 예수님을 따르게 된 사람으로 보여진다. 신약성서는 이 사실을 뒷받침할 명확한 증거를 우리에게 제공해 주지 않으며, 그 기독교공동체에 진부한 말이 되어 버린 그 '소문'은 성서에서 비도덕적인 여인들을 찾는 경향이 있었던 남성 해석자들의 코앞에 놓여진 것이다. 사실 우리는 이 여인의 고향이 막달라이며, 예수님이 귀신 들린 그 여인을 치유하셨으며, 예수님을 따르는 여자들 가운데 속해 있었다는 사실(눅 8 : 1-3)을 제외하고는 그 여인에 대해서 아는 바가 거의 없다. 그리고 그녀를 누가복음 7 : 36~50에 나오는 예수님에게 기름을 부은 '죄 많은' 여인과 동일시할 필요는 없다(그리고 우리는 그녀의 죄가 성적인 범죄라는 사실을

19. Daniel J. Harrington, S. J., *The Gospel of Matthew*, SP 1(Collegeville, Minn. : Liturgical, 1991), p. 408.

듣지 못했다).

막달라 마리아는 요한복음에서 십자가 곁에 있는 제자들 중 하나로 처음 등장한다(19 : 25). 그리고 이제 주목할 만한 이 이야기에서 주된 역할을 한다.[20] 나는 설교자들이 성서적 신뢰성을 위하는 것 외에 다른 이유가 없다면, 마리아의 명예롭지 못한 이미지를 바로잡아야 할 도덕적인 책임을 가지고 있다고 믿는다.

몇몇 주석가들은 20 : 1에 진술된 '어두울 때'라는 언급을 빛과 어두움을 나누는 요한의 이원론적 상징으로 해석해 왔다(1 : 4-5 참고). 또한 3 : 1~2을 보라. 그 구절에서 니고데모는 어두운 밤에 예수님을 찾아왔다. 20 : 1에 있는 어두움에 대한 언급은 요한복음의 언어를 어느 때에 상징적으로 해석해야 할지를 결정하기에 어려운 좋은 예이다. 그러나 이 순간 마리아의 침울함과 슬픔에 관해서 너무 많이 생각할 필요는 없다. 그녀가 빈 무덤을 발견했을 때 그녀는 속히 베드로와 사랑하는 제자에게 그 소식을 알렸으며, 제자들은 자신들도 보기 위해 그곳으로 달려갔다.

요한복음에서 베드로와 사랑하는 제자의 관계는 상당히 복잡하다. 이 이야기는 단지 그 관계의 신비를 깊게 만든다. 모든 경우, 이 두 제자가 동일한 이야기에 등장할 때 베드로는 잠시 사랑하는 제자보다 낮은 자리에 놓여진다(13 : 23 참고). 이 이야기에서 사랑하는 제자는 무덤에 먼저 이르렀을 뿐만 아니라 그가 무엇을 믿었든지 간에 먼저 믿었다. "……그 다른 제자도 들어가 보고 믿더라"(20 : 8). 이 복음서가 '보는 것'을 강조한다면(예를 들면 '와 보라', 1 : 39, 46), 우리는 사랑하는 제자가 그 무덤을 확인하는 데 믿음을 행사했다고 추정할 수 있다. 베드로와의 분명한 대조는 사랑하는 제자가 대담하게 믿음의 눈을 통하여 보았음을 분명히

---

20. 요한복음에 나오는 여인들의 대한 나의 견해에 관해서는 *John, the Maverick Gospel*, pp. 147-154을 보라.

해 주는데, 그것이 부활하신 그리스도에 관한 요한의 이야기들의 근본 주제들이 되었다.

마리아는 슬픔에 사로잡혀서 그리고 다른 사람이 시체를 훔쳐 갈까 두려워서 무덤에 남아 있었다. 그녀는 시체를 훔쳐 가서 다른 곳에 두었는지에 대해 세 번이나 물었거나 그 같은 주장을 했다(20 : 2, 13, 15). 예수님에 대한 그 여인의 사랑은 그 여인으로 하여금 빈 무덤에 관하여 가장 나쁜 생각을 갖게 했으며, 이 생각이 그 여인이 처음에 예수님을 알아보는 데 방해가 되었다. 천사들의 나타남(20 : 12－13)은 그 여인을 전혀 당황스럽게 하지 못했다! 그 여인은 경외감에 굴복되거나 두려움에 사로잡혀 있지 않았다. 그 여인은 단지 주님에게 무슨 일이 일어났는지 알고자 원했으며 곧 알게 된다.

"……여자여, 어찌하여 우느냐……"(20 : 13). 천사의 질문과 "여자여, 어찌하여 울며 누구를 찾느냐?"는 예수님의 질문은 요한복음의 주제들로 가득 차 있다. 이 복음서에 있어서 근본적인 질문은 찾음의 문제이다(1 : 38 참고). '구하다' 혹은 '찾다'는 동사(zēteō)는 의미와 위임에 대한 인간의 탐색을 특징짓는다(4장 참고). 우리의 슬픔에 관한 질문, 즉 이 세상에서의 삶의 구성요소로서의 슬픔과 결합하여 당신은 그럴싸한 한 쌍의 근본적인 인간의 질문들을 가진다.

부활하신 그리스도를 즉시 알아보지 못했다는 생각은 고대 전승의 한 부분이거나 적어도 그렇게 보인다. 엠마오 도상의 두 제자(눅 24 : 13－35)와 그들의 두 동료들의 말을 듣고도 그들이 보는 것을 영이라고 확신할 수밖에 없었던 제자들(24 : 37)처럼, 마리아는 즉시 예수님을 알아보지 못했다. 나는 마리아가 슬픔에 사로잡히고 눈물이 앞을 가리었으며, 다시 살아 계신 예수님을 보리라고는 기대를 하지 않았다고 생각한다. 그녀의 시력이 흐릿하게 되기까지 했다. 심리학자들이 우리에게 가르쳤던 바와 같이, 우리의 기대가 자주 보는 것을 결정한다. 예수님은 자신의 양 떼의 하나로서 그녀를 지명하면서 그녀의 이름을 부른다(10 : 3, 14). 그리고 마리아는 그분이 누구인지 알아본다. 고대 히브리 사상처럼(창 1 : 5 참고) 이름들은 우리의 신분을 확인해 주며 심지어는 우리의 존재를 확인해 준다. 예수님이 우리의 이름을 부르실 때 우리에게 새로운 생활과 새로운 시각이 주어진다.

마리아는 자연스럽게 이제 그리스도의 곁에 있기를 원했다. 그 이유는 그녀가 다시 살아나신 예수님을 찾았기 때문이다. 17절의 헬라어는 불명료하다. 그러나 많은 사람들은 "나를 붙들지 말라."는 뜻이라고 생각한다. 마리아는 여러 이유들로 인해 예수님에게만 매달려 있을 수 없었다. 특히 그녀는 행해야 할 사명을 가지고 있다. 그 여인은 그녀가 최근에 찾은 기쁨에만 빠져 있을 수 없었다. 그 이유는 그 기쁨을 다른 사람들과 나누어야 하기 때문이다. 더군다나 예수님은 이제 순전히 육체의 예수님이 아니라 부활하신 주님이시며, 인간의 이해력으로 파악될 수 없는 분이시다. "……내가 내 아버지 곧 너희 아버지, 내 하나님 곧 너희 하나님께로 올라간다……"(20 : 17)는 말씀에서 예수님이 무엇을 의미하시는지도 분명하지 않다. 승천은 하나의 과정이며, 부활하신 그리스도는 그 과정 중 한 단계에서만 마리아에게 나타나셨는가? 물론, 요한은 누가복음에서처럼(24 : 50－53) 예수님의 승천에 대해 설명하지 않는다. 그러나 제사복음서에서 예수님의 승천은 그의 십자가에 달리심이다. 말하자면 승천은 영화와 동의어이며 십자가와 부활 모두에서 일어났다. 브라운은 이같이 기록한다. "승천은 단지 고양과 영화를 묘사하기 위해 공간적인 언어를 사용한 것이다." 그리고 승천이 영화라는 주장은 '부활하신 예수님의 현현의 목적지가 공중으로 들려 올려짐을 상징한다는 것'과 구별되어야 한다.[21)]

21. Brown, *Gospel according to John 13－21*, pp. 1012－1013. 일반적인 경우에서처럼 나는 부활 현현을 다루는 브라운에 견해에 가장 많은 도움을 입었다.

예수님은 마리아에게 부활의 소식을 그의 다른 동료들과 나누라는 사명을 주셨으며, 그 여인은 즉시 가장 단순한 표현으로 그 명령을 행했다. “내가 주님을 보았다.” 마리아는 첫 번째 사도가 되었다. 그녀는 그리스도의 부활을 선포하도록 보냄을 받은 자 그리고 더욱이 몇몇 학자들이 강하게 표현한 것처럼 ‘사도들 중에 사도’이다.[22] 사회적 신분이 한 사람이 사도가 되는 길을 막지 못하며, 단지 그리스도가 우리들 가운데 살아 계신다는 근본적인 확신이 중요하다.

### (2) 문들이 닫혀진 방 가운데에 예수님이 제자들에게 나타나심 (20 : 19-23)

마리아가 제자와 사도라는 주장은 ‘제자’(mathētēs)라는 단어가 단지 공관복음으로부터 알고 있는 열두 제자들 중 한 명이라고 추정할 수 없게 한다는 점에 주목할 만하다. 요한복음에서 제자는 예수님을 따르는 사람, 생도, 학생이다. 실제적으로 요한은 ‘열두 제자’를 단지 6 : 67과 20 : 24에 언급하며 친밀한 제자 집단의 역사 혹은 열둘이라는 숫자의 상징에는 거의 관심이 없어 보인다. 결과적으로 우리는 그 주의 첫 번째 날 저녁에 그 방에 있었던 이 ‘제자들’이 누구였는지에 대해 의견을 가지고 있지 않는데, 그것은 우리가 이 부활 이야기를 읽는 방식에 상당한 차이를 가져다준다.

---

22. 브라운은 이 표현에 있어서 융만(J. A. Jungmann, *The Mass of the Roman Rite*〈New York : Bensizer, 1950〉, p. 470, n. 55)의 덕을 입었다. Brown, *The Community of the Beloved Disciple*(New York : Paulist, 1979), p. 190. ‘제사복음서에 있어서 여인들의 역할들’에 관한 동일한 논의에서 브라운은 “요한이 13 : 1의 ‘자기 사람’들에 포함시킨 열두 제자처럼 예수님에 대한 관계의 동일한 범주에 한 여인을 위치시키는 데 주저하지 않았음이 분명하다.”(192)고 주장한다. 이것은 1970년에 로마 가톨릭 사제, 교사를 규정하게 하는 대담한 진술이었다. 브라운은 교회가 성서의 증언과 맞서게 하는 것을 두려워하지 않았다.

예수님을 따르던 이 그룹은 생명의 위협을 느꼈다. 그 이유는 아마도 그들이 나사렛 예수와 관련되어 있으며, 예수님과 동일한 운명을 겪었기 때문이었을 것이다. '유대인들이 두려웠다'는 '종교지도자들을 두려워했다'와 동일한 표현이다. 그 이유는 제자들 자신들이 유대인들이었기 때문이다. 신약성서는 그리스도의 부활을 구체적으로 그가 육체를 가졌으나 육체적인 존재인 인간이 가진 한계에 제약을 받지 않는다고 주장하는 방식으로 진술한다. 그러므로 이 이야기에서 부활하신 예수님은 잠겨진 문을 통하여 지나가신다.

누가복음 24 : 31에 의하면, 부활하신 예수님은 엠마오 도상에서 두 제자들에게 처음 나타나신 것처럼 신비롭게 사라지신다. 비록 24 : 42에서는 그의 제자들 앞에서 음식을 드시지만 말이다. 바울은 부활하신 몸을 그 상황에 적합한 독특한 유형의 몸으로 이야기하며, 육의 몸(sōma psychikos)과 구별되는 신령한 몸(sōma pneumatikos)이라고 부른다(고전 15 : 44).[23] 아마도 부활하신 그리스도의 몸의 신비에 대한 단서는 변형된 몸으로 이 몸을 생각하는 것인데(고전 15 : 51), 그 몸은 순전히 영적이거나 아니면 육적이 아니라 독특한 유형의 인격적인 통일체이다.

20 : 19~23에 있는 요한의 이야기에서 부활하신 그리스도는 잠겨진 문들을 통하여 지나가시며, 그 후 제자들에게 '그의 손과 옆구리'를 보이신다(20 : 20). 부활하신 주님의 현현에 대한 신약성서의 이야기들은 자주 이분이 십자가에 달리신 예수님이시라는 사실이 특별히 중요함을 지적함으로(눅 24 : 39 참고) 다른 '그리스도'가 나타났다는 어떠한 의심도 불식시킨다. 이렇게 하여 부활은 십자가와 밀접하게 결합되며, 이 연결

23. 불트만은 바울이 프쉬케(psychē)라는 단어를 '생명력' 혹은 '생명의 본질'이라는 의미로 사용했다고 생각한다. 마치 그것은 히브리 성서에서 네페쉬(nephesh, 창 2 : 7 참고)의 사용과 유사한데, 70인 역에서는 프쉬케(psychē)로 번역한다(*Theology of the New Testament*, vol. 1, p. 204).

없이는 어떠한 생각도 하지 못하게 한다.

부활한 주님은 그 방에 모여 있는 제자들에게 네 가지 선물을 주신다. 이 중 첫째는 간단한 '평화'인데 일반적인 인사로 표현되어 있다. "너희에게 평강이 있을지어다"(20 : 19 - 21). 예수님이 그의 제자들에게 평안을 약속하셨던 것처럼(요 14 : 27) 이제 부활하신 그리스도도 그와 같은 약속을 주신다. 그러나 그리스도의 평안은 수동적인 만족이 아니다.

그리고 예수님은 제자들에게 두 번째 선물인 사명을 주신다. 이제 믿는 사람들은 그리스도가 그들을 세상에 보내기(apostellō) 때문에 사도들(apostoloi)이 되었다. 하나님이 그리스도를 보내심이 그리스도가 제자들을 보내심의 본보기인데, 특히 그 보내심이 의미하는 바는 그들이 세상과 세상의 속죄를 위한(3 : 16) 하나님의 사랑으로 인해 보냄을 받았다는 것이다. 예수님은 17 : 18에서 유사한 내용의 기도를 하셨다. "아버지께서 나를 세상에 보내신 것같이 나도 그들을 세상에 보내었고"(6장 참고). 더욱이 요한이 '세상'이라는 단어를 악의 영역을 나타내며 하나님으로부터 분리됨을 나타내는 경향이 있다고 한다면, 이 보내심은 예수님을 따르는 사람들이 세상의 고난과 폭력, 그리고 파괴 가운데로 들어감을 의미한다. 이 보내심은 한 가지가 아닌 여러 면에서 두려운 사명이다. 세상에서 하나님의 대리자들로서 그리스도를 따르는 것은 두려운 일이며, 세상의 구원을 위해 그의 자리로 보냄을 받는 것은 거의 무력하게 될 정도로 힘든 일이다! 교회가 어려움을 견뎌 내며, 이와 같은 사명을 감당해야 하는 것은 결코 놀라운 일이 아니다.[24)]

그리스도는 제자들에게 권세를 주어 사명을 감당하도록 보내셨는데, 이 세 번째 선물은 성령이다. 예수님은 "내가 그(다른 보혜사)를 너희에게로 보내겠다"(16 : 7)는 자신의 약속을 이루신다. 이것이 요한의 오순

---

24. Robert Kysar, "'As You Sent Me' : Identity and Mission in the Fourth Gospel," *Word and World 21*(2001) : pp. 370 - 377.

절인데, 성령의 선물은 부활하신 그리스도가 그리스도인들 가운데 계심과 동시에 주어진다. 요한은 누가복음에서처럼 일부러 부활하신 그리스도의 때와 성령의 때를 구분하려고 애쓰지 않았으며, 이 둘을 함께 결합시켰으며, 그럼으로 그것들이 동일함을 주장한다. 실제적으로 헬라어 성경은 "그가 그들을 향하사 숨을 내쉬며 '성령을 받으라'(관사가 없다.)고 읽는다. 그러나 숨을 내쉼으로 주어진 위임(네 번째 선물)이 성령임을 의심할 바 없다. 그리스도의 숨은 신령한 영이고, 부활한 그리스도는 그의 백성들에게 계속해서 숨을 내쉬며 그들의 삶 가운데 성령을 부어 주신다. 신약성서의 다른 곳에서처럼 여기에서 성령은 안내자요, 위로자일 뿐만 아니라 증거를 위한 능력이다.

네 번째 그리고 마지막 선물은 권세이다. 성령과 함께 그리스도는 제자들에게 죄를 용서하는 권세와 그 용서를 지속하게 하는 권세를 주셨다. 여기서 우리가 인식해야 할 중요한 점은 교회 내의 성직자와 같은 몇몇 특권 계층에게만 이 권세가 주어지지 않았다는 사실이다. 그 이유는 이 권한을 부여받은 자들이 엄격하게 열둘로 제한되지 않고 모든 믿는 자들을 대표하는 그룹이기 때문이다. 이 권세는 마태복음 16 : 19에서 베드로에게 주어진 유명한 말씀과 마태복음 18 : 18에서 전체적인 교회에 주시는 말씀과 동일하다.[25] 교회는 능력을 얻었으며, 합당할 때에 하나님의 죄 용서를 선언하는 권세가 주어졌으며, 합당하지 않을 때는 죄를 그대로 두는 권세가 주어졌다. 요한복음을 공부하는 한 학생이 한때 죄를 용서하기에 합당하지 않을 때가 언제인지 물었다. 그 대답으로 주어진 제안들 중에 하나는 결혼생활에 적절하지 않은 행위에 빠져드는

25. Eduard Schweizer, *The Good News according to Matthew*, trans., D. E. Green(Atlanta : John Knox, 1975), p. 373 ; 그리고 David E. Garland, Reading Matthew : A Literary and Theological Commentary on the First Gospel(New York : Crossroad, 1995), pp. 192 – 193.

것과 관련이 있다. 이 여학생은 교회가 너무 속히 이런 악한 죄를 용서해 주며 그들이 유사한 형태의 행동을 계속하도록 허용한다고 불평했다. 죄 용서는 범죄자가 자신이 행동을 변화시킬 준비가 될 때까지는 그대로 두는 것이 더 좋다. 용서를 늦추는 이유는 그러한 사람들을 치료하기 위해서이다.

이 권한을 부여함으로 현현 장면은 종결된다. 혹은 일시정지된다고 이해할 수도 있다. 이 장면에서 부활하신 그리스도는 능동적으로 자신의 제자들을 위해 준비하시며, 교회에게 권세를 주고 무장시킨다. 그러나 한 믿는 자가 있었는데, 그는 이 웅대한 장면에 목격자로 참석하지 않았다.

### (3) 부활하신 그리스도가 도마에게 나타나심(20 : 24-29)

많은 사람들이 요한복음의 종결 부분이라고 생각하는 것처럼 이 부분은 요한복음의 마지막 장면이다. 21장은 후대에 복음서에 첨가된 부록이라고 가정할 때 20 : 30~31은 이 책의 결론이며, 도마에 대해 기술한 이 장면이 이 책의 절정이다. 우리가 원래 요한복음에서 그랬을 것으로 생각되는 중요한 위치에 이 이야기를 두는 것은 많은 장점이 있으며, 오랜 기간 동안 교회를 위해 풍부한 의미를 제공했다.

24~25절은 부활하신 그리스도가 세 번째 나타나신 상황을 설정한다. 도마는 쌍둥이라 불려지는데, 헬라어로 쌍둥이를 뜻하는 디두모(Didymos)라는 단어는 그의 헬라식 이름에 속했던 것처럼 보인다. 그는 요한복음의 다른 두 곳에서 완전한 이름인 '디두모라 하는 도마'라고 언급된다. 14 : 5에 언급된 도마는 동일한 사람으로 보여진다. 도마가 회의주의적이며, 의심 많은 사람이라는 사실을 다른 구절에서 찾으려는 노력은 주석(exegesis)이라기보다는 자기 해석(eisegesis)이다. 기꺼이 믿기 전에 자신의 동료들이 한 경험을 공유하고자 하는 도마의 주장은 합리적이

다. 사실 도마는 요한복음의 사상에서 매우 중요한 보는 경험을 요구한다(25절). 그의 요구로 판단할 때 도마는 자신의 동료들이 보았던 이분이 참으로 십자가에 달린 그리스도라는 확신을 필요로 했음이 분명하다. "내가 그의 손의 못 자국을 보며 내 손가락을 그 못 자국에 넣으며 내 손을 그 옆구리에 넣어 보지 않고는 믿지 아니하겠노라." 다른 말로 하면, 그는 자신의 동료들이 다른 종류의 한 영을 보지 않았을까 두려워했다는 것이다(눅 24 : 36-43 참고).

도마는 다른 사람들의 증언의 능력을 부인한다. 요한복음에서 증거(matyreō)는 중요 주제이며, 증거는 믿음을 다른 사람에게 전달하는 수단들이다. 이 단어는 요한복음에 32회 사용된다. 예수님 자신이 증언하며(1 : 7), 그의 사역들과 표적들도 증거한다(10 : 25). 아버지는 예수님의 신분을 증거하며(5 : 31-38), 파라클레토스는 예수님을 증거한다(15 : 26). 그리고 제자들은 증거하는 자로 부르심을 받았다(13 : 35). 제사복음서에서 증거의 특별한 특징은 거의 대부분 예수님과 그의 사역에 대한 증언이다.[26] 이 복음서에서 신앙은 예수님의 독특한 인격을 인식하고 신뢰하는 행위이다. 도마에게 나타나신 예수님 이야기의 결론은 이 점을 강조한다.

도마는 부활하신 예수님을 개인적이고 직접적으로 경험하지 않았으면 믿지 않았을 것이다. 그래서 그리스도는 그의 의견을 수용하셨다(20 : 26-29). 예수님은 도마가 자신을 만지도록 허락했으며, 자신이 참으로 십자가에 못 박혔다가 이제 죽음으로부터 부활한 자임을 알 수 있도록 하셨다. 이 이야기는 도마가 실제로 예수님을 만졌다고는 진술하지 않는데, 이 사실이 중요하다. 도마에게 하신 예수님의 말씀은 그에게

26. 슈나이더(Carl Schneider)는 증거와 관련된 헬라어 단어들에 관한 장편의 글을 썼다. *Theological Dictionary of the New Testament*, ed., Gerhard Kittel(Grand Rapids : Eerdmanns, 1967), 4 : pp. 497-502.

확신을 주었으며, 믿음을 갖게 해 주었다. 어떤 의미에서 우리는 이 이야기 가운데 마리아에게 자신의 현현을 목격하게 하신 부활하신 그리스도의 말씀에 대한 동일한 강조를 볼 수 있다. 보는 것과 듣는 것은 믿음을 갖게 하는 요소들이다. 참으로 바울이 말했던 바와 같이 말씀(그리스도)을 들음은 믿음을 불러일으킨다(롬 10 : 14-17).

더군다나 20 : 28에 있는 도마의 믿음의 고백은 이 극적인 이야기의 두 결정적인 기록들 중에 하나이다. 도마는 그리스도를 '나의 주요 나의 하나님'(ho kyrios mou kai ho theos mou)이라고 부른다. 이 고백은 요한복음에서 사람들이 했던 고백 중에 최고의 고백이다. 물론 복음서가 내내 주장해 왔던 예수님의 정확한 신분이다. 도마의 말은 고백임과 동시에 선언이다. 주(kyrios)와 하나님(theos)의 조합은 유대·히브리적 칭호(kyrios)와 헬라적 칭호(theos)를 연결시키고자 하는 노력이며, 이로써 그리스도의 우주적인 주권을 주장하고 있다.

'나의 주여'는 공통된 그리스도인의 고백이며, 아마도 세례 형식이다(롬 10 : 9 참고). 이 칭호는 '하나님'과 동의어일 가능성이 높다. 그 이유는 70인 역에서 큐리오스를 하나님에 대한 개인적인 이름인 야훼(YHWH)를 번역하는 데 사용했기 때문이다. 이 칭호는 기독교 예전적인 상황들에서 또한 사용된다(마라나타〈maranatha〉, "나의 주여 오시옵소서"〈고전 16 : 22〉). 당시에 가이사들 특별히 기원 후 81~96에 재위에 있었던 도미티안을 '주님이시요 하나님'이라고 불렀다는 사실을 간과해서는 안 된다. 그리스도는 그리스도인들의 가이사이다. 더군다나 이 점에서 그리스도를 하나님이라 칭함은 요한복음의 내러티브가 종결 부분에 왔음을 말해 준다. 그 이유는 요한복음은 "말씀이 하나님이시다."라고 말함으로 시작하기 때문이다. 요한복음의 저자는 독자들이 이 종결 부분(포괄 구절 혹은 '고리 구성'[27])에서 이 글이 전하고자 원하는 근본적인 메시지를 보게 되기를 원했다(1장 참고).[28]

요한복음은 전체 문서를 결론짓는 도마의 고백으로 적절하게 끝을 맺는다. 그러나 이 마지막 장면에는 다른 부분들도 있다. 예수님은 도마의 고백에 두 가지 말씀으로 응답하신다. 첫째는 예수님은 도마에게 그의 믿음의 동기를 물으신다. 도마가 그를 '보았기' 때문인가? 둘째는 예수님은 보고 믿는 자들에 대한 복을 선언하신다. "보지 못하고 믿는 자들은 복되도다." 우리는 부활하신 그리스도를 직접 목격하게 된 사람들, 곧 그를 보아 왔고 들어 왔으며, 심지어는 그를 만지도록 허락을 받기까지 한 도마와 다른 사람들에게 어떻게 복이 주어지는지를 생각할 것이다. 우리 중에 많은 사람들에게는 이 첫 번째 제자들처럼 되었으면 하는 기대가 있다. 그러나 그리스도는 복을 받은 자들은 그들이 아니라 부활하신 그리스도를 보지 않고도 믿는 자들이라고 말씀하신다.

이 마지막 복은 무엇을 의미하는가? 분명히 이 복은 예수님을 따르게 될 미래의 신앙인들 모두를 향한다. 이 복은 우리에게 믿음의 특성에 대해 확인해 주며, 확신을 갖도록 용기를 준다. 요한은 참된 믿음 곧 '순수한 믿음'은 직접적이고 즉각적인 감각의 결과가 아니라 말씀의 선포로부터 발생하는 믿음이라고 말하는 것처럼 보인다. 참으로 최상의 믿음은 그리스도에 대한 다른 사람들의 증거로 인해 생긴다. 이 마지막 말씀은 예수님의 기적을 목격한 데서 생기는 믿음이 아직은 참된 믿음이 아니라는 복음서 전체를 통해서 했었던 주장을 강화시킨다(4 : 48 참고).[29] 순수한 믿음은 그와 같은 신뢰할 수 있는 증거 때문이 아니라 그와 같은 증거

---

27. Mark W. G. Stibbe, *John as Storyteller : Narrative Criticism and the Fourth Gospel*, SNTSMS 73(Cambridge : Cambridge Univ. Press, 1992), p. 19.
28. Brown, *Gospel according to John(13-21)*, pp. 1046-1048 ; 그리고 C. K. Barrett, *The Gospel according to St. John : An Introduction with Commentary and Notes on the Greek Text*, rev. ed.(Philadelphia : Westminster, 1978), pp. 572-573.
29. Kysar, *John, the Maverick Gospel*, pp. 80-86.

가 없음에도 불구하고 확실히 그리스도를 통해서 하나님에게 의지하는 것이다![30] 우리 시대에는 그리스도인의 믿음의 진실성을 증거하는 많은 이야기들이 있으며, 우리 문화는 일련의 의사(pseudo) 과학적 사고에 현혹되어 있다. 요한이 이해한 바와 같이 기독교는 그 주제의 반대편에 서 있다. "보지 못하고 믿는 자들은 복되도다."

### (4) 첫 번째 결론(20 : 30-31)

만일 요한이 믿음을 위한 물리적인 증거인 기적들의 역할을 축소시키기 원했다고 가정할 때 원래 복음서의 결론이 "예수께서 제자들 앞에서 이 책에 기록되지 아니한 다른 표적도 많이 행하셨다."는 진술로 시작한 이유는 무엇인가? 분명하게 요한은 예수님과 하나님의 영광의 표현으로 예수님의 행위를 배제하기를 원하지 않았다(2 : 11 참고). 이 말씀은 예수님이 자신의 복에 관해 말씀하셨던 역사적인 시기 이후에 사는 우리들에게 하신 것이다. 20 : 31의 목적은 예수님이 말씀하셨고 행하셨던 모든 사역을 말하려고 했었다는 어떠한 징조도 거부한다. 우리는 20 : 25에 있는 두 번째 결론이 동일한 종류라는 점에 주목하게 될 것이다.

이 결론에서 중요한 부분은 저자가 이 문서를 쓰는 목적을 진술한 것처럼 보이는 다음 절이다. 이 목적의 진술(오직 이것 혹은 이 일들을 기록함은……)은 두 내용을 포함한다. 첫째는 "너희로 예수께서 하나님의 아들 그리스도이심을 믿게 하려 함이요……." 요한은 이 글을 쓴 목적이 독자들이 믿음을 갖게 하려는 데 있다고 주장한다. 1장에서 지적한 바와 같이 이 구절을 기록한 다루기 힘든 상이한 본문들이 있는데 이는 많은 논쟁을 불러일으켰다.

"믿게 하려 함이다."는 동사는 초기 사본들에 두 가지 다른 형태로 기

---

30. 내가 이해한 바로는 이것은 폴 틸리히가 그의 고전적인 책인 *The Dynamics of Faith*(New York : Harper, 1957)에서 주장한 믿음에 관한 견해이다.

록되어 있다. RSV와 NRSV에 번역된 동사는 피스튜세테(pisteusēte, pisteuō의 2인칭, 복수, 부정과거 가정법)이며, 그 의미는 '너희로 하여금 이제 믿음을 갖게 하기 위함(혹은 기독교인이 되도록 하기 위함)'이다. 고대 사본들이 증거한 두 번째 읽기는 피스튜에테(pisteuēte, pisteuō의 2인칭, 복수, 현재, 가정법)이며, 그 의미는 "너희로 이제 계속적으로 믿게 하기 위함(혹은 너희의 믿음이 확실하게 되도록)이다."[31] 차이는 시그마(σ) 한 글자이나 해석에는 상당한 영향을 미친다. 이 차이는 요한복음이 복음전도의 목적들을 위해 기록되었는가, 아니면 이미 믿음을 가진 독자들의 믿음을 양육하기 위해 기록되었는가 하는 오랜 논쟁을 불러일으켰다.[32] 아마도 가장 바람직한 결론은 어느 사본의 읽기를 권위 있다고 선택하든지 간에 두 가지 목적 모두가 전반적으로 요한복음에서 찾아볼 수 있다고 말하는 것이다.

이 결론의 두 번째 부분은 독자들이 '생명'의 선물을 얻게 하려 함이라고 진술한다. 믿음으로 이익이 주어진다. 곧 그리스도 안에서의 하나님

---

31. 영국성서공회(United Bible Societies)는 한 본문에 대한 다른 사본의 증거를 알파벳으로 평가한다. 'A'는 여러 읽기 가운데에 가장 확실하다고 인정한다는 의미이며, 'B'는 거의 확실하다고 인정한다는 의미이다. 성서공회가 근거로 하는 헬라어 본문이 있는 부정과거 읽기(너희로 믿게 하기 위하여)는 'C'등급으로 평가하며, 그 의미는 이것 혹은 저것 중 어느 것이 적절한 것인지에 관해 상당한 정도의 의심이 간다는 것이다. 번역자들에게 도움을 주는 책은 Barclay M. Newman, and Eugene A. Nida, *A Translator, Handbook on the Gospel of John*(New York : United Bible Societies, 1980), p. 620이다.
32. Barrett, *Gospel according to St. John*, p. 575와 D. A. Carlson, *The Gospel according to John*(Grand Rapids : Eerdmans, 1991), pp. 661-663을 대조하라. 비록 그의 주장이 바레트에게 응용되지는 않았으나, 이 동사의 해석의 비율로 판단할 때 "너희의 믿음이 지속되기 원한다."는 의미를 취하는 경향으로 나아간다고 말하는 카슨의 주장이 옳다. 그 이유는 부분적으로 요한복음이 최근에 회당으로부터 분리된 공동체를 위해 쓰여졌다는 이론이 우세하기 때문이다. 비록 나는 이 이론을 기꺼이 받아들이지는 않지만, 전체적으로 요한복음은 처음 믿음을 갖게 하기 위해 의도된 문서라기보다는 믿음에 확신을 주기 위한 의도로 기록된 문서라는 주장이 보다 가능성이 있다고 생각한다.

계시에 근거를 둔 새로운 생명이다. 오데이(Gail R. O'Day)는 이 구절에 관해 다음과 같이 진술한다. "이 구절들(30–31절)은 하나님에 대한 해석과 하나님의 선물과 함께 성서 본문에 대한 관심이 믿음생활에 절대 필요하다고 주장하고 있다. 이 본문들을 설교하고 가르치는 데 있어서 기도 중에 이 본문들을 명상하면 보지 않고 믿는 것을 가능하게 된다."[33) 저자는 등장인물과 나란히 이 이야기를 경험함으로 생명이 무엇인지를 발견하도록 이야기의 세계에 독자들을 초대한다. 실제적인 의미에서 우리 모두가 가장 열심히 추구하는 것은 의미 있고 가장 중요한 실체 곧 하나님에게 근거를 둔 생명이다.

### (5) 디베라 호숫가에 나타나신 부활하신 예수님(21 : 1–14)

20 : 30~31을 보는 두 가지 다른 방법이 있다. 보다 대중적인 방법은 21장이 원래 복음서에 첨가된 일종의 본문으로 초기 복음서가 회람 단계에서 누군가에 의해 이 두루마리에 덧붙여졌다고 인정하는 것이다. 그래서 우리는 이 첫 번째 결론(20 : 30–31)을 요한복음의 원래 종결 부분으로 취하며, 21장은 부록으로 간주한다.

20 : 30~31을 읽는 또다른 견해는 이 부분을 결론으로 생각하는 것인데, 요한복음 전체의 결론이 아니라 20장에서 진술했던 부활 이야기들의 결론으로 본다. 이 경우에 31절에 있는 '이것들'(tauta)이라는 단어는 전체 내러티브가 아니라 그리스도의 현현 이야기들을 가리키며, 30절에 언급된 '표적들'은 부활 현현의 표적을 가리킨다.[34)] 새로운 문학비평은 마지막 장을 요한복음의 적법하고 중요한 부분으로 취급하는 경향이 있

33. O'Day, "Gospel of John," p. 853.
34. Ibid., pp. 850–852. 이 문제에 관해서 그녀는 호스킨스(Edwyn Clement Hoskyns)의 의견을 따른다. Edwyn Clement Hoskyns, *The Fourth Gospel*, 2nd ed.(London : Faber and Faber, 1947), pp. 549–550.

다.[35] 설교자들은 21장을 전체 복음서에 속한 본문으로 다루는 것이 좋을 듯하다고 생각한다. 그 이유는 교회가 항상 그렇게 해 왔으며, 21장의 내용이 적어도 주요 주제들의 면에서 이전 스무 장들과 조화를 이루기 때문이다.

더군다나 21장은 적어도 네 가지 이유에서 중요하다. 첫째는 부활하신 그리스도의 다른 현현을 포함하는데, 이때에 부활하신 그리스도는 제자들 중 일곱에게 나타나신다. 둘째로 베드로와 예수님 사이의 대화는 결과적으로 베드로가 예수님을 부인한 잘못을 용서받았으며, 제자들의 지도자로서 회복되었다는 확신을 우리에게 준다. 셋째로 사랑하는 제자에 대한 설명은 우리에게 이 신비로운 인물에 관하여 보다 많은 사실들을 말해 준다. 그리고 마지막으로 24~25절에서 우리는 이 글의 배후에 있는 증인이 신뢰할 만하다는 말을 듣는다.

21 : 1~14에서 화자는 첫 번째 무대를 배설한다. 화자는 '이 일들'(tauta)이라는 표현으로 20 : 30~31과 뒤에 나오는 본문을 연결시킨다. 제자들은 갈릴리로 돌아가며, 베드로는 다른 제자들에게 자신은 고기를 잡으러 가겠다고 선언한다. 그의 동료는 예수님을 따르는 다른 여섯 사람이다. 그들 중에는 '세베대의 아들들'이 있는데, 이들은 공관복음에서 야고보와 요한으로 알려져 있다. 이것은 요한복음에서 그들을 언급한 첫 번째 부분이다. 그러나 화자는 제자들이 그들의 고향인 갈릴리로 돌아왔으며, 적어도 그들 중 몇몇은 옛 직업을 다시 갖게 되었다고 생각하기를 원한다. 그런 이유라면 제자들은 널리 알려진 바와 같이 자신들의 일에 비참하게 실패했다. 그들은 밤이 맞도록 그물을 던졌으나 아무것도 잡지 못했다.

첫 번째 부활 현현과 같이 이 사건은 이른 아침에 일어난다. 예수님은

---

35. 예를 들면, Mark W. G. Stibbe, *John, Readings : A New Biblical Commentary* (Sheffield : Sheffield Academic Press, 1993), pp. 206-208을 보라.

제자들을 부르신다. 그러나 제자들은 처음에 예수님을 알아보지 못했다. 첫 번째 부활 현현의 경우에서처럼 다시 그러했다. 예수님은 그들에게 고기 잡는 방법을 지시했다. 그리고 그들은 즉시 성공했다. 그들은 그물을 들 수 없을 정도로 많이 잡았다. 그 후 이 사건들의 의외의 전환점에 직면해서 베드로는 예수님을 알아보고 예수님을 뵙기 위해 해변으로 수영해서 나간다. 예수님은 해변에서 일곱 제자들을 위해 조반을 준비하신다. 이상하게도 본문은 그들이 주님이신 줄 알았기 때문에 당신이 누구냐 감히 묻는 자가 없었다고 진술한다(21 : 12). 그렇다면 이 본문은 그리스도의 현현이 그의 부활하신 몸으로 변화되었다는 의미인가? 그 후 예수님은 자연스럽게 6장에서 무리들을 위해 하신 것처럼 제자들에게 떡과 물고기를 먹이신다. 이 경우에 떡과 물고기는 성만찬의 의미가 있다. 그리고 엠마오 도상에서 제자들에게 그리스도가 나타나신 것처럼, 그들에게 떡을 나눌 때에 예수님의 신분이 알려진다(눅 24 : 30 - 31). 화자는 우리에게 이것이 세 번째 부활 현현이라고 말한다. 그러나 우리는 20장의 마지막에서 이미 세 번을 계산했다. 그렇다면, 저자는 마리아를 '제자'로 간주하지 않았단 말인가? 아니면, 문이 잠겨진 방에서 제자들에게 두 번 나타나신 것을 한 번으로 계산한 것인가? 이 이야기는 우리에게 5 : 1~11에서 진술했던 물고기를 많이 잡은 사건을 기억나게 한다. 동일한 복음서에서 예수님은 제자들에게 나타나셔서 그들 앞에서 잡수신다(24 : 36 - 42).

당신은 내가 11절에 언급된 '153'마리의 물고기의 숫자에 상당히 흥분되어 있음을 주목하게 될 것이며, 그러한 데는 그럴 만한 이유가 있다. 정확한 숫자는 수세기 동안 해석자들의 상상력을 자극해 왔다. 그리고 이 숫자의 상징적인 의미가 무엇인지 상당히 논란이 되어 왔다. 수많은 의견들이 제시되어 왔으나 그 의견들에 붙들릴 필요는 없다. 질문은 "이 숫자가 상징적인가? 그렇지 않은가? 만일 상징적이라면, 이 숫자가 상징하는 것은 무엇인가?" 하는 데 있다. 이 숫자가 전혀 상징이 아닐 가능성도 있는가? 상징적 의미에 관한 모든 제안들의 무익함은 우리 중 몇몇에게 이 숫자가 단지 많고 정확하며, 그로 인해 사건의 목격자를 암시하고자 하는 의도라는 생각을 갖게 한다.[36)]

설교자는 이 현현 이야기가 제자들의 일상적이며 '세속적인' 생활의 상황에서 발생했음에 주목하게 될 것이다. 그들은 그리스도가 그들에게 나타나셨을 때 자신들의 일을 하고 있었다. 그러나 부활하신 그리스도를 항상 알아본다는 것은 쉬운 일이 아니며, 단순한 낯선 자의 모습과 그리스도의 모습을 구별하기도 쉽지 않다. 그래서 우리는 어떻게 우리가 우리들 가운데에 살아 계신 그리스도를 인식할 수 있을까? 궁금해 한다. 그분은 보통 사람으로 변장하고 오시지 않을까?

### (6) 베드로와 예수님의 대화(21 : 15－19)

만일 요한복음 20장이 이 책의 종결로 유포되었다면 독자들은 베드로가 어떻게 되었을까 하는 궁금증을 가질 수 있다. 우리는 그리스도를 부인하는 그의 모습을 마지막으로 보았으며, 반면 그리스도는 용기 있게 그의 대적자들과 대결하신다. 21장은 이 모든 상황을 변화시킨다. 첫째로, 베드로는 부활하신 예수님을 만나기 위해 물에 뛰어들어 해변까지 수영해서 나온다. 그리고 이제 그리스도와의 이 대화에서 그는 회복된다. 이 이야기는 기술적으로 기록되어 있으며 파토스(pathos)로 충만하다. 이 본문은 두 가지 중요한 내용으로 구분된다. 곧 15~17절과 18~19절이다.

첫째, 예수님은 베드로를 부르시고 베드로가 자신을 사랑하는지 세 번 물으신다. 그리고 베드로는 세 번 그에게 대답한다. 이 대화 중에는 흥미를 불러일으키는 세부적인 묘사가 있다. 이 묘사를 영어번역에서는

---

36. 다시 Brown, *Gospel according to John(13－21)*, pp. 1074－1076을 보라.

정확하게 표현하지 못하는데 그 이유는 우리가 단지 헬라어 두 동사인 아가파오(agapaō)와 필레오(phileō)를 '사랑한다'는 의미로 번역하기 때문이다. 그러나 그 질문과 답변에 있는 다른 흥미 있는 변이는 언급되어야 할 필요가 있다. 대화는 이와 같이 진행된다.

| 예수님의 질문 | 베드로의 대답 | 예수님의 반응 |
|---|---|---|
| "네가 나를 사랑하느냐?"(agapaō) | "당신은 내가 주님을 사랑하는 줄 아시나이다"(phileō). | "내 양을 먹이라." |
| "네가 나를 사랑하느냐?"(agapaō) | "당신은 내가 주님을 사랑하는 줄 아시나이다"(phileō). | "내 양을 치라." |
| "네가 나를 사랑하느냐?"(phileō) | "당신은 내가 주님을 사랑하는 줄 아시나이다"(phileō). | "내 양을 먹이라." |

첫 번째 변이는 예수님이 아가파오(agapaō)라는 동사를 두 번 사용하신 것이며, 베드로는 각각 필레오(phileō)라는 동사로 대답한다. 그 후 마침내 예수님은 베드로가 사용한 표현으로 변경시켜서 자신을 사랑하느냐고 물을 때에 필레오를 사용한다. 질문은 이 두 단어의 구분이 여기 이 상황에서 효과가 있느냐이다. 그 이유는 요한복음에서 항상 그렇지 않기 때문이다. 그렇다면 필레오가 형제나 자매들이 사랑하는 방식을 의미하며, 아가파오가 무조건적이며, 어떠한 보상도 생각하지 않는 사랑을 의미하는가? 만약에 여기서 이 구분이 의미 있다고 해도 베드로는 그 의미를 인식하지 못한 것으로 보인다. 그는 전혀 차이를 깨닫지 못했다. 예수님은 그에게 조건 없이 자신의 주인을 사랑할 것인지를 물으셨지만, 그에게는 그것이 가능하지 않았다. 불쌍한 베드로는 그것을 지각하지 못했으며, 이와 같은 종류의 사랑에 위탁하기를 거절한다. 마침내 예수님은 세 번째 질문에서 베드로의 사랑에 대한 이해를 수용하신다. 다른 하나는 예수님은 베드로가 자신을 온전히 모든 면에서 전적으로 사

랑하는지를 물으려는 의도를 가지셨으며 그래서 다른 두 동사를 사용하여 그가 질문하셨다는 해석이다. 그러나 이 후자의 가능성은 왜 예수님이 보다 강한 의미의 동사를 두 번이나 사용하여 물으셨는지에 대해 설명하지 못한다.

다른 변이는 베드로가 예수님에 대한 그의 사랑의 결과로 무엇을 하느냐에 있다.

> "내 양을 먹이라"(Boske ta arnia mou).
> "내 양을 치라"(Poimaine ta probata mou).
> "내 양을 먹이라"(Boske ta probata mou).

이 차이는 우연인가, 아니면 어떠한 의미가 있는가? 우리는 이러저러한 반응의 방식에 있어서 교리적으로 대처해서는 안 된다. 이 변화는 베드로가 모든 상상할 수 있는 방식으로 다른 사람들을 돌보도록 요청을 받았다고 이해할 수 있는 가능성을 준다. 그가 다른 사람들을 온전히 사랑한 것처럼 그는 역시 헌신적으로 믿음의 공동체를 돌아보아야 한다.

이 구절들이 우리에게 주는 깊은 인상은 베드로가 이전에 그가 행했던 일에도 불구하고 그리스도에 대한 그의 헌신과 애정을 분명히 했다는 점이다. 다른 말로 하면, 그는 그리스도를 부인한 잘못을 용서받고 다시 한번 그리스도인 사이의 지도자로서 자신의 역할을 떠맡게 되었다.

이 구절의 두 번째 부분(18－19절)에서 예수님은 베드로의 운명에 대해 말씀하신다. 예수님이 단지 베드로가 어떻게 늙게 될 것이며, 나이가 들어 쇠약해지는 고통을 겪을 것인지에 대해 말씀하는 것처럼 들리지만, 화자는 19절에서 이 말씀은 베드로가 어떻게 죽을 것인지에 대한 예견이라고 그 뜻을 분명히 밝힌다. 베드로는 그의 독립성을 빼앗기게 될 것이며, 다른 사람에게 끌려가고, 그리스도처럼 손을 벌리고 십자가에 달리게 될 것이다. 그의 죽음은 하나님을 영화롭게 할 것이다. 곧 이 세상에 하나님이 임재하심을 계시할 것이다. 예수님은 "나를 따르라."는 간단한 말씀으로 대화를 마치신다. 마치 베드로에게 자신의 운명을 수용하도록 하며, 계속해서 예수님의 제자가 되도록 요청하신 것처럼 말이다.

설교자는 베드로와 예수님 사이의 대화가 예수님을 따르고자 하나 실패한 자들과 그들의 위임을 재확인해야 하는 사람들 사이에 늘 이루어지는 대화임을 안다. 베드로의 부인에 대한 그리스도의 용서는 우리가 항상 그리고 여러 방법으로 그리스도를 부인할 때에 우리에게 베풀어지는 용서의 모범이다. 예수님의 사랑에 대한 베드로의 확인이 우리가 그리스도인들의 삶의 여정 중에 반복해서 하는 확인이다. 베드로의 이야기는 우리의 이야기이며, 그리스도가 "나를 따르라."고 명령하실 때 우리는 그에게 복종해야 한다.

### (7) 사랑하는 제자에 관한 언급들(21 : 20-23)

사랑하는 제자에 관하여 예수님이 베드로에게 하신 말씀은 상당히 불분명하다. 베드로가 그에 대해서 물을 때, 예수님은 베드로에게 그의 일에는 관여하지 말고 자신의 제자도에 관해서만 관심을 집중해야 한다고 말씀하신다. 23절에서 화자는 예수님의 말씀이 잘못 전해졌다고 말하는 것처럼 보인다. "내가 올 때가지 그를 머물게 하고자 할지라도 네게 무슨 상관이냐?" 이 말씀이 적어도 파루시아 전까지 사랑하는 제자가 죽지 않을 것이라는 의미로 잘못 받아들였다. 그렇다면 그 말씀이 의미하는 바는 무엇인가? 만일 '머물다'(menein)는 단어를 그리스도와 관계를 갖는다는 요한복음의 의미로 받아들인다면 예수님은 단지 관계가 지속될 것이라고 말씀하고 계신다. 혹자는 예수님의 이 말씀이 베드로는 화려한 경력을 가지게 되며 순교로 인생을 마감하는 반면, 사랑하는 제자의 사역은 보다 조용하고 별로 눈이 띄지 않을 것이라는 의도라고 생각한다.[37)]

### (8) 복음서 배후의 증인(21 : 24-25)

24절에 언급된 '이 사람'은 분명히 예수님이 23절에 말씀하셨던 사랑하는 제자를 가리킨다. 그렇다면 그가 '이 일들을 증언하였던 사람'이며, '이 일들을 기록한 사람'이라는 두 진술에 의해 의미하는 바가 무엇인가 하는 질문을 던지게 된다. 이 일들이 의미하는 바가 무엇인가? 전체 복음서인가 아니면 이전 이야기(아마도 21장 전체)인가? 바로 다음 구절은 이 책의 저자가 사랑하는 저자가 아님을 암시한다. 그 이유는 그 사람이 3인칭인 '그'로 언급되어 있기 때문이다. 이 구절의 의미에 관해서 학자들의 의견은 다양하다. 그리고 우리는 그 논쟁을 여기에서 마무리하지는 못할 것이다.

'기록되었다'는 사랑하는 제자가 실제적으로 그 글들을 썼다는 의미일 수 있다. 곧 그는 '기록된 이 일들의 원인이 되었다'거나(19 : 19과 같은 사역동사적인 의미) 혹은 그가 넓은 의미에서 이 글에 책임이 있다는 것이다.[38] 우리는 이 질문들에 확신을 가지고 대답할 수는 없다. 그러나 나에게는 이 진술이 마치 사랑하는 제자가 전체 복음서 배후에 있다고 저자가 말하고 있는 것처럼 들린다. 복음서에 제공되는 근본적인 자료는 그의 증언이다. 25절은 20 : 30과 상당히 유사하다는 느낌이 들며, 요한복음이 예수님의 사역을 묘사하는 데 완전하지 않음을 단순히 인정하는 것처럼 보인다. 이것이 특별한 본문에 대한 설교의 마지막에 대부분의 설교자가 제시하기 원하는 일종의 고백이다!

---

37. 예를 들면, George R. Beasley-Murray, *John*, WBC 36(Waco : Word, 1987), pp. 410-411을 보라. 이 구절에 암시된 종말론에 대한 논의에 대해서는 D. Moody Smith, *John*, ANTC(Nashvill : Abingdon, 1999), pp. 397-401을 보라.
38. Brown, *Gospel according to John(13-21)*, p. 1123을 보라. 주어진 이 동사는 사역동사적인 의미이다. J. H. Bernard, *The Gospel according to St. John*, ICC 2(Edinburgh : T and T. Clark, 1928), p. 713.

## 2) 20~21장의 중요 주제들

요한복음에서 부활하신 그리스도의 현현 이야기들은 미묘한 의미와 신비로움으로 가득 차 있다. 이 이야기들을 일련의 진술로 축소시키고, 우리가 부활절 사건의 의미를 붙잡았다고 주장하는 것은 잘못이다. 요한복음에서처럼 이 이야기들이 끊임없이 나의 상상력을 자극하며, 의미의 새로운 가능성들을 불러일으키고 있음을 발견한다. 우리가 하기 원하는 최선의 작업은 이야기들을 통하여 드러나는 몇 가지 주제들을 분리하는 것이다.

### (1) 부활 이야기들에 나타난 믿음

부활 후 그리스도의 모든 현현 이야기에서처럼 요한은 예수님과 앞서 관계를 가졌었고 예수님에 대한 믿음을 표현했던 사람들만이 부활하신 그리스도를 보았다고 보도한다. 부활은 불신자들을 개종시키기 위해 고안된 불가사의한 사건이 아니다. 부활은 신적인 능력을 대중들에게 보이고자 하는 사건도 아니다. 그보다는 이미 맺었었던 관계를 지속하고 깊이를 더하고자 하는 데 그 목적이 있다. 이 점은 부활 이야기들을 설교하는 데 중요하다. 그 이유는 이 이야기들이 하나님의 능력으로 사람들을 억눌러서 개종자를 얻고자 하지 않기 때문이다. 부활절은 믿음의 공동체의 예전이다. 곧 이미 하나님의 은혜를 체험한 자들을 위한 절기이다. 이 절기의 관심은 사람들로 하여금 믿음을 갖게 하는 데 있지 않고 믿음에 깊이를 더하고 그 믿음을 증진시키는 데 있다.

브라운은 20장에 나오는 네 가지 이야기들이 다른 종류의 믿음들의 예들을 제시한다고 주장해 왔다.

> 사랑하는 제자는 예수님 자신을 보지 않고 무덤에 놓여진 세마포와 머리에 쌌던 수건을 본 후에 믿음을 갖게 되었다. 막달라 마리아는 예수님

> 을 보았으나 예수님이 그녀의 이름을 부를 때까지 예수님이신 줄 알지 못했다. 제자들(문이 닫힌 방 안에 있던)은 예수님을 보고 믿었다. 도마는 예수님을 보고 믿었으나 지나치게 외적인 모습의 기적적인 면에 대한 주장을 한 후에야 그러했다. 네 사람 모두 보고 믿었던 사람들의 예이다. 복음서 저자는 보지 않고 믿는 사람들에게 관심을 돌림으로 29b절에서 복음서를 종결지을 것이다.[39]

제사복음서 저자는 인간의 복잡성에 근거를 둔 믿음을 온전히 이해한다. 다양한 단계의 믿음이 있다. 다른 사람들보다 반드시 더 나을 필요가 있다기보다는 약간 차이가 있는 믿음이다. 다른 인간관계와 같이 그리스도와의 관계는 변화하며, 성장하고, 커지고, 작아진다. 도마의 이야기는 우리에게 믿음에 관한 얼마간의 중요한 사실을 말해 준다. 도마의 믿음은 의심의 결과로 생기게 되었다. 그는 다른 사람이 그에게 말하는 사실을 믿기 원하지 않았다. 그러므로 의심조차도 새롭고, 보다 포괄적인 믿음을 향한 길임을 보여 주며, 그것은 우리에게 이 이야기들 안에 있는 다른 주제를 접하게 한다.

### (2) 인간의 어려움 중에 부활하신 그리스도가 나타나시다

충분히 흥미롭게도 요한복음에서 부활하신 그리스도가 자신의 모습을 나타내 보이셨던 각각의 사람들은 이러저러한 어려움을 겪고 있었다. 마리아는 슬픔에 잠겨 있었다. 21장에서 고기 잡는 사람들은 불행하게도 고기 잡는 데 실패했다. 이것은 그리스도가 항상 어려움들, 고통과 곤란함 중에 우리에게 오신다는 사실을 말해 준다. 우리는 이와 반대가 사실이라고 생각하고 있다. 그리스도는 우리가 우리 자신을 곧바르게 하고 우리 믿음과 확신이 가장 강할 때 오신다고 생각하는 경향

---

39. Brown, *Gospel according to John(13-21)*, p. 1046.

이 있다. 그러나 부활하신 그리스도는 우리가 가장 궁핍할 때, 우리가 실패할 때 말 걸기 원하신다. 그러므로 우리는 그리스도의 임재를 계획 세울 필요가 없다. 그리스도의 임재는 자유롭고 예측할 수 없다. 그 상황에서 20 : 29의 예수님의 복 선언은 보다 의미 있다. 그리스도와 믿음의 부재에도 불구하고, 증거 없이도 감히 믿고자 하는 사람들은 우리들 가운데 가장 복받은 사람들이다.

요한복음은 예기치 않게 자신을 따르는 사람들에게 나타나신 부활하신 그리스도의 이야기로 끝을 맺는다. 이 간단한 사실은 신적 임재에 관한 누가의 산뜻한 분류와 대조를 이룬다. 부활 현현은 그리스도가 하늘로 승천하심으로 종결에 이른다(눅 24 : 50－53, 행 1 : 6－11). 그리고 오순절 시기 후에 성령이 교회에 내려오신다(행 2 : 1－13). 누가는 분명하게 부활하신 그리스도의 임재와 성령의 임재를 구분하고 있다. 그러나 요한은 이 분리된 시기를 하나로 융화시킨다. 부활하신 그리스도가 성령을 주신다(20 : 22). 그러나 그 후 계속 곁에 머물러 계시며 그를 따르는 사람들에게 나타나신다. 요한복음은 제자들 사이에 나타나심으로 그의 임제에 다들 놀라게 되는 그리스도의 이야기로 끝맺는다.

우리는 요한의 보도를 누가의 틀에 쏟아 넣으려 하지 않아야 하며, 누가의 도식을 요한의 보도와 일치시키기 위해 이를 분해하려 하지 말아야 한다. 교회는 누가의 도식을 선호하여 선택했으며, 주로 누가복음을 근거로 교회력을 구성하였다. 그러나 이 경우에 있어서 각각의 복음서는 부활 현현의 결과를 다르게 이해한다. 만일 우리가 마가복음의 짧은 종결 부분을 원래적인 종결 부분으로 취한다면, 마가복음의 이야기는 그리스도가 우리보다 먼저 가서 다른 곳에서 우리를 기다리신다는 약속으로 끝을 맺게 될 것이다(막 16 : 1－8). 마태는 누가와 같이 예수님의 승천을 언급하지 않으며 '세상 끝날까지' 제자들과 함께 있으리라는 예수님의 약속이 있는 이야기로 끝을 맺는다(마 28 : 16－20). 이 점에서 마태는 요한과 상당한 공통점이 있다. 제사복음서와 같이 마태는 마지막 부분에 부활 현현을 이야기하지 않는다. 사실 누가복음은 그와 같은 내러티브를 포함시킨 유일한 복음서이다.

요점은 간단하다. 부활 현현은 십자가 이후 몇 날에 국한되지 않는다. 그리스도는 갑작스럽게 우리 가운데 나타나시며 때때로 우리와 대면하신다. 그리스도는 자신의 임재로 우리를 영원히 놀라게 하시며, 그가 어디에, 그리고 어떻게 나타나게 될 것인지 아는 것을 불가능하게 하심으로 우리의 평정을 잃게 하신다. 만일 이 점이 부활하신 그리스도의 임재와 하나님의 영의 임재를 혼돈하게 한다면, 우리가 구분하는 상당 부분이 반드시 하나님의 구분이 아님을 기억하는 것도 우리에게 도움이 될 것이다.

### 3) 설교의 예

이 논의를 하는 과정에서 독자들이 어느 정도는 설교를 위해 무엇이 중요하며 무엇이 가능한지를 인식했으면 하는 소망이 있다. 확실히 설교자는 제사복음서 저자가 십자가와 빈 무덤을 나누지 않는 것처럼 이 둘을 나누지 않아야 한다. 십자가와 부활은 하나의 사건이다. 곧 그리스도의 영화요, 그리스도의 왕 되심이다. 우리는 각각을 다른 사건과의 관계 안에서 설교한다. 요한은 십자가가 부활을 위해서 반드시 필요한 길이라는 그리스도인의 근본 믿음을 공유한다. 그리고 우리는 죽음을 뛰어넘어 부활로 갈 수 없다. 십자가에 달린 자로서 부활하신 그리스도의 신분의 중요성은 우리가 보아 왔던 것과 같이 마태복음과 마가복음처럼 요한에서도 중요하다. 그러나 부활이 십자가로 거슬러 올라가서 인식된 것처럼 십자가는 항상 그 자체를 넘어선다. 하나님이 그리스도의 죽음을 통하여 주신 생명은 그리스도가 죽음을 이기시고 드러내신 생명과 연결된다.

요한복음의 그리스도의 부활 현현 이야기는 요한복음의 십자가 장면보다 교회력에서 더욱 부각된다. 사실상, 요한복음에 나오는 네 가지의 그리스도의 부활 현현 이야기 모두 개정판 공동성서일과에 규정되었다. 나는 설교자들이 이 이야기들을 설교 시에 사용할 수 있도록 하기 위해 몇 가지 주제들을 탐구하여 왔으며, 우리가 "그것을 설교하겠다!"고 말하곤 했던 주제 중 몇 가지 개별 특징들을 조사해 왔다. 이 부활 현현 이야기 중 하나를 설교의 예로써 당신에게 제시하고자 한다.

이 설교는 내가 임시 설교자로 있었던 적절한 규모의 회중들을 위해 준비했던 설교이다. 주어진 본문은 부활절 세 번째 주일예배 시에 했던 설교로서 요한복음 21 : 1~19이다. 내가 21장에 있는 이 구절을 '분리된 부록'으로서가 아니라 20장에 있는 이야기들과 연결되는 구절로 간주하고 다루고 있음을 주목하라.

> 베드로가 고기를 잡으러 간 까닭은 무엇인가? 왜 그러했는가? 전혀 이해할 수가 없다. 왜 베드로가 고기 잡으러 가기를 원했는가? 주님은 십자가에 달려 돌아가셨으며 그 후에 예기치 않게 그와 다른 제자들에게 나타나셨다. 그리스도는 그들에게 성령의 능력을 주었으며, 사명을 수행하도록 그들을 보내셨다. 그런데 베드로는 고기잡이를 선택했다!
>
> 아마도 그의 머리는 이 모든 점에서 상당히 혼란스러웠을 것이다. 아마도 혼란스러워서 상황이 어떻게 돌아가는지 파악하지 못했을 것이다. 아마도 그는 주님을 세 번 부인했던 고통이 그의 머리에서 떠나지 않았을 것이다. 어떠한 이유에서건 베드로는 "나는 고기 잡으러 간다."고 선언했다. 베드로는 그가 가장 잘하는 일로 되돌아온 것으로 보인다. 혼돈 가운데에서, 그의 사명에 대한 불확실함 가운데에서, 자신에 대한 의심 가운데에서 그는 자신이 가장 잘 알고 또한 그가 할 수 있다고 생각하는 고기잡이로 되돌아갔다.
>
> 그리고 그들 모두 고기를 잡으러 갔다. 이 얼마나 큰 실패인가! 밤새

도록 일곱 제자들이 고기를 잡으려 했다. 혹독한 추위와 어두움 속에서도 그들은 그물을 손질하면서 밤새도록 조그만 배 안에서 아무렇게나 앉아 이리저리 흔들리는 파도와 함께 고기를 잡으려 했다. 그러나 한 마리의 고기도 잡지 못했다. 몇 마리의 작은 고기조차도 잡지 못했다. 괜찮은 입질조차도 없었다. 고기잡이 여행은 실패였다. 불행이요, 큰 실수였다. 전문적인 어부가 그러하다니! 그들은 이 일에 훈련이 되어 있었다. 고기잡이는 그들의 생업이었다. 그들은 그물과 함께 성장했다. 그렇다. 그들은 밤이 맞도록 고기를 잡으려 했으나 아무것도 잡지 못했다.

당신이 어떠한 느낌을 가졌는지 우리는 안다. 베드로! 우리는 우리가 가장 잘하는 일이라고 생각했던 일조차 실패했을 때 어떠한 느낌을 갖게 되는지 안다. 이 실패는 유령처럼 우리 주위에 보이지 않게 숨어 기다리며, 우리의 마음에 두려움을 주면서 늘 붙어 따라다닌다. 우리 중 많은 사람들은 사업의 실패, 학업의 실패, 결혼의 실패, 양육의 실패, 친구 관계의 실패 등 실패의 경험이 많이 있다. 우리는 그 실패들에 대해 생각하지 않으려 한다. 그 실패들을 인정하기 싫어한다. 그 실패들을 기억하기조차 싫어한다. 그러나 우리 대부분은 베드로와 다른 제자들이 그 밤에 실패했던 것처럼 이것이 실패임을 안다. 실패는 우리 자신의 이미지를 손상 시킨다. 실패는 우리의 자존심을 깎아내린다. 우리의 외적인 힘을 찢어 내린다.

오, 우리는 실패를 피하기 위해 최선의 노력을 한다. 우리는 성공하기 위해, 실패를 피하기 위해 열심히 노력한다. 그리고 우리는 우리가 들을 수 있는 모든 충고를 들으려고 시도해 왔다. 우리는 생명의 레몬을 레모네이드로 만들기 위해 노력해 왔다. 우리는 어머니가 우리에게 하라고 가르쳤던 것처럼 실패로부터 몇 가지 중요한 교훈을 배우려고 노력해 왔다. 그러나 실패는 여전히 실패이다. 실패는 여전히 생명의 핀 중에 하나이다. 실패는 여전히 고통스럽다.

나는 항상 나 자신이 예민한 사람이라고 생각해 왔다. 나는 다른 사람과 그들의 상황을 알아차리고자 노력해 왔다. 그러나 몇 년 전 한 사건에서 베드로와 제자들처럼 나는 내가 상당히 잘했다고 생각해 왔던 일에 참담하게 실패를 했다. 점심시간, 신학대학원 식당에서였다. 나의 사랑하는 친구 라리는 신학대학원의 개발 분야의 책임자였다. 그는 신학대학원의 기부금을 모으기 위해 매년 열리는 장시간의 텔레비전 방송(telethon)의 모임이 있음을 알렸다. 그는 공동체의 구성원들에게 그 계획을 위해 필요한 사람들을 소집하는 일을 맡은 사람들 중 하나가 되는 데 자원하기를 고려하도록 요청했다. 그 고지 후에 그와 나는 샐러드 바에 함께 서 있었다. 라리가 요청했다. "자, 밥, 당신은 이 소집자 중에 하나가 될 생각입니까?" 나는 깊이 생각하지도 않고 장황하게 늘어놓기 시작했다. 나는 내가 전화로 손님을 끌어들이는 일들을 얼마나 싫어하는지에 대해 장황하게 설명하기 시작했다. 내가 얼마나 전화로 사생활 침해받는 것을 싫어하는지 말이다. 내가 얼마나 집에서의 조용한 저녁 시간을 방해하는 이 판매원들을 경멸하는지 말이다. 이 모든 학생들 앞에서 나는 가장 친한 친구의 계획을 모욕했다. 그리고 갑작스럽게 내가 했었던 행동에 대한 충격이 나를 강타했다.

후에 나는 그에게 가서 사과했다. 그의 용서를 빌었고, 그는 받아들였다. 그러나 그 실패에 대한 기억이 오늘까지 나의 머리에서 떠나지 않는다. 이 일을 기억할 때마다 나의 영혼은 계속해서 침식된다.

당신이 어떠한 감정을 갖고 있는지 우리는 알고 있다. 베드로! 이제 우리 대부분은 우리가 실패를 해 왔던 한 사회의 일원이라고 생각한다. 미국 사회는 우리 스스로가 자랑스럽게 여기는 그 일에 정확히 실패해 왔다. 모든 사람에게 동등한 정의, 생명과 소유에 대한 존경, 모든 사람들에게 동등한 권리 말이다. 거의 매주 발생하는 사건들은 오늘날 미국에서 무엇인가가 심각하게 잘못되었다는 결론을 피하기 어렵게 한다. 우리 사회는 실패해 왔던 것처럼 보인다. 우리는 인종차별에서 자유로워지기에 실패해 왔다. 우리는 도시 중심지에 거하는 소망이 없고 가난한 세력을 부수는 데 실패했다. 약물중독을 막아 보려는 전쟁에서 승리하지 못했다. 인간생명의 가치와 존엄성을 양육하는 데 실패했다. 그리고 우리가 실패해 왔기 때문에 불의를 바로잡지 못하며, 분노가 수많은 사람들의 생활을 파괴하며, 도시들은 혼돈의 가장자리에 위치해 있다.

그러므로 우리 중 많은 사람들은 이 아침에 우리 사회의 실패에 고통과 고뇌를 느끼고 있다.

우리는 당신이 어떠한 감정을 갖는지 알고 있다. 베드로! 우리는 실패한다는 것, 한 사회로서 그리고 개개인으로서 우리가 가장 잘 아는 일에 실패가 어떠한 생각을 갖게 하는지 알고 있다.

우리는 실패가 우리에게 무엇을 할 수 있는지 알고 있다. 그리고 우리는 그 밤에 실패가 이 제자들에게 가져다준 것이 무엇인지 상상할 수 있다. 그들은 실패 속에 허우적거리며, 다시 큰 실책을 범했다는 절망감에 젖어 그곳에 있었다. 그 후에 한 낯선 사람이 바닷가에 나타났다. "얘들아, 너희에게 고기가 있느냐?"

이 낯선 사람이 그에게 무엇을 하고자 했는가 확인하려는 것인가? 그들이 실패했음을 분명히 하고자 하는가? "예, 우리는 고기를 잡지 못했습니다." 그들이 대답한다.

"그물을 배 오른편에 던지라. 그리하면 잡으리라."

이제 그는 곧 이 낯선 사람, 이 자기 사람을 사랑하는 낯선 사람이 그들에게 어떻게 고기를 잡을 것인지를 가르쳐 준다. 전문적인 어부에게 어떻게 그들의 일을 해야 하는지를 지시한다. 그러나 그들은 그의 가르침에 순종했다. 그들은 무엇에 실패했었는가?

그리고 당신은 이 사실을 믿을 수 있는가? 고기들이 그물에 가득 차 찢어질 지경이 되었다. 그 후 그들 중에 한 사람이 그 낯선 사람을 알아보았다. "주님이시다!" 베드로는 고기로 가득 찬 그물을 자신의 동료들에게 맡긴 채 예수님에게 수영해서 가기 위해 바다에 뛰어들었다. 베드로를 자극했던 것은 놀라운 고기가 아니다. 낯선 사람이 그들에게 지시했던 일에 대한 성공이 아니다. 베드로를 추운 바닷속에 뛰어들게 한 요인은 주님의 나타나심이다.

예수님은 그들의 실패 가운데 오셨다. 그들의 비참한 노력들 가운데 그들에게 나타나셨다. 그들의 큰 실수 중에 그들에게 말씀하셨다.

이 이야기는 전형적인 그리스도의 이야기이다. 그렇게 그리스도는 실패 가운데 있는 우리에게 오신다. 우리의 상처와 절망과 스스로에 대한 의심과 불확실함 가운데 그는 우리의 실패의 바닷가에 나타나신다. 그는 우리의 실패를 성공으로 바꾸기 위해 나타나시지 않았다. 우리를 실패로부터 면제시키기 위해, 실패의 위험을 걷어 가 주기 위해 나타나시지 않았다. 그보다 그는 상처 가운데 있는 우리의 편에 계시기 위해 나타나신다. 절망 중에 있는 우리에게 힘을 주고 스스로의 의심 가운데 있는 우리를 강하게 하시기 위해 나타나신다.

요한복음에 기록된 부활하신 주님의 현현 이야기들 사이에는 흥미로운 유사점이 있다. 부활하신 그리스도는 항상 제자들이 어떠한 궁핍함 또는 상처 가운데에 있을 때 불쑥 나타나신다. 물론, 이 모습이 그리스도의 오심의 본질이다. 그렇지 않느냐? 인간은 일종의 실패의 저인망 가운데에 있는데, 그때 하나님은 신적인 아들을 우리 가운데 거하도록 보내신다. 그리스도는 우리가 잃어버리고, 버려지고, 맞아 쓰러지고, 죽게 되었을 때 세상에 오신다. 그리스도는 우리가 가장 궁핍할 때 우리의 실패 중에, 우리의 상처 중에, 우리의 절망 중에 계속해서 나타나신다. 그리스도는 그분이 우리를 위해서 하실 수 있는 사역을 하시도록 우리의 실패를 인정할 때 우리에게 오신다. 우리가 우리 자신을 구원하기 실패했다고 받아들일 때 그는 우리 편에 오셔서 우리를 구해 주신다.

나는 그리스도가 나의 실패 가운데 나를 버리셨다고 생각했다. 내가 가장 사랑하는 친구인 라리의 기분을 상하게 했을 때 부활하신 그리스도는 어디에 계셨는가? 그는 밤새도록 우리에게 나타나셨다. 그러나 그는 또한 바닷가에 낯선 자로 나타나셨다. 그리스도는 내가 실패했을 때 나의 아내인 미르나의 모습으로 나에게 오셔서 권고하고, 위로하며, 용기를 주신다. 그리스도는 나의 실패 가운데 라리 자신의 용서의 형태로 오셔서 나를 용서하신다. 그리스도는 우리의 황량한 바닷가에 낯선 자로서 우리에게 나타나신다. 그는 친구의 언어와 몸짓으로, 사랑받는 자의 편안함으로, 다른 사람의 강함으로, 한 친구의 인도로 나타나신다.

베드로와 다른 제자들처럼 처음에 나는 다른 사람, 곧 미르나 혹은 라리의 모습으로 오신 그리스도를 알아보지 못했다. 그러나 그는 우리가 우리 자신을 포기할 때 그가 우리를 위해 항상 거기에 계신 것처럼 나를 위해 거기에 계셨다.

그리고 그는 우리를 위해 우리 사회에서처럼 오늘도 그곳에 계신다! 우리가 실패할 때에 그리스도는 우리에게 나타나신다. 그는 변화할 수 있는 힘을 우리에게 주시기 위해 오신다. 이 힘은 불의의 그릇됨을 올바로 하는 능력이다. 우리의 낡은 인종차별적인 태도들을 초월하는 힘이다. 가난과 절망 중에 보내 주는 힘이다. 이 부활하신 그리스도는 낙담의 바닷가에서 절망에 쌓인 우리들에게 나타나셔서 말씀하신다. 너의 그물을 다른 편에 던지라.

제자들은 그들의 주님을 알아보고 나서 그들의 그물을 바닷가로 끌어당겼다. 그리고 그 바닷가에서 주님은 아침을 즉석으로 준비하셨다. 예수님은 떡을 떼어서 그들에게 주셨다. 그리고 물고기도 주셨다. 실패 중에 있던 제자들은 식사 자리에 주님의 임재하심으로 인해 강해졌다.

역시 그리스도는 실패 중에도 식사 중에 임하심으로 우리를 강하게 하신다. 떡과 포도주로, 약속의 말씀으로, 그리스도 안에 있는 형제자매에 둘러싸임으로, 그는 우리 모두를 위해 여기 실패 중에 계신다. 그리고 여기에 용서와 힘과 위로를 주신다.

# 6장 성서일과 중의 요한복음

## 본문들의 단편

공관복음과 다르게 개정판 공동성서일과는 광범위하고 연속적인 요한복음 독서를 규정하지 않는다. 요한복음에 속한 연도는 없다. 대신에, 우리는 3년 주기의 독서들 전반에 흩어져 있는 제사복음서의 구절들을 발견할 수 있다. 이 장의 목적은 성서일과로부터 요한복음 설교에 대하여 몇 가지 도움을 주고자 함이다. 그러나 먼저 일반적인 개정판 공동성서일과와 성서일과들에 대하여 몇 가지 보편적인 관찰을 할 필요가 있다. 그 후에 이 장에서는 요한복음에 포함되어 있으며, 개정판 공동성서일과에 나오는 본문과 제외된 본문들에 대해 알아볼 것이다. 마지막으로, 우리는 복음서 서언(1 : 1-18), 6장, 14~17장의 고별강화에 포함되어 있는 성서일과 중에서 중요한 구절들에 특별한 관심을 가질 것이다.

## 1. 성서일과의 설교

최근 교회에서 성서일과의 회복은 바람직한 일이다. 때로는 그저 길잡이로지만, 그럼에도 개정판 공동성서일과를 사용하고 있는 소위 비예전적인 교단의 성직자를 만날 수 있다는 사실은 나에게 흥미를 가져다준다. 게다가 아직 완전한 일치에 이르지는 못했지만 공동성서일과를 만들고자 어느 정도 동의를 이끌어 낸 주요 교단들의 노력은 기뻐할 만하다. 일반적으로 성서일과는 상당한 도움을 준다. 먼저 상당한 신뢰성을 가지고 성서일과를 따라하는 설교는 목사들로 하여금 가치 있고 효과적인 훈련을 하도록 하며, 우리가 선호하는 구절들이나 주제들을 되풀이해서 설교하고자 하는 경향을 자제시킨다(전적으로 제거할 수는 없지만). 두 번째로 제시된 독서들은 평신도들에게 성경을 폭넓게 접할 수 있는 기회를 제공하며, 회중들의 영적 생활을 풍성하게 한다. 세 번째로 성서일과의 사용은 예전적인 해에 따른 위임을 수반하는데, 이것의 가치는 자명하다.

### 1) 성서일과 본문들의 해석

성서일과에 따라 설교하는 데에는 적어도 두 가지 위험이 있는데, 그 위험은 직임을 맡은 목사가 그 문제들에 대해 민감한 경우 피할 수 있고, 최소화시킬 수 있다. 그와 같은 위험 중에 하나는 배타성이다. 무엇이 성서일과에 포함되지 않았는가? 혹자가 3년의 기간 중에 읽힐 수 있고, 읽혀야 하는 구절들에 관해 생각하기 시작할 때 선택된 구절들은 어떤 정해진 신학적인 가설들과 신학적인 관점들을 벗어나기도 한다. 다양하고 헌신적인 한 위원회가 선택한 성구들로 모든 사람들을 만족시킬 만한 방법은 없다. 그러한 위원회 구성원의 폭이 넓을수록 작업은 어려워졌지만 성과는 더 좋았다.

개정판 공동성서일과에는 여성들이 중요하고 긍정적인 역할을 한 부분이 충분하게 포함되지 않았다.[1] 두 번째로, 어려움들과 불쾌한 반응들을 불러일으키는 구절들은 제외시키는 경향이 있다. 성서일과에서 제외된 구절들의 세 번째 유형은 때때로 요한복음 자체와 관련이 있다. 설교자들은 이 구절들의 생략을 간단히 상쇄하기 위해서 때때로 성서일과에 주어진 독서들로부터 벗어나는 자유를 맛볼 수 있어야 한다. 우리는 규정된 독서들에 얽매일 수 있기 때문에 감히 그것들로부터 자유롭게 될 수는 없다고 생각한다. 그러나 성서일과가 사람을 위해서 있는 것이지 사람이 성서일과를 위해 존재하지 않는다는 사실을 기억하라! 성서일과는 독특한 강점과 명백한 약점이 있기 때문에 강점은 이용하고 약점은 수정해야 할 필요가 있다.

성서일과에 따라 설교하는 데 있어서 또다른 주의를 기울여야 할 만한 위험은 성서일과가 구절들을 새로운 문맥들 내에 위치시키고 의미를 부여했다는 사실을 충분히 고려하지 않는 데 있다. 일과는 사실상 성서 안에서의 그 구절들의 문학적인 문맥으로부터 벗어나 있다(물론, 성구들이 어떤 문서의 연속적인 독서의 일부분일 때 이것은 사실이 아니다). 대신 성서일과는 한 독서를 두 가지 특징으로 구성된 새로운 문맥 안에 두었다. 첫째로, 더 바람직하든 그렇지 않든지 간에 성서일과의 독서들은 예전의 상황과 관련이 있다. 많은 경우에 그 구절들은 예전 기간 혹은 행사에 적합해야 했기 때문에 그 상황에 맞게 읽히도록 선택되었다. 그 사실이 독서에 대해 상당한 편견을 갖게 했다. 예를 들어 요한복음 3 : 1~17은 두 번째 해 성삼위일체주일을 위해 주어진 복음서이다. 이 주일에 읽혀

1. Marjorie Procter－Smith, "Feminist Interpretation and Liturgical Proclamation," in *Searching the Scriptures*, vol. 1 : A *Feminist Introduction*, ed. Elisabeth Schüssler Fiorenza(New York : Crossroad, 1997), pp. 316－317.

진 본문이기에 그 구절에 함축된 삼위일체적인 의미에 관심을 기울인 나머지 그 독서에 함축된 중요한 메시지가 손상될 수도 있다는 점을 고려해야 한다.

우리가 성서일과에 있는 구절을 읽는 새로운 문맥의 다른 차원은 각각의 독서가 두 개의 다른 독서들과 하나의 시편에 관련이 있다는 사실이다. 성서의 이 단편들의 병행은 그 독서들 모두에 해석적인 의미를 덧붙이게 한다. 이 문맥의 가장 부정적인 결과는 구약성서로부터 온 구절과 신약성서에서 가져온 구절을 한 쌍의 독서로 제시하는 것이다. 이렇게 되면 구약성서 구절을 신약성서의 관점에서 해석할 가능성이 높다. 그리고 그렇게 함으로써 우리는 히브리 성서로부터 가져온 구절의 의미를 왜곡시킬 수 있다. 이러한 경우는 이사야 7 : 10~16이 첫 번째 해 현현절 네 번째 주일에 마태복음 1 : 23과 나란히 읽혀지고, 이 구약성서 구절을 마태의 해석 관점에서 이해할 때이다.

이의 예전 상황과 3개 다른 선택된 구절들을 서로 관련시키려는 의도 때문에 발생하기 쉬운 잘못, 곧 구절의 의미를 왜곡시키는 잘못을 피하기 위해서 설교자가 할 수 있는 일이 무엇인가? 그러나 그 질문은 새로운 문맥이 항시 구절을 왜곡시킨다는 가정을 전제한 것인데 실제로 그렇지 않다. 예전적 정황은 교회가 항상 성서가 새롭고 살아 있는 말씀이라는 사실을 발견하는 정황이다. 이것은 특정한 본문들과 교회력의 특정한 절기들을 연결시키려고 하는 논리적이고 긍정적인 이유이다. 더군다나 한 본문과 다른 세 본문들과의 관계는 우리를 일종의 정경적 독서를 하게 한다. 말하자면 모든 구절은 이것을 조명하는 정경적인 상황을 가진다.

그럼에도 불구하고 예전적인 시각을 통해 그 구절을 보기보다 먼저 그 구절의 문학적인 문맥에 관해 가르침을 받는 것이 현명하다고 생각한다. 더군다나 한 구절에 다른 구절을 부여함 없이 먼저 그 자체의 문맥 내에서 그 본문을 해석하는 것은 현명하다. 우리는 그 자체의 문맥 가운데에서 그 구절의 근본적인 의미를 발전시키고 난 후에 예전적 연도의 장면들을 선택하고, 우리가 설교하기를 원하는 본문과 나란히 주어진 다른 구절들의 다양한 시각을 취해야 한다. 우리가 특정한 예전적인 주제에 관해 논하거나 혹은 다른 구절들과 함께 말하기 위해서 그 구절의 의미를 왜곡시켰던 때가 있었다. 우리는 무엇보다도 그 구절의 문학적인 의미에 입각해서 그러한 잘못을 피해야 한다.

## 2) 성서일과의 요한복음

부록에는 요한복음에서 선택된 구절들의 목록과 그 구절들은 읽어야 하는 시기의 목록이 있다. 두 목록들을 대충 훑어보면, 개정판 공동성서일과에 요한복음을 사용하는 주요한 일반적인 법칙을 인지할 수 있다. 이들 중 첫 번째는 성주간의 일과에 요한복음으로부터 온 동일한 구절들이 나타난다는 사실이다. 이는 교회를 위해 요한복음의 수난 이야기가 중요함을 의미하며, 그것이 이 책의 5장을 그 이야기에 할애한 이유 중에 하나이다. 아쉽게도 성목요일과 금요일을 제외하고, 현재는 성주일의 다른 날들의 예배를 계획하는 모임들은 거의 없다. 두 번째 관찰은 첫 번째와 연결되는데, 말하자면 부활절 전 기간 동안에 요한복음의 구절들이 두드러지게 사용된다는 점이다. 이것은 아마도 그리스도의 부활과 그 사건을 진술하는 방식에 관한 매력 있는 요한복음의 단화들에 기인한 것이다.

셋째로 8장을 예외로 하고, 요한복음의 모든 장들이 성서일과에 나타난다는 간단한 사실에 주목하라(그러나 루터교의 독자들은 종교개혁주일을 위한 복음서 일과로서 8 : 31-36의 사용에 친숙해 있다). 8장의 생략은 흥미롭다. 아마도 그 이유는 소위 이 장이 말하는 '유대인들'이 요한의 예수님을 가장 통렬하게 공격하는 사건을 기록한 구절들을 포함하고 있다는 사실과 관련이 있다. 이 몇몇 구절들의 내용(8 : 39 – 47 참고)에 대한 거부감이 이 구절들이 빠진 이유를 설명할 수 있게 한다. 그러나 왜 그 유명한 '나는 세상의 빛이다'는 강화(8 : 12)가 독서를 위해 계획되지 않았는지 그 이유를 설명하기는 어렵다. 또한 대체 독서로 5장과 7장의 부분들이 나온다는 사실에 주목하라.

네 번째, 요한복음의 특정한 부분들이 여러 독서군들에 눈에 띄게 자주 등장한다. 요한복음의 서론(1 : 1 – 18)의 빈번한 사용은 우리를 놀라게 하지 않으며, 예수님이 제자들의 발을 씻으신 이야기와 13장에 사랑하라고 명하신 말씀들이 자주 나오는 것도 마찬가지이다. 그와 같은 포괄적인 연구를 위해 6장의 선택은 주목을 끄는데, 그 이유는 아마도 떡의 표상에 대한 독특한 사용과 생명의 떡 강화의 절정 부분(51 – 58절)에 울려 퍼지는 성만찬적 의미에 의해 설명될 수 있다. 나는 성서일과의 선별을 위한 위원(들)에게, 비록 12장의 처음 열한 개 구절이 성서일과에 포함되었지만, 12장을 보다 더 성서일과에 사용할 것을 권면했다. 12장은 요한복음의 중심 장으로, 이전 장들에서의 예수님의 공적인 사역과 13~17장에 기술된 제자들과의 사적인 사역 사이의 경첩 역할을 한다.

일반적으로 독서를 위해 제안된 요한복음으로부터 가져온 구절들의 연구가 그것을 증명하는데, 비록 '요한의 해'가 없으나 제사복음서의 상당한 부분이 3년의 주기 과정 중에 읽히며, 그것은 교회력에서 요한복음의 중요성이 약화되지 않았음을 의미한다. 그러나 요한복음의 흩어진 단편들은 설교자들에게 복음서 전체와 다른 한 본문과의 관계의 중요성을 전하기를 요구한다.

공관복음 중 하나를 계속적으로 읽는 때와 다르게 우리는 현재 예배 시에 이전 주일 복음서 일과를 되돌아 언급할 필요는 없다(그러나 우리가 첫 번째 해 부활절 다섯 번째 주일과 여섯 번째 주일에는 14 : 1 – 14을 읽은 후에 14 : 15 – 21을 그 다음 주일에 읽는 경우는 예외이다). 그래서 설교자들은 여러 경우에 회중들로 하여금 한 구절을 문학적인 상황하에 인식하는 데 도움을 주기 위하여 요한의 내러티브를 대략 진술한다. 첫 번째, 부활절 네 번째 주일의 요한복음 10 : 1~10의 설교는 9장의 내러티브를 요약하여 제시할 필요가 있는데, 이는 10 : 1~10에서 예수님이 9 : 40~41에 나오는 종교자들을 직접적으로 언급하심을 보여 주는 좋은 예이다. 9장에 있는 내러티브는 동일한 해(첫 번째 해)의 사순절 네 번째 주일에 읽는 것이 도움이 될 것이다.

우리는 성서일과의 순서에 따라 주어진 본문 모두를 다루는 데 요한복음의 주석을 이용할 수 있다. 그러나 그러한 작업은 이 책에서 상당히 애매모호하다. 대신 우리가 할 수 있는 작업은 성서일과에서 선호하는 요한복음의 몇 구절들에 대한 고찰이다. 더군다나 이 구절들 중에 어떤 구절들은 다른 구절들에 비해 해석하고 설교하기에 보다 어려운 구절들이 있는데, 그 구절들은 특별한 주의가 요구된다. 여기에서는 요한복음의 서론과 6장, 14~17장을 선택하여 논의하고자 한다(12장은 부활절 앞 주간 월요일과 화요일에 지정된 반면에, 다른 곳에서 이 장은 두 번째 해와 세 번째 해 사순절 기간에만 나온다. 나는 이 장에서 13장을 배제해야만 하는 것을 유감스럽게 생각한다). 이 구절들 중 몇 구절들을 다루는 데에 있어서 나는 독자들을 위해 이 책의 이전 부분을 언급할 것이다.

## 2. 서언(1 : 1-18)

1 : 1~18의 전체 혹은 일부분은 성탄절 2, A, B, C, 그리고 성탄절, A, B, C를 위한 세 번째 선택과 대림절의 세 번째 주일(세례 요한에 초점을 맞춘)에 해당된다.

특히 조직신학에서의 이 본문의 역할과 예수님의 탄생 시기의 위치 때문에 서언의 해석은 설교자에게 중요하다.

### 1) 1 : 1~18의 설교학적인 해석

요한복음의 서언은 설교자들이 편안하게 읽을 수 있으리라고 생각되는 구절들 중 하나이다. 1 : 1~18의 시는 매우 강렬해서 이 구절의 완벽함을 해치지 않고 이 부분에 대해 말할 수 있을까 우려된다. 산문적인 설교가 시와 나란히 연결되어 있다. 그렇다면 우리 설교자들이 이 강렬한 구절과 무슨 관계가 있는가?

서언에 대한 설교들은 이 부분의 시적인 효력과 걸맞지 않지만, 반면에 이 구절들은 수없이 많은 의문을 불러일으키고 광범위한 숙고를 하게 한다. 본문의 의미를 탐구하고, 가능성들을 조사하며, 의문들을 해결해 가는 작업은 서언의 목적과 조화를 이룬다. 우리는 앞에 있는 구절의 구조를 파악할 필요가 있다. 찬송시의 근원과 이의 원래적인 형태에 관한 상당한 학문적인 토론이 있다. 혹자는 추가 구절들뿐만 아니라 현 구절 안에서 원래 형태의 시적인 문장을 확인할 수 있다고 제안한다. 그러나 현재 구조에 관해서는 거의 논쟁이 없으며, 그 구조는 이와 같다.[2)]

· 1~5절 : 로고스의 본질
로고스는 신적이며 모든 것을 창조하였고 생명이며 '비추는' 빛이다.
· 6~8절 : 세례 요한의 역할
믿음을 불러일으키기 위하여 하나님의 보내신 빛에 대한 증거자인 세례 요한
· 9~14절 : 로고스와 세상
· 9절 : 세상에 온 참빛

---

2. 이 구절의 시적인 구조에 관한 바람직한 논의를 위해서는 Charles H. Talbert, *Reading John : A Literary and Theological Commentary on the Fourth Gospel and the Johannine Epistles*(New York : Crossroad, 1992), pp. 66-68을 보라.

- 10~11절 : 자신의 땅에 오셨지만 세상은 그를 거절한다.
- 12~13절 : 그를 영접하는 자들은 다시 태어나고 '하나님의 자녀'가 된다.
- 14절 : 말씀이 육신이 되어 아버지의 아들로서 하나님의 영광을 드러낸다.
- 15절 : 세례 요한의 증거
  육신이 된 로고스는 세례 요한보다 더 크시며, 세례 요한보다 '먼저' 계셨다.
- 16~18절 : 세상에 계신 로고스의 현존의 유익
  로고스는 '은혜와 진리'의 근원이고 하나님과의 관계에 의해 하나님을 알게 한다.

우리는 이 개요에서 이 이야기가 전개되는 과정이나 여정을 탐지한다. 신적 로고스는 태초에 존재하셨고, 세상에 빛을 가져왔으며, 몇몇 사람들에게 거절을 당했으나, 신적 로고스를 영접하는 사람들은 하나님을 알고 은혜와 진리를 받게 되었다. 간략히 말하자면, 이 부분은 하나님이셨던 분에 의한 세상 안에서의 하나님의 계시 이야기이다.

물론 이 본문에 대한 설교를 약화시키지 않고 깊이 있게 다루지 않아도 되는 서언에 함축된 수많은 논쟁거리들이 있다. 이들 중 가장 분명한 것은 그 구절의 근거, 의도된 목적, 그리고 복음서 저자 혹은 다른 사람들에 의한 개정 가능성에 관한 질문이다. 복음서 저자가 복음서에 포함시킨 찬송시(기독교적이거나 혹은 다른 것이든)가 있었는지, 이 말씀들이 복음서 저자의 것인지의 문제는 결정을 내릴 필요가 없다. 세례 요한을 언급한 서언의 두 부분들도 마찬가지이다. 과연 세례 요한을 언급한 부분들은 복음서 저자나 후대의 편집자들에 의해 나중에 찬송시에 삽입되었는가? 전체적으로 세례 요한에 관한 복음서의 묘사에 대해 제기되는 질문은 우리에게 보다 더 중요하다. 그 이유는 우리가 먼저 두 번째 해, 대림절 셋째 주일의 주제를 대하게 되는데, 그곳에서는 1 : 6~8과 1 : 19~28이 결합되어 있기 때문이다. 비록 증인의 기능이 제사복음서에서 높이 평가되긴 하지만, 요한복음에는 세례 요한이 그리스도의 증인일 뿐이라고 기술되어 있으며 그 이상은 아니다.

우리를 위한 가장 중요한 질문들 가운데 하나는 로고스의 의미이다. 우리가 1장에서 보았듯이 복음서가 기록되었던 상황과 결과적으로 로고스가 사용되었던 문맥을 설명하는 다른 많은 이론들이 있다. 나의 간단한 제안은 찬송시에서 로고스를 포괄적으로 사용함으로, 그리스도는 히브리 전승에서의 다바르(dahbar), 유대 전승에서의 로고스, 그리스·헬라 전승에서의 로고스에 관하여 말했던 모든 것을 포괄한 분임을 암시하고 있다. 이 구절에서 로고스를 이해하는 데 단순하지만 합리적인 방법은 로고스를 하나님의 자기 표현으로 보는 것이다. 충실하며 매우 인격적인 자기 표현처럼, 로고스는 하나님 자신이거나 널리 알려진 인격이다. 이 용어의 의미는 자기 자신을 다른 사람에게 드러내고, 전하고자 하는 의사소통의 환경에서 가장 잘 이해된다(3장 참고).

이러한 관점이 우리가 서언의 중요한 용어를 다루는 데 도움을 준다고 가정할 때, 우리는 찬송시의 핵심이나 정점(頂點)에 관한 문제에 직면하게 된다. 즉, 찬송시의 최고의 정점은 어디일까? 대부분의 사람들은 14절과 로고스의 성육신이 찬송시의 정점이라고 바로 말하곤 한다. 그러나 컬페퍼는 문학적이며, 개념적인 근거하에서 볼 때 정점(또는 그가 일컫는 말로 '요점')은 12절이라고 주장했는데, 그 주장은 가능성이 높다. 세상에서 로고스 여정의 목적은 인류에게 새로운 부모 자식 관계와 가족의 가능성을 제공하기 위한 것이다.[3] 실제로 이 두 가지 제안들은 서로 상반되지는

---

3. R. Alan Culpepper, "The Pivot of John's Prologue," *NTS* 27(1981) : pp. 1-31.

않는다. 왜냐하면 인간의 거룩한 가족의 구성원으로의 변화는 성육신한 로고스에 나타난 하나님의 영광에 대한 인식과 믿음의 반응에 대한 결과이기 때문이다.

세 번째로, 만약 설교자가 이 열여덟 개의 구절들이 전체적으로 복음서를 소개하고 예견하게 하는 방식이라고 이해한다면, 서언의 해석은 더욱 풍부해진다. 서언의 저자와 기원을 찾는 작업이 거의 불가능하다는 사실을 별도로 하고, 복음서의 시작 부분에 이 본문을 위치시킨 것은 전적으로 타당하다.[4] 서언이 독자들에게 복음서 이야기를 준비시키는 다양한 방법 중에는 복음서의 주된 등장인물의 참된 신분을 독자들에게 알려 주는 방식이 있다. 내러티브에서 다른 인물들이 예수님의 참본질을 알려고 애썼으나 대부분 실패한 반면, 독자들은 의외로 그 비밀을 먼저 알게 된다. 서언의 결과로 내재적 독자(implied reader)는 그 이야기의 아이러니(예를 들어, 예수님이 '유대인'의 왕이라고 고발당함.)를 적절히 이해할 수 있는 위치에 서게 되는데, 그 이유는 내러티브가 실제적으로 어떻게 전개되는지 아는 '내부자'의 경험을 하기 때문이다. 그 경험은 복음서 이야기가 제공하는 새로운 생명의 부분이다. 이편 점에서 그리스도 안에 있는 하나님의 자기계시를 받아들이는 사람은 '생명의 내러티브'에서 참으로 무슨 일이 진행되고 있는지 보다 잘 이해하는 내부자이다.

비록 중요도는 떨어지지만 동일한 사실은 서언은 우리에게 중심인물을 거절하는 행동이 얼마나 내러티브에 결정적인 영향을 미치는가를 미리 알려 준다는 것이다. 내재적 독자는 세상이 로고스를 알지 못하며, '자기 백성이 그를 영접하지 않음'(1 : 11)으로 결국 이 이야기가 비극적인 전환을 하게 될 것을 안다. 그리스도를 영접하는 것에 대한 약속들은

4. Robert Kysar, "Christology and Controversy : The Contributions of the Prologue of the Gospel of John to New Testament Christology and Their Historical Setting," *CurTM* 5(1978) : pp. 348－364을 보라.

이 첫 번째 장에 소개된 요한의 여러 중요한 용어들인 '빛', '어두움', '생명', '세상', '증거', '믿는다', '태어난다', '진리', 그리고 '아버지-아들'에 나타나 있다. 서언이 복음서의 어휘사전으로서 역할은 하지 않는다 할지라도 독자들에게 이 중요한 개념들을 제공한다. 이것이 정확히 '서언'이 해야 하는 역할이다. 혹자는 이 구절이 마치 그리스 연극 무대에서 휘장이 올라가기 전에 연극의 주제를 소개하기 위해 등장하는 배우의 역할을 한다고 주장해 왔다. 그러나 '로고스'라는 단어가 복음서의 다른 곳에서는 그리스도에 대한 칭호로 사용되지 않으며, 은혜(charis)라는 단어는 유일하게 요한복음 1 : 18에만 있다는 사실에 주목해야 한다.

서언에 대한 설교학적인 해석은 종종 한 설교자가 설교에서 하는 경험, 그 이상의 어려움을 주는데 그것은 정당하다. 왜냐하면 성서일과는 연례서에 근거해 우리에게 이 구절을 취하도록 하기 때문이다. 주목을 끄는 몇몇 주제들은 분명하며, 다음 단락에서는 그 주제들 중 오직 몇 가지에만 관심을 갖게 한다.

첫 번째로, 로고스 기독론은 그리스도가 우리에게 가져다주신 하나님의 자녀가 되는 권세, 빛, 생명, 은혜, 진리와 같은 가장 풍부한 유익들을 함께 모아 놓고 있다. 12절에서 '권세'로 번역한 단어는 또한 '권한', '행동할 자유', 그리고 '능력'을 의미한다. 우리 자신의 힘만을 사용하면 자녀들이 부모와 관계를 맺을 수 없는 것처럼, 우리는 하나님과 관계를 맺을 수 없다. 이 구절에 나와 있듯이 그 능력과 선택의 자유가 우리에게도 주어진다. 그리스도 안에 나타난 하나님의 행동의 전체적인 목적을 요약하면 새로운 인간 가족의 형성이다. 이 권세의 선물은 단지 개인들로서뿐만 아니라 공동체로서 우리를 변화시킨다고 약속한다. 신앙과 영적인 탐구들에서 개인주의가 강조되는 이때에, 서론은 하나님의 구원하심의 목적이 새로운 공동체를 형성하는 데 있다고 주장한다(5장에 있는 십자가에 대한 설교 참고).

두 번째로, 물론 1 : 14의 말씀은 매우 중요하고 무척 귀중하다. 그래서 이 구절에서 단 하나의 설교학적인 주제를 정확히 끄집어내고자 하는 태도는 위험하다. 그러나 우리 현대 그리스도인들은 그 성육신에 함축된 의미, 즉 성육신이 어떻게 인간의 몸과 육체를 영화롭게 하며, 신성하게 하는지 들을 필요가 있다. 이 함축적인 의미는 두 가지 다른 방향으로 우리를 인도한다. 한편으로 이는 그리스도 안에 나타난 하나님의 행동에 기인하여 새로운 방법으로 우리 같은 육체적인 존재를 영화롭게 한다. 우리는 더 이상 육신이 더럽고 죄악되다고 생각하지 않아도 된다. 왜냐하면 하나님은 하나님 자신을 계시하시기 위해 이 방법을 사용하셨기 때문이다. 다른 한편으로 성육신의 함축적인 의미는 우리의 육체적인 몸을 우리가 학대하지 못하도록 하기 위한 한 방법으로 육신이 깨끗하게 된다고 선언한다. 우리가 공유하는 이 육체적인 실존은 우리의 몸이 하나님이 세상에 임하시는 매개체이며, 그 때문에 하나님이 우리의 몸을 고귀하게 하신다.

세 번째로, 이는 앞서 말했던 것과 밀접하게 관련되는데, 일반적으로 육체적인 실체들은 하나님이 우리들 가운데에 성육신하셨기 때문에 새로운 잠재력을 갖는다는 주장이다. 이것이 우리의 육체적인 몸을 고귀하게 한 것처럼, 성육신은 하나님이 우리가 일반적이거나 혹은 세속적이라고 부른 형태로 우리들 가운데 나타나심을 암시한다. 하나님은 보통의 나사렛 사람의 몸으로 걸어 다니셨다. 그리고 오늘날에는 아마도 다른 사람들의 모습으로 그리고 가장 공통적인 실체들로 우리 가운데에 걸어 다니신다. 물론 이러한 이유에서 하나님의 육신이 되심은 성만찬을 의미하며, 그 안에서 물, 떡, 그리고 포도주의 공통적이고 일반적인 실체들이 하나님과 우리가 만나는 수단이 된다.

네 번째로, 우리는 어디에서 하나님을 볼 수 있을까? 하나님을 찾으려는 노력은 끊임없이 계속되었지만 오늘날에는 영성에 매우 큰 관심을 보인다. 서언은 분명한 용어로 우리가 하나님을 어떻게, 어디서 찾을 수 있는지에 관한 그리스도인의 확신을 진술한다. 먼저, 우리가 이 세상에서 신성한 존재(영광, doxa)를 정말로 볼 수 있다고 주장한다. 바로 이어서 그리스도, 즉 하나님 자신이 하나님을 드러냈다는 생소한 주장이 나온다. 흥미롭게도 서언은 내면의 깊숙한 곳에서 우리의 진정한 실체를 찾으라고 지시하지 않는다. 오히려 우리 자신 밖에 있는 과거와 현재에서 그리스도를 찾도록 우리를 인도한다. 하나님은 분명하게 그리스도 안에서 알려지게 되셨다.

### 2) 설교의 예

다음의 내용은 세계 도처에서 모인 신약학자들의 회합을 위한 아침기도예배의 한 부분으로 선포된 설교의 요약이다. 그 후에 나는 성탄절 전야(前夜)의 한 회중들의 예배를 위해 이 설교를 개정하였다.

> "빛이 어둠에 비치되 어둠이 깨닫지 못하더라."
>
> 우리는 성탄절의 빛이 어둠 속에 비쳤음을 믿기 때문에 오늘 저녁 이 자리에 모였다. 다시 한번 우리는 그 빛을 찾고 그 빛을 찬양한다.
>
> 그런데 오늘날은 어두움이 거의 그 빛을 이겨 버린 것처럼 보인다. 세계 뉴스는 매일 어두움으로 가득 차 있다. 인종분쟁과 투쟁들, 도처에 폭탄 폭발에 대한 위협, 타락과 고위 공직자들의 추문, 폭력으로 폭력을 갚아 줌으로써 국제분쟁을 해결하려는 시도, 굶주림과 가난과 억압, 인권 침해와 남용, 어두움이 우세한 것처럼 보인다.
>
> 우리가 사랑하는 이 애틀랜타 지역에서 새로 선출된 주지사가 암살당했다. 한 내과의사의 두 어린 자녀들은 익사했고 자신도 자살했다. 어두움이 이긴 것 같다.
>
> 우리 자신을 볼 때 우리도 역시 거기에서 어두움을 만나게 된다. 우리들 중 많은 사람들은 생활의 어두움을 안다. 우리는 직업적인 질투심

과 경쟁심을 안다. 우리는 자만심의 미묘한 유혹을 안다. 우리는 우리 자신만이 중요하다는 믿음의 결과로서 다가오는 자아도취를 안다. 우리는 사회적인 문제와 세상적인 문제로부터 벗어나기 위해서 가정 내에 숨어 버리는 편안함을 안다.

그렇다. 어두움이 이긴 것 같다. 우리는 세상에서 그리고 우리 개인적인 생활에서 그렇다. 어두움이 이긴 것 같다. 그래서 우리는 빛이 여전히 이런 어두움 속에 비치고 있느냐고 다시 한번 물어야 한다. 아니면 어두움이 결국 빛을 이겼는가?

서언에서 결코 어두움이 빛에 굴복했다고 주장하지 않는다는 사실이 나를 흥미롭게 한다. 요한복음을 시작하는 이 말씀에서 오직 빛이 어두움 가운데 비치고 있고, 어두움은 빛을 이기지 못한다고 혹은 정복하지 못한다고 하는 주장이 항상 나의 흥미를 끈다. 저자는 우리가 어둠 속에 있는 사람들임을 알았다. 그러나 어두움으로부터 구원받지 못한 사람들, 하지만 희미한 빛을 받은 사람들 역시 빛이 있다고 말한다.

아이들은 종종 어두움을 두려워한다. 그들에게 있어서 어두움은 두려움을 주는 존재이며, 소름끼치는 미지의 위협이다. 그래서 그들은 부모에게 불을 켜 달라고 간청한다. "엄마, 제발 불을 켠 채로 두세요!" 부모는 그제서야 조그마한 야간등, 겨우 아이 방의 어두움에 스며들 정도의 작은 불을 켜 준다. 그러나 소형 전구이면 충분하다. 아이는 어두움이 지배할 수 없는 약간의 빛이 있다는 사실을 알게 되면 곧 안심하게 된다. 아이는 약간의 빛줄기가 있기 때문에 안심한다. 괴물이 침대 밑이나 옷장에서 나타나지 않을 것이다. 그리고 약간의 빛줄기가 있기 때문에 어두움의 세력들이 이기지 못할 것이다.

우리에게도 마찬가지이다. 하나님은 '어두움이 이길 수 없는 빛'을 주신다. 오직 믿음으로 볼 수 있는 희미한 빛줄기, 그리고 약간의 빛줄기가 있기 때문에 우리는 신뢰할 수 있다. 어두움의 힘이 이길 수 없다는 사실에 하나님을 신뢰한다. 우리는 어두움에도 불구하고 그 빛이 존재함을 믿는다.

우리 집에 전기가 나가게 할 만큼의 번개가 내리칠 때가 여러 번 있었다. 그럴 때 우리는 어두움 속에서 아무것도 볼 수 없다. 그리고 나는 회중전등을 찾으러 간다. 집안을 더듬더듬 찾다가 가구에 부딪치고, 벽에도 부딪치고, 정강이를 부딪치기도 한다. 결국 나는 회중전등을 찾았다. 그러나 다른 여러 번의 경우처럼 회중전등의 배터리는 모두 방전되었다. 이 전등은 더 이상 어두움을 대처할 수 없다. 그래서 내 사랑하는 아내는 나에게 충전된 새로운 배터리 하나를 건네주었다. 당신은 충전시키기 위해 벽 소켓에 회중전등의 플러그를 꽂는다. 그러면 항상 충전되고 사용할 수 있게 된다.

얼마 전에 번개 칠 때 우리 집 불이 또 나갔었다. 나는 다시 어둠 속에서 손으로 더듬어 회중전등을 찾았다. 그러나 이번에 나는 회중전등이 충전되어 있고, 사용할 수 있다고 확신했다. 배터리가 다 소모되지 않았을 거라고 확신했다. 나는 그 불빛으로 어두움을 없앨 수 있었다.

어두움이 이긴 것 같지만 우리는 우리를 실패하지 않도록 하는 빛의 근원이 있음을 안다. 그리고 우리는 어두움 가운데에서 빛을 볼 수 있다는 믿음으로 간구하고 더듬어 찾는다.

오늘날은 요한복음의 서언이 기록된 당시와 다를 바 없다. 어두움은 심지어 오늘날에도 있다. 하지만 어두움 가운데에 빛줄기가 있다. 오래전에 어두움 가운데 있는 구유에서 나온 빛이 있었다. 어두움 가운데에서 성탄절은 이 빛이 여전히 어두움 가운데 비친다고 약속했다. 어두움 가운데에서 말씀의 빛이 조그마한 아기의 모습으로 구원을 위해 성육신하셨다. 그리고 우리는 그 빛줄기를 신뢰한다.

"그 빛은 어두움 가운데 비치고 있다! 그리고 어두움은 그 빛을 이기지 못한다."

## 3. 6장 : 하늘의 떡

서언을 제외하고, 6장은 요한복음 중에서 분명히 가장 논쟁거리가 되는 부분이다. 게다가 두 번째 해(특정한 날을 위한) 예배의식 12~16을 위해 이 장으로부터 가져온 일련의 일과들은 아마 전체 성서일과 가운데 설교하기 어려운 부분 중 하나일 것이다. 그 이유 중 하나는 근본적인 주제들이 더 분명한 사고의 진전 없이 몇 번이고 단순히 되풀이하여 반복되기 때문이다. 이 때문에 이미 말하지 않았던 내용을 전해야 하는 설교자들은 예배의식 15와 씨름을 하게 된다. 우리가 말했듯이, 이 본문은 여전히 개정판 공동성서일과에 있는 요한복음으로부터 가져온 가장 긴 연속적인 독서이다. 6장으로부터 가져온 성서일과 독서들은 다음과 같다. 추수감사절을 위해 주어진 6 : 25~35을 비롯하여 1~21절(예배의식 12), 24~35절(예배의식 13), 35절과 41~51절(예배의식 14), 51~53절(예배의식 15), 56~69절(예배의식 16)이다.

### 1) 6장의 설교학적 해석

이 장은 많은 무리들을 먹이신 내러티브(1-15절)와 예수님이 물위를 걸으신 표적(16-21절), 그리고 많은 무리를 먹이신 표적 때문에 예수님을 따르는 무리와 예수님 사이의 논쟁으로 나누어진다. 우리는 순서대로 각각을 살펴볼 필요가 있다. 왜냐하면 이 장에서는 그 부분들이 서로 밀접한 관련이 있지만 각각 나름대로 완전한 형태를 띠고 있기 때문이다.

#### (1) 많은 무리를 먹이신 표적에 관한 요한복음의 이야기(1-15절)

4장에서는 약간 자세히 논의했던 몇몇 요한복음 내러티브들의 상징적인 특징들의 주제하에 이 구절을 연구했다. 그리고 나는 당신이 그 논의를 재검토할 것을 권한다. 여기서는 단지 이 이야기의 몇 가지 다른 특징들을 다루어 보고자 한다. 먼저 제사복음서에서는 이 행동이 예수님의 '표적들'(sēmeia) 중에 하나, 즉 예수님의 신분을 드러내는 놀라운 행동이라는 점을 유의하라.[5] 그 외에도, 혹자는 요한복음의 내러티브의 상세한 설명에 주의를 기울였다. 예를 들어, 푸른 잔디, 보리떡 덩어리, '작은 물고기들'처럼 말이다. 유월절이 가까웠다는 진술은 화자의 단순한 연대적인 표식에 지나지 않거나 그 사건의 의미가 유월절 혹은 십자가에서의 예수님 자신의 유월절에 있음을 가리키는 것이라고 짐작된다. 헬라어인 유카리스테오(eucharisteō, '축사하다')라는 단어를 사용한 이유가 많은 무리를 먹이신 표적을 통해 성만찬을 암시하고자 하는 데 있다고 인정되어 왔다. 그리고 그러한 이해는 다음에 나오는 강화에서 성만찬의 의미를 보도록 해석자들을 인도한다. 혹자들은 심지어 이 본문이 성만찬 제정에 대한 요한의 기사라고 생각하기도 한다. 저자나 전승은 이 사건을 여기에 둠으로 이 이야기가 예수님의 사역의 끝이 아니라 중심임을 나타낸다.[6] 이 이야기에서 빌립을 향한 예수님의 질문과 6절의 화자의 설명은 요한복음의 그리스도론을 드러낸다. 예수님은 이미 빌립이 어떠한 행동을 할지 정확히 알고 계셨다. 15절의 비극적인 결말은 군중들이 얼마나 예수님을 오해하고 있었는가를 암시함과 동시에 그것은 역설적으로 독자들의 관심이 예수님의 왕위에 오르심, 즉 십자가에 못 박히심을 향하도록 한다.

15절에 있는 무리들의 오해는 설교자들의 관심을 끈다. 이 놀라운 사건 그리고 특히 우리의 육신적인 배고픔을 해결해 주신 사건은 우리에게 이 놀라운 일을 행한 분을 왕 삼고자 하는 소망을 갖게 하고, 위대하신 분으로 모시고자 하는 생각을 갖게 한다. 그러나 예수님은 육신적인 이익 때문에 그 제안을 받아들이고 싶지 않으셨다. 사실, 그는 그러한 열망에서 벗어나 떠나가신다. 요한복음이 '표적'의 의미를 설명할 때 분명히 주장한 것처럼, 예수님의 놀라운 행동에 대한 강조는 참된 믿음을 위

---

5. 제사복음서에 나오는 표적들의 기능에 관한 논의에 대해서는 Kysar, *John, the Maverick Gospel*, rev. ed.(Louisville : Westminster John Knox, 1993), pp. 80-86을 보라.
6. 예를 들면, Raymond E. Brown, S. S., *The Gospel according to John*, AB 29(1966), pp. 287-291.

한 기초가 아니다. 요한복음에서 예수님은 우리에게 사랑을 호소하는 수단으로서가 아니라 가난한 자들에 대한 깊은 동정심에서 우리를 먹이신다. 이 놀라운 행위에 관한 이야기의 표면에는 예수님이 많은 무리를 먹이셨던 것처럼 오늘날 세상에 있는 굶주린 사람들을 먹이시고자 하는 의도가 있다.

이 이야기에 있는 세부적인 묘사들 중 몇 가지 은유적인 효과는 그리스도가 가장 작고 가장 하찮은 선물로서 얼마나 많은 일을 하실 수 있는지를 입증한다. 그 '작은 소년'(paidos)은 값싼 보리떡 다섯 개와 물고기 두 마리밖에 내어 놓지 않았다. 제사복음서의 이 이야기에 대한 설명은 그리스도가 그렇게 하찮은 것으로 얼마나 많은 일을 이루어 낼 수 있는지 역설한다. 우리는 특히 제자로 사는 데 따르는 어려움과 세상에서 겪는 문제들에 직면할 때 예수님에게 드릴 것이 없다고 느끼는 경우가 종종 있다. 그리스도는 두 마리의 작은 물고기와 몇 개 안 되는 값싼 보리떡 덩어리로 많은 무리를 먹이셨고, 그렇게 하고도 열두 바구니가 남았다! 개인이나 회중으로서 우리는 가진 것, 재능, 헌신 역시 턱 없이 부족하지만, 그럼에도 불구하고 예수님은 그것들을 용납하시고 그의 사역 가운데 그것들을 증가시키신다.

### (2) 물 위를 걸으심(16-21절)

예배의식 12, B를 위한 성서일과 독서는 이 사건과 많은 무리를 먹이신 사건을 연결시킨다. 우리는 간략하게 이 이야기와 마태복음 14 : 22~33, 마가복음 6 : 45~52에서 찾아볼 수 있는 공관복음의 기록을 비교해 볼 필요가 있다(이상하게도 누가복음은 이 놀라운 이야기를 기록하지 않는다. 이것은 누가의 '큰 생략'의 부분으로 마가복음 6 : 45-8 : 26에 포함된 내용이다). 요한복음과 공관복음에 나오는 이야기들을 엉성하게 비교해도 흥미로운 차이점이 다소 발견된다.[7] 요한복음의 이야기는 마가복음의 이야기보다 훨씬 더 짧으며, 마태복음은 더 확대한다. 요한복음은 바다 건너 가버나움으로 제자들이 왜 가는지 그 이유를 설명하지 않는다(16절). 요한복음은 제자들이 3~4마일을 노를 저어 간 것(19절) 말고는 제자들이 어두움과 큰 바람으로 인해 겪는 어려움에 어떠한 관심도 두지 않는다. 공관복음에도 기록되어 있듯이 제자들은 예수님을 알아보는 데 어려움은 없었지만 그들의 반응은 두려워했다(19절). 제자들에게 하신 예수님의 말씀에는 "용기를 가져라."(thareite)라는 명령은 없었지만, 오직 자기 자신의 신분을 드러내는 '내니'(실제로는 egō eimi, 'I am')와 '두려워 말라'(mē phobeisthe)는 훈계가 포함되어 있다. 이 구절은 우리가 공관복음 중에서 요한복음의 에고 에이미(egō eimi)를 찾아볼 수 있는 유일한 부분이다. 요한복음은 바람이 잠잠해졌다는 사실을 말하지 않지만 곧바로 "놀랍게도 배가 곧 그들이 가려던 땅에 이르렀다"(21절)고 언급한다. 제사복음서의 화자는 예수님이 실제로 배에 제자들과 함께 오르셨다고 말하지 않고 오직 제자들이 예수님을 배에 오르게 하고 싶어했다(ēthelon)고 한다.

설교자는 마치 이 기사가 공관복음과 동일한 것인 양, 물 위를 걸으신 사건에 대한 요한복음의 기록을 읽는 데 주의를 기울일 생각을 갖지 않는다. 제자들은 믿음의 고백을 하지도 않고(마 14 : 33), 놀라거나 혼란스러워하지도 않는다(막 6 : 51-52). 사실 제자들이 예수님을 영접한 것 말고는 그들에 대해 아무런 언급이 없다. 그렇다면 그들은 그런 상황에 있지 않았는가! 명백한 사실은(공관복음에도 나와 있는 것처럼) 예수님이 바람으로부터 제자들을 구해 주려 오셨고, 곧바로 목적지까지 데려갔다는 것이다. 놀랍게도 물위로 유유히 걸으시고 배를 목적지까지 인도하려고 오신 주님은 군중들이 자신을 왕으로 삼으려고 찾을 때 보여 주었던 모

7. 완전한 비교에 관해서는 Ibid., pp. 253-254을 보라.

습과 매우 달랐는데 이 점은 퍽이나 인상적이다. 이분은 세상적인 왕 그 이상이다. 이분은 단지 왕의 후보가 아니라 제자들에게 나타나신 하나님 자신의(요한복음의 ego eimi가 의미하는 것처럼) 실재이다. 우리는 실제로 왕을 필요로 하지 않는다! 우리는 하나님의 현존이 필요하다. 그러나 군중들처럼 우리에게 진실로 필요한 것이 무엇인지 모를 수도 있다.

### (3) 생명의 떡 강화(22-71절)

이 강화(혹은 더 맞게 표현한다면 논쟁)는 분명한 순서 없이 계속 반복하여 진행되는 듯이 보인다. 그래서 우리는 6 : 24~71을 개관하는 문맥 가운데에 우리의 논의를 둘 필요가 있다. (내가 이 책에서 약간 수정한) 브라운의 개관은 참으로 뛰어나다.[8] 우리는 주어진 독서들이 어디에서 시작하고 끝나는지에 주목할 것이다. 성서일과에는 군중들이 예수님을 찾는 보다 혼란스러운 이야기와 디베랴 바다를 건너는 이야기가 없다. 그래서 우리는 강화 도입 부뷴을 24절로 잡을 것이다.

강화의 머리말(24-34절)은 몇 단계에 걸쳐 진행된다. 첫째 단계는 예수님과 군중의 최초의 만남 그리고 '영생하도록 있는 양식'(24-27절)의 주제이다. 두 번째 단계는 '하나님의 일들'(28-29절)에 관한 논의이다. 세 번째 단계는 군중들의 '표적'의 요구와 광야에서 그들 조상에게 믿음을 가져다주었던 표적으로 모세가 광야에서 무리들에게 만나를 먹인 것을 진술한 구약성서 구절의 인용이다(30-31절). 네 번째 단계에서는 모세가 아니라 하나님이 백성들을 먹이셨으며 "하나님의 떡은 하늘로부터 내려온 것이며, 세상에 생명을 주신 것이라."는 말씀으로 예수님은 대답하신다. 사람들은 물론 예수님에게 그 떡을 달라고 요구한다(32-34절).

예배의식 13, B와 추수감사절, C를 위한 성서일과 독서에는 34절의

---

8. Ibid., pp. 260-295.

사람들의 요구에 대한 예수님의 응답인 35절을 추가한다. 예수님 자신이 곧 배고픔과 목마름을 채워 줄 떡이시다. 그러나 브라운은 그 논쟁 자체의 첫 번째 중요한 부분을 정확히 35절로 시작한다.

6 : 24~35에 있는 선포를 숙고할 때 수많은 주제들이 눈에 띈다. 사람들 사이에 제기된 '왜 무리들이 예수님을 따르는지'에 대한 성가신 질문도 이 주제들 중에 있다. 그렇다면 예수님이 누구이며, 그가 누구를 계시하시는지(즉, '표적'을 보이심으로)에 대한 그의 설명 때문에 사람들이 예수님을 따르는가? 아니면 순수하지 못한 다른 동기가 있는가? 예수님이 항상 믿음의 동기를 시험하기 위해 우리를 강요하신 것처럼 자신을 찾는 무리들의 동기에 대해 질문하신다. 오늘날 우리는 동기가 얼마나 복잡하게 될 수 있는지, 그리고 한 사람의 참된 동기를 분별하기 얼마나 어려운지를 알고 있다. 무리들은 예수님에 대한 믿음의 결과로 무엇인가를 드리려고 하지만 그것은 단순히 자기 만족을 위한 것은 아니다. 이런 간단한 논쟁 중에 예수님은 '우리를 위해 그 안에 있는 것' 때문에 우리가 믿어야 한다는 모든 주장들에 문제를 제기하신다. 오늘날 그 믿음은 이 혼란스러운 세상에서 마음의 평화를 필사적으로 찾는 행위를 포함한다.

이 구절로 우리의 동기들에 의문을 제기할 수 있지만, 우리가 하나님의 선물을 받기 위해서 해야 한다고 생각하는 '행위'들에도 역시 의문을 제기해야 한다. 우리는 '율법의 행위'를 분별하는 사도 바울의 관점으로 이 강화를 읽지 않도록 주의해야 한다. 그런데도 사람들은 다음과 같은 중요한 질문을 한다. "우리가 어떻게 하여야 하나님의 일을 하오리이까?"(Ti poiōmen hina ergazōmetha ta erga tou theou) 하나님의 한 가지 일 혹은 에르곤(ergon)은 사람들에게 그리스도에 대한 믿음을 가져다준다. 그것은 오늘날 무엇을 의미하는 것일까? 분명히 그것은 우리가 때로 좁은 의미에서 '복음주의'라고 정의하는 것 그 이상을 의미한다. 하나님의 속죄는 인간들 사이에서 참된 인간이 되는 데 방해를 주는 모든 요인으로부터 인류를 자유롭게 하기 위해 계획되었다. 인간에게 믿음을 가져다주는 요인은 영적인 관계뿐만 아니라 사회적인 관계도 수반한다. 그러나 하나님의 일들은 인간과의 관계를 재창조하려는 거룩한 수고의 핵심이다.

강화의 첫 부분(35-40절)은 이 논쟁에 나오는 첫 번째 에고 에이미로 시작한다(6 : 20 참고). 그 외에도 에고 에이미 형식은 48절과 발전된 형태로 51절에서도 찾아볼 수 있다. '나는 하늘에서 내려온 살아 있는 떡이니', '내가 그로라'와 같은 단순 강조형태는 비록 실제로는 더 많은 의미를 내포하고 있다고 할지라도 여기에서 그대로 번역할 필요가 있다는 점에 주목해야 한다. 예수님은 한 은유로 말씀하셨다. 예수님은 자신이 하늘로부터 온 떡이라고 주장하신다. 그 은유는 많은 무리를 먹이신 이적을 선택하여 만나와 이 이적을 연결시킨다. 그 은유는 음식에 대한 보편적인 필요로부터 가져온 은유임과 동시에 유대 민족의 특별한 역사에서 이끌어 낸 것이다. 은유로서 그것의 암시적인 특징은 우리가 '떡'이라고 하는 단어 및 개념을 사용하는 다른 모든 방법들로 확대된다.

예수님의 이 '에고 에이미' 말씀은 무리들에게 도전을 주었다. 성서일과에는 36~40절을 생략함으로써 이 말씀을 제외시켰다. 그럼에도 불구하고 이 구절들에는 몇 가지 흥미로운 논쟁거리들이 있다. 예수님은 무리들이 아직 믿음이 없다고 주장하신다. 그것은 세상에서의 그리스도의 사명에 대한 상당히 장황한 묘사를 소개하게 한다. 아버지가 예수님에게 주신 것(주신 자, 37절)과 아버지의 뜻을 행한다는(38절) 사실과 함께 예수님은 하나님의 계시자로서 자신의 권한을 역설하신다. 만약 아버지가 아들에게 '주신' 사람들이 있다면, 그것이 암시하는 바는 아버지가 아들에게 주시지 않은 사람도 있을 수 있다는 사실이다. '잃어버린 것'의 반대는 '마지막 날에 일으키시는 것'이다. 물론, 마지막 날의 부활은 엄격하게 하나님의 특권이라고 생각되었다. 그래서 예수님이 하신 믿는 사람들을 살리시겠다는 약속은 거룩한 임무가 그에게 주어짐을 의미한다.

여기에 요한복음의 신학(2장 참고)의 두 가지 중대하고 모순적인 긴장의 예가 있다. 한편으로는, 믿게 될 사람과 믿지 않을 사람에 대한 일종의 예정이고 다른 한편으로는 믿음을 받아들이는 것과 믿기를 거절하는 인간의 자유 사이의 긴장이다. 나는 우리가 이런 긴장을 유지하고 믿음과 불신에 대한 하나님과 인간의 책임의 역설적인 결합을 인식하기 위해서는 요한복음을 정직하게 읽어야 한다고 생각한다. 혹은 다른 면에서 보면 하나님과 인간 모두는 믿음의 태동에 역할들이 있다.[9)]

또다른 긴장은 비록 명확하지 않음에도 불구하고 분별할 수 있는데, 그것은 실현된(또는 현재적) 종말론과 미래적 종말론의 역설이다. 요한복음에서 '영생'이라는 표현은 믿는 사람이 참여하는 지금 그리고 여기에서의 그 생명의 질을 언급하는 것처럼 보인다. 그러므로 요한복음은 믿는 사람은 여기에서 영생을 가진다고 주장할 수 있다(다른 예로 3 : 36, 5 : 24, 6 : 47 참고. 그러나 죽음을 초월한 믿는 사람의 생명에 대한 언급으로 해석될 수 있는 12 : 25도 참고. 그리고 2장과 그 장에서 구원의 주제로 한 설교 참고). 한편으로 죽은 자의 부활은 여전히 '마지막 날'을 위해 남겨진 사건이다. 사실 예수님이 마지막 날에 그리스도인들을 살리신다는 이 언급은 거의 이 강화에 한정되어 있으며 39~40, 44절에 나온다. 지금 영생을 얻는 것과 마지막 날에 일으킴을 받은 것 사이의 긴장은 믿음에 대한 인간의 책임과 하나님의 책임 사이의 문제를 푸는 것만큼은 어렵지는 않다. 그럼에도 불구하고, 나란히 놓여 있는 이 두 입장은 종종 그랬

---

9. 이 문제가 여러 해 동안 나를 사로잡아 왔다. 나의 현재 입장은 *John, the Maverick Gospel*, pp. 70-74 ; 그리고 "The Dismantling of Decisional Faith : A Reading of John 6 : 25-71," in *Critical Readings of John 6*, ed. by R. Alan Culpepper, BibIntSer 22(1997), pp. 161-181에 표현되어 있다.

듯이 요한복음이 오직 현재적 종말론만을 가르친다고 일반화할 수 없게 한다. 과연 '마지막 날'은 현세의 삶에서 그리스도와 만나는 순간을 의미하고, 부활은 사람이 불신앙에서 믿음을 갖도록 인도될 때에 일어나는 변화를 의미하는 경우일까?

대담한 설교자는 설교의 주제로 이 두 가지 개념적인 긴장 중에 하나를 효과적으로 택할 수 있으리라고 생각할지도 모른다. 그러나 위 구절의 핵심은 설교자들이 떡과 물로 채울 수 없는 배고픔과 목마름에 관해 논의를 할 것을 제안한다. 35절에 있는 예수님의 말씀은 의미 있고 풍성한 생활을 유지시켜 주는 무언가에 대한 갈망에 초점을 둔다. 말할 필요도 없이, 오늘날에도 여전히 많은 사람들은 물질적이고, 현세적이며, 즉각적인 것을 초월하는 무엇인가를 분주히 찾는다. 어떻게 예수님이 배고픔을 채우는 떡이실 수 있는가? 그것은 사랑이라는 선물일까? 우주의 중심, 즉 궁극적인 실재가 보살핌과 동정심을 가진다는 것을 드러내는 계시일까? 당신은 이 질문자에게 이것에 대해 어떻게 말할 것인가?(주의 : 만약 우리가 여기에서 떡의 은유를 사용하고 이것과 성만찬을 관련시킨다면, 우리는 여전히 예배의식 15, B를 위해 주어진 본문을 다루어야만 한다.)

강화의 두 번째 부분(41-51절)은 새로운 방향으로 나아간다. 41절은 이례적으로 한 내러티브를 제시한다. 갑자기 예수님의 말씀의 대상이 '유대인들'이라고 언급된다. 이 강화는 많은 무리를 먹이신 사건(22절) 이후에 예수님을 따랐던 '무리'로 시작했었다. 그리고 그들이 그 강화에서 계속적인 논쟁의 상대들이 아니라는 언급이 없다. 또한 예수님을 향한 무리들의 태도가 적대적이지 않았다는 사실에 주목하라. 이와는 대조적으로 진지한 질문자로 소개된 자들이 있다. 거기에 적개심과 반대가 있다. 그리고 적개심과 반대는 '유대인'들로부터 온다(1장에 있는 '유대인'에 관한 논의 참고). 이 적대자들은 먼저 그 자신에 대한 예수님의 말씀과 "요셉의 아들이요 그의 아버지와 어머니는 우리가 안다." 하는 자신들의 예수님에 대한 이해 사이에 인식의 불일치를 경험한다. 간단히 말하면, 이 사실은 그들의 불평을 야기시킨 성육신에 대한 악평이다. 이들의 불평은 광야에서 백성들의 원망(출 15 : 22 – 17 : 7)을 생각나게 하며, 헬라어 고귀조(goggyzō)는 '수군거리다'(murmur)로 번역하는 것이 더 좋다.

예수님은 자신을 믿기 위해서는 그에게 개개인이 먼저 이끌려 와야 한다고 요구하심으로 대답하신다(44절). 이는 믿음의 근본에 신적인 역할이 있음을 암시하는 다른 경우이다. 그 이끌림은 하나님에 의해 가르침을 받아야 하는 필연성과 동일시되거나 결부시켜 생각하게 된다. 명백한 논리적인 관계 없이 예수님의 말씀은 일련의 자기주장에 이른다. 예수님은 하나님을 보았고(46절), 그는 영생을 주는(47 – 48절) '생명의 떡'이다. 게다가 처음으로 예수님은 그의 '살'(51절 하)과 하늘로부터 온 떡을 동일시하신다. 깜짝 놀랄 만한 그런 선언 때문에 대화는 급격히 선회한다. 강화의 세 번째 부분에서 이 주제가 더 발전한다.

41~51절 하반절은 우리가 요한복음 1 : 14을 읽고 설교할 때의 좋은 분위기를 뒤집고 성육신의 험담을 전달하는 기회를 제공한다. 이 예수님은 하늘로부터 온 떡도 되고 우리가 그 부모를 잘 알고 있는 아이도 될 수 있을까? 제사복음서 저자는 성육신이 걸림이 되는 사상이지만 오늘날 우리들 중 몇 사람은 그 비방을 교묘하게 피할 수 있으리라는 확신을 준다. 게다가 성육신 사상이 너무나 보편화되었기 때문에 우리는 더 이상 놀라지 않는다. 이것은 설교자에게 성육신 사상을 재생시킬 기회를 줄지도 모른다. 내가 생각하기에 그렇게 함으로써 우리는 세상의 실체 가운데에서 하나님이 우리를 만나신다는 사실을 현재화시킬 필요가 있다. 우리가 필요로 할 때 동정심을 보이는 이웃, 우리 자신의 생활을 재평가할 수 있는 개방성과 정직성을 보여 주는 그리스도인 동료, 그리고 용기와 인내심으로 우리가 그들을 섬기기보다는 우리를 섬기는 시한부 환자들을 통해서

말이다. 오직 구체적이고 현대적인 사안으로 우리는 소위 '유대인'이 느꼈던 불쾌감을 가질 수 있다. 내가 생각하기에 역시 이러한 종류의 설교에서 근본적인 요소는 예수님의 대적자로서 그려진 등장인물들이 역설적이게도 육체와 피로 존재하는 하나님에 대한 사상에 불쾌감을 가지게 된다는 의미에서 우리를 위한 모형이 된다는 인식이다.

이 독서에 감춰진 다른 주제는 우리 자신의 지식에 대한 신뢰이다. 예수님에 의해 기분이 상한 사람들은 예수님이 누구이며, 그의 부모가 누구인지 안다고 생각한다. 사실, 그들의 생각은 잘못되었다. 그들은 종교적인 민족이다. 그들은 자신들의 종교적인 견해들이 교리가 되도록 허용했으며, 그렇게 함으로써 그리스도 안에 계신 하나님의 실재를 보지 못하게 되었다. 유대인들을 비난하려는 의도는 아니다. 오히려 '유대인들'은 그들의 종교적 믿음이 하나님이 어떻게 일하시는지 정확하게 안다고 하는 생각에 확신을 준다는 점에서 우리들 대부분을 대표한다. "알려진 자에 대한 경계"는 설교자가 언제 우리 자신의 확실성이 우리에게 하나님의 임재를 보지 못하게 하는지에 대해 질문을 제기하게 하는 설교한 편이다.

강화의 세 번째 부분(52－59절)은 이 강화 중에서도 가장 논쟁이 심하고 급진적인 부분이다. 그 논쟁은 이 부분에서 의미하는 바가 무엇이며 어떻게 이 부분이 복음서 안에 들어왔는지에 관한 두 가지의 주제를 다룬다. 두 번째 주제에 대해서 학자들은 이 구절이 엄지손가락처럼 두드러진다는 점에서 후대 편집자에 의해 복음서에 추가되었을 가능성이 있다고 오랫동안 주장해 왔다.[10] 우리는 그 문제를 제쳐 두고, 현재의 상태

10. 6 : 51b－59이 편집적인 첨가라는 이론들 중 가장 유명한 견해는 불트만에 의해 진척되었다. 그는 원래 요한복음에는 성례에 관한 언급이 전혀 포함되지 않았으나, 교회를 위한 보다 적절한 문서를 만들기 위해 성례에 관한 언급들이 후기 '교회적 편집자'에 의해 첨가되었다고 주장한다. 당신은 이 이론이 *The Gospel of John*(Philadelphia : Westminster, 1971), 특별히 pp. 443－451 ; 그리고

로 복음서에 그 본문이 있다는 사실에 만족할 수 있을 것이다. 우리에게 이 본문이 의미하는 바가 무엇인가에 대한 먼저의 질문은 훨씬 중요하다. 이 질문은 이 말씀의 근본적인 의미가 성례의 성만찬인가 아닌가와 관련이 있다. 교회 내에서 그 본문들이 곧바로 성만찬의 언급들로서 해석된 데는 거의 의심할 여지가 없다. 그러나 그것이 우선적이고 중요한 언급인가?[11] 나는 그 언급이 근본적으로 예수님 자신에 관한 것이며, 교회가 본문들을 성만찬의 의미로 읽기 위해 전적으로 수정했다고 하는 가정이 가장 바람직하다고 생각한다.

하늘로부터 내려온 떡에 관한 토론에 있어서 새로운 관점은 51절에서 시작한다. 이 부분에서 예수님은 '살아 있는 떡'이라고 자신을 밝히시며, 이 떡과 '나의 육신'을 동일시하신다. 1 : 14에서처럼 헬라어로 소마(sōma, 몸)가 아닌 사르크스(sarx, 육신)를 사용한다. 그 단어는 성만찬 제정을 자세히 진술하는 구절들에 나타난다(고전 11 : 24 참고). 예수님의 대적자들은 예수님의 말씀을 거절하지만, 예수님은 53절에서 상세히 설명하신다. 그는 곧바로 '그의 피'라는 표현을 덧붙이며, 이 일련의 주장들을 하신다.

1. 그의 살을 먹고 그의 피를 마시는 것은 '생명'과 '영생'을 얻는 데 필요하다.
2. 그의 살과 피는 참된 '양식'과 '음료'이다.

---

*Theology of the New Testament*, vol. 2(New York : Scribners, 1955), pp. 58-59의 여러 곳에 흩여져 있음을 발견할 수 있을 것이다. 불트만의 견해에 대한 분명한 요약과 비평에 관해서는 D. Moody Smith, *The Composition and Order of the Fourth Gospel*(New Haven : Yale Univ. Press, 1965)을 보라.

11. 이 문제에 관한 다양한 입장은 Kysar, *The Fourth Evangelist and His Gospel : An Examination of Contemporary Scholarship*(Minneapolis : Augsburg, 1975), pp. 249-258에 논의되어 있다. 그러나 나의 현재 견해는 *John, the Maverick Gospel*, pp. 122-126의 두 번째 판에 가장 잘 표현되어 있다.

3. 그의 살을 먹고 피를 마시는 사람은 예수님 안에서 '거하고'(menō), 예수님은 그들 안에 거하신다.
4. '이것은' 만나와 대조되는 생명을 보증하는 것으로, 하늘로부터 온 떡이다. 만나는 생명을 보증하지 않는다.

'먹는다'라는 단어가 51~53절에서는 파게인(phagein)이나 그 후에는 트라고(trōgo)로 변경되는데, 이 단어는 동물이 음식물을 섭취할 때와 같이 '갉다' 혹은 '게걸스럽게 먹다'를 의미한다.[12] 동사의 변화는 마치 한 사람의 생명이 그것에 달린 것처럼 필사적이고 열정적인 섭취를 시사한다. 그러므로 이 강화는 예수님을 자신 안으로 반드시 받아들여야 한다는 주장을 강조한다.

분명하게, 성만찬의 떡과 포도주를 생각하지 않고 이 강화 부분을 읽기는 어렵다. 그러나 첫 번째 의미의 단계에서 이 구절은 근본적으로 믿는 사람들이 자신 안에 그리스도를 영접하고, 그들 자신의 본질의 한 부분으로 삼아야 할 필요성을 표현한 것으로 보인다. 성만찬적 읽기는 단순히 살과 피를 성만찬의 떡과 포도주로 전환한다. 가장 중요한 점은 이 세 부분들을 통하여 이 강화가 강화되어 어떻게 점점 더 급진적이고 공격적으로 되었느냐에 주목하는 것이다. 독자들이 전체적인 강화를 '단순한 은유'로 취급하고자 하는 유혹을 받게 되는 것처럼, 본문은 우리를 최고 형태의 과장법을 사용하여 그 안으로 끌어들인다(물론 은유는 결코 '단순'하지 않다).

예배의식 15를 위한 성서일과 독서는 51~58절을 포함하며, 59절에 진술된 가르침들의 지리적인 위치는 60~69절과 연결된다. 60~70절을

12. 두 동사의 의미에 관한 논쟁의 논의에 관해서는 Francis J. Moloney, S. D. B., *The Gospel of John*, SP 4(Collegeville, Minn. : Liturgical, 1998), p. 224을 보라.

먼저 보면, 우리는 이 말씀들이 얼마나 심한 반발을 일으키는지 발견할 수 있다. 그리고 우리는 다시 한번 성육신의 험담으로 되돌아간다. 설교자는 오늘날 '그리스도를 먹는다'는 것이 그리스도인들에게 무엇을 의미하는지 알아보아야 한다. 과연 어떻게 사람이 '그의 살을 먹고 그의 피를 마시는 데'까지 나아갈 수 있겠는가? 우리가 말해 왔던 "당신은 당신 자신의 존재의 근원을 먹는가?"는 여전히 사실인가? 그렇다. 확언하건대 우리의 자신의 본질 안에 그리스도를 영접함으로 우리에게 요구되는 것은 성례적인 생활이다. 그러나 그것을 넘어서 살과 뼈가 우리 육체의 중심적인 부분인 것처럼 어떻게 그리스도가 인간 본질의 중심이 되는가? 이 본문은 우리에게 모든 육체적인 존재, 특별히 다른 인간들 안에서 신적인 존재를 찾는 성례적인 견해나 생활을 우리에게 설명한다. 세례와 성만찬의 성례는 어떻게 육적이고 현세적인 요소들이 신적인 사랑을 전달할 수 있는지 그 모형을 우리에게 제시한다. 그러한 관점은 우리에게 피상적인 이해의 안일함을 거부하게 하며, 여전히 오늘날에도 성육신하신 말씀과의 신적인 만남을 회피하도록 허락하지 않는다. 더군다나 그리스도를 먹음은 하나님과 우리의 관계가 보다 친밀해짐을 의미한다. 하나님은 우리에게 양분을 공급하는 음식만큼 가까운 분이시다. 마지막으로, 설교의 유익을 위해서 조심스럽게 사도 바울의 관점을 이 구절에 과감하게 첨가하라. 이 구절들은 그리스도의 몸이 교회이고, 그리스도를 먹는다는 것이 무엇을 의미하든지 간에 신앙을 고백하는 공동체 위에 그리고 그 안에서 한 사람의 생명이 세워짐을 뜻한다는 사실을 기억하라.

생명의 떡 강화에 대한 반응(60－71절)은 극적이며 비극적이다. 예배의식 16, B를 위한 독서는 독자들에게 59~69절을 포함한 독서의 나머지 부분의 상황을 생각나게 하기 위하여 56~58절을 반복한다. 그러나 70~71절의 생략은 분명 두 가지 '불유쾌한' 생각들을 피하기 위한 노력으로 보인다. 첫 번째로, 그것은(베드로의 말이 암시하듯이) 제자들이 예수님을 선택한 것이 아니라 예수님이 제자들을 선택했다는 예수님의 주장을 언급하지 않으려는 것이다. 그리고 두 번째로, 유다의 언급과 배신자 역시 '선택되었던' 자라는 예수님의 언급을 살짝 회피하고 있다. 나에게는 이 두 마지막 구절은 강화 전체, 특별히 51b~65절을 이해하는 데 필수적인 것으로 보인다.

감정이 상한 사람들은 이제 제자들이다. 강화는 무리들에게서 '유대인들'에게로 그리고 이제 마지막으로 제자들에게로 관심의 방향을 전환한다. 여기서 우리는 요한복음이 '제자들'(mathētēs)과 '열둘'을 동등하게 취급하지 않으며, '제자들'을 믿는 사람들과 동의어로 분명히 언급한 구절들 중 하나를 본다. 이 구절은 믿는 사람들이 예수님의 공격적인 말씀들 때문에 떨어져 나갔으며, 그럼으로써 그들의 진실하지 못한 피상적인 믿음이 드러났음을 이야기한다. 1 : 50~51에서 예수님은 믿음을 가진 나다나엘에 대해 말씀하신 것처럼 그는 이제 믿음을 버린 제자들에게 말씀하신다. "너희는 아직 아무것도 보지 못했어!" 누가복음과 차이나게 요한복음에서는 그리스도의 승천이 곧 십자가에 달리심이다. 결과적으로 예수님은 그의 말씀에 대한 적대감이 그의 죽음에 의해 강화될 것이라고 말씀하신다.

63절은 특별히 이 강화의 앞에서 말해 왔었던 관점에 비추어 보면 명확하지가 않다. 그 요점은 믿는 사람들이 '영'을 인지하기 위해서는 육신을 통해서 보아야 하며, 육신만은 무익하다고 말씀하신 것처럼 보인다. 어려움은 요한복음에서 프뉴마(pneuma)라는 단어의 모호성에 달려 있다. 여기서 성령은 신적인 존재를 가리키며, 육은 영을 포함하고 있는 반면, 영이 보다 중요하다고 말하는 것만으로 충분하다. 그러므로 예수님은 그의 사역이 신적인 임재와 참된 생명 모두를 주는 것이라고 말씀하실 수 있다. 그러나 이 말씀은 인간이 영육(육과 혼과 같이)으로 구성되었다고 진술하는 경우는 아니라고 생각한다. 분명히 하나님(성령)은 육신 안에 거하실 수 있다.

제사복음서의 전지하신 예수님은 그를 따르는 자들 중 몇몇이 신뢰할 만하지 못하다는 사실에 놀라지 않으신다. 그리고 그는 다시 한번 믿음은 선물이며, 성취가 아니라고 주장하신다. 불트만은 이것을 보다 잘 설명한다. "믿음은 자기 자신의 확실성을 버리는 훈련이다. 그러므로 사람은 그(혹은 그녀) 자신이 목적한 행위를 함으로 믿음을 얻지 못한다. 그러나 하나님에 의해 영향을 받은 무언가로 믿음을 경험할 수 있다. 그리고 결정적인 순간에 믿음이 그 자신의 행위였는지 아니면 하나님의 선물이었는지가 드러난다."[13)]

이제 예수님은 '열두 사람'에게 그들이 예수님을 떠날 것인지를 묻는다. 이 질문은 분명히 믿음은 하나님으로부터 온 선물(아버지가 주는)인 반면, 인간은 최소한 믿음을 버리고 불신자가 될 수 있음을 암시한다. 이 시점에서 시몬 베드로는 제사복음서에서 가장 황금기를 맞는데, 여기서의 베드로의 고백은 가이사랴 빌립보에서 그가 했던 고백(막 8 : 27–30과 병행 구절들)과 어느 정도 필적한다. 그는 아래와 같이 말한다. 첫째, 생명의 다른 근원은 없다. 둘째, 예수님의 말씀은 영생을 준다. 그리고 셋째, 예수님은 메시야이다.

성서일과 독서는 69절로 끝이 난다. 그러나 70~71절을 보라. 67~69절에 있는 믿음 안에서의 인간의 결단에 관한 확언과 대조되게 예수님은 이제 열두 제자에게 자신이 그들을 선택했으며, 그들이 자신을 선택한 것이 아니라고 분명히 말씀하신다. 주도권이 하나님에게 있다. 예수님은 요한복음에서 모든 것을 아시는 분으로 묘사되었기 때문에 이 장이 예수님이 유다를 알아보시고 그가 무엇을 할 것인지 말씀하심으로 종결짓는 것은 우리에게 놀라운 일이 아니다. 64절과 나란히 열두 제자에 속

13. Bultmann, *The Gospel of John*, p. 447.

한 유다에 대한 이 인식은 많은 무리를 먹이신 표적과 물 위로 걸으신 이적 그리고 강화를 포함한 전체 장을 십자가와 연결시킨다. 이 장이 말하는 모든 말씀은 예수님의 죽음을 가리키고 있고 예수님의 죽음에서 성취된다.

설교자는 다시 한번 6장으로부터 온, 이 마지막 독서의 문맥에 나오는 믿음의 논의로 초대된다. 우리는 여기에 믿음, 변절, 적대, 계시, 영생이 모두가 함께 어우러져 있다고 말할 수 있다. 그러나 베드로의 말은 제자도가 무엇인지에 관한 좋은 요약이다.

첫째, 그리스도의 제자는 그들이 믿어야 하는 것을 믿는다. 그것은 생명의 근원과 생의 의미가 다른 데 있지 않기 때문이다. 우리들 중 일부는 존재의 이유를 알기 위해 위아래 모든 곳을 찾아다니지만, 결국은 그리스도의 발아래 이르게 된다. 아마도 참된 제자들은 지금까지 우리가 아는 바와 같이, 그리스도 안에 나타난 하나님의 계시가 진실한 생명과 의미의 유일한 근원임을 스스로 경험할 필요가 있다. 이것을 요한은 '영생'이라고 부른다. 두 번째로, 베드로의 말은 예수님의 신분에 대한 제자들의 이해에 관계된 성장의 길을 지시한다. 우리는 믿음을 통하여 궁극적인 실재의 계시자로서 그리스도의 역할에 관한 확신에 찬 지식에 이른다. 믿음과 지식은 요한복음에서 서로 매우 밀접하게 관련되어 있는데, 이 둘은 상반되지 않고 믿음생활에서 나란히 나아간다.

전체적으로 6장의 주된 주제를 간략하게 얘기하자면 '양식'이다. 무리를 먹이는 표적으로부터 왜 무리가 예수님을 따르는지에 대한 논쟁을 통하여 떡과 만나에 대한 논쟁 그리고 최종적으로 그리스도의 살과 피를 먹는 것에 이르기까지, 모든 것들이 일상적인 의미와 더 폭넓은 은유적인 내포 의미로 양식이라는 단어 주위에 밀집되어 있다. 그리고 양식보다 더 총괄적이고 보편적인 은유는 없다.

## 2) 설교의 예

다음에 나오는 설교는 제자들이 원하면 예수님을 자유롭게 떠날 수 있다는 예수님의 말씀에 대한 베드로의 응답을 활용한다. 우리 사회에 만연된 필사적으로 의미와 목적을 찾는 모습을 이야기하기 위해 이 본문을 선택했다. 제목은 '우리는 누구에게로 가야만 하는가?'이며, 예배의식 16, B에 맞춰 설교했다.

건조기를 고치기 위해서 우리는 누구에게로 가야 하는가? 그것은 최근에 우리에게 던져진 문제이다. 건조기를 누가 고칠 수 있는지 아는가?

내 피부에 있는 이 점을 검사하기 위해 누구에게로 가야 하는가? 최근에 점의 색깔이 바뀌고 있어서 걱정이다. 나에게 최적의 분석 결과를 내놓을 믿을 만한 의사를 아는가?

우리 딸을 돕기 위해 우리는 누구에게로 가야 하는가? 그 여인은 최근에 이상하게 행동하기 시작했다. 그녀가 걱정된다. 도움을 줄 누군가를 알고 있는가?

우리는 누구에게로 가야 하는가? 이것은 우리가 종종 던지는 질문이다. 그리고 수많은 문제에 관해 묻는 물음이다. 도움의 근원이 어디에 있는가? 누가 우리의 이런저런 필요에 도움을 줄 수 있는가?

그 질문은 삶의 의미와 목적에 대해 물을 때 매우 심각해진다. 생활 속에 일어나는 모든 일들에 대해 알고 싶다면 누구에게로 가야 하는가? 삶의 수수께끼에 대한 실마리를 얻기 위해 우리는 누구에게로 가야 하는가? 우리 생활의 중심을 발견하기 위해 누구에게로 가야 하는가? 때때로 우리들 중 일부는 매우 의기소침해서 이런 질문을 하곤 한다. 그것은 삶과 죽음의 문제이다. 때때로 우리들 중 일부는 그 질문의 해답을 찾기 위해 수년을 허비한다. 의미 있는 삶의 열쇠를 찾기 위해 우리는 누구에게로 가야 하는가?

우리 사회는 특히 생활에 활기를 불어넣기 위한 노력에 필사적이다. 흥미를 제공하기 위해 만들어진 모든 새로운 스포츠와 다른 형태의 오락을 생각해 보자. 나는 소위 '과격한 스포츠'에 놀랐다. 그 운동은 생명에 위협을 주는 가장 최악의 스포츠였다. 나는 마약과 술을 통해 지루함을 이겨 내려고 하는 수많은 사람들에게 놀랐다. 나는 흥분과 모험을 통해 생활을 흥미롭게 해 보려고 하는 노력을 이해한다(사실, 나는 취미로 오토바이를 탄다). 그러나 흥분 그 자체로는 우리의 생활을 전체적으로 의미 있게 하지는 못한다. 그것은 생활을 단지 몇 분간만 바꿔줄 뿐이다. 그러나 흥분에 취한 순간이 끝나 버리면 우리는 제자리로 돌아오게 된다.

하지만 쉽고 빠른 답을 주는 해결책은 없다. 몇 년 전 나의 형이 나에게 색다른 생일축하 카드를 보냈다. 지지(Ziggy)가 그려져 있었다. 지지는 항상 생활이 꼬이는 것처럼 보이는 불쌍한 캐릭터이다. 이때 카드 바깥에 이렇게 쓰여 있었다. "우리는 네가 너의 생일에 영원한 생명의 비밀을 알고 싶어한다고 생각해." 카드를 개봉했을 때 산속 동굴 안에 앉아 있는 턱수염이 난 도사처럼 보이는 사람을 발견했다. 형은 지지에게 이렇게 썼다. "영생의 비밀은 영원히 사는 거야."

때때로 교회는 삶의 의미에 관한 우리의 질문에 그럴 듯하지만 분명하지 않은 해답을 주는 경향이 있다. 예수님은 우리 모든 삶의 문제의 해답이시다! 충분히 기도해라! 그러면 모든 상황이 좋아질 것이다. 믿음을 가져라! 이런 종류의 해답은 충분하지 않다. 진부함은 영향을 미치지 못한다. 삶의 의미를 찾는 데 있어서 진지하고 필사적인 이들에게는 더욱 그렇다.

그러나 복음서의 일과는 그런 종류의 단순한 해답을 주는 것처럼 보인다. 예수님의 추종자들은 바로 떠나 버렸다. 그래서 예수님은 열두 명의 제자들에게 너희도 역시 떠날 것인지 물으셨다. 베드로는 그 그룹의 대표로 대답했다. "우리가 어디로 가오리까? 다른 곳은 없습니다. 주님이 영생의 말씀이십니다."

이것은 어떤 종류의 대답인가? 흠, 우리는 무엇보다도 이런 경우에 '영생'이 무엇을 의미하는지 이해할 필요가 있다(여기에서 설교자는 요한복음의 이 구문의 의미를 요약한다). 영생은 바로 지금 여기의 의미와 목적을 가진 생명의 질이다.

그러나 그것만으로는 충분하지 않다. 베드로가 영생에 의해 의미하고자 했던 바를 이해하는 것으로 우리의 문제를 해결해 주지는 못한다. 우리는 물어야 한다. 어떻게 예수님의 말씀이 우리를 의미 있는 삶으로 이끌어 가는가? 어떻게 하면 예수님의 가르침으로 말미암아 생활이 목적 있게 되는가? 이는 생활이 변화되어 가치 있는 삶이 되게 하는 그 무언가를 그리스도 안에서 분별하게 하는 문제이다.

몇 년 전에 "City Slickers"라는 영화가 유명했다. 빌리 크리스탈(Billy Crystal)은 매우 좋은 배우였고 우리는 그를 좋아했다. 어떤 이들은 그 줄거리를 기억할 것이다. 도시의 사업가들로 구성된 한 무리가 생활의 새로운 의미를 찾는 내용이다. 이 도시의 협잡꾼들은 서부로 달려가 몇 주간 동안에 카우보이가 된다. 그들은 이 힘들고 남자다운 일을 하면 생활의 새로운 깊이와 중요성을 발견하게 될 것이라고 생각한다.

어느 날, 늙었지만 건강한 한 소 떼몰이꾼이 혼란스러워하는 도시의 협잡꾼들에게 몇 마디 건전한 조언을 한다. 그들은 그에게 삶의 의미가 무엇이라고 생각하느냐고 물어본다. 그는 단순히 손가락 하나를 들어 올려 대답을 한다. 대답은 한 가지이다. 그런데 이들이 원하는 그 한 가지는 무엇일까? 하지만 그 소 떼몰이꾼은 그 답을 모두 스스로 찾아야 된다고 말한다. 영화의 나머지 부분은 그들이 자신 인생을 맡길 만한 한 가지를 찾느라고 겪는 일련의 어려움이 나온다. 그 한 가지가 그들의 생활을 의미 있게 만들어 주고, 그것에 헌신할 수 있도록 한다. 어쨌든 영화가 나에게 주는 메시지는 삶의 의미는 단 한 가지에 대한 헌신에서 발견된다는 것이다.

어떤 면에서 복음서가 주는 교훈은 그 메시지와 일치한다. 예수님을 향한 베드로의 대답은 그 소 떼몰이꾼의 조언과 비슷하다. 우리가 헌신해야 할 한 사람이 있다. 하지만 다른 중요한 면에서 우리의 복음서가 주는 교훈은 영화의 메시지와 일치하지 않는다. 영화는 우리 스스로가 헌신해야 할 한 가지를 찾아야 한다고 제안한다. 우리 생활 전체의 중심이 될 수 있는 무언가를 형성해야만 한다. 베드로도 의미 있는 삶은 한 가지 헌신을 통해 발견된다고 말한다. 그러나 그런 헌신은 우리 인간에 의해 발견되지 않는다. 우리의 뒤범벅 인생에서 그것을 만들어 낼 수 없다. 하나님은 그리스도 안에서 행하신 일에서 한 가지 헌신을 우리에게 주신다.

그리스도는 혼란과 굶주림에 처한 우리 인간들을 먹이시기 위해 하나님으로부터 온 떡이다. 하나님은 그리스도와 우리의 삶을 붙여 주는 접착제를 주신다. 하나님은 혼란스럽고 흥밋거리만 찾는 생활에서 벗어날 수 있도록 이끌어 주는 지도와 같이 우리의 삶의 방향을 제시하신다.

내가 생각하기에 이것은 간단하지는 않다. 선물은 우리가 받아들이지 않으면 아무 의미가 없다. 생명의 떡은 먹지 않으면 영양을 공급하지 않는다. 영생의 약속은 우리의 믿음을 요구한다. 하나님은 우리의 헌신으로써 우리가 그것을 붙잡기를 원한다.

우리 복음서의 일과에 의하면 제자들이 예수님을 떠날 기회가 있었음에 주목하라. 다른 사람들처럼 제자들은 이 모든 예수님의 일을 버리고 그들의 삶의 새로운 목적을 찾기 위해 박차고 나갈 수 있었다. 그리스도는 그들을 막지 않으셨다. 예수님은 그들의 헌신으로 구속하지 않으셨다. 이 시점에서 제자들은 다시 확인해야 한다. 그러나 그 한 가지 헌신은 우리들에게 무엇인가를 요구한다. 하나님은 의미 있고 목적이 있는 삶의 선물을 주셨다. 하지만 우리에게 요구되는 것은 그 선물을 스스로 받아들이는 것이다. 베드로와 다른 사람들처럼 우리는 그렇게 함으로써 예수님과 함께할 수 있다는 믿음으로 예수님을 따를 필요가 있다.

"주님, 우리가 누구에게로 가야 합니까? 당신은 영생의 말씀이십니다."

## 4. 14~16장 : 고별강화

이 세 개의 장을 고별강화라고 부르는데, 그 이유는 제자들을 위해 주신 예수님의 마지막 가르침을 기술하고 있으며, 주요 부분이 예수님이 세상에서 떠나심과 관련이 있기 때문이다. 이 장들은 요한복음에서 찾아볼 수 있는 제자도에 관한 많은 양의 가르침을 포함하고 있기 때문에 매우 중요하다. 복음서의 다른 부분에서 예수님은 대부분 그의 적대자들과의 갈등에 대해서 말씀하시지만, 이 마지막 강화의 초점은 제자들이 어떻게 살아야 하고, 무엇을 믿어야 하는지에 맞추어져 있다. 1~12장은 예수님의 공적인 사역을, 13~17장은 예수님의 제자들과의 사적인 사역을 기술하고 있다.

그러나 14~16장은 해석하기 상당히 어렵고, 따라서 이전 부분에서 언급한 것처럼 설교하기 쉽지 않다(4장 참고). 언어가 까다롭고, 이해하기가 어려우며 사고의 논리적인 흐름은 거의 분별할 수가 없다. 나타났다가 없어지는 주제들이 있으며, 다시 나타나는 주제들도 있다. 이 장들에서 우리는 우리가 순환적인 형식이나 의식의 흐름에 따라 진행되는 강화들에 관하여 앞에서 언급했던 내용과 접하게 된다. 이러한 이유들 때문에 이 장들은 주목할 만한 가치가 있으며, 특별히 성서일과에 나오는 부분들이 그러하다.

여러 면에서 13장을 이 장들에 포함시킬 필요가 있다. 왜냐하면 13장은 다음에 나오는 세 장과 이어지는 논의의 문맥에 위치해 있기 때문이다. 게다가 13장의 가르침은 제자들에게 하시는 예수님의 고별 말씀처럼 들리며, 14~16장에서 다시 표면에 등장하게 될 몇몇 주제들을 소개한다. 14~17장으로부터 가져온 구절들을 해석하기 전에 우리는 아마도 먼저 13장을 다시 읽어야 할 것이다.

몇몇 학자들의 견해에 따르면 '고별강화'는 요한 그리스도인 공동체의 역사의 여러 시기에 걸쳐서 결합된 다양한 논의들로 구성되었으며, 그것을 무심코 드러낸다고 한다. 구성의 역사는 이 장들에 몇 가지 모순된 점이 있으며, 왜 계속 반복되는지 그 이유를 설명해 준다. 가장 눈에 띄는 문제점은 14장의 마지막 부분에서 발견되는데, 그곳에서 예수님은 제자들에게 일어나 떠나자고 명하신다(31절). 그리고 예수님이 그 그룹에게 무엇을 해야 할지를 묻으셨던 것에 관해서는 침묵한 채 계속해서 논의를 진행한다. 물론 강화의 다른 '층'의 발견은 흥미롭지만 설교자들에게는 도움이 되지 않는다. 이런 구성적인 특징에도 불구하고, 이 전체 장들을 파악하는 것이 우리를 위해 보다 중요하다.[14)]

14~16장으로부터 가져온 여덟 구절들이 성서일과에 포함되어 있으며, 우리는 요한복음에 있는 그 구절들의 순서대로 논의할 것이다. 그리고 여덟 구절들 중 하나에 근거해서 작성한 한 편의 설교를 실례로 제시하고자 한다. 시작하기 전에 우리는 예수님의 말씀의 대상인 제자들이 불특정한 사람들임에 주목해야 한다. 그들이 '열두 명'이 아닌 보다 폭넓은 그룹으로 구성되어 있다는 가정은 의미가 있다. 그와 같은 근거로 나는 예수님의 십자가 아래에 있었던 여인들도 이 강화를 들었을 가능성이 있음을 고려할 필요가 있다고 생각한다.

### 1) 부활절 다섯 번째 주일, A, 14 : 1~14

이 일과는 장례식에서 자주 읽혀지기 때문에 부분적으로 잘 알려져 있다. 그러나 이 구절은 보다 중요한 역할을 한다. 이 부분은 예수님과 제자들과의 일종의 대화로 시작한다. 예수님은 말씀하시고 도마는 대답을 한다. 그 후에 다시 예수님이 말씀하시고 빌립이 대답을 한다. 도마와 빌립이 한 각각의 말은 그들이 예수님께 드린 간청이기 때문에 중요하다.

그 구절들은 세 부분으로 구성되어 있다. 첫째, 예수님의 떠나심과 거하심에 대한 약속(1-7절), 둘째 예수님과 아버지의 관계(8-11절), 셋째 제자들의 더 큰일들(12-14절)로 나눌 수 있다. 이 구절은 어떻게 이 강화의 부분들에 다양한 주제들이 이야기되는지 보여 주는 좋은 예이다. 이 경우, 예수님의 떠나심은 제자들이 예수님과 아버지의 관계를 이해

---

14. Fernando F. Segovia, *The Farewell of the Word : The Johannine Call to Abide*(Minneapolis : Fortress Press, 1991).

하고 제자들의 사역의 가치를 확인하는 데 필요하다.

분명히 이 구절에 나타나는 주제들 중 하나는 2절에서 예수님이 약속하신 '거할 곳'이다(3장의 이 주제에 관한 논의와 이 장의 마지막 부분에 있는 한 편의 설교를 참고하라). 실제적으로 이 단어는 명사, 모나이(monai)인데, 동사인 메네이(menein, 머무르다)와 관련이 있다. 동사인 메네인은 일종의 친밀한 관계를 의미하며, 제자들을 위해 준비한 장소와 관련이 있다. 설교자들은 미래에 심지어는 죽음 이후에 성취되는 것으로 이 약속을 다룰 수 있다. '거할 곳'과 '장소'는 믿는 사람들이 하나님과 그리스도와의 관계 가운데 존재할 가능성 역시 있다.[15] 그리스도를 통하여 형성된 하나님과의 관계는 현재에 실재하며 죽음 이후 혹은 죽음을 넘어서도 지속된다. 다른 말로 하자면 이것은 '영생'을 언급하는 또다른 방법이다. "내가 다시 올 것이라……."는 약속의 모호성 때문에 이러한 해석을 하게 된다. 이 약속은 무엇이 오는 것을 말하는가? 십자가 이후에 부활하신 그리스도의 현현인가? 아니면 성령의 오심인가? 혹은 마지막 때의 재림인가? 설교자들이 그 약속의 모호성을 유지하여야 세 가지 모두를 다루게 된다고 나는 다시 한번 주장한다.

도마의 질문에 대한 예수님의 대답은 예수님이 목적지를 향해 여행하는 사람의 목적과 수단 이 둘 모두임을 주장한다. '진리'와 '생명'은 요한복음의 두드러진 주제로서 그리스도로 인하여 회복된 하나님과의 관계 안에 있는 생명의 선물이다. '길'은 살아가도록 선택된 사람의 삶의 방식에 대한 표준적인 히브리적 개념이다. 6절 하반절은 우리의 총체적인 의식이 성장함에 따라서 받아들이기가 더 어려워진다. 당신은 이 난해한

---

15. *The New Interpreter's Bible*(*NIB* 9[1995]) : p. 741에 있는 이 구절에 관한 오데이(Gail R. O'Day)의 논의에서 그녀는 이곳에 있는 예수님의 약속을 믿는 자가 죽을 때 믿는 자 개개인에게 예수님이 오시는 것으로 생각하는 것은 이 약속의 종말론적인 의미를 곡해한 것이라고 진술한다.

단어들을 당신 자신의 신학적인 확신에서 해석해야 할 것이다. 그러나 이 구절은 보편적인 진술이 아니라 고백적인 진술일 가능성이 높다. 말하자면, 그리스도를 통하여 하나님과 관계를 회복한 사람들은 그들에게 있어서 다른 길이 아니라 그리스도가 유일한 길임을 확인하게 된다.

8~11절은 단순히 복음서 전체에 걸쳐 내재된 예수님과 하나님 사이의 관계를 확인해 준다. '머무르다'(menein)는 동사가 다른 곳에 나타낸 것처럼, 이 구절에서 전치사 '안에'(en)는 관계의 친밀성을 나타낸다. 이 독서의 마지막 부분은 실제로는 새로운 부분의 시작이다. 만일 혹자가 요한복음에 나오는 교회 사역의 중요성을 이해하는 데 실패한다면, 이는 문제가 된다. '더 큰일들'에 관한 이 약속은 그리스도의 구속 사역을 감소시키지는 않지만 교회의 사명을 강조한다(5 : 20 참고). 그러나 요점은 그리스도가 아버지 편으로 올라가시고 제자들을 통하여 세상에 자신의 능력을 전할 때, '더 큰일들'이 이루어질 것이라는 데 있다.[16] 특별히 능력이 감소되는 것처럼 보이는 오늘날의 교회는 그 약속을 반복해서 귀담아 들을 필요가 있다.

## 2) 부활절 여섯 번째 주일, A, 14 : 15~21

이 일과는 '더 큰일들'의 내용과 어떻게 그 일들이 성취되는지를 설명한다. 그리스도의 사역처럼 '더 큰일'은 사랑의 사역(agape)이며, 이 일들은 성령 안에서 그리스도의 임재를 통해서 성취된다. 이 독서의 부분을 나누면, 이 구절은 사랑에 관한 주제로 시작하여 사랑으로 끝맺는다(21절). 1~14절에서 형성된 문답 형식의 대화는 22~24절에 계속되는데, 이 구절들은 이 독서에서 제외된다(그러나 요한복음 14 : 23-29은 부활절 여섯 번째 6, C에 주어진 독서이기에 유다의 질문만 완전히 제외되었다). 이

16. Rudolf Schnackenburg, *The Gospel according to St. John*, vol. 3(New York : Crossroad, 1982), pp. 71-72.

부분이 제외되었기 때문에 독서는 먼저 파라클레토스에 대한 약속을 다룬다(15-17절). 그리고 그 후에 그리스도가 그를 믿는 사람들에게 다시 오실 것이라는 관련된 약속이 이어진다(18-21절).

이 구절들은 '파라클레토스'(paraklētos)의 선물에 대해 진술하는 네 구절들 중에서 첫 번째이다(14 : 25-26, 15 : 26-27, 16 : 7-15 참고). 요한 공동체(또는 요한복음서 저자)는 성령이 예수님과 밀접히 관계된 분이며 믿는 사람들을 강하게 하고 세상을 심판하는 사역을 하는 분으로 생각했다. 헬라어 '파라클레토스'는 오직 이 구절들(고별강화)에서와 요한1서 2 : 1에서 사용되며 신약성서 다른 곳에는 나오지 않는다. 이 단어의 여성 명사인 '파라클레시스'(paraklēsis)는 비교적 일반적(고전 14 : 3, 빌 2 : 1, 히 6 : 18 참고)이며 '격려', '권면', '간청', '위로', '위안'을 의미한다. 이 두 명사의 관계로부터 킹 제임스 성경은 파라클레토스를 번역하여 '위로자'라는 칭호를 이끌어 냈다. 실제적으로 이 단어는 '복음 안에서의 위로'를 의미한다고 할 수 있다. 그러나 이 단어는 사람들을 변호하기 위해 다른 편에서 오는 자를 의미할 수도 있다(여기에서 RSV와 NRSV 번역이 나왔다). 마치 요한복음 저자나 요한복음 이전의 전승에서 성령의 역사에 대한 믿음과 그것에 관한 새로운 사상을 불러일으키기를 원했던 것처럼 말이다. 놀라운 사실은 이 구절들이 분명히 성령을 소개하기 위해 신선하고 새로운 단어를 사용하고 있다는 점이다. 이 헬라어 단어는 종교적인 관계뿐만 아니라 법률적인 관계를 의미하기도 하는데, 그 결과 다양한 영어번역들이 있지만(변호자, 위로자, 권고자 등) 그 어느 번역도 충분하지는 않다. 파라클레토스는 그리스도가 시작하셨던 사역을 계속하며 그리스도가 떠나신 후에 이 세상에 있는 신적인 임재자로서의 역할을 한다.[17] 파라클레토스에 관한 네 구절들은 하나의 문맥을 형성하는

17. *John, the Maverick Gospel*, pp. 106-112을 보라.

데, 우리는 그 안에서 각각의 구절을 해석해야 한다.

그 구절은 조건절로 시작한다. "만일 너희가 나를 사랑하면……." 그 조건이 충족될 때 두 가지가 주어진다. 제자들은 예수님에게 순종하게 될 것이며, 파라클레토스를 받게 될 것이다. 예수님은 고별강화에서 그의 '계명들'을 '지키라고' 세 번 말씀하신다(14 : 15, 21, 15 : 10). 각각의 구절에서 계명이라는 단어는 복수 형태이다. 만일 우리가 이 계명들이 무엇이냐고 묻는다면, 그것은 오직 하나 서로 사랑하는 것임을 알게 된다(13 : 34, 15 : 12). 또한 믿음이 강요되지 않느냐고 문제를 제기할 수 있다(8 : 24, 14 : 1, 11, 20 : 27 참고). 이 구절들 각각에서 실제로 믿으라고 명령하느냐 그렇지 않느냐는 논쟁의 소지가 있다. 요한복음의 예수님은 "서로 사랑하라."는 간단한 초청들 이외에 도덕적인 명령들을 주지 않으신다. 그럼에도 요한복음에서 순종은 사랑뿐만 아니라 믿음을 함축하는 것으로 정확하게 해석되어야 한다.

그 구절에서 파라클레토스를 설명하는 여러 가지 면에 주목해 보자. 하나님은 예수님의 요청에 응답하셔서 파라클레토스를 보내신다. 이 구절은 파라클레토스를 다른 파라클레토스라고 언급하는데, 이는 예수님이 첫 번째임을 암시한다. 그러나 예수님과 다르게 파라클레토스는 세상에 '영원히' 거한다. 이분은 '진리의 영'이라고 불린다. 진리라는 단어가 그리스도 안에 나타난 하나님의 계시를 의미하기 때문에 성령은 계속해서 세상에 그 계시를 전한다. 세상은 파라클레토스의 임재하심을 알지 못하나, 그분은 제자들과 함께 '거하며' 그들 '안'에 계신다. 그러므로 파라클레토스를 통한 하나님의 임재는 세상으로부터 그리스도인 공동체를 구별하고, 그 공동체가 하나님의 자기계시를 소유하고 있다는 확신을 준다.

약속하신 파라클레토스의 현현에 비추어, 예수님은 그를 믿는 사람들을 '고아'와 같이 버려두지 않고 성령을 통하여 그들에게 오실 것이며,

그들과 함께 머무르실 것이라고 말씀하신다(18절). 마지막 구절은 다양한 의미가 있다. 예수님의 떠나심은 제자들이 더 이상 그를 육신적으로 경험할 수 없지만(그를 '보라'.), 그럼에도 불구하고 세상과 다르게 예수님의 실재를 인지할 수 있음을 말해 준다. 이는 예수님이 그의 떠나심을 넘어서 존재하시고 제자들을 통하여 계속 역사하실 것이라는 의미가 함축되어 있다. 이 생명은 믿는 사람들과 그리스도와의 관계뿐만 아니라 예수님과 하나님 사이의 상호 관계로 이루어진다. 마지막으로, 순종은 그리스도에 대한 제자들의 사랑 표현이며, 그리스도가 제자들을 사랑하고 제자들에게 자신을 드러내실 것을 의미한다.

여기서 설교자가 파라클레토스의 선물에 초점을 맞추기로 결정을 하든지 그렇지 않든지 혹 성령을 언급한 다른 부분을 참고하든지 간에 강대상에서 이 주제로 설교할 때는 조심스러운 설교 계획이 요구된다. 파라클레토스에 관한 다른 구절들은 부활절 6, C, 성령강림주일, B, 그리고 성삼위일체주일에 주어진다. 삼위일체주일을 제외하면, 이 구절은 첫 번째 해에 읽혀지는 파라클레토스 구절들 중에 유일하다(성령에 관한 설교로 제시한 아래 내용 참고).

제자들을 버리지 않겠다는 그리스도의 약속(18절)은 그리스도인 공동체를 위해서 지속적으로 중요한 의미가 있다. 개인적인 단계에서 비극은 종종 버려졌다는 느낌을 수반한다. 그리고 공동체의 수준에서 교회의 외관상 끊임없는 분열은 비슷한 감정을 갖게 한다. 제자들은 예수님을 잃고 그 관계의 상실에서 오는 위협을 느꼈다. 제자들처럼 예수님은 이 약속을 주신 분에 근거하여 그리스도의 현존의 약속을 굳게 붙잡으라고 우리를 초청하신다. 그리스도의 현존, 즉 '하나님의 현존을 인지하는 감정'은 우리의 감정에 좌우되지 않는다. 또한 성례나 종교적인 생활을 통해 그리스도의 현존을 다루고자 하는 우리의 능력에 좌우되지 않는다. 그리스도는 우리를 버리지 않으시고 약속을 지키겠다고 하셨기 때문에 예수님은 우리를 버리지 않으실 것이라는 사실을 우리는 믿는다! 오늘날에는 약속들이 광고주나 정치인들에 의해 가볍게 취급되어 왔다. 그리고 그런 경향은 수그러들 기미를 보이지 않는다. 그래서 교회는 신적 약속은 신뢰할 수 있다는 사실을 명확하게 할 필요가 있다. 어려운 때에 그리스도가 현존하신다는 약속의 근거 위에서 다른 선물들이 쏟아진다(19－21절 참고). 게다가 공동체 안에 그리스도의 현존하심이 지속적으로 세상으로부터 교회를 구별할 수 있게 한다. 심지어 때로는 그 구별이 희미해진 것처럼 보일 때에도 그러하다. 설교자들은 그리스도의 현존하심을 확인시킬 필요가 있지만 또한 그리스도가 현존하시는 방식들을 제시해 주어야 할 필요도 있다(예를 들어, 기독교적인 위로를 통해). 만약 그렇지 않으면 혹자들에게는 확신이 없어지고 무의미해진다.

### 3) 부활절 6, C, 14 : 23~29

이 구절은 14 : 1에서 시작된 강화의 연속이다. 그러나 성서일과에는 다른 주기에 나타난다(4장 참고). 이 독서는 23~24절, 25~26절, 27~29절로 분명하게 세 부분으로 되어 있다.

23~24절은 왜 그리스도가 세상에 자신을 나타내시지 않는지를 묻는 (가룟이 아닌) 유다의 질문에 대한 응답으로 구성되어 있고, 14 : 1~21의 근본적인 몇 가지 주제를 반복한다. 23절은 그리스도를 사랑하는 자는 그의 '말'(15절에 있는 '계명'과 대비되는)을 지킬 것이라는 말씀을 제외하고는 15절과 병행된다. 만일 조건이 이행되면 두 가지 일이 이루어진다. 첫째로, 하나님은 그리스도를 사랑하는 사람들을 사랑하신다. 그리고 둘째로, 하나님과 그리스도가 그들에게 오시며 그들과 함께 그들의 '거처'를 마련하신다. 여기서 믿는 사람에게 하나님과 그리스도의 오심은 15절에 있는 파라클레토스의 오심과 병행되는데, 이는 파라클레토스가 그리스도의 승천 이후 신적인 존재의 특별한 임재임을 암시해 준다. '거

처'라는 단어는 14절에서 단수로 사용된 '모네'(monē)의 번역이나, 그 구절에서는 '거할 곳'으로 번역된다. 하나님과 그리스도는 믿는 사람들과 함께 그들의 거할 장소를 마련하기를 원하신다. 그리고 '거처'는 동사 '메네인'(menein)에 암시된 친밀한 관계를 의미한다. 하나님과 그리스도는 멀리 떨어진 '하늘'에 거하시지 않고 바로 우리 중에 거하신다. 24절은 23절과 대조된다. "나를 사랑하지 않는 자마다……." 이것은 히브리어의 시적 표현인 간단한 대비이다(이 경우는 대구 병행이다).

26절은 파라클레토스를 '성령'으로 명명한다. 파라클레토스는 '모든 것을 가르치고' 예수님의 가르침을 제자들에게 '생각나게' 하는 기능을 하신다. 분명히 성령은 계속해서 계시며 예수님의 사역을 확장하신다. 신학적 암시들은 그리스도 안에 나타난 하나님의 계시는 한정적이지만, 파라클레토스를 통해서는 더 많은 계시가 주어질 것이라고 한다. 만약 우리가 이 약속을 진지하게 받아들인다면, 성령의 사역은 현재 교회로 하여금 더욱 발전하게 하고 변화에 대한 열린 시각을 갖도록 해 줄 것이다.

평안(eirēnē)은 이 구절의 세 번째 부분인 27~29절에 소개된다. 이 구절들은 주님의 떠나심에 직면한 제자들을 위로하고자 시도한다. 평안, 두려움이 없음, 기쁨은 우리가 '부활 후' 교회라고 부르는 시대의 특징이다. 예수님은 제자들에게 이제 이 일들을 말씀하심으로 그들의 상실에 대해 준비하라고 말씀하신다. 28절에 있는 진술인 "아버지는 나보다 크시다"는 요한복음의 그리스도론을 복잡하게 한다. 하나님과 그리스도가 '하나'(10 : 30, 38, 17 : 1, 22)인 반면 그들은 서로 구별된다(1 : 1에서도 암시). 이 진술은 우리 중의 많은 사람들로 하여금 요한 공동체는 하나님과 그리스도가 '본질'이나 존재에 있어서 하나라는 관점에서라기보다는 행동과 의지에서 하나라는 생각을 가졌다고 믿도록 이끈다. 하나님과 그리스도는 의지와 사랑의 관점에서 하나이나, 하나님이 더 크시다.[18]

부활절 기간의 상황에서 이 구절은 '하나님의 거하시는 곳'에 관한 한 편의 설교를 하게 한다. 하나님은 세상과 경험을 초월하신다는 우리의 주장을 하나님은 도달하기에 너무도 멀리 계신다는 의미로 바로잡을 필요가 있을 것이다. 북미의 문화에서 오늘날 천사들의 대중성은 하나님은 멀리 계셔서 신적인 대리자가 중재자들로서 봉사해야 한다는 가정을 하게 한다. 그러나 그리스도는 자신과 하나님이 믿는 사람들의 공동체에 자신들의 '거처'를 마련하실 것이라고 약속하신다. 삼위일체는 우리 가운데 거하신다! 하나님과 그리스도는 믿음의 공동체 내에 거하신다고 약속하신다.

## 4) 부활절 5, B, 15 : 1~8

이 구절은 포도나무와 가지들의 은유들을 포함한다. 이 구절은 요한복음에서 주격적 술어를 가진 에고 에이미를 사용하여 예수님이 말씀하신 일곱 번의 경우 중 하나이다. 이 말씀들에서 예수님은 그 자신을 다른 실체와 동일시하신다. '생명의 떡'(그리고 '살아 있는 떡', 6 : 35과 51절 참고), '세상의 빛'(8 : 12, 9 : 5), '양의 문'(10 : 7, 9), '선한 목자'(10 : 11, 14), '부활이요, 생명'(11 : 25), '길이요, 진리요, 생명'(14 : 6), 그리고 '참 포도나무'(15 : 1, 5). 이 말씀은 자주 알레고리들로 취급되지만, 나는 이 말씀들이 마음에 충격을 주며 상상력을 자극하는 은유들로 생각하기를 좋아한다. 그러나 그 말씀들이 간단한 진술로 축소되어야 한다고 생각하지 않는다. 예를 들면, 포도나무가 가지들의 생명의 근원인 것처럼 예수님은 우리 그리스도인들의 삶의 근원이시다. 그러나 단지 이런 의미로 받아들이는 것은 이 말씀들의 시적인 특징을 배제시키려는 시도이다. 수세기 동안 교회는 이 말씀들이 신앙인들의 의식 가운데에 작용하도록 자

---

18. 이 관계와 14 : 28에 대한 교회의 해석에 관한 보다 충분히 논의는 Schnackenburg, *The Gospel according to St. John*, vol. 3, pp. 85－86을 보라.

극을 주었는데, 그것이 이 말씀에서 새롭고 풍요로움 의미를 찾게 했다.[19)]

이 구절을 연구하고, 헬라어 '메네인' 혹은 NRSV의 '거하다'라는 단어의 모든 사용의 예를 찾으면, 은유의 중심과 접촉하게 될 것이다. 이 단어는 믿는 사람들과 그리스도가 서로 간에 친밀감을 형성하도록 역할을 한다. 만일 이 구절이 은유라면, 우리는 특별한 세목들에 관하여 너무 많은 우려를 하지 말아야 한다. 예를 들면, 요한복음은 우리에게 다음 구절인 15 : 9~17을 제외하고 2절과 3절에 나오는 '열매'(4 : 36, 12 : 24 참고)가 의미하는 바가 무엇인지 거의 의견을 제시하지 않는다. 마태복음에서는 명확하게 종교적인 행위를 가리킬 때 이 단어를 사용한다. 그러나 우리는 제사복음서에서 엄격하게 그러한 의미를 강요하지는 말아야 한다. 우리는 6절로부터 지옥의 개념을 형성하려고 시도하지도 말아야 한다.

분명한 것은 이 관계가 교회와 믿는 사람들에게 매우 소중하다는 점이다. 물론 이 관계는 매우 친밀하나 단순히 따뜻하고 솜털 같은 관계는 아니다. 왜냐하면 책임 있는 생활이라는 관점에서 볼 때 이 관계로부터 무언가가 성장하기 때문이다. 이 모든 구절의 대부분은 그리스도와 하나님에게 절대적으로 의지할 것을 제안한다. 이 사고들 중에 하나는 우리의 생명이 이 관계의 결과로 주어진다는 것이다. 그러나 다른 사상들 역시 마찬가지이다. 한 공동체로 하여금 이 은유로부터 이끌어 낼 모든 가능성에 관해서 생각하게 하는 한 편의 설교는 약간 색다르게 될 수는 있으나 분명히 생산적이다. 우리는 회중으로 하여금 이 은유에 비추어서 그들 자신의 개인적인 그리스도인의 생활과 그들 자신이 그리스도인 공동체에 관해 생각하도록 초청할 수 있다. 의존에 관한 우리의 인식은 물질이나 건물들에게 너무 많은 관심을 두고자 하는 생각을 약화시키며

---

19. 은유에 관한 나의 논의에 관해서는 *Stumbling in the Light : Images for a Church in Change*(St. Louis : Chalice, 1999)을 보라.

인기와 여론, 그리고 수적인 성장에 관심을 적게 갖게 한다. 한 회중은 그들 가운데에 그리스도가 임재하심에 근거하여 자신들이 성장함을 발견한다.

### 5) 부활절 6, B, 15 : 9~17

이전 독서와 한 쌍을 이루는 이 구절은 우리에게 동일한 주일에 다른 구절에 이어 15장의 두 부분을 읽도록 허락한다. 첫 번째 부분은 포도나무와 가지들의 은유이며, 이어서 나오는 부분에서 예수님은 관계에 대해서 말하자면 사랑의 관계에서 산출되는 '열매들' 중 하나에 대해서 말씀하신다. 그 구절은 사랑에 대한 일련의 확언들을 통해 진행되어 나아가는데, 그것에는 아래의 내용이 포함된다.

- 사랑은 하나님과 그리스도 사이의 관계의 근본적인 특징이다.
- 제자들에 대한 예수님의 사랑은 끝없는 사랑이다.
- 순종으로부터 사랑이 생겨난다.
- 예수님은 제자들에게 '서로' 사랑하라고 명령하신다.
- 제자들은 예수님의 친구들이며 종들은 아니다.
- 그리스도는 제자들을 선택하셔서 사랑의 열매를 맺도록 하신다.

12절과 17절에 있는 서로 사랑하라는 명령이 전체를 포괄한다는 사실에 주목하라.

학자들은 제사복음서에서 사랑의 계명이 '서로'에게 한정되어 있으며, 너희 '이웃'을 사랑하며 너희의 '원수'를 사랑하라는 계명(마 5 : 43 - 44, 눅 6 : 27 - 35)보다 약하지 않은지 우려한다. 참으로 이 계명에서 사랑의 대상을 한정한 것은 요한복음에 나타나는 분파주의적인 여러 암시들 중에 하나이다. 이 계명은 교회의 선교를 제한하는 것처럼 보이며 그 당시에는 교구제도를 육성하게 했다. 비록 전체적인 이야기는 아니지만 이 해석에는 진실이 있다. 부정적인 면은 이 계명에 암시된 분파주의이다. 그러나 긍정적인 면은 그리스도인 공동체의 한정된 특성으로서의 사랑의 중심성이다. 그렇다면 교회는 이 계명의 부정적인 가능성들에 빠져 들어감 없이 긍정적인 요소를 표현할 수 있는가? 설교자들은 이 복음서의 다른 부분들과 신약성서의 나머지 부분에 나오는 내용을 강조함으로 부정적인 분파주의적인 경향을 약화시킬 책임이 있다. 물론 이 계명의 긍정적인 측면은 강조되어야 한다.

분명하게 이 구절의 가장 주목할 만한 부분은 그리스도가 우리를 '친구'(philoi)라고 부르셨다는 주장이다. 두 헬라어 '아가페'(agapē)와 '필로스'(philos)의 고전적인 구분이 이 구절에서는 사라진다. 그 이유는 그가 제자들을 아가페의 사랑으로 사랑한다는 그리스도의 선언은 그가 우리를 '필로이'(philoi)로 부르시는 것과 부딪치기 때문이다. 친구와 종 사이의 대조는 여러 면에서 강력하며, 예수님은 그 차이점들을 지적하신다. 종은 그 주인이 하는 일을 알지 못한다. 여기에서 친구는 다른 사람이 하는 일을 알고 있음을 암시한다. 친구는 그레코 로마 사회에서 명예로운 위치를 차지한다. 그리고 이 구절은 그러한 시각에서 읽혀져야 한다. 이 구절은 그리스도가 우리의 동료 곧 '우리와 함께 걷고 말하는 사람'이라고 하지는 않는다. 그러나 신적인 사랑은 하나님과 인간의 일상적인 진부한 관계의 형태를 무너뜨린다.

만일 우정이 그리스도가 우리에게 주신 사랑의 본질이라면, 그 사실이 인간의 우정에 어떠한 영향을 주겠는가? 비록 우정을 통해서 우리를 위한 하나님의 사랑을 경험할 수 있다고 말하지만, 그것을 정당화할 수 없지 않는가?(아래의 설교 참고)[20]

---

20. 포드(J. Massyngbaerde Ford)는 요한복음에서 우정은 가장 도발적인 방식으로 속죄에 관한 이해를 성립시킨다고 주장한다. *Redeemer, Friend and Mother :*

### 6) 오순절, C, 14 : 8~17(25-27)

이 구절은 요한복음으로부터 가져온 오순절을 위한 두 가지 독서들 중에 하나이다. 이 내용은 세 번째 해, 부활절 6, C뿐만 아니라 부활절 5와 부활절 6이라는 제목하에 위에서 논의되었다.

### 7) 오순절, B, 15 : 26~27과 16 : 4b~15

이 구절들은 16 : 4b~15에 있는 더 긴 말씀들과 함께 15 : 26~27의 파라클레토스에 관한 말씀과 연결된다. 우리는 후자에 초점을 맞출 것이며, 이 말씀은 단연 파라클레토스에 관한 네 가지 말씀들 중에 가장 난해하다. 다른 파라클레토스의 말씀과 같이 요한복음 16 : 4b~17은 예수님이 곧 떠나실 것이라는 선언과 함께 시작한다. 그 후 예수님은 자신이 어디로 가는지 묻는 사람이 없다고 한탄하신다. 비록 그것이 14 : 5에 있는 도마의 질문의 본질처럼 보이지만 말이다(이 문제는 혹자들이 고별 강화의 부분들은 다른 시기에 쓰였고, 그 후 '이음매'를 감추기 위한 조심스러운 편집 없이 함께 얽혀졌다고 믿는 이유들 중에 하나이다). 파라클레토스의 주제를 소개하는 다른 두 가지 특징(16 : 4b-7)은 주목할 만한 가치가 있다. 첫 번째, 예수님은 자신의 떠나심이 제자들의 근심의 원인이 된다는 사실을 인정하신다(16 : 6). 그리고 두 번째, 자신의 떠나심이 제자들에게 유익된다고 말씀하신다.

파라클레토스는 예수님이 떠나셔야만 오실 수 있으며, 성령의 임재는 예수님의 죽으심과 부활의 결과들 중 하나이다. 참으로 요한은 성령을 부어 주심과 부활하신 그리스도의 현현을 연결시킨다(20 : 19-23). 16 : 7b에서 예수님은 자신이 파라클레토스를 보낼 것이라고 말씀하신

---

*Salvation in Antiquity and in the Gospel of John*(Minneapolis : Fortress Press, 1997).

다. 그는 비록 이전 두 구절들에서 하나님이 파라클레토스를 보내실 것이라고 말씀하시지만(14 : 16, 26) 말이다. 이 구절에 나타난 성령의 기능은 '세상을 책망하는 것'(RSV) 혹은 '세상이 잘못되었음을 증명하는 것'(NRSV)이다. 헬라어 단어 '에레그코'(elegchō)는 번역하기가 어렵다. NRSV의 번역은 나에게 도움을 주었다. 그 이유는 성령이 믿는 자들은 옳고 세상은 잘못되었음을 증명함을 통해서 믿는 사람들에게 확신을 줄 것이라고 그리스도가 약속하신다는 생각을 내가 가지고 있기 때문이다. 세상은 죄와 의와 심판에 관하여 책망을 받는다. 이 세 주제들 각각에 이어 나오는 '때문에'(hoti) 절들은 그 의미가 분명하지 않다. 초점은 파라클레토스의 기능이 비록 세상은 그들의 견해에는 반대하지만, 믿는 사람들에게는 자신들의 견해에 대한 확신을 준다는 데 있다.

12~15절은 때때로 4b~11절에 있는 말씀의 연속으로 고려되기도 하고, 때로는 분리된 말씀으로 생각되기도 한다. 여기서 파라클레토스의 역할은 예수님의 가르침에 대한 반복이며, 교회를 '모든 진리 가운데'로 인도하는 것이다. 더군다나 성령은 예수님을 영화롭게 한다. 말하자면, 성령은 예수님이 누구신지 그리고 어떻게 그를 영화롭게 하는지를 분명하게 한다. 하나님에 대한 아들과 성령의 의존이 이 구절을 종결짓는다.

가장 단순한 용어로 독서는 성령이 교회에게 확신을 주며, 가르치며, 인도할 것이라고 약속한다. 오늘의 현실에서는 세상에서의 교회의 증거와 사역이 점점 더 제한된다. 우리 문화의 변화들은 교회를 변화하도록 강요한다. 그래서 우리는 한편으로는 세상에 적응하는 상태가 되기도 하고, 다른 한편으로는 세상으로부터 소외되는 상태가 되어 좁은 절벽을 걸어가는 우리 자신을 발견하게 된다. 더군다나 우리는 그 고통스러운 문제들을 어떻게 해결해야 하는지 알지 못한다. 비록 사형, 낙태, 동성연애와 같은 문제들에 대한 안내자의 역할을 교회가 해 줄 것으로 기대하는 많은 사람들이 있음에도 불구하고 말이다. 성령은 우리로 하여금 무엇이 신실하며 무엇이 불성실한지, 우리가 변화되어야 할 곳이 어디이며 어디가 아닌지를 깨닫게 하는 데 도움을 준다.

보다 곤란한 질문은 우리가 어떻게 우리 가운데에 계시는 파라클레토스를 인지하느냐이다. 복음서 일과에서 예수님은 제자들을 한 그룹, 하나의 공동체로서 간주하고 말씀하신다. 파라클레토스는 개개인에게 주어진다기보다는 믿는 사람들의 무리에게 주어진다. 현대 교회는 그 단순한 사실을 진지하게 받아들여야 할 필요가 있으며, 우리의 모임 가운데 있는 파라클레토스의 사역을 돌아보아야 한다. 아마도 우리는 믿는 사람들의 공동체 내에서 성령의 인도하심을 주장할 수 있는지 시험해야 할 것이다. 그래서 연합의 개념을 개인의 개념 우위에 두어야 한다.[21] 마지막으로 교회는 서로에 대한 위로와 확신을 성령의 위로와 확신으로 이해해야 한다. 다른 말로 하면 성령의 인도하심과 가르치심을 위해 우리의 공동체를 주시하자.

### 8) 삼위일체주일, C, 16 : 12~15

이 구절은 다른 예전 상황에서 두 번째 해 오순절을 위한 일과의 한 부분으로 주어졌다. 이 구절은 우리가 네 행 내에서 삼위일체이신 세 분에 대한 언급을 찾을 수 있는 몇 안 되는 구절들 중 하나이다. 몇몇 설교자들은 후기 교회의 삼위일체 교리의 상황하에서 이 구절을 해석해야 하는지, 아니면 요한복음 자체의 상황하에서 이 구절을 해석해야 하는지를 결정하고자 한다. 사실 우리는 요한이 아버지와 아들, 성령 이 세 분에 대해 잘 정리되지도 않고, 논리적이지도 않은 생각을 가졌음을

21. 나는 성령의 인식에 대한 그와 같은 견해가 공동체 내의 예언자들의 역할에 위협이 된다는 사실을 잘 알고 있다. 반면, 나는 또한 공동체를 향한 예언자적 음성이 거의 대부분 새로운 공동체를 형성한다는 확신을 가지고 있다. 그래서 그 질문의 요지는 개개인이냐 아니면 공동체냐가 아니라 어떤 공동체가 올바른 공동체냐가 되어야 한다.

분명히 해야 한다. 그러나 우리가 제사복음서에서 찾는 내용이 교회가 삼위일체 교리를 형성하는 데 중요한 요소들이 되었다는 사실은 인정해야 한다.

이 구절들은 하나님의 공통된 본질을 명확히 표현해 준다. 아버지, 아들, 그리고 성령 세 분은 공통된 목적을 성취하기 위해 사역하시는 한 그룹이시다. 혹은 보다 적절하게 표현하면, 세 분이 한 공동체를 형성한다. 하나님의 공동체적 본질은 삼위일체 교리의 가장 중요한 특징 중에 하나이며, 믿음의 집단으로서 오늘날 함께하는 우리의 생활과 긴밀한 관계를 가진 분이시다. 공동체는 관계들로부터 형성된다. 그리고 그 관계 역시 신적인 존재와 관련이 있다. 바울은 교회가 다른 지체들과 역할들을 가진 한 몸이라고 말함으로 교회를 이해하는 데 도움을 준다(고전 12장). 그렇다면 이런 사고가 각기 가치 있는 역할을 하는 다른 지체들로 구성된 한 몸으로서 하나님을 생각하는 데 도움이 되는가? 삼위일체에 대한 그와 같은 몇 가지 의견이 우리로 하여금 공동체의 생활과 그 연합된 생활을 가치 있게 생각하도록 이끈다. 그 공동체는 서로 차이가 나는 다른 구성원을 포함하지만, 공통된 사명과 목표에 의해 함께 연결된다.

## 9) 설교의 예

이 설교는 부활절 여섯 번째 주일, B에 선포된 요한복음 15 : 9~17에 관한 설교이다. 이 설교의 제목은 간단히 '친구들'이다. 그러나 이 설교는 매우 특별한 때를 위해 준비되었고 선포되었다. 이 설교는 미르나가 목회자로 사역했던 회중들에게 선포한 고별 설교인데, 이 회중들과 나는 친밀한 관계가 있으며 그들에게 많은 애정이 있다. 이 설교는 상당히 개인적이며 진부하게 보인다. 그러나 이 설교는 특별한 때의 이 구절에 대한 나의 정직한 해석이기 때문에 여기에 포함시켰다. 이 설교는 성만찬예배의 한 부분이었다.

나는 마르나와 결혼했다는 사실을 제외하고(이는 나에게 상당히 명예로운 일이다.) 내세울 만한 것이 거의 없다. 그러나 나는 명예로운 또다른 자랑거리가 있다. 당신들 중 몇 사람이 아는 바와 같이 내가 은퇴하기 전 에모리 대학에서의 마지막 해를 보낼 때에 옆 연구실에 있던 나의 동료는 데스몬드 투투 대주교였다. 데스몬드 투투는 나의 이웃이었다. 노벨상 수상자요, 북아프리카 인종차별을 폐지시키는 데 주도적인 역할을 했고, 그 나라의 '진리와 화해위원회'의 의장으로 세계적으로 잘 알려진 인물이 나의 옆의 연구실에 머물렀다!

처음에 나는 이 주교에 의해 매우 위협을 느꼈다. 누가 그러하지 않겠는가? 그러나 점차적으로 그의 따뜻함과 관심이 나의 두려운 감정을 녹였다. 그는 매우 친절하고 정감이 있는 사람이다! 그와 만난 후 몇 주가 지나지 않아서 그는 나에게 '친구'로 불렀다!

내가 데스몬드 투투의 친구인가? 불가능하다! 믿을 수 없다! 믿기지 않는다!(오, 나의 어머니가 지금의 나를 본다면) 나는 언제나 그 친구를 소중히 여길 것이다.

나는 그 대주교가 나를 친구라고 부르는 데 놀랐다. 예수님이 제자들에게 "이제부터는 너희를 종이라 하지 아니하리니 종은 주인이 하는 것을 알지 못함이라 너희를 친구라고 하였노라……."고 말씀하셨을 때 그들은 훨씬 더 놀랐을 것이다.

내가 너희를 친구라 하였노라! 종들이 아니다! 제자들이 아니다! 어린 아이들이 아니다! 친구들이다! 얼마나 놀라운 선언인가? 그리스도, 땅에서의 하나님의 계시, 그리스도, 인간의 형태로 오신 하나님 자신, 그를 따르는 우리들을 그의 친구들이라고 부르신다! 하나님은 우리를 친구라고 부르신다.

이 말씀들이 요한복음의 내러티브의 중심축을 이룬다. 예수님은 자신의 제자들과 마지막 대화를 나누고 계신다. 그가 체포되고 십자가에 처형되기 직전에 예수님은 자신의 죽음을 위해 그들을 준비시키신다. 그의 사역의 의미를 정리하고 계신다. 이 상황에서 그는 사랑에 대해 말씀하신다. 하나님이 그를 위해 베푸신 사랑, 그가 제자들을 위해 가지신 사랑,

우리가 서로를 위해 베풀어야 할 사랑에 대해서 말씀하신다. 그 후에 갑작스럽게 그가 말씀하신다. "내가 너희를 친구라 하였노라!"

물론 예수님은 모든 법칙들을 어기셨다. 주인은 그의 종들과 친구가 될 수는 없다. 회사의 중역들은 그들이 관리하고 있는 사람들과 친구 관계를 맺어서는 안 된다. 적어도 몇몇 사람들의 견해에 따르면, 목회자들은 그들의 교인들과 친구가 되지 않아야 할 것으로 생각한다. 분명히 창조자는 피조물들과 친구가 되어서는 안 된다. 그런데 예수님은 그의 제자들과 친구가 되심으로 다른 하나의 인간 장벽을 무너뜨리셨다.

그렇다면, 우리에게 이것은 무엇을 의미하는가? 예수님이 당신과 나, 우리를 친구라고 부르신 것의 의미는 무엇인가?

우정은 오늘날 매우 대중적이다. 단순히 '친구들'이라고 불리는 인기 있고 상을 주는 TV쇼가 있다. 모든 사람은 친구들을 원하고, 친구들을 필요로 한다. 그러나 인간의 우정은 늘 그같이 위대하지는 않다. 때때로 우정은 추상적이 될 수도 있다. 일종의 끼리끼리의 관계일 수도 있다. 우정은 단지 다른 사람과 당신의 관심을 나누는 무언가에 근거한다. 그리고 때때로 소위 친구들은 조작될 수도 있다. 우정은 내가 원하는 목적을 위한 것이 될 수도 있다.

몇 년 전, 케트 스티븐은 "Hard-Headed Woman"이라고 불리는 노래를 녹음했다. 그 서정시는 실제적으로 당신의 친구가 되는 데 관심이 없는 많은 사람들 사이에 참된 친구를 찾는 내용이다. 스티븐은 '동료'라고 부르는 엉터리 친구들에 대해서 불평한다. 그들은 자신의 목적을 위해서 당신을 이기적으로 이용하고 착취했다. 그들은 자신의 술값을 지불하기 위한 잘 속는 사람을 찾는 모든 방법들을 알고 있었다. 물론 스티븐은 상당히 많은 '동료'들이 있었다. 그들 중 몇몇은 우리를 실패하게 하고, 우정을 배반하여 우리를 넘어뜨리는 자들이다.

그러나 모든 인간의 우정이 거짓되지는 않는다. 모든 우정이 추상적이거나 인위적이거나 믿을 수 없는 것은 아니다. 깊이가 있고, 신뢰할 만하고, 자기를 주는 우정도 있다.

당신이 알고 있는 몇몇 사람들처럼 나는 수년 전에 이혼을 경험했다.

나는 케트 스티븐이 '동료'라는 표현으로 의미한 바를 그 경험 속에서 배웠다. 소위 나의 친구들 중 몇몇은 나와 관계를 맺기를 원하지 않았다. 곧 내가 이혼 수속 중에 있음이 알려졌다. 그러나 나는 또한 참된 우정의 의미를 깨달았다. 나의 다른 친구들은 나를 찾아와 내 편에서 나를 지지해 주었으며, 나를 돌보아 주었다. 짐과 다른 친구들이 없었다면 어떻게 이 기간을 보낼 수 있었을까? 참된 우정은 삶의 고통과 상처들을 통하여 다른 사람과 함께함을 수반한다.

그리스도의 친구됨은 그와 같다. 그리스도는 자신이 얻고자 하는 것을 위해 친구를 사귀지 않으신다. 그가 우리와의 친구 관계를 맺음으로 무엇을 얻을 수 있겠는가? 그리고 그의 우정은 가장 어려운 시기를 통해 신뢰를 얻게 된다.

참된 우정을 위해 이 말씀이 의미하는 바가 무엇인가? 만일 그리스도가 우리의 참된 친구라고 하면, 우리 자신의 우정에 관하여 무엇이라고 말씀하시는가? 그의 제자들을 친구라고 부름으로 그리스도는 우정을 가장 높은 단계로 올려놓으셨다. 그는 일반적인 인간의 우정을 향상시켜서 특별하게 만들며, 하나님을 경험하게 했다.

그리스도는 우리를 친구들이라고 부르시는데 그것은 당신과 내가 다른 사람들과의 우정을 통하여 하나님을 알 수 있다고 하는 의미이다. 우리를 사랑하는 친구들과 우리의 관계를 통하여 그리고 우리가 그들과의 관계를 통하여 우리는 하나님의 사랑에 대하여 알게 되었다. 우정은 하나님의 사랑과 은총을 위한 통로와도 같다. 나 자신의 경험에 의하면, 나는 다른 사람들과의 관계에서 자주 하나님을 발견해 왔다. 특히, 나는 당신들 중에 여러 사람들과의 관계에서 나를 위한 하나님의 사랑과 은총을 발견해 왔다.

당신들 중에 몇몇은 나에게 작은 그리스도이다. 나의 친구이며, 내가 쓰러질 때 나를 일으켜 준다. 내가 기쁠 때 나와 함께 즐거워한다. 그러므로 나는 당신에게 안녕이라고 말하기가 쉽지 않다. 그 이유는 당신들 가운데에서 내가 양육을 받아 왔고 힘을 얻었기 때문이다.

다른 옛 가수가 부르는 옛 노래가 있다. 그 노래의 가사는 내가 말하고자 원하는 바를 적절히 표현해 주고 있다. 그러나 보다 의미 있는 것은 그 노래가 오늘날을 위한 복음의 의미를 잘 대변해 주고 있는 것이다. 안네 무레이는 "당신은 나를 필요로 합니다"라는 제목을 붙인 유명한 노래를 지었다. 그녀는 이 노래로 그래미 상을 수상했다. 이 가사가 하나님에게 드리는 우리의 기도가 되게 하라. 이 가사가 모든 우리 친구들에 대한 우리의 진술이 되게 하라. 이 설교에 그 노래의 가사가 포함되었다.

예수님은 우리를 친구들이라고 부르신다. 다른 좋은 친구와 같이 그는 우리에게 필요한 분이시다. 그는 우리를 돌보시며, 우리가 영원을 보도록 우리를 들어 올리신다. 이제 우리의 친구 예수님이 우리와 함께 식사를 하자고 초대하신다.

## 5. 17장의 예수님의 기도

누가와 다르게 요한은 예수님의 기도생활에 거의 관심을 기울이지 않는다. 제사복음서는 하나님과 그리스도의 관계가 매우 가깝다고 주장하기 때문에 공적인 기도가 불필요하게 보인다. 그러나 14~16장의 긴 고별강화에 이어 요한은 자신의 죽음과 십자가의 처형에 직면하여 이를 위한 준비로 예수님이 드린 기도를 포함시킨다. 17장은 개략적으로 공관복음에 있는 겟세마네 동산 장면의 역할을 한다. 그러나 예수님의 개인적인 고뇌는 없다(그 고뇌에 관해서는 요한복음 12 : 27 참고). 이 기도는 동산에서 예수님에게 돌려진 기도보다 훨씬 더 포괄적인 기도이다.[22] 예수님은 하나님과 자신의 관계에 대해 말씀하심으로 시작하신다(1－5절). 그 후 6~23절에서 그는 제자들, 즉 모든 믿는 사람들에 대한 관심을 표

22. 케제만(Ernst Käsemann)의 17장에 관한 고전적인 연구를 보라. 그는 실제적으로 이 한 장으로 전체 복음서의 신학을 요약했다. *The Testament of Jesus according to John 17*, trans. G. Krodel(Philadelphia : Fortress Press, 1966).

현하신다. 그리고 마지막으로 '세상'에서 살아야 하는 제자들을 향한 특별한 관심과 함께 이 두 가지 주제(하나님과 제자들과 자신의 관계)를 끌어내신다.[23]

이 기도는 예수님의 제자들과의 마지막 사적인 사역의 결론으로 주어진다. 특별히 16 : 33은 기도에 흥미로운 변화를 준다. 그 구절의 첫 번째 부분에서 예수님은 자신이 제자들에게 말씀하신 이유는 그들로 평안을 누리게 하려 함이라고 설명하신다. 16 : 33b은 제자들이 세상에서 환난을 당하지만 세상에서 기뻐하라고 한다. 그 이유는 "내가 세상을 이겼기 때문이다." 세상에서의 교회생활의 주제가 예수님의 기도에 많이 나타난다.

연속되는 3년의 부활절 일곱 번째 주일을 위한 복음서 일과는 17장의 일부분을 취함으로 결과적으로 독서들의 전체 주기를 통하여 전체 기도를 회중에게 소개한다.

### 1) 부활절 7, A, 17 : 1~11

이 독서는 기도의 첫 번째 부분 전체를 포함한다(1-5절). 기도의 두 번째 중요한 단락(6-23절)은 둘로 세분할 수 있다(6-11, 12-23절). 이 독서는 첫 번째 중요 부분으로 시작한다(1-5절). 그리고 두 번째 중요 단락의 첫 번째 세부적인 부분을 통해 계속된다(6-11절). 이 부분은 그의 '때'가 왔다는 예수님의 선언으로 시작한다. 더 이전의 내러티브의 여러 단락은 이 결정적인 때가 왔음을 독자들로 예견하게 하며(2 : 4, 7 : 30, 8 : 20 참고), 때가 왔다는 첫 번째 선언은 12 : 23에 나온다. 그 시간은 하나님이 예수님의 죽음과 부활에서 자기 자신을 계시하시는 때이다(5장 참고).

첫 번째 다섯 구절들은 '영광'과 '영광을 받으신다'는 주제들에 집중된

23. Kysar, *John*, ACNT(Minneapolis : Augsburg, 1986), pp. 254-255.

다. 이 문제는 우리가 제사복음서에서의 그리스도의 죽음의 의미를 살펴볼 때 논의했다(5장 참고). 예수님은 자신의 죽음이 자신 안에 하나님의 임재하심을 나타내는 것이 되도록 기도하신다. 그리고 그 자신이 하나님이 임재하신 자임을 드러내도록 기도하신다. 그의 기도는 우리에게 오늘날 세상에서 우리가 어디에서 하나님의 영광을 발견할 수 있을 것인가를 묻도록 인도한다.

6절에서 예수님은 그의 제자들이 하나님에게 속하였고, 하나님의 의지와 행위에 의해 예수님에게 주어졌다고 말씀하심으로 시작한다. 예수님은 제자들에게 하나님 자신의 계시를 주시는데, 그것이 제자들에게 '지식'과 믿음을 제공한다. 제자들의 믿음과 지식의 근본적인 특징은 하나님이 그리스도를 세상에 보내심을 아는 것이다(3, 8절). 제자들을 통해서 예수님은 자신이 영광을 받았다고 선언하신다. 이 기도는 하나님께 예수님을 영화롭게 해 달라고 요청함으로 시작하며, 이제 영화가 믿는 사람들(곧 교회)을 통하여 성취되었다고 하신 말씀에 주목하라. 이것이 세상에서의 교회 사역의 한 부분이다. 믿는 사람들의 지체가 그리스도 안에 나타나신 하나님의 임재를 세상에 분명하게 드러나게 하는 것 외에 그리스도는 더 이상 '세상 가운데' 계시지 않는다. 이 말씀은 교회의 선교를 예견하며, 그 내용은 이 기도의 후반부에서 다시 나타난다(18절 참고).

독서는 하나님이 자신의 이름으로 제자들을 보존하시며, 하나님과 그리스도가 하나인 것같이 그들을 하나가 되게 해 달라는 간구로 결론을 내린다(11절). 다시 제자들의 연합이 여기에 소개되며, 후에 다시 언급될 것이다(21-22절). 그러나 이 부분은 교회의 연합에 대해 말하는 경우이다. 요한이 여기에서 염두에 둔 연합은 분명히 에큐메니컬적인 연합이 아니다(비록 모든 의미에서 이것이 바람직하지만). 조직과 교리에 있어서 교파들 간의 합동도 아니다. 더군다나 이 연합은 인간의 성취가 아니라 하나님으로부터 온 선물이다. 분명하게 우리는 모든 다른 기독교인들과 공동의 선교와 위임에 있어서 연합하도록 초청을 받았다. 그러나 믿음이 단순히 인간의지의 행위로 생각될 수 없는 것처럼 이 연합 역시 마찬가지이다. 예수님의 기도의 놀라운 점은 하나님과의 관계(삼위일체)가 우리의 연합을 위한 모범이라는 데 있다. 그분들이 하나인 것처럼 우리도 하나가 되어야 한다.

설교자는 이 기회를 교회의 연합과 특별한 회중의 연합을 논의하는 계기로 삼아야 할 것이다. 우리는 이 연합을 동일한 생각, 공유된 사회적인 계층과 가치들, 공통된 전통들(자주 민족적)과 혼동하는데 이는 자연스럽다. 말하자면, 절대 다수로부터 구별되는 사람들의 존재는 회중에게 위협이 된다. 우리 중 몇몇은 여러 면에서 인종적으로 한 회중을 통합시키는 것보다 다른 경제 계층의 사람들로 구성된 회중을 통합시키기가 더 어렵다는 사실을 경험했을 것이다. 개방성의 부족에 대해 장황하게 이야기함으로 낯설고 사고의 차이가 있는 사람들을 한 공동체에 받아들일 수는 없다. 그러나 아마도 연합과 이 연합이 어떻게 실현되는지를 생각하는 데 우리에게 도움을 주는 한 편의 설교는 하나의 좋은 시작일 것이다. 특별히 연합의 선물을 위한 기도는 중요하다.

### 2) 부활절 7, B, 17 : 6~19

이 독서는 다른 독서에 속하는 6~11절을 반복하는데 그렇게 함으로 본문 자체를 온전한 한 단위로 간주하게 한다. 12~19절에서 가장 드러나는 사항은 세상의 주제이다. 예수님은 믿는 사람들이 세상에서 보호를 받게 해 달라고 기도하신다. 왜냐하면 그들이 어디에 있든지 간에 그 사회에 대립되어 있기 때문이다. 이 경우에 '세상'은 그리스도 안에 나타난 하나님의 계시에 대적하는 영역 혹은 이들의 세력들을 가리킨다(2장 참고). 이 구절들에 나타나는 여러 가지 주제들에 주목하라. 첫 번째, 예수님은 세상에 계시며 거기에서 그의 사역을 하신다(13절). 두 번째, 믿는 사람들은 그리스도가 그리하신 것처럼 더 이상 세상에 속하지 않는다(이 구절을 문자적으로 번역하면 '그들은 세상에 속하지 않았다'〈out eisin ek tou kosmou〉). 말하자면, 그들의 기본적인 충성과 관점들은 주류 사회와 차이가 있다. 세 번째, 예수님은 제자들이 세상으로부터 도망치게 해달라고, 세상에서 벗어나도록 기도하시지 않고 하나님이 세상에서 '악한 자들'(혹은 악으로부터 - ponēros)로부터 그들을 보호해 주시도록 기도하신다. 교회의 적절한 위치는 세상 가운데, 그 시대의 문화 가운데, 그리고 세속적인 일 가운데 관여하는 것이다.

네 번째, 예수님은 믿는 사람들이 세상에서 거룩하게 되도록(hagiazō) 기도하신다. 요한복음에서 이 단어가 무엇을 의미하는지 결정하기 쉽지 않다. 그 이유는 이 동사가 이곳과 10 : 35에만 사용되기 때문이다. 그러나 10 : 36과 17 : 19은 하나님이 그리스도를 거룩하게 하셨다고 지적하며, 이제 예수님은 하나님이 자신을 위해 하셨던 것을 제자들에게 하시기를 간구하신다. 물론 그 동사는 근본적으로 도덕적인 변화에 대한 언급이 아니라 전체 사회로부터 구별되는 자로서 하나님의 계시의 진리 안에 몰입됨을 가리킨다. 아마도 이것은 그리스도 안에 나타난 하나님 자신의 계시에 의해 형성되며, 주어진 생명의 전체성의 문제이다. 불행하게도 RSV에서는 하기아조(hagiazō)를 19절에서는 '거룩하게 하다'(consecrate)로 번역하며, 17절에서는 '신성하게 하다'(sanctify)로 번역한다. 이로 인해서 19절과 17절에서 사용된 단어가 차이가 있다는 인상을 준다. 그러나 '거룩하게 하다'가 이 구절을 위해 더 나은 번역으로 생각되는데, 그것은 그 행동이 우리에 의해서가 아니라 하나님에 의해서 되어짐을 깨닫게 하기 때문이다.

다섯 번째 그리고 마지막 주제는 이 부분과 독서의 절정이다(18절). 하나님이 예수님을 세상에 보내신 것처럼 예수님은 제자들을 세상에 보내셨다. 이 간구는 20 : 21에서 부활하신 그리스도에 의해 제자들을 실제로 보내실 것을 예견한다(5장 참고). 교회의 연합이 하나님과 그리스도의 연합을 모범으로 삼는 것처럼 교회의 사명은 그리스도의 사명을 모범으로 삼는다. 하나님과 그리스도가 교회를 보내신다. 세상에서의 교회생활은 하나님이 우리에게 세상에서 종들이 되라고 하신 명령의 결과이다. 더군다나 교회로서의 우리의 선교 동기와 목적은 그리스도를 보내신 하나님의 동기와 목적과 동일하다. 하나님은 사랑 때문에 그리스도를 보내셨다(3 : 16). 그리고 이제 그리스도는 사랑 때문에 우리를 보내신다. 그것은 교회가 세상에 존재하는 이유가 오직 사랑 때문이라고 생각하게 한다.[24]

### 3) 부활절 7, C, 17 : 20~26

이 기도의 마지막 부분은 17장으로부터 가져온 복음서 일과의 결론 부분을 구성한다. 예수님은 그의 기도 범위를 확장하여서 '그들의 말로 말미암아 자신을 믿는 사람들'을 포함시킨다. 이 말씀의 관심은 예수님을 직접 보지 않고, 교회의 복음 선포 결과로 믿음을 갖게 된 사람들을 위한 세사복음서의 관심을 나타낸다(20 : 29에서 부활하신 그리스도가 도마에게 하신 말씀은 후에 제자가 된 사람들을 위한 이 관심의 또다른 예이다).

예수님은 후에 믿는 사람들이 처음에 믿는 사람들과의 연합에 합류하게 되도록 기도하신다(5장 참고, 그것은 그와 같은 연합이 요한의 교회 문제임을 암시한다). 그리고 예수님은 교회에게 하나님으로부터 자신이 받았던 영광을 주셨다고 선언하신다. 예수님은 그 영광의 선물이 믿는 사람들을 하나로 연합시킬 것이라고 주장하신다. 만일 혹자가 영광을 하나님의 임재와 계시로 생각한다면, 그리스도는 믿는 사람들의 공동체가 세상에

24. 나는 여러 글에서 이 점을 지적했다. 그러나 여기서 다시 말해야 할 만큼 이 사실이 중요하다고 믿는다. 이에 대한 다른 표현의 예는 나의 주석인 *John*, pp. 261, 304을 보라.

서 하나님 자기 현현의 수단이 되도록 요청하신다. 그리스도가 떠나심으로, 하나님의 임재가 이제 교회 내에서 발견된다(즉, 믿음의 공동체. 그러나 반드시 제도적인 구조는 아니다). 사실 이것은 위험스러운 생각일 뿐만 아니라 놀랍고 간담이 서늘할 만한 생각이다. 이 말씀을 힘과 억압의 의미로 받아들이면 참된 교회는 파괴된다. 그러나 전체적으로 복음서의 정황에서 보면, 위의 견해는 교회에 책임과 사명을 준다. 요한의 견해는 교회가 그리스도의 몸이라는 바울의 개념을 구체화시킬 수 있다.

예수님은 그가 있는 곳에 그들도 있고 거기서 그의 영광을 보게 해 달라고 기도하실 때 교회의 미래와 믿는 사람들의 미래를 위해 기도하신다(24절). 기도의 결론은 그 외의 모든 것에 관심을 둔다. 예수님은 하나님의 이름을 그들로 알게 하여서 "하나님이 예수님을 사랑하신 사랑이 그들 안에 있고 예수님 역시 그들 안에 있게 하려 하신다"(26절). 믿음과 교회의 전반적인 생활은 하나님과의 관계를 본받는다. 특별히 하나님과 그리스도의 관계를 모범으로 삼는다. 이제 이 관계를 형성시킨 사랑이 이 기도를 결론으로 이끈다. 그리스도 안에 나타난 하나님의 계시가 우리로 하여금 하나님이 누구시며(이름), 무엇을 하셨는지를 알도록 허락할 때 우리는 그리스도를 보내시는 원인이 되는 그 동일한 하나님의 사랑을 이해하게 된다(3 : 16). 이 기도의 마지막 말씀, 곧 예수님의 마지막 간구는 하나님의 사랑이 우리의 생활에 충만하다는 것이다. 만일 그 기도가 이루어질 때 그리스도가 또한 우리의 생활을 충만하게 하실 것이다.

요한복음의 내러티브는 이 관점으로부터 그 하나님의 사랑을 구체적이며 특별하게 만드는 데로 진행된다. 추상적인 사랑은 의미가 없다. 그리고 예수님은 추상적인 사랑에 관심을 갖지 않으셨다. 예수님은 하나님이 온 인류를 사랑하신 그 사랑을 나타내 보이기 위해서 십자가로 나아가셨으며, 사람이 자신의 친구를 위해 그의 목숨을 내어 놓을 때 참된 사랑을 보여 주신다. 교회의 연합이 의지와 위임의 연합이라는 것에 조금이라도 의심이 된다면, 이 마지막 간구는 이 점을 분명히 한다. 내가 소위 인류 모두의 연합이라고 말하는 서로에 대한 우리의 연합은 사랑 자체이다. 그리스도 안에 있는 하나님의 사랑은 우리를 서로에게 그리고 다른 사람들과 동여매는 접착제이다.

### 4) 설교의 예

미르나 카이저 목사에 의해 작성되고 선포된 이 설교의 제목은 "그들로 하나가 되게 하소서"이며, 두 번째 해, 부활절 일곱 번째 주일에 선포되었다. 이 주일은 '어머니날'이다.[25] 이 설교가 준비되던 때 루터교의 교회력에 주어진 주일을 위한 복음서의 일과는 17 : 11b~19이다. 지그소 퍼즐의 은유를 사용하는 이 설교는 도시 변두리에 있는 한 회중이 그들 자신과 그들의 사명을 재인식하는 데 도움을 주는 수단으로써 연합을 위한 간구를 사용한다. 이 설교의 근본적인 은유에 대한 영감은 "인생은 한 카드 게임이다."라는 제목의 마틴 벨(Martin Bell)의 묵상에서 온 것이다.[26]

> 거기에 500장짜리 카드 한 박스가 있었다. 각 장 한 면에는 색이 입혀져 있었고, 조그마한 형태의 도안이 있었다. 다른 면은 모든 장이 동일하게 황갈색이었다. 모든 장들이 그 상자의 외부에 있는 아름다운 그림을 형성하는 데 적합하게 보였다. 각각의 장들은 자신의 독특한 자리가 있었다. 나의 일은 모든 장들을 함께 연결시키는 것이었다. 모든 장들을 하나로 만드는 것이었다. 나는 내가 그 일을 하기에 적합하다는

---

25. 17장에 대한 다른 설교는 2장을 보라. 설교제목은 "What's Eternal About Life?"이다.
26. Martin Bell, *Nenshu and the Tiger : Parables of Life and Death*(New York : Seabury, 1975), pp. 24-25.

확신이 없었다. 그러나 미네소타 북부 지역에서 춥고 쌀쌀한 주일 오후에 무슨 다른 일을 할 수 있었겠는가? 오늘을 위한 복음서 일과를 읽으면서 그 경험에 대해 생각하였다.

예수님이 체포되시고, 심문을 받으시고, 십자가에 달리시기 전 마지막 몇 시간이었다. 예수님은 그의 제자들을 위해 기도하신다. 그의 입술에는 낯설게 들리는 이 간구가 있었다. "거룩하신 아버지여, 내게 주신 아버지의 이름으로 그들을 보전하사 우리와 같이 그들도 하나가 되게 하옵소서."

그들로 하나 되게 하소서! 왜 예수님은 그의 제자들이 하나가 되기 위해 기도하셨는가? 왜 그는 무엇보다도 그를 따르는 우리들이 하나가 되기를 바라셨는가? 모든 조각이 하나로 맞추어 짐으로 그리스도인 연합의 아름다운 그림이 된다!

예수님의 이 기도는 매우 실제적인 기도는 아니다. 그렇지 않느냐? 당신의 주위를 둘러보라. 거기에 있는 다른 조각들 모두를 보라. 이곳에 예배하기 위해 모여 있는 다양한 사람들을 보라. 젊은 사람들도 있고 연세 드신 분도 있다. 남자들도 있고 여자들도 있다. 건강한 사람들의 조각들도 있고, 아픈 사람들의 조각들도 있다. 상당히 재정적으로 안정된 사람들도 있으며, 다음 달의 융자금을 갚을 수 있을지 확실하지 않은 사람들도 있다. 좋은 교육을 받은 사람들도 있고, 그렇지 못한 사람들도 있다. 퍼즐 중에 결혼한 조각들도 있고, 독신인 조각들도 있다. 행복한 사람들도 있고, 우울한 사람들, 기뻐하는 사람들, 슬퍼하는 사람들이 있다. 어떤 사람은 이런 악센트로 말하고, 몇몇 사람들은 저런 악센트로 말한다.

표지에 이상적인 그림을 산출하기 위해서는 이 조각을 어떻게 맞추어야 하는가? 우리 그리스도인들이 어떻게 하나가 될 수 있는가?

이 특별한 퍼즐에 여전히 500개 이상의 다른 조각들이 있다. 이 세상에 있는 모든 그리스도인들을 상상해 보라. 가능하다면, 그리스도가 자신의 주님이라고 주장하는 많은 사람들이 섞여 있는 모습을 상상해 보라. 이 조각들은 다양한 언어로 말하며, 다양한 문화에서 살며, 다양한 방식으로 예배한다. 그들은 인종의 전체 범위를 대표한다.

어떻게 우리는 하나가 될 수 있는가? 방법이 없다. 전혀 없다. 불가능하다! 그 퍼즐, 예수님을 잊어라! 개개 조각들처럼 분리되고 고립된 생활을 하도록 우리를 놓아 두어라.

그 이유는 우리 중에 몇몇은 서로 하나가 되기를 원하지 않는다! 어떻게, 언제, 당신이 그 그림의 퍼즐을 맞추고 있는지 기억하라. 당신이 함께 맞추어질 것으로 확신하는 몇몇 조각들이 있다. 그러나 당신이 아무리 노력해도 당신은 그 조각들을 제대로 맞추지 못할 것이다. 우둔하게도 그 조각들은 다른 조각들과 연합되기를 저항한다. 그 조각들은 우둔하게도 자신들의 구별된 개체성을 주장한다.

우리는 서로 하나가 되기를 원하지 않는다. 우리는 우리의 개인적인 특성을 존중히 여긴다. 우리는 개인적인 차이를 장려하도록 교육을 받아 왔다. 우리의 차이가 우리의 현재 모습이 있게 했다. 우리는 다른 사람들과 하나가 되기 위하여 포기하려고 하지 않는다.

더군다나 내가 다른 사람과 하나가 되기를 원하는지는 확실하지 않다. 다른 사람과의 문제에 관심을 갖지 않고, 내가 조절할 수 있는 모든 문제들을 해결할 수 있다. 나는 약물중독, 우울증, 가난, 이혼 등의 문제로 씨름하는 몇몇 사람들과 하나가 되기를 원하지 않는다. 편견과 그릇된 판단들에 사로잡혀 있는 몇몇 사람들과 생활을 공유하기를 꺼린다. 나는 당신과 함께 나의 색깔과 디자인에 합류하기를 원하지 않는다.

감사하지만 별로이다! 하나가 되는 일은 별로 바람직하지 않으며, 거의 불가능하다! 그 상자에 퍼즐을 놓아두어라! 가서 좋은 책이나 읽어라!

예수님은 "그들이 하나가 되게 하소서."라고 기도하셨다.

참으로 낯선 기도이다! 그러나 이 기도는 예수님이 십자가를 지시기 전날 밤에 가지셨던 사랑의 마음으로부터 온 기도이다. 오늘의 복음서 일과에서처럼 단순히 한번 지나쳐 버리는 간구가 아니라 그의 기도 전체에 반복된다. 우리는 이 간구를 진지하게 받아들이는 것 외에는 다른 선택의 길이 없다. 만일 예수님이 이를 위해 기도하셨다면, 확실히 그 퍼즐 조각들은 함께 맞추어져야 한다.

우리가 하나가 되도록 예수님이 하나님에게 드린 이 간구가 의미하는 바는 무엇인가? 예수님은 어떤 종류의 하나됨을 염두에 두셨는가?

요한복음에서 예수님과 하나님이 공유하셨던 하나됨은 상호간의 사랑이다. 하나님은 그리스도를 사랑하시며, 그리스도는 하나님을 사랑하신다. 그 사랑이 그들을 하나로 만들었다. 이 상호간의 애정이 그들을 한 존재로 연합하게 했다. 그래서 그리스도가 우리를 위해 간구하셨던 하나됨의 신비는 사랑의 하나됨에 있는 것으로 보인다. 상호간의 사랑의 결과에서 온 연합이다. 그 그림 퍼즐의 신비는 어떤 면에서 상호간의 돌봄에 있으며, 서로에 대한 관심이 각각의 조각들을 연합시킬 수 있다.

사랑은 우리를 하나로 묶는다.

무엇이 부모와 자식들을 연결시키는가? 어머니날에 당신들처럼 나 역시 어머니가 나에게 어떠한 의미가 있었는지를 생각한다. 그러나 나는 우리가 얼마나 다른지를 다시 확인하지 않고는 어머니를 생각할 수 없다. 우리가 함께 머무를 때 우리의 차이점은 분명해진다. 우리는 다른 가치관과 다른 정치적이며 사회적인 견해들을 가졌다. 우리는 다른 음식과 다른 형태의 오락을 좋아한다. 비록 우리가 스스로를 루터 교인이라고 부르지만, 종교적인 신앙들조차에도 차이가 있다. 역설적이게도 우리 어머니는 내가 독립적인 사고와 행동을 배우는 데 도움이 되었다. 그녀는 나를 잘 가르쳤다! 이제 그 독립성의 결과로 그녀의 가장 어린 딸이 그녀와 매우 차이가 나게 되었다. 나의 어머니는 그 퍼즐에 한 독특한 조각을 생산해 냈다. 그 조각은 그녀와는 상당한 차이가 있다.

우리의 모든 차이점에도 불구하고 어머니와 나는 이상하게도 하나로 연결된다. 이 연결은 단지 부모와 자식의 생리적인 연대가 아니다. 이 연결은 사랑의 연대이다. 우리가 차이점을 가지고 있음에도 불구하고, 우리는 차이점을 초월하여 서로에 대한 사랑과 존경심을 공유한다. 사랑과 존경이 이들 두 독특한 조각들을 하나로 연합하게 했다.

예수님이 하나님과 자신이 하나인 것처럼 우리 그리스도인이 하나가 되도록 기도하셨을 때 그가 염두에 두었던 연합은 바로 사랑의 연합, 사랑 가운데의 연합과 같은 종류의 연합이라고 나는 생각한다.

그러나 사랑이 생산해 내는 연합은 특별한 연합이다. 퍼즐은 기이한 연합이다. 이것이 생산해 내는 그림은 우리가 기대했던 모양이 아니다. 참으로 이 연합은 혹자는 보지 못하고, 인지하지도 못하는 연합이다. 하나의 그림이다. 연합은 우리의 차이점을 없애 버리지 않고 그 차이점들을 초월한다. 이 연합은 차이점을 파괴시키고자 하지 않고 그 차이점들을 공포하고자 한다. 그 연합은 우리 중에 지루한 동일성을 생산해 내기 위해 우리를 함께 섞으려 하지 않는다. 단 하나의 색깔을 만들기 위해 무지개의 모든 색깔들 각각의 독특성이 파괴된다고 생각해 보라. 각각 조각의 독특성을 하나의 디자인이 되게 한 그림 퍼즐을 상상해 보라. 그것은 아니다. 하나됨이 아니다. 그리스도인의 사랑의 연합은 공통된 존경심과 상호간의 애정의 상황하에서 개별성이 존재함을 의미한다.

이와 같은 종류의 연합에 대한 우리의 처음 두려움들은 아득한 저편에 있지 않다. 그 조각들은 쉽게 조화되지 않는다. 이 연합은 희생이 따른다. 상호간의 사랑을 공유하는 것은 참으로 서로의 짐과 문제점들, 특색을 공유하는 것이다. 다른 그리스도인들과의 사랑의 하나됨에 들어가기 위해서는 값비싼 대가를 치러야 한다. 나는 그리스도인이 사랑의 연합으로 다른 사람과 맺어져 있기 때문에 그들의 기쁨 가운데에서 함께 기뻐해야 하며, 그들의 고통 중에서 함께 고통을 겪어야 한다고 생각한다. 이 하나됨은 우리 개개인의 독특성을 존중하는 반면, 이것은 또한 우리 개개인의 독특성을 확장시킨다. 나는 고립된 자로 내 인생을 더 이상 살 수가 없다. 나의 경험의 세계는 다른 그리스도인의 경험을 껴안을 수 있도록 확대되어 있다. 나의 개인적인 삶의 경계가 당신 모두와 다른 그리스도인들 역시 품어 안을 만큼 이동해 나아간다.

우리 그림 퍼즐의 한 조각이 전체 그림에서 자신의 자리에 어울리게 되었을 때 그 조각은 전체에 참여한다. 하나의 조각은 다른 모든 조각들과 함께 이 구조를 공유하며, 다른 모든 조각들은 각각 특별한 조각의 구조를 공유한다. 어떤 조각이라 할지라도 전체 그림의 상황에 영향을 받지 않을 수는 없다.

그들로 하나가 되게 하소서!

한편으로, 이 간구는 매우 낯설게 들린다. 다른 한편으로 이 간구는 매우 간단하게 보인다. 그러나 이 간구는 예수님이 하나님에게 하셨던 심원한 요청이다.

참으로 우리의 생활은 풀리지 않는 그림 퍼즐의 각각의 조각들과 같다. 그렇다. 각각의 조각은 개별적인 색깔과 디자인이 있다. 그러나 각각은 전체 그림이 없다면, 거의 혹은 전혀 의미가 없다. 다른 모든 조각들이 없다면 말이다. 우리 각각은 서로가 없다면, 혼란스러운 희미한 색상과 디자인일 뿐이다.

그러나 "그들이 하나가 되게 하소서."라는 그 기도를 하셨던 분, 하나님에게 간청했던 분, 그분이 우리를 하나의 그림 안으로 함께 밀어넣었다. 그의 사랑으로 그분은 우리를 하나로 결합시켰다. 그분은 우리 각자에게 사랑이 생겨나게 해서 우리를 다른 그리스도인들과 결합시킴으로 하나의 아름다운 그림이 되게 했다.

# 결 론

## 라운드테이블 교회에서의 요한복음 선포

설교학(설교의 대한 연구)은 최근 30년간 거의 혁명적이라고 할 만큼 놀라운 변화 과정을 겪어 왔다. 소위 '새로운 설교학'이 설교를 재검증하고, 개정하는 지속적인 과정에 자극을 주어 왔다. 의심할 바 없이 그 운동은 프레드 그래독(Fred Craddock)의 독창성이 풍부한 작품에서 시작되었다.[1] 그리고 '내러티브 설교'[2]의 태동으로 가속되었다. 설교에 있어서 이 새로운 움직임들을 자세히 살펴보는 작업은 여기에서 그리 중요하

---

1. Fred B. Craddock, *As One without Authority : Essays on Inductive Preaching*, rev. ed.(Enid, Okla. : Phillips Univ. Press, 1974) ; idem, *Overhearing the Gospel*(Nashville : Abingdon, 1978) ; and idem, *Preaching*(Nashville : Abingdon, 1985).
2. 특별히 Eugene L. Lowry, *The Homilectical Plot : The Sermon as Narrative Art Form*(Atlanta : John Knox, 1980). 설교에 있어서 이 새로운 움직임에 관한 간단한 역사를 개괄하기 위해서는 David Buttrick, *Homiletic : Moves and Structures*(Philadelphia : Fortress Press, 1987), pp. 483－484을 보라.

지 않다. 현대 설교학의 몇몇 특징들이 요한복음을 설교하는 데 어떠한 영향을 미쳤는지 주목하는 것이 중요하다. 더욱이 루니 아티긴스 로스가 '라운드테이블 교회에서의 설교'라고 칭했던 것을 살펴보는 것으로 충분하다.[3] 나의 목적은 요한복음의 특징들과 설교에 관해 사고하는 이 새로운 방법 사이의 일군의 관계들을 단지 제안하고자 하는 데 있다. 나는 설교의 세 가지 미래적인 방향이 있다고 생각한다. 그러나 이 방향들은 내 설교 안으로 통합시키는 데 성공했었던 특징들은 아니다. 그러나 나는 이러한 경향들을 인정하며, 다음 세대의 설교자들이 그 방향들을 실행에 옮기도록 남겨 두었다.

이 방향 중 첫 번째는 대화적 설교이다. 내가 대화적 설교라고 할 때 단지 전달의 양식만을 의미하지는 않는다(설교자가 대화적 어조로 감명을 주는 방식). 비록 그것이 보다 철저한 대화적 양식의 한 가지 결과라 하더라도 말이다. 내가 염두에 두었던 식의 대화적 설교의 정의는 이와 같다. 설교자가 청중들을 설득하거나 강요함 없이 사고를 불러일으키고 자극하는 진정한 대화에 회중들이 참여할 때 대화적 설교가 된다.[4] 그 설교자는 성서의 한 구절에 대한 자기 자신의 해석을 선포하며, 독자들에게 그들 자신을 위한 해석을 숙고하도록 요구한다.

현대 설교에 있어서 이 움직임에 관한 가장 주목할 만한 사항은 목회자의 권위를 추론하는 방식이다. 그 목적은 계급적인 권위의 모든 허식을 버리고 '공동체의 권위'를 신뢰하도록 하는 데 있다. 말하자면, 교회 내에 있는 어떠한 권위든 그 권위는 전체적으로 모여 있는 공동체 내에

---

3. Lucy Atkinson Rose, *Sharing the Word : Preaching in the Roundtable Church*(Louisville : Westminster John Knox), 1997.

4. 이 같은 종류의 설교를 양성하기 위한 나의 조심성 있는 노력을 보라. "The Renaissance and Demise of the Listener : Empowering the Laity through Preaching," Lutheran Partners, 13/6(November/December, 1997), pp. 18-21.

귀속되어야 한다. 그것은 분명히 이러한 유형의 설교에서 논의되어야 하며, 평가되어야 하는 주제들이다. 복음의 권위가 회중들의 성경 읽기에 있다는 데 모두가 동의하지는 않는다. 목회자에게 그 권위가 주어진다는 의견 역시 마찬가지이다. 그러나 회중들과 라운드테이블에 앉아서 논의하기 위해 하나의 메시지를 제공하는 설교자를 상상해 보라고 로스(Rose) 목사는 제안한다. 설교자는 회중의 한 구성원과 비교해 더 많은 권위를 가지고 있지 않으며, 논의를 이끌어 갈 수 있도록 약간의 훈련을 받은 자일 뿐이다.

요한복음은 로스와 다른 사람들의 제안과는 정확히 반대되어 보인다. 요한복음의 예수님은 자신의 하늘에 계신 아버지에 의해서 그에게 주어진 절대적인 권위로 말씀하신다. 진리와 거짓, 위와 아래 사이의 구분과 나머지 요한복음의 이원론적 구조는 계시에 대한 민주적인 고찰과 같은 형태들을 완화시키게 보인다. 적어도 한 가지 관점에서 보면, 내가 생각하기에 그것이 요한복음을 올바르게 읽는 것이다. 그러나 또한 인식되어야 할 필요가 있는 제사복음서의 또다른 차원이 있다.

케제만(Ernst Käsemann)은 제사복음서의 장들을 통해서 우리가 인지하게 되는 요한의 교회는 권위주의적인 리더십이 없는 민주적인 공동체였다고 주장해 왔다. 이 견해의 증거를 위해 그는 공동체 구성원 모두가 동등한 한 '친구'로 간주되었다는 의미로 15 : 14을 인용한다.

> 주님에 대한 관계가 요한의 교회의 전체 모습을 결정하는데, 이는 개개인 사이의 차이점들이 희미해지며, 사도들이라고 할지라도 공동체의 역사적인 시작을 대변하는 사람들에 불과할 정도까지 이른다. 아마도 이 관계의 가장 흥미로운 특징은 요한복음에서 여인의 역할일 것이다…….[5)]

5. Ernst Käsemann, *The Testament of Jesus according to John 17*, trans. G. krodel(Philadelphia : Fortress Press, 1968), p. 31.

물론 케제만의 견해는 상당한 반대에 부딪쳐 왔다. 그러나 나는 아직도 그가 옳다고 생각한다. 요한복음은 베드로와 열두 제자의 권위를 효과적으로 약화시키며, 장로들과 감독들 등과 같은 공적인 지도자들의 지위를 인정할 여지를 남겨 두지 않는다.[6] 이러한 태도는 간접적으로 교회에서 여성을 남성과 동등한 위치로 끌어올린다. 또 마리아가 첫 번째 '사도'였다고 주장하게 한다. 파라클레토스 외에 만일 이 복음서에 묘사된 것과 같이 동료 공동체들 사이에 '한 지도자'가 있었다면, 그는 아마도 '사랑하는 제자'였을 가능성이 있으며, 이 사람은 먼 과거의 공동체의 창시자이든지, 아니면 (보다 가능성이 있지만) 어떤 믿는 사람들의 모임의 상징적인 대표였을 것이다. 요한의 교회는 파라클레토스가 그들을 진리로 인도한다고 믿는 대등한 사람들의 모임이다.

요점은 '라운드테이블에서의 설교'가 정확하게 복음서가 요한의 교회에 선포되었던(혹은 선포해 왔을 것으로 여겨지는) 방식으로 보인다는 점이다. 만일 우리가 이 견해를 취한다면, 그리고 만일 우리가 요한이 우리에게 무엇을 설교해야 하는지가 아니라 어떻게 설교해야 하는지를 가르친다고 진정으로 우리가 믿는다면, 대화적 방식은 요한을 선포하는 가장 적절한 방법이다.

로스가 제안한 '라운드테이블 교회에서의 설교'의 다른 특징들은 테이블의 자리를 거절당하는 사람이 전혀 없거나 그들의 소리가 무시당하지 않는 포괄성이다. 모든 사람들의 이야기는 관심 대상이 되며, 존중을 받는다. 비록 그 당시의 교회와 사회의 변두리에 있었던 사람이라 할지라

6. 이 민주적인 구조는 요한2서와 요한3서가 기록될 당시에는 억제되었던 것처럼 보인다. 그 이유는 이 서신 모두가 '장로'라는 단어를 사용하고 있기 때문이다. 그러나 이 경우 장로(presbyteros)는 단지 연장자를 의미하지 회중 가운데 있는 공적인 지위를 지칭하지는 않는다. 여전히 소위 '요한 서신'이라 불리는 이 책의 저자들은 제사복음서에서 식별되지 않는 공동체를 넘어선 특별한 권위를 주장하는 것처럼 보인다.

도 말이다.[7] 미래의 설교에 관한 로스의 비전이 실현되든지 그렇지 않든지 간에, 현재의 설교가 포괄적으로 되도록 열심히 노력해 왔다는 데는 거의 의심할 바가 없다. 이에 대한 분명한 두 가지 암시는 설교단에서 포괄적인 성적 언어(gender-inclusive language)의 사용이며, 특별히 흑인 교회의 특징으로 보이는 설교 스타일의 다양화에 대한 점차 증가하는 인식이다. 그 외에 우리 중 몇 사람은 설교자들이 회중의 다양한 상황에 민감해야 한다고 주장해 왔다. 회중들 내에 독신자들의 수가 증가하는 데 대한 민감함 없이 복음을 말하기 위해 결혼한 사람들의 이야기를 사용할 수는 없다. 설교단으로부터 어떤 집단의 사람들을 비하해서는 안 된다. 왜냐하면 그 집단의 구성원들이 우리 회중에 속해 있을 수 있기 때문이다. 이 포괄성의 넓어지는 지평은 우리가 다른 문화와 종교를 존경심을 가지고 대하는 것과 관련이 있다. 오늘날 글로벌 사회에 있어서 교회의 포괄적인 사역은 점점 더 중요해지고 있다.

포괄성이라는 단어는 우리가 제사복음서를 생각할 때 마음에 떠오르는 첫 번째 단어는 아니다. 참으로 이 급진적인 배타성은 정반대의 방향에 서 있다. 그룹 내에 있는 사람들은 우리가 분파주의라고 불러 왔던 경향의 특징은 호의를 보이는 반면 그룹 밖의 사람들은 무시한다. 이 복음서에서 '유대인들'을 다루는 거친 방식은 분명히 그들에게 존경심이나 관심이 있지 않음을 보여 준다. 이는 제사복음서를 설교할 때는 어떠한 의미의 포괄성도 배제한다는 생각을 갖게 한다.

진리는 단순하지 않다. 분명히 제사복음서에는 기독교 배타성의 강력하고 불온한 느낌이 있다. 만일 당신이 기독교 메시지의 포괄적인 특성에 관해 묻는다면, 요한은 적어도 한 단계에서는 그 포괄성을 위한 설득력 있는 경우를 제공한다. 예수님에 대한 요한의 이야기는 여인들이 요

---

7. Rose, *Sharing the Word*, pp. 127-130.

한의 테이블 근처에 모여들었음을 분명히 한다. 사마리아인들에 대한 태도와 그들이 기꺼이 믿음을 갖게 되었다는 진술은 누가복음을 제외하고 네 복음서에 유래가 없다. 이방인들의 용납은 4 : 46~54에 나오는 왕의 신하 이야기에 기술되어 있다. 왕의 신하는 예수님의 말씀에만 의존해 믿음을 갖게 된 본보기이다. 이방인들은 그들이 예수님을 보기 위해 왔을 때 다시 언급된다. 그리고 그들이 예수님에게 옴으로 '때'가 이르렀으며 혹은 그러할 가능성이 있다(12 : 20－23과 17 : 20에 있는 "그들〈제자들〉의 말로 말미암아 나를 믿는 사람들"에 대한 언급 참조).

이들 그룹들에 대한 요한의 예수님과 공동체의 개방성이 요한복음이 포괄적인 기독교 메시지를 제공한다고 입증해 주지는 못한다. 이 사건은 요한복음에 나오는 복음의 보편성을 표현해 주지만, 요한 공동체의 배타적인 특징을 약화시키지는 않는다. 사실 교회는 설교와 가르침에서 요한의 포괄적인 특징을 선택하고 배타성을 제쳐놓을 수도 있다. 말하자면, 우리는 여인들과 다른 민족과 문화의 구성원들에 관한 이 이야기의 개방성에 찬성한 반면, 암시적인 반유대적인 태도를 비난할 수 있다. 사실 우리는 요한복음이 정확히 이 점에서 우리에게 도전을 준다고 말할 수 있다. 그렇다면 우리는 이 세상에서 분파 그룹이 되어야 할 것인가? 아니면 세상과 세상에 거하는 자들에 대해 개방적이어야 하는가? 우리는 복음서의 배타적인 특징보다는 포괄성을 강조함으로 라운드테이블 교회에 기여할 것인가?

라운드테이블 교회에서 요한복음을 설교하는 최종적인 특징은 풍부한 상상력을 동원해 이미지들을 사용하는 것이다. 설교들에 있어서 이미지들의 태동(혹은 재생)은 흥미를 자아낸다. 설교의 다른 양식들의 전 범위와 다른 설교 전통들을 통하여, 그리고 설교가 과거의 하나의 일로 생각하는 사람들에게조차도 이미지(문자적인 그림들)가 전달 수단이 되며, 사람들의 생활에 변화를 일으키게 하는 방법이라는 공통된 평가를 받는다. 매스미디어에 있어서 문자적인 시대가 점차적으로 지나가고, 시각적 이미지를 선호하는 새로운 세대의 도래는 설교의 최전선에 비유적 표현과 상상력을 추진시키는 데 분명히 도움을 주어 왔다. 내가 신학대학원에서 공부한 이래로 우리가 소위 '예증'이라고 부르는 형태로부터 언어의 상상적인 사용으로의 흐름은 극적이며, 그 주제를 다룬 문학작품은 이제 넘쳐난다.[8]

우리가 깨닫게 된 사실은, 아니 적어도 참되다고 생각하게 된 것은 인간은 이미지들을 통해 배우게 되며, 이미지들에 의해 자주 변화를 받는다는 점이다. 설교가 회중들의 생활에 무언가 영향을 미치기를 원한다면 한 회중의 상상력까지 다다를 필요가 있다. 이 때문에 설교자들은 이미지의 사용을 강력히 선전한다. 예를 들면, 뷰트릭(David Buttrick)은 설교의 '동작' 각각은—한 설교의 인지할 만한 단편들—그 동작의 주요 주제를 생생하게 묘사해야 한다고 주장한다.[9] 먼저는 이미지들이 청중들로 하여금 그들에게 있어서 참되다고 여겨지는 무언가를 그릴 수 있게 하며, 그 후에 그 진리를 감싸 안을 수 있는 방법에 관해 이야기를 나눌 수 있게 했다는 점이 보다 중요하다.

제사복음서의 비유적 표현이 닳아빠졌고, 사용하여 갈기갈기 찢겨졌음에도 불구하고 이것은 우리에게 상상력 있는 설교를 위한 풍부한 가능성들을 제공한다. 나는 이미 요한복음의 언어를 은유적인 것으로 다루는 전략과 그로 인해 상상력을 이끌어 내기 위한 가능성을 활성화시킬

8. 내가 이 주제에 관해 가장 가치를 두는 책들은 다음과 같다. Patricia Wilson Kastner, *Imagery for Preaching*, FRP(Minneapolis : Fortress Press, 1989) ; Richard L. Eslinger, *Narrative and Imagination : Preaching the Worlds That Shape Us*(Minneapolis : Fortress Press, 1995) ; and Eslinger, ed., *Intersections : Post-Critical Studies in Preaching*(Grand Rapids : Eerdmans, 1994).

9. Buttrick, *Homiletic*, pp. 113-170.

수 있는 전략에 대해 논의해 왔었다. 정교한 은유들(포도나무와 가지)로부터 간단한 언어의 장난스러운 사용(menein이라는 단어)까지 요한은 우리에게 이 비유적인 표현을 목적으로 요한복음의 구절들을 탐구하는 무한한 기회를 제공한다. 요한의 비할 바 없는 시적인 문체(해석하기에 매우 어렵지만)는 상상력을 불러일으키게 하는 구두로 전달되는 그림인 양 읽혀져야 하며, 이 문체는 시인, 설교자에게 용기를 준다고 혹자는 말할 수 있을 것이다.[10]

그러나 우리는 이전에 우리가 말해 왔었던 이미지를 한 주제에 한정시키고, 신학사전에 이것을 정리, 보관해 두는 경향이 있다. 이제 설교자들은 이 자체의 언어의 도발성에 다시 불붙임으로 상상력 있게 요한복음을 설교할 기회를 붙들어야 한다. 예를 들면, 우리가 점점 더 과거의 인물이 되어 가는 선한 목자의 이미지에 새로운 생명력을 불어넣을 수 있겠는가? 아니면 이 언어를 진부한 진술로 약화시킬 것인가?

분명히 설교에 있어서 비유적인 표현과 상상(imagination)의 창조적인 사용은 로스의 라운드테이블 교회에 제한되지는 않는다. 비록 언어에 대한 보다 새로운 이해들이 설교의 현재 동향에 어떠한 영향을 주었는지를 보여 주지만 말이다. 비유적 표현은 설교를 자극적인 논의의 유인으로 다루고자 하는 회중에게 적절하다(여러 많은 이유들 중). 그 이유는 비유적인 표현이 참여를 유도하기 때문이다. 설교자는 자신의 설교의 결과로 그에게 발생하는 다른 은유나 이미지를 나중에 다른 사람에게 주장하지 않고는 설교에 일종의 은유나 상상력을 결코 사용할 수 없다. 그것이 비유적 표현의 '대화적' 특징이며, 나는 제사복음서가 기꺼이 그렇게 한다고 믿는다.

우리가 라운드테이블 교회에서 설교하는 것을 배우든지, 그렇지 않든

---

10. Walter Brueggemann, *Finally Comes the Poet : Daring Speech for Proclamation*(Minneapolis : Fortress Press, 1989).

지, 그와 같은 설교 형태가 설교의 공통된 양식이 되든지 그렇지 않든지 나는 복음의 신뢰할 만한 선포는 그러한 방향으로 우리를 충분히 움직이게 할 것으로 믿는다. 나는 이 책이 설교의 형태를 획기적으로 변화시킬 정도의 영향을 줄 것이라고 생각하지 않는다. 다만 설교의 형태에 얼마간의 변화를 주기를 원할 뿐이다. 이 책이 단순히 몇몇 독자들에게 요한복음의 기독교 메시지에 관해 새로운 생각을 하도록 동기를 불어넣어 주며, 대담하게 새로운 유형의 설교로 요한을 말할 수 있게 한다 할지라도 나는 크게 만족한다.

# 부록

## 개정판 공동성서일과의 요한복음

괄호([ ]) 안에 있는 숫자들은 로마의 성서일과에 근거한 독서들을 언급하는 것으로 로마 가톨릭과 성공회 교회에서 사용하고 있다.

| | | |
|---|---|---|
| 1 : (1 – 9), 10~18 | 성탄절 2 | A, B, C |
| 1 : 1~14 | 성탄절 3 | A, B, C |
| 1 : 6~8, 19~28 | 대림절 3 | B |
| 1 : 29~42 | 주현절 2[2] | A |
| 1 : 43~51 | 주현절 2[2] | B |
| 2 : 1~11 | 주현절 2[2] | C |
| 2 : 13~22 | 사순절 3 | B |
| 3 : 1~17(Alt.) | 사순절 2 | A |
| 3 : 1~17 | 삼위일체주일 | B |
| 3 : 13~17 | 성십자가 | A, B, C |
| 3 : 14~21 | 사순절 4 | B |
| 4 : 5~42 | 사순절 3 | A |
| 5 : 1~9(Alt.) | 부활절 6 | C |
| 6 : 1~21 | 예배의식(프로퍼) 12[17] | B |
| 6 : 24~35 | 예배의식(프로퍼) 13[18] | B |
| 6 : 25~35 | 추수감사절 | C |
| 6 : 35, 41~51 | 예배의식(프로퍼) 14[19] | B |

| | | |
|---|---|---|
| 6 : 51~58 | 예배의식(프로퍼) 15[20] | B |
| 6 : 56~69 | 예배의식(프로퍼) 16[21] | B |
| 7 : 37~39(Alt.) | 성령강림주일 | A |
| 9 : 1~41 | 사순절 4 | A |
| 10 : 1~10 | 부활절 4 | A |
| 10 : 11~18 | 부활절 4 | B |
| 10 : 22~30 | 부활절 4 | B |
| 11 : 1~45 | 사순절 5 | A |
| 11 : 32~44 | 만성절 | B |
| 12 : 1~8 | 사순절 5 | A |
| 12 : 1~11 | 성월요일 | A, B, C |
| 12 : 12~16(Alt.)(종려) | 종려/수난주일 | B |
| 12 : 20~33 | 사순절 5 | B |
| 12 : 20~36 | 성화요일 | A, B, C |
| 13 : 1~17, 31b~35 | 성목요일 | A, B, C |
| 13 : 21~32 | 성수요일 | A, B, C |
| 13 : 31~35 | 부활절 5 | C |
| 14 : 1~14 | 부활절 5 | A |
| 14 : 8~17, (25－27) | 성령강림주일 | C |
| 14 : 15~21 | 부활절 6 | A |
| 14 : 23~29(Alt.) | 부활절 6 | C |
| 15 : 1~8 | 부활절 5 | B |
| 15 : 9~17 | 부활절 6 | B |
| 15 : 26~27, 16 : 4b~15 | 성령강림주일 | B |
| 16 : 12~15 | 삼위일체주일 | C |
| 17 : 1~11 | 부활절 7 | A |
| 17 : 6~19 | 부활절 7 | B |
| 17 : 20~26 | 부활절 7 | C |
| 18 : 1~19 : 42 | 성금요일 | A, B, C |

| | | |
|---|---|---|
| 18 : 33~37 | 왕 되신 그리스도의 날[34]<br>(그리스도 왕) | B |
| 19 : 38~42(Alt.) | 성토요일 | A, B, C |
| 20 : 1~18(Alt.) | 부활절<br>(우리 주님의 부활) | A, B, C |
| 20 : 19~23(Alt.) | 성령강림주일 | A |
| 20 : 19~31 | 부활절 2 | A, B, C |
| 21 : 1~19 | 부활절 3 | C |

# 참고문헌

## 요한복음


Anderson, Paul N. *The Christology of the Fourth Gospel : Its Unity and Disunity in the Light of John 6.* Valley Forge : Trinity Press International, 1996.

Ashton, John. "Paraclete." In *ABD* 5(1992), 152–154.

Barrett, C. K. *The Gospel according to St. John : An Introduction with Commentary and Notes on the Greek Text.* Rev. ed. Philadelphia : Westminster, 1978.

Beasley–Murray, George R. *John.* WBC 36. Waco : Word, 1987.

Beck, David R. *The Discipleship Paradigm : Readers and Anonymous Characters in the Fourth Gospel.* BibIntSer 27. Leiden : Brill, 1997.

Brodie, Thomas L. *The Gospel according to John : A Literary and Theological Commentary.* Oxford : Oxford Univ. Press, 1993.

Brown, Raymond E. *The Gospel according to John.* AB 29 and 29A. Garden City : Doubleday, 1966 and 1970.

______. *The Community of the Beloved Disciple,* New York : Paulist, 1979.

______. *The Epistles of John.* AB 30. Garden City : Doubleday, 1982.

Bultmann, Rudolf. *Theology of the New Testament.* Translated by Kendrick Grobel. Vol. 2. New York : Scribners, 1955.

______. *The Gospel of John : A Commentary.* Translated by G. R. Beasley-Murray. Philadelphia : Westminster, 1971.

Carlson, D. A. *The Gospel according to John.* Grand Rapids : Eerdmans, 1991.

Cassidy, Richard J. *John's Gospel in New Perspective : Christology and the Realities of Roman Power.* Maryknoll : Orbis, 1992.

Culpepper, R. Alan. "The Pivot of John's Prologue." *NTS* 27(1980), 1-31.

______. *Anatomy of the Fourth Gospel : A Study in Literary Design.* Foundations and Facets : New Testament. Philadelphia : Fortress Press, 1983.

Dodd, C. H. *The Interpretation of the Fourth Gospel.* Cambridge : Cambridge Univ. Press, 1963.

Duke, Paul D. *Irony in the Fourth Gospel.* Atlanta : John Knox, 1985.

Ellis, Peter F. *The Genius of John : A Composition-Critical Commentary on the Fourth Gospel.* Collegeville, Minn. : Liturgical, 1984.

Ford, J. Massyngbaerde. *Redeemer, Friend and Mother : Salvation in Antiquity and in the Gospel of John.* Minneapolis : Fortress Press, 1997.

Harvey, A. E. *Jesus on Trial : A Study in the Fourth Gospel.* Atlanta : John Knox, 1976.

Hoskyns, Edwyn Clement. *The Fourth Gospel.* 2nd ed. London : Faber and Faber, 1947.

Howard, Wilbert Francis. *The Fourth Gospel in Recent Criticism and Interpretation.* Revised by C. K. Barrett. London : Epworth, 1955.

Käsemann, Ernst. *The Testament of Jesus according to John 17.*

Translated by Gerhard Krodel. Philadelphia : Fortress Press, 1968.

_______. "The Structure and Purpose of the Prologue to John's Gospel." *In New Testament Questions of Today*. Philadelphia : Fortress Press, 1969, 138–167.

Koester, Craig R. *Symbolism in the Fourth Gospel : Meaning, Mystery, Community*. Minneapolis : Fortress Press, 1995.

Kysar, Robert. *The Fourth Evangelist and His Gospel*. Minneapolis : Augsburg, 1975.

_______. "Community and Gospel : Vectors in Fourth Gospel Criticism." In *Interpreting the Gospels*. edited by James Luther Mays, 265–277. Philadelphia : Fortress Press, 1981.

_______. *John*, ACNT. Minneapolis : Augsburg, 1986.

_______. *I, II, III John. ACNT*. Minneapolis : Augsburg, 1986.

_______. "Antisemitism and the Gospel of John." In *Antisemitism and Early Christianity : Issues of Polemic and Faith*, edited by Craig A. Evans and Donald A. Hagner, 113–127. Minneapolis : Fortress Press, 1993.

_______. *John*. the Maverick Gospel. Rev. ed. Louisville : Westminster John Knox, 1993.

_______. "The Dismantling of Decisional Faith : A Reading of John 6 : 25–71." In *Critical Reading of John 6*, edited by R. Alan Culpepper, 161–168. BibIntSer 22. Leiden : Brill, 1997.

_______. "John, Gospel of." *Dictionary of Biblical Interpretation*, edited by John H. Hayes, 609–619. Vol. 1. Nashville : Abingdon, 1999.

_______. "'As You Sent Me' : Identity and Mission in the Fourth Gospel." *Word and World* 21(2001), 370–377.

Lincoln, Andrew T. *Truth on Trial : The Lawsuit Motif in the Fourth Gospel*. Peabody : Hendrickson, 2001.

Lindars, Barnabas. *The Gospel of John*. NCB. London : Oliphants,

1972.

Malina, Bruce J., and Richard L. Rohrbaugh. *Social-Science Commentary on the Gospel of John*. Minneapolis : Fortress Press, 1998.

Marsh, John. *Saint John*. Pelican Gospel Commentaries. Baltimore : Penguin, 1968.

Martyn, J. Louis. *The Gospel of John in Christian History : Essays for Interpreters*. Theological Inquiries. New York : Paulist, 1978.

______. *History and Theology in the Fourth Gospel*. Rev. ed. Nashville : Abingdon, 1979.

Meeks, Wayne A. "The Man from Heaven in Johannine Sectarianism." In *The Interpretation of John*, edited by John Ashton, 169-206. Studies in New Testament Interpretation. 2nd ed. Edinburgh : T. and T. Clark, 1997.

Moloney, Francis J. *The Gospel of John*. SP 4. Collegeville, Minn. : Liturgical, 1998.

Newman, Barclay M., and Eugene A. Nida. *A Translator's Handbook on the Gospel of John*. Helps for Translators. London : United Bible Societies, 1980.

Neyrey, Jerome H. *An Ideology of Revolt : John's Christology in Social-Science Perspective*, Philadelphia : Fortress Press, 1988.

O'Day, Gail R. *Revelation in the Fourth Gospel*. Philadelphia : Fortress Press, 1986.

______. *The Word Disclosed : John's Story and Narrative Preaching*. St. Louis : CBP, 1987.

______. "The Gospel of John : Introduction, Commentary, and Reflections." In *NIB* 9, 491-865. Nashville : Abingdon, 1995.

Petersen, Norman R. *The Gospel of John and the Sociology of Light :*

*Language and Characterization in the Fourth Gospel*. Valley Forge : Trinity Press International, 1993.

Rensberger, David. *Johannine Faith and Liberating Community*. Philadelphia : Westminster, 1988.

Robinson, John A. T. *The Priority of John*. London : SCM, 1985.

Schnackenburg, Rudolf. *The Gospel according to St. John*. 3 vols. Translated by Cecily Hastings. New York : Crossroad, 1968, 1980, 1982.

Segovia, Fernando F. "The Journey(s) of the Word of God : A Reading of the Plot of the Fourth Gospel." *Semeia* 53(1991), 23–54.

______. *The Farewell of the Word : The Johannine Call to Abide*. Minneapolis : Fortress Press, 1991.

Smith, D. Moody. *The Composition and Order of the Fourth Gospel*. New Haven : Yale Univ. Press, 1965.

______. *Johannine Christianity : Essays on Its Setting, Sources, and Theology*. Columbia : Univ. of South Carolina Press, 1984.

______. *John*. Proclamation Commentaries. 2nd ed. Minneapolis : Fortress Press, 1986.

______. "Judaism and the Gospel of John." In *Jews and Christians : Exploring the Past, Present, and Future*, edited by James H. Charlesworth, 76–89. New York : Crossroad, 1990.

______. *John among the Gospels : The Relationship in Twentieth–Century Research*. Minneapolis : Fortress Press, 1992.

______. *The Theology of the Gospel of John*. NTT. Cambridge : Cambridge Univ. Press, 1995.

______. *John*. ANTC. Nashville : Abingdon, 1999.

Sloyan, Gerard S. *What Are They Saying about John?* New York : Paulist, 1991.

Staley, Jeffrey Lloyd. *The Print's First Kiss : A Rhetorical Investigation of the Implied Reader in the Fourth Gospel*.

SBLDS 82. Atlanta : Scholars, 1988.

______. "Stumbling in the Dark, Reaching for the Light : Reading Character in John 5 and 9." *Semeia* 53(1991) : 55–80.

Stibbe, Mark W. G. *John as Storyteller : Narrative Criticism and the Fourth Gospel*. SNTSMS 73. Cambridge : Cambridge Univ. Press, 1992.

______. *John*. Readings : A New Biblical Commentary. Sheffield : JSOT Press, 1993.

Talbert, Charles H. *Reading John : A Literary and Theological Commentary on the Fourth Gospel and the Johannine Epistles*. New York : Crossroad, 1992.

## 설 교

Brueggemann, Walter. *Finally Comes the Poet : Daring Speech for Proclamation*. Minneapolis : Fortress Press, 1989.

Buttrick, David. *Homiletic : Moves and Structures*. Philadelphia : Fortress Press, 1987.

Craddock, Fred B. *As One without Authority : Essays on Inductive Preaching*. Rev. ed. Enid, Okla. : Phillips Univ. Press, 1974.

______. *Overhearing the Gospel : Preaching and Teaching the Faith to Persons Who Have Heard It All Before*. Nashville : Abingdon, 1978.

Eslinger, Richard L. *Narrative and Imagination : Preaching the Worlds That Shape Us*. Minneapolis : Fortress Press, 1995.

______. ed. *Intersections : Post–Critical Studies in Preaching*. Grand Rapids : Eerdmans, 1994.

Farris, Stephen. *Preaching That Matters : The Bible and Our Lives* : Louisville : Westminster John Knox, 1998.

Hughes, Robert H., and Robert Kysar. *Preaching Doctrine in the*

*Twenty-First Century*. FRP, Minneapolis : Fortress Press, 1997.

Jensen, Richard A. *Telling the Story : Variety and Imagination in Preaching*. Minneapolis : Augsburg, 1980.

______. *Thinking in Story : Preaching in a Post-Literate Age*. Lima : C. S. S., 1993.

Kastner, Patricia Wilson. *Imagery for Preaching*. FRP. Minneapolis : Fortress Press, 1989.

Kysar, Robert. "Preaching as Biblical Theology : A Proposal for a Homiletical Method." In *The Promise and Practice of Biblical Theology*, edited by John Reumann, 143-156. Minneapolis : Fortress Press, 1991.

______. "The Renaissance and Demise of the Listener : Empowering the Laity Through Preaching." *Lutheran Partners* 13/6(1997) : 18-21.

Long, Thomas G. *Preaching and the Literary Forms of the Bible*. Philadelphia : Fortress Press, 1989.

Lowry, Eugene L. *The Homiletical Plot : The Sermon as Narrative Art Form*. Atlanta : John Knox, 1980.

______. *How to Preach a Parable : Designs for Narrative Sermons*. Nashville : Abingdon, 1989.

______. *The Sermon : Dancing the Edge of Mystery*. Nashville : Abingdon, 1997.

Ourisman, David. *Form Gospel to Sermon : Preaching Synoptic Texts*. St. Louis : Chalice, 1999.

Rose, Lucy Atkinson. *Sharing the Word : Preaching the Roundtable Church*. Louisville : Westminster John Knox, 1997.

Smith, D. Moody. *Interpreting the Gospels for Preaching*. Philadelphia : Fortress Press, 1980.

Tisdale, Leonora Tubbs. *Preaching as Local Theology and Folk Art*.

FRP. Minneapolis : Fortress Press, 1997.
Wardlaw, Don M. ed. Preaching Biblically : *Creating Sermons in the Shape of Scripture*. Philadelphia : Westminster, 1983.

# 설교자들을 위한 요한복음 해석

초핀인쇄 2006년 12월 10일
초판발행 2006년 12월 20일
지 은 이 최 흥 진
펴 낸 이 박 노 원
펴 낸 곳 한국장로교출판사
주 소 110-470 / 서울특별시 종로구 연지동 135
전 화 (02) 741-4381~2 / 팩스 (02) 741-7886
영 업 국 (031) 944-4340 / 팩스 (02) 944-2623
등 록 No.1-84(1951. 8. 3.)
ISBN 89-398-0036-2 / Printed in Korea

값 12,000원

편집과장 | 이현주 편집·교열 | 정현선 오현정 전보아 표지디자인 | 김지수